고스트워크

일러두기
- 본문 중 보완 설명이 필요한 내용은 본문 하단에 각주로, 그 외 자료 출처와 참고문헌 등의 자료
  는 책 후미에 미주로 편집하였습니다.
- 이 책의 집필을 위해 저자들이 사용한 연구방법은 책 후미에 부록으로 편집하였습니다.
- 본문에서 소개되는 〈그림〉 자료는 책 후미에 별지로 삽입되어 있는 컬러 그래프를 참고하시기
  바랍니다.

긱과 온디맨드 경제가 만드는 새로운 일의 탄생

HOW TO STOP SILICON VALLEY FROM BUILDING A NEW GLOBAL UNDERCLASS

GHOST WORK

고스트워크

메리 그레이 Mary L. Gray 시다스 수리 Siddharth Suri 지음
신동숙 옮김

한스미디어

놀랍도록 경이롭다. 일의 미래에 관심 있는 사람이라면 누구든 애정 어린 관점에서 유익한 내용을 전하는 이 책을 꼭 읽어보아야 한다.
「퍼블리셔스 위클리」

『고스트워크』는 인간성을 소멸시키는 직업 유형이 새로이 대두되고 있다는 사실로 사람들의 경각심을 일깨운다. 이런 직업은 노동자들이 소프트웨어와 인공지능에 전적으로 의존한 채, 최신 정보 기술이라는 거대한 기계의 톱니바퀴가 된다.
마틴 포드, 베스트셀러 『로봇의 부상·인공지능의 진화와 미래의 실직 위협』 저자

디지털 기술로 기업들이 가치 평가에서 인간을 더욱 바깥쪽으로 내모는 상황과, 눈에 안 보이는 곳에서 일하는 노동자들의 삶의 존엄과 풍요를 회복시킬 방법을 진심 어린 자세로 분석한다. 결속을 쌓는 첫 단계는 단순히 그런 사람들이 있다는 사실을 인식하는 것이다.
더글라스 러쉬코프, 『팀 휴먼』 『구글버스에 돌을 던지다』 저자

『고스트워크』는 인공지능이 인간 노동자들을 '대체'하고 있다는 흔한 믿음에서 벗어나야 할 필요성에 경종을 울리는 뛰어난 책이다. 그레이와 수리는 인공지능 시대에 직업이 사라지는 게 아니라 감춰져서 겉으로 드러나지 않게 될 뿐이라는 사실을 아주 훌륭하게 설명해 낸다. 세심한 연구와 인도적인 태도를 기본으로 하는 이 책은, 우리가 알고리즘의 무자비성과 착취적인 노동 관행이 횡행하도록 내버려 둘 경우 벌어질지 모를 상황에 정신을 번쩍 차리고, 인간 노동의 가치와 존엄을 수호해야 할 필요성에 눈을 뜨도록 자극한다.
버지니아 유뱅크스, 『자동화된 불평등』 저자

영화감독 워쇼스키 자매들이 잘못 짚었다. 인간은 매트릭스 장치가 아니라, 컴퓨터칩이다. 메리 그레이와 시다스 수리는 이 뛰어난 책에서 온라인에서의 직무를 담당하는 인간 노동자들이 인공지능의 발전과 인터넷이라는 장대한 서비스의 매끄러운 운영에 꼭 필요하다는 사실을 밝힌다. 기술이 우리 삶에서 구석 깊이 스며드는 미래를 더 잘 이해하려면 이 책을 꼭 읽어보아야 한다.
팀 오라일리, 오라일리 출판사 CEO

『고스트워크』는 눈에 보이지 않는 세계를 공들여 묘사한, 획기적인 책이다. 지금 이 시대의 노동자들을 진정하게 살펴보아야만, 지금과는 다른 일의 미래를 선택할 수 있다.

펠리시아 웡, 루즈벨트 인스티튜트 대표이자 CEO, 『종교의 숨은 규칙: 포괄 경제의 장벽』 저자

디지털 노동의 흐름에 대해 스스로 웬만큼 알고 있다고 여긴다면, 다시 생각해봐야 한다. 이 혁신적인 책은 기술과 일의 미래에 관한 논쟁을 완전히 재설정한다. 폭넓은 조사 연구와 민족학을 기초로 한 『고스트워크』는 직업을 구해 생계를 꾸려 나가야 하는 사람들을 위한 인도적인 미래에 관심을 갖는 사람들이라면 꼭 읽어보아야 할, 중요하고 획기적인 책이다. 줄리엣 B. 쇼, 보스턴 칼리지 사회학 교수

메리 그레이와 시다스 수리는 오늘날 인류가 디지털 경제를 뒷받침하는 고스트워크, 즉 우리 눈에 잘 안 띄고 보통은 생소한 삶일에 직면해 있다는 사실을 설명한다. 아마존 미케니컬 터크나 그와 비슷한 유형의 플랫폼에서 일하는 사람들은 광산의 카나리아와 같은 역할을 하여, 앞으로 수년 내에 갈수록 많은 사람들이 어떤 식으로 일하게 될 것인가를 드러내 보이고 있다.

헨리 젠킨스, 서던 캘리포니아 대학교 커뮤니케이션, 저널리즘, 영화예술, 교육학 대학 학장

『고스트워크』의 일면을 이루는 개인적 서술은 본질적으로 간과하기 쉬운 현상이 지나치게 단순화되는 것을 막는 바람직한 역할을 한다. 가장 취약한 입장에 처한 구성원들의 이야기가 노동 시장을 둘러싼 복잡하고 골치 아픈 논쟁에 생동감을 더한다.

조너선 지트레인, 하버드 대학교 로스쿨 국제법 교수, 공학 및 응용과학 학부 컴퓨터 공학 교수, 인터넷과 사회를 위한 버크만 연구소 소장

눈앞에 펼쳐진 미래를 엿보는 『고스트워크』는 디지털 조립 라인 뒤에 감춰진 모든 사람에게 필요하며, 그것 없이는 인공지능이 제 기능을 할 수 없는 창조적인 인간 노동을 적나라하게 밝힌, 반드시 읽어야 할 책이다.

엘리스 워터슨, CUNY 존 레이 칼리지 교수, 미국 대통령 장학생, 미국 인류학회 전(前) 회장

『고스트워크』는 기계들에게 고용되고, 일을 배정받고, 관리되고, 보수를 받고, 해고당하기까지 하는, 인공지능과 기계 속에 숨겨진 노동자들의 세계를 지극히 현실적으로 보여준다. 이런 설정은 디스토피아를 그린 흥미로운 공상과학 이야기처럼 들리지만, 실은 현실을 묘사한 것이다. 나는 이 책을 읽으면서 일의 미래가 플랫폼을 감독하는 사람들만을 위해서가 아니라 그곳에서 일하는 노동자들에게 적합한 방식으로 자리 잡으려면 지금보다 더 큰 투명성과 관리 감독이 꼭 필요하다는 사실을 확신하게 됐다.

데이비드 어터, MIT 경제학 교수

인공지능의 추잡한 비밀은 자동화된 시스템 이면에 상당히 많은 인간 노동력이 숨겨져 있다는 점이다. 이런 비공식적인 일이 생겨난 것은 최근 십여 년간 노동 시장에서 나타난 가장 중요한 변화 중 하나다. 그러나 이 의미 깊은 책에서 메리 그레이와 시다스 수리가 설명하는 것처럼, 이런 유형의 일은 노동자를 보호하기 위해 백년 가까이 분투해왔던 역사에 깊이 뿌리내리고 있다. 『고스트워크』는 현재의 상황을 상세히 진단할 뿐 아니라 더 나은 미래를 제시한다.

폴 도리시, 캘리포니아 대학교 어바인 캠퍼스 정보 컴퓨터 대학 교수

수요에 따라 온라인으로 노동력을 수급하는 기업의 모든 CEO들과, 인공지능이 일의 본질에 끼칠 영향에 관심이 있는 사람들은 꼭 읽어보는 게 좋다. 이 책은 이와 관련한 기술을 역사적인 맥락에서 명쾌하게 설명한다. 뿐만 아니라 그레이와 수리가 제안한 창의적인 사회기술적 체계는 그 체계를 지속하는 인간들의 행복을 크게 증진시킨다.

바바라 J. 그로스, 하버드 대학교 공학 및 응용과학 대학 교수

『고스트워크』는 기술이 직업에 끼치는 영향을 논할 때 흔히 제외되는 '막바지' 인간 활동들에 빛을 비춰서 사람들이 주목할 수 있게 한다. 저자들은 이런 형태의 직업이 계속해서 증가할 경우에 생길 수 있는 중요한 정책적, 사업적 문제들, 그리고 몇 가지 창의적인 해법들을 명확히 제시한다.

제임스 마니카, 맥킨지 파트너 겸 맥킨지의 경제경영 연구소인 맥킨지 글로벌 인스티튜트(MGI) 소장

이 책은 고스트워크가 '직업의 미래'뿐 아니라 수백만 노동자들의 현재 직업과도 관련한 문제임을 일깨운다. 고스트워크의 본질을 반드시 제대로 보고 이해할 필요가 있다.

이 의미 있고 독창적인 책에서 그레이와 수리는 긱 경제 내면에 감춰진 흥미로운 내용을 엄격하면서도 이해하기 쉬운 방식으로 풀어낸다.

『고스트워크』는 생산 현장을 조명했던 위대한 문화 사회학의 내용들과 공명하는 명작이다. 그런데 과거의 산업은 함께 일하고, 놀고, 부대끼는 사람들의 활기찬 사회를 바탕으로 했지만, 새로운 디지털 생산 현장의 노동자들은 그들끼리도 서로 모르고 일반인들에게도 알려져 있지 못하다. 그런 비가시성이 그들을 유령 같은 존재로 만든다. 그레이와 수리는 우리가 그들을 볼 수 있도록 안내하면서, 그들과 공감하고, 그들이 그런 상황에 처하게 된 데에 우리가 공동의 책임이 있음을 인식한다. 인공지능조차 인간의 노동에 의존한다는 사실을 강조하고, 그런 노동을 제공하는 사람들의 삶을 자세히 설명하면서, 저자들은 개선 전략과 행동 방침이라는 정당한 수단을 통해서 희망을 제시한다.

『고스트워크』는 실리콘밸리와 멀리 떨어져 살면서 인터넷이 제대로 기능하도록 만드는 일을 하는 사람들의 이야기에 주목한다. 그레이와 수리는 이 뛰어난 연구에서 빅데이터 못지 않은 풍부한 인터뷰 자료를 보여준다. 이들은 우리가 첨단 기술 시대의 광범위하고 세부적인 모습을 그리면서도 동시에 지금과 다른 더 공정한 미래를 상상할 수 있도록 돕는다.

| 차례 |

일과 직업,
그 모든 경계가 허물어진다

기계 속의 유령

대다수의 모바일 애플리케이션, 웹사이트, 인공지능 시스템을 운영하는 데 투입되는 인간 노동은 겉으로 잘 드러나지 않으며, 사실 의도적으로 감춰지는 경우가 많다. 이렇게 불분명한 고용 분야를 우리는 '고스트워크(ghost work)'라고 부른다.*

가장 최근에 인터넷에서 무언가를 검색했던 때를 떠올려보라. 아마 화젯거리 뉴스나, 응원하는 팀의 최종 경기 결과나, 따끈따끈한 연예계 비화 같은 것들을 찾아봤을 것이다. 그때 검색 결과로 성인물 링크처럼 당황스런 내용이나 순전히 임의적인 자료들이 제시되지

---

* '고스트워크'라는 용어에 대해 혹시라도 이 어렵고 수고스러운 일에 종사하는 분들이 신경을 자극하는 경멸적인 표현으로 생각하지 않을까 염려하기도 했지만, 우리는 고스트워크라는 용어가 이 새로운 현상의 중심에 자리한 역설을 효과적으로 전달한다고 믿는다.

않는 이유가 무엇일지 궁금하게 생각했던 적은 혹시 없는가? 불법적이든 합법적이든 관계없이 온라인에 광고를 내보내는 업체라면 누구든 인터넷 검색 결과 상위에 링크되기를 바랄 테니 말이다.

그런가 하면 페이스북, 인스타그램, 트위터 피드(feed)를 가장 최근에 확인했던 때를 생각해보라. 그런 사이트들은 폭력적인 이미지 및 영상물과 헤이트 스피치(hate speech: 특정 인종, 성, 종교 등에 대한 편파적인 발언이나 언어폭력-옮긴이)를 금지하는 정책을 어떻게 실행할까? 인터넷에서는 누구나 어떤 말이든 할 수 있으며, 기회가 생기면 사람들은 분명히 하고 싶은 말을 하려 들 것이다. 그런 상황에서 어떻게 불온한 내용이 걸러진 검색 결과를 얻을 수 있을까? 그 정답은 우리 같은 고객들에게 얼핏 자동화된 것처럼 보이는 서비스를 제공하기 위해서 사람들과 소프트웨어가 함께 노력하기 덕분이다.

오늘날의 인공지능은 인간이 핵심 구성원으로 참여하지 않을 경우 기본적인 몇 가지 결정 이상의 기능은 전혀 수행할 수가 없다. 인공지능이 담당하는 임무가 관련 뉴스피드를 배달하는 것이 됐든 아니면 온라인으로 접수된 복잡한 피자 주문을 처리하는 것이 됐든, 인공지능이 실수를 하거나 맡은 일을 완수하지 못할 경우 기업들은 사람들에게 맡겨서 조용히 그 일을 완수한다. 이런 새로운 디지털 생산라인은 광범위하게 분산되어 있는 노동자들의 힘을 종합하고, 제품이 아니라 프로젝트의 일부분을 수송하며 밤낮을 가리지 않고 쉼 없이 수많은 경제 부문에서 운영된다. 사실 이런 감춰진 노동자들이 증가하는 현상은 고용 그 자체가 재편되는 더 깊은 차원의 변화다. 아직은 정식으로 분류되지 않은 온디맨드(on-demand) 형식의 고용은 본질적으로는 좋지도, 나쁘지도 않다. 하지만 그런 직업들은 제대로 규정되지도 않았고, 그런 서비스의 혜택을 누리는 소비자들이 볼 수 없도록 감춰져 있기 때문에 고스트워크(ghost work)로 분류할 수 있다.

기업들은 수천 명의 노동자를 동원한 후 수행한 업무별로 임금을 지급함으로써 프로젝트를 완수할 수 있다. 이제는 인터넷망, 클라우드 컴퓨팅, 정교한 데이터베이스, 인간과 인공지능의 협력 작업인 휴먼 컴퓨테이션(human computation) 공학 기술에 의존해, 소프트웨어 자체의 능력을 뛰어넘는 프로젝트에 인간을 투입해서 그 프로젝트를 완수할 수 있게 됐다.

코드와 인간 지성의 이러한 융합은 빠른 속도로 성장하고 있다. 퓨리서치센터의 2016년 보고서 「긱 노동, 온라인 판매, 주택 공유」에 따르면, 미국 성인들 중 대략 2,000만 명 정도가 그 전년도에 필요에 따라 지원자를 모집하는 업무를 수행하면서 돈을 벌었다.[*1] 온디맨드 직업 플랫폼을 통해서 진행된 전문직과 사무직 정보서비스 업무들은 2025년 즈음이면 이미 전 세계 GDP의 2퍼센트인 2조 7,000만 달러에 해당하는 몫을 담당할 것으로 예측된다.[2] 경제학자들은 추세

---

[*]   스미스에 따르면 2016년에 미국 성인의 8퍼센트가 바로 전년도에 온라인 작업(설문 조사나 데이터 입력 같은), 우버 등의 택시 서비스 쇼핑 및 배달, 청소 및 세탁 등의 일을 하면서 돈을 벌었다고 답했다. 키즈카운트(Kidscount.org)는 2016년 미국에 거주하는 성인은 249,747,123명이라는 인구 통계 자료를 제시했다. 그러므로 전체 성인 인구 약 2억 5,000만 명의 8퍼센트면 약 2,000만 명이다. 이 조사의 오차범위는 2.4퍼센트였으므로, 조금 더 낮춰서 추산하면 5.6퍼센트인 1,400만 명이 된다. 흥미롭게도 퓨리서치센터는 미국 성인들 중에서 우버 같은 택시 서비스 일을 했던 사람들은 고작 2퍼센트인 반면, 설문 조사나 데이터 입력 같은 일을 온라인에서 돈을 받고 했던 사람들을 5퍼센트라고 추정했다.

의 변화가 지금과 같은 속도를 유지할 경우, 미국만 놓고 생각할 때 2030년대 초쯤이면 직업의 약 38퍼센트가 해체되고 준자동화될 가능성이 있다고 말한다.[3)]

고스트워크의 불투명한 고용 관행과 막강한 능력을 갖춘 인공지능의 결합이 이대로 방치될 경우 수억 명의 노동자들을 눈에 안 보이는 존재로 만들 수도 있다.

그렇다면 누가 이런 유형의 일을 하는 걸까? 바로 조앤이나 칼라 같은 사람들이다.

조앤은 휴스턴에 있는 집에서 81세인 어머니와 살면서 일을 한다. 어머니가 2012년에 무릎 수술을 받은 뒤로 병약해져서 혼자 생활하기가 힘들어지자 조앤이 어머니를 돌보기 위해 함께 들어와 지내게 된 것이다. 함께 산 지 1년이 지났을 때부터 조앤은 엠터크('아마존 미케니컬 터크'의 약칭) 플랫폼으로 일을 하기 시작했다. 엠터크는 거대 기술 기업인 아마존닷컴이 만들어 운영하는 방대한 시장이다. 조앤은 '음경 사진' 관련 작업으로 돈을 많이 버는 편이다. 음경 사진 작업이라는 표현은 트위터와 매치닷컴 같은 소셜미디어 플랫폼 사용자들이 올린 '역겨운' 사진을 그녀가 묘사할 때 쓰는 말이다.

기업들은 사용자들이 남기는 모든 콘텐츠를 일일이 자동으로 확인할 수 없기 때문에 그중에서도 가장 검토하기가 힘든 부분은 조앤 같은 인간 근로자들에게 맡긴다. 언뜻 보면 조앤이 하는 일은 단순하다. 사진을 클릭해서 그 콘텐츠를 평가하는 업무다. 어떤 사람이 자신의 음경을 찍은 '성인물 등급' 사진이므로 솎아내야 할지, 아니면 신체의 일부를 담은 무해한 '일반 등급' 사진이므로 내버려 두어야 할지를 판단하는 것이다. 그녀는 작업량에 따라 보수를 받고, 컴퓨터 앞에 앉아 작업하는 시간을 스스로 정한다. 다년간 경험이 쌓여서 이제는 매일 평균 10시간 정도 시간을 투자해서 대략 40달러*를 번다.

저 멀리 수천 마일 떨어진 인도 방갈로르에서는 칼라가 자기 집 방 한 구석에 마련한 임시 사무실에서 일을 한다.** 조앤과 칼라는 인터넷 기업 사이트의 단어와 이미지를 분류하고 태그를 다는 비슷한 일을 하지만, 칼라는 UHRS(Universal Human Relevance System)라는 플랫폼에 인력을 공급하는 아웃소싱 회사에서 일을 받는다. UHRS는 마이크로소프트가 자체적으로 인력을 조달하기 위해 만든 엠터크 (MTurk)와 비슷한 유형의 플랫폼이다.

십대 아들 두 명을 둔 43세의 주부로, 대학에서 전기 공학을 전공했던 칼라는 LED 모니터의 대형 텍스트 상자 안에 나온 단어를 가리키며 아들들에게 "너희들 이 단어가 무슨 뜻인지 아니? 사람들 앞에서 말해서는 안 되는 단어일까?"라고 묻는다. 칼라가 그 단어를 소리 내서 읽는 소리를 듣고 아들들이 킥킥거리며 웃는다. 아들들은 "칙 플릭(chick flick: 여성 관객을 겨냥해서 만든 영화-옮긴이)"이라는 어머니 발음이 우습다며 놀린다. 칼라와 두 아들은 이 단어에는 외설스런 뉘앙스가 없다고 결정한다. 칼라가 화면에 있는 '아니요'라는 박스를 클릭하자, 화면이 새로 바뀌면서 새로운 단어가 나온다.

---

* 이 책에 나오는 달러는 모두 미국 달러를 의미한다. 인도의 통화인 루피가 언급된 경우는 현재 환율을 기준으로 환산한 값이다.
** 방갈로르는 2014년에 공식적으로 벵갈루루(Bengaluru)로 이름이 바뀌었다. 하지만 칼라를 포함해서 그 지역에 사는 주민들 사이에는 일반적으로 방갈로르라는 이름으로 불린다.

"단어에 대한 판단력은 애들이 저보다 더 나아요." 칼라가 웃으며 말한다. "다른 가족들이 무해하고 안전한 환경에서 인터넷을 사용할 수 있도록 제 아들들이 도움을 주고 있지요."

그녀가 찾을 수 있는 일거리는 보통 일주일에 15시간 분량을 넘지 않지만, 칼라는 UHRS 사이트에 거의 매일 들어가서 자신의 조건에 맞는 새로운 일이 있는지 살핀다. 지금까지는 칼라의 근성과 운 덕분에 소기의 성과가 있었다. 일거리를 검색해서 재빨리 신청하는 방법을 터득했기 때문에 칼라는 식사 준비를 하고 아이들 숙제를 챙기면서 남는 시간에 틈틈이, 그녀 스스로 '보람 있는' 일이라고 생각하는 인터넷 검토 업무로 여분의 소득을 벌 수 있다.

IT 기업 혹은 미디어 기업의 뉴스피드나 검색 결과를 꼼꼼하게 살펴서 어떤 콘텐츠는 내버려두고 어떤 콘텐츠는 숨아내야 할지를 결정하는 데 도움을 주는 콘텐츠 관리 업무는, 조앤과 칼라 같은 사람들이 몸담은 새로운 유형의 일자리들 중 하나의 예일 뿐이다. 소셜미디어 기업들이 사이트를 이용하는 수십억 명의 고객에게 성인물 같은 유해 콘텐츠 없는 건전한 내용만을 제공하고자 노력하면서, 콘텐츠 검토는 이런 기업들이 일반적으로 도입해 활용하는, 신속히 처리해야 할 업무가 되었다. 조앤과 칼라 같은 사람들이 모두 점검해야 할 갖가지 언어로 쓰인 인터넷 페이지, 사진, 트위터 메시지들이 너무나 많아졌다.

구글, 마이크로소프트, 페이스북, 트위터 같은 기업들은 '안전하지 않은' 콘텐츠를 가능한 모든 곳에서 자동으로 최대한 많이 제거하기 위해 소프트웨어를 활용한다. 하지만 기계 학습과 인공지능으로 구동되는 이런 소프트웨어 필터링 시스템들은 완벽하지 못하다. 헤이트 스피치와 비꼬는 표현을 분간하지 못하는 건 말할 것도 없고, 때로는 엄지와 남근을 구별하지 못하기도 한다. 기억할지 모르지만 2012년 미국 대선 기간에 미트 롬니 공화당 후보는 "여성들 사진이 가득 든 바인더(binders full of women)를 받았다."고 말해서 홍역을 치렀다. 당시 그런 둔감한 표현에 붙은 해시태그가 어째서 그렇게 순식간에 실시간 검색어 상위에 오를 수 있는지 실시간으로 확인하기 위해 트위터는 조앤 같은 일을 해주는 인력이 필요했다. 일종의 훼방 전략이었을까? 아니면 사소한 결함이 있었던 걸까? 트위터가 정말로 사람들의 관심으로 달아올랐기 때문이었을까? 현재의 인공지능 시스템은 그 차이를 완벽히 가려내지 못한다. 이런 경우 온디맨드 작업을 활용하면 컴퓨터의 능력에 인간의 통찰력에서 나온 창의성과 활력을 더할 수 있다.

이 책은 조앤과 칼라처럼 인공지능의 부족한 부분을 채워주는 수백만 명의 노동자들에 관한 이야기이다. 이들은 우리가 당연히 자동화되었다고 생각하는 시스템 뒤에서 일하는 인간들이다. 현대의 인공지능 시스템에게 필요한 '사람'은 단지 서비스를 받는 대상으로만 존재하는 것이 아니다. 시스템들이 뭔가에 대답하는 법을 배우려면 맨 처음부터 인간이 필요하다. 가령 이미지 검색으로 '캐멀백 소파(camelback couch)'라는 단어를 검색하면 등받이가 곡선으로 된 소파 사진들이 나온다. 빙이나 구글 같은 검색 엔진은 이미지를 인간과 같은 방식으로 보거나 이해하지 않는다. 가구 애호가라면 등받이가 낙타 등처럼 우아한 곡선으로 되어 있고 여러 명이 앉을 수 있는 화려한 가구가 캐멀백 소파라는 것을 단번에 알아챘다. 검색 엔진 배후의 인공지능 시스템은 우선 '캐멀백 소파'라는 이름이 붙는, 등받이가 곡선인 소파 이미지 몇 백 개를 검토하기 시작한다. 그러고 나서 새로운 종류의 소파 사진과 마주치면, '분류 알고리즘'이라고 불리는 시스템을 구동한다. 분류 알고리즘은 기본적으로 이 새로운 사진에 있는 소파가 '캐멀백'이라는 이름이 붙지 않는 기하학적 무늬보다는 그런 이름이 붙는 무늬와 더 일치하는지부터 살핀다.

그렇다면 훈련 데이터(training data)라고 불리는 기본 이미지들은 어디서 나오는 걸까? 바로 저스틴 같은 사람들에게서다. 저스틴과 같은 일을 하는 사람들은 두 문장 이하로 짧게 제시된 업무 설명을 재빨리 읽고 몇 초 내에 지원해야 한다. 조금이라도 지체했다가는 그처럼 일거리를 찾는 다른 사람에게 빼앗기기 십상이다. 저스틴은 집에서 어린 두 아들을 돌보면서, 아이들이 어린이집에 가거나 낮잠을 자는 시간에 일을 한다. 그는 자기도 처음에는 캐멀백 소파가 뭔지 잘 몰랐다고 선뜻 인정한다. "그런 용어들이 무슨 뜻인지 답하려면 제가 먼저 알아야 했기 때문에, 구글에서 그 용어들을 찾아보느라 엄청난 시간을 들였어요."

트립어드바이저, 매치닷컴, 구글, 트위터, 페이스북, 마이크로소프트는 저스틴 같은 근로자들에게 수많은 프로젝트들을 만들어 내는 곳으로 가장 잘 알려진 기업들이다. 이렇듯 배후의 소프트웨어를 통해 공개 모집한 전 세계 노동자들에 의존하는 비즈니스 모델을 갖춘 새로운 회사들이 날마다 생겨나고 있다. 정규직 근로자들 대신 독립된 노동자들에게 그날그날 일을 맡기는 기업들은 인터넷 상에서의 고객과의 질의응답, 상품평 편집, 사무실에 그 밖의 어떤 업무에든 고스트워크를 활용할 수 있을 것이다.

고스트워크는 어떻게 작동하는가?

컴퓨터 프로그램은 컴퓨터가 해야 할 일을 알려주는 일련의 목록으로 볼 수 있다. 두 가지 소프트웨어 프로그램이(혹은 어떤 소프트웨어와 하드웨어가) 서로 소통하려면, 우선은 공통의 언어를 정해야 한다. 이때 활용하는 것이 API(Application Programming Interface)다. API는 프로그램이 수락할 명령어의 목록과 각 명령어가 실행된 뒤에 일어날 일을 규정함으로써 공통의 언어를 정한다. 비유적으로 표현하면 API가 컴퓨터 프로그램의 '교전 규칙'을 규정한다고도 말할 수 있겠다. 오늘날 시중에 나와 있는 컴퓨터의 종류는 수백에서 수천 가지에 이르기 때문에, 각 컴퓨터 모델에 맞는 소프트웨어 시스템을 제작한다는 건 거의 불가능할 정도로 복잡하다. 하지만 출시된 모든 (혹은 최소한 상당수의) 기기들이 동일한 API를 따른다면, 프로그래머들이 이런 유형의 기계에 모두 사용가능한 코드를 단 한 번만 짜면 된다. API 덕분에 모든 기계들이 동일한 언어를 이해할 수 있기 때문이다. 이런 유형의 API는 컴퓨터로 하는 일에만 적용되지만, 엠터크 API는 소프트웨어 개발자들이 아주 약간씩만 다른 명령어들을 사용해서 사람들을 고용해 일을 맡기는 자동화된 프로그램을 만들 수 있게 한다.[4]

일반적으로 프로그래머가 뭔가를 컴퓨터로 계산하려고 할 때 이들은 운영 시스템이 규정한 API를 통해 CPU와 소통한다. 그러나 프로그래머가 고스트워크를 이용해 주어진 과업을 완수할 때는, 온디맨드 노동 플랫폼 API를 통해서 일하는 사람들과 소통한다.[5] 프로그래머가 필요한 과업을 인간에게 맡기므로 기본적으로 프로그래머의 요청에 부응해서 과업을 맡을 사람들이 있어야 한다. 프로그래머는 과업을 맡은 사람들의 창조적인 능력을 활용한다. CPU와 달리 인간에게는 능동성이 있어서 스스로 결정을 내린다. CPU들이 단순히 받은 명령을 실행하는 데 비해, 인간은 자발적이며 창의적으로 결정을 내리고, 각자의 해석을 첨가한다. 그뿐 아니라 인간에게는 API로 작업하는 순간을 초월한 요구, 동기, 편향된 기호가 있다. 동일한 입력을 주면 CPU는 늘 동일한 출력을 내놓는다. 하지만 끼니를 굶은 사람을 식료품점에 들여보내면 배가 고프지 않았을 때와는 전혀 딴판인 물건들을 가득 담은 장바구니를 들고 걸어 나올 것이다. 이런 충동성과 즉흥성이 작용하기도 하지만, 인간에게는 CPU에는 없는 창의성과 혁신이라는 중요한 요소도 있다. API 뒤에 가려서 잘 보이지 않을지 모르지만 갈수록 성장하고 있는 이 경제 영역에는 고스트워크를 맡아서 하는 조앤, 칼라, 저스틴 같은 사람들이 있다.

20년도 채 안 지난 과거에만 해도, 소프트웨어 개발자들은 오로지 컴퓨터들만을 위한 코드를 짰다. 그러나 요즘 나오는 엠터크 API와 그와 비슷한 부류의 프로그램에서는 개발자들이 컴퓨터의 능력을 능가하는 작업을 수행하기 위해 인간을 활용한다. 칼라와 조앤이 성인 콘텐츠인지 여부를 판단했던 것처럼 신속한 판단을 정확히 내려야 하는 경우가 그 예에 해당한다. 이제는 웹 브라우저 앞에 앉아 있는 사람이라면 누구든, 인력을 모집하는 자동화된 프로그램에 지원할 수 있는 환경이 마련되어 있다. 기업들은 API, 반복적인 연산, 인간의 독창성을 결합한 이런 과정을 '크라우드소싱(crowdsourcing)', '마이크로워크(microwork)', '크라우드워크(crowdwork)' 같은 이름으로 부른다. 프로젝트를 잘게 나누어 분배할 수만 있다면, 어떤 것이든 휴먼 컴퓨테이션으로 해결할 수 있다. 소프트웨어는 작업 흐름을 관리하고, 컴퓨터와 인간의 산출물을 처리하고, 더 나아가 작업을 완수한 인간 노동자들에게 보수를 지급하는 일에까지 이런 API들을 활용할 수 있다. 바로 이런 노동자들이, 우리 모두가 사용하고 있고 당연하게들 여기는 현대 인공지능 시스템, 웹사이트, 애플리케이션을 작동시킨다.

20대 초반의 한 여성이(편의상 이름을 에밀리라고 하자) 시카고의 한 찻길 옆 보도에 서 있다고 상상해보자. 에밀리가 스마트폰으로 우버 앱을 실행해서 우버 운전자를 부른다. 에밀리와 운전자 두 사람 모두 그들의 만남이 대양을 두 번이나 건너야 닿을 수 있는 지구 저 멀리에 있는 다른 여성(그녀 이름은 아이샤라고 하자) 덕분에 가능했다는 사실은 알지 못한다.*

---

* 아이샤는 허구의 인물은 아니지만(우리는 방갈로르에서 그녀를 직접 만나 인터뷰했다), 우리가 만났을 때 그녀는 크라우드플라워에서 일하고 있지는 않았다. 그녀는 크라우드플라워에서 계정을 만들려고 했지만, 오빠의 도움으로 엠터크 계정을 만든 뒤에 엠터크에서 회원 평가 점수를 높이는 데 시간을 집중 투자하고 있었다. 우리는 아이샤가 크라우드플라워에서 일하게 되면 어떤 모습일까를 상상하면서 이 예를 들어보았다. 이 사례를 통해 노동자들이 끊임없이 교차하고 고스트워크 뒤에 있는 노동자들을 추적하거나 직접 보기 어렵기 때문에 고스트워크 노동이 힘들다는 사실을 독자들이 더 잘 이해하게 되었으면 한다.

에밀리와 그녀를 태운 운전자는 우버의 소프트웨어가 그저 운전자의 계정에 표시를 했을 뿐임을 전혀 모른다. 그 운전자는(이름을 샘이라고 하자) 생일을 맞은 여자친구를 위해서 지난밤에 턱수염을 깨끗이 밀었다. 오늘 아침에 찍은 셀카 사진은 신원 기록의 사진과 일치하지 않았다. 참고로 우버는 2016년에 운전자가 진짜임을 증명하기 위한 실시간 신원 확인 제도를 도입했다. 샘은 두 장의 사진이 일치하지 않기 때문에(한 사진에는 턱수염이 있고 다른 사진에는 턱수염이 없으므로) 그의 계정이 자동으로 중지될 것이라는 사실은 미처 생각하지 못했다. 그러나 갑자기 자기도 모르는 사이에 생계 수단이 위태로운 상황에 놓였다.

그러는 동안에 인도의 실리콘밸리라고 할 수 있는 하이데라바드에서 아이샤는 부엌 식탁에 앉아서 눈을 가늘게 뜨고 노트북을 쳐다보고 있었다. 그녀는 우버에서 크라우드플라워(CrowdFlower)에 외주준 일을 막 수락해서, 이제는 우버 서비스에서 눈에 보이지는 않지만 필수적인 요소의 일부가 됐다. 크라우드플라워와 시대를 앞서는 기술 기업 분위기가 풍기는 클라우드팩토리(CloudFactory), 플레이먼트(Playment), 클릭워커(Clickworker) 같은 이름을 가진 경쟁사들은, 재빨리 일을 맡길 수 있는 준비된 다수의 노동자들이 필요한 사람들에게 그들 플랫폼의 소프트웨어를 서비스로 제공한다. 아이샤 같은 사람들 수만 명은 크라우드플라워 플랫폼에 매일 로그인해서 작업 단위의 일을 찾는다. 이제 아이샤(그리고 크라우드플라워의 요청에 응하는 눈에 안 보이는 노동자들)는 샘이 에밀리를 태울 수 있을 것인가 여부를 결정하게 된다.

우버와 크라우드플라워는 API와 휴먼 컴퓨테이션으로 사람을 일에 투입하는, 성장 중인 서비스 공급망의 두 연결고리이다. 우버는 크라우드플라워의 API를 이용해서 돈을 주고 누군가를 고용해 아이샤가 했던 일의 결과를 검토하게 하는데, 통과되었을 경우에는 그로부터 수 분 내에 우버가 지불한 돈이 아이샤에게 전달된다. 사전에 프로그램된 기준에 미치지 못했을 경우 아이샤는 했던 일에 대한 보수를 받지 못하며, 불만을 제기할 기회도 사실상 없다. API는 아이샤의 의견을 들을 수 있게 설계되어 있지 않다.

아이샤는 운전자의 사진 두 장을 나란히 놓고 비교한다. 크라우드플라워의 웹페이지 화면 오른쪽 위 한구석 타이머의 남은 시간이 점차 줄어들면서 속도를 내도록 재촉한다. 주어진 시간 내에 답을 제시하지 않으면 크라우드플라워는 우버가 그 작업의 대가로 지불한 돈을 그녀에게 지급하지 않을 것이다. 아이샤는 눈을 깜박이고, 타이머를 힐끗 쳐다보고는, 가는 눈을 뜨고 엄지손톱만한 사진을 응시한다. '그래, 똑같은 갈색 눈동자야. 두 뺨에 있는 보조개도 똑같고.' 그녀는 'OK'를 클릭한다.

샘이 에밀리를 태우려고 인도에 막 차를 세우는 참에 그의 우버 계정이 승인된다. 에밀리는 꽉 막힌 시카고 도로 위의 차들을 연신 지켜보다가 샘의 차를 보고 차에 올라탄다. 자동차 문이 닫힐 때 즈음, 아이샤는 이미 다음 작업으로 넘어갔다. 그녀는 오늘 일을 마감하기 전에 몇 루피를 더 벌었으면 좋겠다고 생각한다.

우버를 이용하는 승객이나 운전자 모두, 때로는 세계 저 멀리에서 혹은 가까운 어딘가에서 어떤 사람이 그들의 거래를 실시간으로 심사한다는 사실은 깨닫지 못한다. 이처럼 감지할 수 없는 소통이 오고가는 빈도는 미국에서 우버 운행 100회당 1회 꼴로, 하루에 약 1만 3,000차례 정도라는 의미다. 아이샤가 크라우드플라워 밑에서 하는 고스트워크를 우리가 눈으로 확인하지는 못했지만, 그녀와 비슷한 일을 하는 동료들과 시간을 보내면, 에밀리 같은 입장의 고객들과 샘 같은 입장인 운전자들이 절대 볼 수 없는, 순식간에 이뤄지는 시장 거래를 상상할 수 있다. 아이샤는 고스트워크의 존재에 대한 유일한 인공물이자, 말하자면 에밀리와 샘이 이미 사라져 버린 지 한참 뒤에 고스트워크의 경험을 되새길 수 있게 돕는 유일한 존재다.

* * *

날마다 수십억 명이 웹사이트 콘텐츠, 검색엔진의 지식검색, 트위터, 포스트, 모바일 애플리케이션에서 제공하는 서비스를 소비한다. 사람들은 그런 서비스를 사용할 수 있는 건 오로지 IT 기술의 대단한 능력 덕분이라고 생각한다. 하지만 그런 기술들은 사실 세계 곳곳에서 보이지 않게 일하는 노동자들의 뒷받침이 있기 때문에 가능해진다. 풀타임이나 파트타임 고용직이 아니라 자유 계약직이나 임시직이 대부분인 이런 노동자들에게는 인정된 법적 지위가 없다. 이런 직업들은 때로는 '제2의 기계 시대'나 '4차 산업혁명', 혹은 더 넓은 의미에서의 디지털 경제나 플랫폼 경제가 도래할 조짐으로도 언급되고, 또 어떤 때는 그저 겉으로만 번드르르해 보이는 '긱(gig)'이라는 표현으로 불린다.[6]

어느 한 사람의 고용주에 종속되지 않고 웹 기반 플랫폼에 종속되는 온디맨드 '긱 경제*의 기이한 조합을 정확히 다룬 고용노동법은 아직 없다. 긱 경제를 감독하는 위치에 있는 온디맨드 플랫폼들은 무수히 많은 업체들과 수많은 익명의 노동자들이라는 양면 시장을 발생시키고, 온라인에서 인간의 노동을 사고 팔 수 있도록 주선해서 돈을 번다. 그리고 중요하게는, 미디어 전문가이자 사회학자인 탈튼 길레스피(Tarleton Gillespie)가 지적했듯이 이런 플랫폼들은 그들이 호스트하는 콘텐츠를 만드는 것이 아니라 "그런 콘텐츠에 대한 중요한 결정을 내리는" 역할을 한다고도 볼 수 있다. [7]

온디맨드 작업 플랫폼은 흔히 일자리를 찾는 노동자들보다는 수수료를 지불하고 노동인력을 구하는 사람들의 이해관계와 더 잘 맞아 떨어지는 사업적 파트너가 된다.

대기업에서 작은 스타트업까지, 많은 기업들이 온디맨드 플랫폼이 축적한 이러한 온디맨드 노동 인력을 적극 활용한다. 플랫폼들은 이런 노동자 집단을 활용해서, 이제는 요청한 작업을 단 몇 초 내에 수행할 인력을 찾는 고객들(기업들)의 요구에 부응한다. 기업들은 다급한 순간에 생긴 인력 결손을 메우기 위해 전통적인 인력 소개 사무실의 문을 두드리기보다는 이와 같은 인력 풀을 활용한다. 가령 소프트웨어의 개인 설정을 테스트하거나, 각 문화의 입맛에 맞게 조절한 맥앤치즈(mac-and-cheese)의 상품 설명을 점검하는 등의 각종 신규 프로

---

* 시장의 수요에 따른 단기 프로젝트를 맡아서 수행하는 독립 계약 프리랜서들과 소규모 업체들에 의해 주도되는 경제 생태계를 말한다.

젝트를 진행하면서 이런 인력을 활용한다. 그런 벤처 사업 부문은 불확실성이 너무 크고 막연해서 정규직 근로자를 채용할 타당성이 부족하고, 임시직 인력을 이용하는 것조차 고용 비용 지출을 정당화하기가 힘들다. 고객들이 어떻게 반응할지를 평가해보지도 않은 상태에서 신규 서비스나 제품에 투자하려고 하는 기업은 없다. 끊임없이 변화하는 고객의 취향과 기대에 부응해야 하는 서비스 업계는 고스트워크에서 나온 아이디어를 시험하고, 평균적인 고객의 입장에 서 있는 다른 노동자들의 반응을 통해 반복 확인할 수 있다.

로봇들이 오고는 있지만,
아직 도착하지 않은 것인지도 모른다

고용의 종말을 선언하는 뉴스와 신문 기사가 숨 막히는 헤드라인을 달고 매주 새롭게 나온다. 그런 뉴스들은 로봇들이 곧 인간에 맞서 봉기할 것이라고 경고한다. 자동화와 자동화의 부산물인 인공지능은 인간의 노동이 쓸모없어지는 과정으로 흔히 언급된다. 로봇 팔이 공장의 생산 현장에서 무거운 철판을 번쩍 들어 옮기고, 소프트웨어 프로그램이 문자나 애플리케이션으로 피자 주문을 받고, 드론이 고객의 집 앞까지 택배를 배달한다. 전통적인 고용 현장에서 이미 활용 중인 이런 인공지능 시스템은 머지않아 인간이 일터에서 내몰릴 것임을 예고한다고 일컬어진다. 사람들은 인공지능이 결국 승리하고, 능력이 대단히 특출한 사람들 이외의 모든 노동자들을 쓸모없게 만들 것이니, 어서 기술을 갈고 닦아야 한다고들 말한다. 지금 당장 말이다.

한 목소리로 이런 우려를 표명하는 많은 사람들 중에는 테슬라와 스페이스엑스의 창업자인 일론 머스크, 저명한 물리학자 스티븐 호킹, 구글의 공동 창업자 래리 페이지도 있다.[8] 그런 뉴스 헤드라인은 인공지능이라는 '악마를 불러내는' 일에 대한 공포감을 표시하거나 아니면 인공지능이 존재하지 않았던, 이른바 인간이 운명의 지배권을 쥐고 있던 시절에 대한 향수를 이야기한다.[9] 그렇다고 그런 헤드라인을 막으면 골치 아픈 현실을 제대로 보기 힘들게 된다. 물론 로봇이 부상하고 있다는 것은 부인할 수 없는 사실이지만, 기술 시스템도 사람과 마찬가지로 차질이 발생하거나 고장이 나기 마련이므로 그 옆에 인간이(보통은 시간제나 계약제로 일하는 사람들이) 밤낮없이 붙어서 관리하고 세밀하게 조절해야 한다.

자동화를 향한 대장정에서 지금껏 새로운 요구가 창출되었으며 그때마다 다른 유형의 인간 노동이 그런 요구를 충족시켜왔던 것도 사실이다. 그렇게 보면 전 세계가 공유하는, 소프트웨어로 관리되는 이런 새로운 직무는 공장 생산라인에서 자동차를 조립하던 노동직과 비슷한 특성이 있다. 당시 노동자들이 가장 많이 필요했던 곳이 바로 공장의 생산 현장이었다. 또 19세기에 농가에서 성냥갑 한 개당 1센트씩을 받고 성냥을 잘라 담는 삯일을 하던 여성과 아동들도 마찬가지다. 그리고 1990년대에 인터넷의 확장과 더불어서 음성 파일 의료 진료 기록을 글로 옮겨 적는 작업이나, 고객 콜센터 운영 등의 외부 위탁으로 호황을 이루었던 제3세계들도 확실히 비슷한 측면이 있다.

공장 노동, 삯일, 위탁 작업은 전체에서 떼어낼 수 있는 소규모의 반복적인 일이라는 측면만 놓고 보면 모두 온라인으로 배급되는 일의 전신에 해당한다. 이런 일거리는 경제학자들이 대개 소모성 혹은 '저숙련' 노동자로 분류하는 노동 계층에서 수행하는 경우가 많다. 시장은 아니나 다를까 이를 '인간 자본'이라고 부른다. '개' 또는 '고양이'라는 설명이 붙은 사진들을 클릭해서 결국 아이폰이 반려 동물을 인식할 수 있게 만드는 것은, 최종적으로 포드 트럭이 될 제품을 만드는 것과 마찬가지다. 하지만 직업적인 유사성은 거기가 끝이다.

블루칼라 제조업은 인공지능의 발전에서 가장 가시적인 목표였다. 아이폰을 생산하는 폭스콘 공장은 2016년에 인간 노동자 6만 명을 로봇으로 대체했다고 전해진다. 같은 해 아마존의 고객 주문처리 센터는 근로자 23만 명과 함께 일할 로봇 4만 5,000대를 도입했다. 그런데 이런 수치는 자동화로 상당히 많은 일자리가 만들어졌다는 혼란을 불러일으킨다. 그리고 블루칼라 정규직에 인공지능이 끼치는 영향에 관한 언론 기사들은, 인공지능이 최고치에 이르렀을 때 인간 노동자들이 자동화된 생산 시스템을 보조하거나 관리하는 새로운 직종이 급격히 성장하고 있다는 사실을 인식하지 못하게 만든다.

지난 20년 동안, 가장 수익성이 큰 업계는 가구나 의류 같은 대량생산 내구재 기업에서 의료, 소비자 분석, 소매처럼 서비스를 파는 기업들로 서서히 바뀌었다. 이를테면 텔레비전을 만드는 것보다는 라테를 마시거나 짧은 교양 오락 영상을 시청하는 등의 경험을 소비자들에게 제공하는 분야가 사업성이 더 커졌다.[10] 기업들은 유형을 가릴 것 없이 모두들 비정규직 노동자 인력을 활용하고 조절해서 비용을 절감한다. 원하는 사람을 원할 때 불러 쓰는 전략은 정규직 근로자와 관련 분류법, 그들을 보호하는 근로기준법을 피하기 위해 반세기 전부터 활용되어 왔다.

제조, 소매, 마케팅, 고객 서비스를 재편한 이와 같은 인간과 인공지능의 조합은 지금껏 익히 알던 고용 직종들을 넘어서기에 이르렀다. 정해진 규정 내에서 풀타임으로 교대 근무하는 제조업 공장의 틀에 박힌 운영 방식과 달리, 소득세 신고서를 고쳐주고, 실시간으로 동영상을 번역하거나 자막을 넣는 등의 특정 작업을 기반으로 하는 서비스는 인간의 분별력과 예견 능력이 지속적으로 요구되는 활동으로, 전통적인 주당 40시간 근무 방식과는 잘 들어맞지 않는다. 이런 작업들은 단순한 기계적인 일이 아니라 역동적인 활동이기 때문에, 인간들을 이런 작업에서 완전히 배제시키기는 힘들다.

인공지능은 그야말로 많은 사람들이 기대하거나 두려워하는 것만큼 똑똑하지는 못하다. 예를 들어 유명했던 인공지능 알파고가 성취했던 능력에 대해 생각해보자. 그와 관련한 내용은 과학기술 전문가 스콧 하틀리가 최근 펴낸 책 『인문학 이펙트(The Fuzzy and the Techie)』에서도 다뤄졌다.[11] 2017년 5월, 알파고는 중국 전통 게임 바둑의 세계 챔피언 커제를 컴퓨터 프로그램으로서는 최초로 꺾었다. 그리고 5개월 뒤에는 알파고를 능가하는 후속 모델 알파고 제로가 나온다. 하지만 감동하기에는 아직 이르다. 바둑은 규칙이 정해져 있으며 형식이 완벽히 갖춰져 있고, 당사자들의 행동만이 승부에 영향을 끼치는 폐쇄적인 환경에서 게임이 진행된다. 알파벳(구글 모기업)의 자회사인 딥마인드에서 알파고와 알파고 제로를 프로그램했던 사람들은 승리와 패배의 명확한 정의를 프로그램에 인식시켰다. 바둑에서의 승리는 교대로 바둑돌을 놓는 과정에서 자신과 상대방의 행동에 대한 장기적인 결과를 내다보는 능력에 달려 있다.* 그래서 알파고는 바둑 고수인 두 사람의 대결과 컴퓨터 프로그램들끼리의 대결 내용을 담은 대규모 데이터베이스로 수십억 가지 수를 훈련해서, 어떤 것이 더 나은 전략이 되는지를 익혔다.[12] 알파고 제로는 자신의 분신격인 알파고를 상대로 겨루면서 기존의 모든 지식과 경험을 탐독했다. 하지만 대부분의 일상적인 작업은 바둑과는 다르다. 저명한 인공지능 학자 토마스 디트리히는 인공지능이 그런 작업을 완수하려면 "세상에 관한 지식의 공백을 인공지능에게 채워 줄 사람들이 있어야 한다."고 설명한다. 현실 세계의 삶은 바둑보다 훨씬 복잡하기 때문이다.

조앤, 칼라, 저스틴, 아이샤에게 일자리를 연결해주었던 새로운 온라인 직업 플랫폼은 대중 매체에서 주로 다루는 인공지능의 한없는 지혜와 로봇의 거침없는 부상에 관한 이야기들과는 배치된다. 편파

---

* 2018년 4월 13일 토마스 디트리히와 직접 나눈 대화내용이다. 저명한 인공지능 연구원인 디트리히는 이런 식으로 설명했다: 커제를 꺾었던 버전의 알파고는 바둑의 규칙을 "전해 들었다"(바둑의 형국이 어떻든 허용된 모든 수를 계산하도록 코드를 불러올 수 있고, 승리와 패배의 정의를 전달받았다는 의미에서). 또 인간 바둑 전문가들 간의 수많은 경기 데이터를 받았다. 이 데이터베이스는 알파고에게 초반의 수를 결정하는 법(수 기능)을 가르치는 지도 학습과 함께 사용됐다. 그 다음에 알파고는 두 번째 단계로 자신의 복제본과 대결하는 '셀프 플레이(self play)'를 수행했다(이 기술은 1959년에 아서 사뮤엘이 처음으로 개발했던 방법인 듯하다). 그리고 수법을 더 정교하게 만드는 학습 알고리즘을 적용했다. 마지막으로 이들은 추가로 셀프 플레이를 진행해서, 대결이 진행되는 각 상황에서 어느 쪽이 이길 가능성이 더 큰가를 예측하는 '가치 기능'(가치 네트워크)을 학습했다. 바둑을 두는 동안 알파고는 순방향 검색(몬테 카를로 알고리즘)에 기초해서 수를 선택하기 위해 가치 기능과 수 기능을 병행해 사용했다.

적인 선동성 발언을 가려내고, 어떤 대여 공간을 봄철 결혼식에 가장 적합한 장소로 분류하고, 소득세 신고서를 올바르게 고쳐주는 등 실제 삶에 필요한 일에는 인간의 분별력이 필요한 경우가 많다. 그런 일을 수행할 때는 바둑에서처럼 모든 수를 계산해서 한 가지 최적의 선택을 내리는 방법이 통하지 않는다. 이를테면 어떤 공간을 결혼식에 가장 훌륭한 장소로 만드는 특성을 모조리 꼽기는 불가능하거나 대단히 힘들다. 만일 가능하다고 하더라도 그런 특성에 관한 사람들의 선호도가 서로 다를 것이다. 더더군다나 무엇이 '최고의 선택'인가를 인식할 수 있도록 인공지능을 가르칠 데이터가 애초에 존재하지 않는다. 그뿐 아니라 무수히 많은 외부 요소들, 가령 특정 집단에서 주로 사용하는 속어가 쓰이거나, 기후변화로 허리케인이 발생하거나, 무계획적인 세금 개혁안이 발효되는 등의 상황이 발생해서 지장을 주거나 결과에 영향을 끼칠 수도 있다. 많은 경우에 오늘날 인공지능이 예기치 못한 모든 상황에 지능적으로 대응할 수 있을 만큼 충분한 경험과 지식을 갖추기에는 알려지지 않는 측면이 너무 많다. 인공지능이 상황에 맞는 결정을 내리려면 세상에 대한 폭넓은 지식을 갖춘 인간의 보조가 필요한 이유도 바로 거기에 있다.

인공지능의 그늘을 우리가 조사했듯이 철저히 살펴보면 새로운 노동 분야의 존재를 누구든 확인할 수 있다. 이 노동 분야에서는 컴퓨터가 못하는 일을 소프트웨어의 관리 하에 인간 노동자들이 맡아서 처리한다. 인간이 하던 일을 기계로 이전하는 시스템을 개발하는 과정에서는 으레 자동화를 통해 해결해야 할 새로운 문제들이 부상한다. 예를 들어 웹이 주류로 자리 잡고 자동화된 관리 도구의 한정적인 능력만으로는 콘텐츠를 관리하기가 힘들어지고 나서야 비로소 페이스북, 트위터, 인스타그램 같은 기업들이 온라인 콘텐츠를 관리할 인력의 필요성을 느끼게 됐다. 그와 동시에 새로운 시스템을 온라인에 도입할 때는 예기치 못한 문제가 발생하거나 기능이 기대에 못미치는 경우가 많기 때문에 칼라나 조앤 같은 사람들이 필요해진다. 그들 같은 노동자들 덕분에 콘텐츠를 관리하는 자동화 소프트웨어가 개선되지만, 아직 완벽함과는 거리가 멀다. 자동화 과정에서 대두되는 이런 피치 못할 작은 결함들은 사람들에게 임시직 일자리를 만들어준다. 일단 인공지능이 해당 임무를 인간만큼 해낼 수 있을 정도로 충분히 훈련이 되면, 인간 노동자들은 자동화의 영역을 넓히는 여정에서 기술자들이 배정한 다음 임무로 옮겨간다. 사람들이 인공지능을 새롭게 응용할 방법을 생각해 내면 그에 따라 결승점도 이동하기 때문에, 자동화가 완수되는 '최종 단계'가 언젠가는 끝날 수 있을지조차 확신할 수 없다. 우리는 이런 상황을 '자동화 최종 단계의 역설'이라고 부른다.

인공지능이 발달하면서 미처 예측하지 못했던 유형의 일을 담당할 임시직 노동 시장이 새로 만들어지기도 한다.[13] 자동화의 가장 큰 역설은 인간의 노동을 없애려는 욕구가 커질수록 인간을 위한 일이 항상 새로이 생긴다는 점이다. 우리가 '최종 단계'라고 부르는 지점은 사람이 할 수 있는 일과 컴퓨터가 할 수 있는 일 사이의 틈이다. 소프트웨어 개발자들은 당면한 과제를 수행하고 인공지능을 최대한 발전시키는 과정에서 당연히 고스트워크를 활용할 것이다. 그리고 일정을 관리하고 비행기 표를 예매하는 등의 역할을 수행하는 인공지능 기반의 '스마트한' 디지털 비서 기능을 제공하려는 기업들이 점점 늘어나면서, 갈수록 까다롭고 확대되는 요구에 인공지능이 부응하지 못하는 상황이 빈번히 발생하고, 결과적으로 더 많은 사람들이 투입되어야 할 것이다. 사실 인간의 임시직 노동에 주로 기대는 조치는 자동화를 향한 대장정에서 역사적으로 늘 존재했다. 이 여정의 최전선에 있는 임시직 직종은 부침을 거듭하며 꾸준히 변화하면서, 인간과 기계의 관계를 재규정해왔다.

온디맨드 노동 플랫폼을 찾는 사람이 많아진다는 건 일을 조직하고, 계획하고, 관리하는 데 있어 API를 활용할 매력이 있다는 신호다. 이 책의 예에서 살펴봤듯이 임시직 노동을 새로운 기술 발달에 활용하는 쪽으로 방향을 전환한 것이 최근의 '인공지능 혁명'에 동력을 공급했다. 모바일 애플리케이션이나 온라인 서비스를 제공하는 인공지능 시스템이 고객을 응대하면서 다음 단계에 어떻게 조치해야 할지 잘 알지 못할 때에는 인간의 도움이 시급히 필요하다. 일반 사용자들은 검색 엔진과 소셜미디어를 구동시키는 소프트웨어가 밀리세컨드(1,000분의 1초) 내에 응답할 것을 기대하지만, 전통적인 고용 방식으로는 이런 요구를 맞추기가 힘들다. 가령 예기치 못한 자연재해가 닥쳤다든지 해서 특정 검색어가 급상승한 상황을 인공지능 시스템에게 이해시키기 위해 인간이 도와야 할 경우, 즉각적으로 개입해야 한다. 발생했던 사건은 역사 속에서 서서히 잊히지만, 소프트웨어는 일시적으로 인간의 집중적인 개입이 필요했던 그 상황에서 새롭게 배운다. 이것이 바로 인터넷에 상시접속된 노동 인력이 API에 연결되었을 때 얻을 수 있는 성과다.

소프트웨어 개발자들은 당면한 문제를 해결할 사람을 고용하고, 일의 결과를 확인하고, 보수를 지급하는 자동화된 프로그램을 만들 수 있다. 마찬가지로 현대적인 기계학습 시스템을 사용하는 과학자와 연구원들은 명확하고 오류 없는 훈련 데이터에 의존한다. 이들에게는 도움을 구하고 데이터를 정리할 자동화된 방법이 필요한데, 이들은 전 세계에 거주하는 많은 사람들에 의탁해 그 일을 처리한다. 온디맨드 노동 플랫폼은 오늘날의 온라인 업체들에 인간의 노동과 인공지능이 결합된 방식을 제공하면서, 고스트워크를 담당할 눈에 안 보이는 대규모 인력 풀을 창출했다. 미래의 직업에는 수요에 따라 서비스와 노동을 제공하는 것이 필수적인 요소가 될지도 모른다. 그럴 경우, 그런 방식의 노동을 본업으로 하는 사람들의 경험과 의미가 어떻게 재편되는지에 관심을 기울여서 조심스럽게 관리하지 않는다면, 의도치 못했던 처참한 결과가 나타날 가능성도 있다.

고스트워크와 고용의 미래

고용의 해체는 일의 본질적인 성격이 근본적으로 뒤바뀌는 과정이다. 상근 정규직은 미국에서 이제는 더 이상 원칙적인 고용 형태가 되지 못한다. 과거에는 근로자들이 수십 년 동안 똑같은 사무실에 출근해서 경력을 쌓으며 안정적인 봉급, 의료 보험 혜택, 병가, 퇴직금을 받을 수 있었다. 하지만 지금은 세계적인 개혁의 붐이 일면서 아동 노동법에서 직장 내 안전 지침에 이르기까지 모든 원칙들이 와해되고 있다. 실제로 미국 노동부의 노동통계국에 따르면, 현재 고용주의 단 52퍼센트만이 직장 내에서 일정 유형의 혜택을 근로자들에게 제공하고 있다. 2009년 서브프라임 사태로 촉발된 경제 대침체의 결과로, 미국인들은 음식이나 의료 서비스를 제공하거나 오프라인 소매상점에서 물건을 파는 일을 대신할 최선의 대안은 성장 중인 온디맨드 긱 경제의 일자리라는 사실을 깨닫게 됐다. 이런 직업은 기존의 고용법 분류상 어디에도 포함되지 않는다. 때문에 엠터크나 크라우드플라워 같은 플랫폼의 운영 규정은 우리가 흔히 소프트웨어를 업데이트할 때 읽지도 않고 '동의함' 박스를 클릭해버리는 상투적인 조항과 거의 구별이 가지 않을 정도가 되면서, 전통적으로 노동자들이 누리던 보호책들이 사라졌다.

퓨리서치센터에서 내놓은 최적의 추정치로는 오늘날 고스트워크에 몸담은 사람들이 현재 2,000만 명에 이를 것으로 예측되지만, 계약직 고스트워크 긱 노동으로 간신히 생계를 유지하며 사는 조앤, 칼라, 저스틴, 아이샤 같은 사람들이 얼마나 되는지를 입증한 자료는 아직 없다. 미국 인구조사국에서 매달 시행하는 일종의 경제활동인구 조사인 CPS(Current Population Survey) 시기에 맞춰 2017년 5월 노동통계국이 추가적으로 진행했던 '임시직 및 대안적 고용방식에 관한 연구'에서 CPS조사 대상인 미국인 6만 가구의 단면을 살펴보았던 것이 최근 10여 년 동안에 임시직의 증가를 측정해 보았던 최초의 시도였다.[14] 노동통계국이 추정한 바에 따르면 명시적으로나 암묵적으로 장기근로계약을 맺지 않은 채로 일하는 사람들이 미국 노동자의 10.1퍼센트에 달했다. 하지만 이 조사는 이외에 별개로 소속된 직장이 없이 이런 대안적인 고용 방식을 본업으로 하는 사람들만을 계산에 넣었다. 그렇기 때문에 직장이 따로 있어서 월급이나 시간당 급여를 받고 9시부터 5시까지 일하면서 남는 시간에 고스트워크를 병행하는 사람을(우리가 만나본 적극적인 근로자들 대부분이 이처럼 두 가지 이상의 일을 하고 있었다) 셈하는 것은 둘째 치고, 이들을 확인하는 것조차 현실적으로 쉽지 않다.

'임시직 및 대안적 고용방식에 관한 연구'를 통해 고스트워크의 증가를 측정하는 데 걸림돌이 되는 요인 두 가지를 확인할 수 있다. 우선 객관식 문항으로 된 설문조사에서는 노동자들이 '장기 고용'이 어떤 뜻인지를 정확히 이해하기 힘들다. 두세 가지 일을 해서 집세를 마련하는 사람들이 지금처럼 많은 상황에서 '본업'이 무엇을 의미하는지 이해하기 힘들 수도 있다. '장기 고용'이나 '본업' 같은 기존의 직업 분류에 대한 혼란은 노동통계국의 수치와 차이가 나는 미국 회계감사원의 집계 결과에서도 확인된다. 노동통계국의 조사가 있기 2년전에, 회계감사원은 미국 노동자의 31퍼센트 이상이 비전속 자유 계약직을 포함한 대안적인 고용 방식에 종사한다고 응답했다고 밝혔다.[15] 노동 경제학자 로렌스 카츠와 앨런 크루거는 자영업자나 프리랜서, 혹은 인력 사무소를 통해 단기 고용된 노동자들이 대안적인 도급계약 업무를 맡아서 하는 (이른바 노동 인력의 임시직 전환) 비율이 10~16퍼센트 상승했으며, 지난 10년간 미국 경제에서의 고용 성장치는 모두 이런 임시직 노동자들의 증가에 따른 것이라고 추정했다.[16] 이처럼 고스트워크의 규모와 발달을 엿보는 데 가장 현실에 가까울지 모를 자료는 정부기관이 아니라 민간 전문가 집단의 연구에서 나왔다.

온디맨드 긱 노동 시장의 가장 보수적인 추정치는 경제정책연구소(Economic Policy Institute)에서 발표한 자료다. 경제학자 로렌스 미셸과 그의 연구팀은 미국에서 경제활동을 하는 성인의 0.5~1퍼센트, 인원수로는 125만에서 250만 명 정도가 온디맨드 긱 경제에 참여한다고 추정했다. 그런데 이들이 분석한 통계는 우버 운전자에 관한 연구 결과를 바탕으로 하며, 승객과 차량을 연결해주는 우버와 같은 부류의 모바일 애플리케이션이 긱 일자리의 대부분을 차지한다라는 전제 하에서 추정한 값이다. 한편 JP모건체이스 연구소는 2015년에서 2016년 사이에 미국 성인의 4.3퍼센트인 1,073만 명이 온라인 플랫폼 경제의 일을 최소한 한 번 이상은 했다는 연구 결과를 밝히기도 했다.[17] 노동 인력의 이동이 잦은 임시직 업무가 바로 이런 노동 시장을 차지한다. 정해진 직책도 없고, 직급 상승도, 보너스도 없다. 업무는 한정적이며, 일단 정해진 목표를 이루면 그 일에 투입됐던 사람들은 해산되고 다른 프로젝트로 옮겨가는 식이다.

이제는 소프트웨어 엔지니어링, 법률 서비스, 상업적인 대중매체, 의료 서비스를 포함한 광범위한 분야에서 화이트칼라의 직업을 다수의 프로젝트 묶음으로 개조하는 온디맨드 노동 플랫폼에 의탁한다. 완전히 디지털로만 이루어지는 그런 정보 서비스와 지식 업무는 함께 생각해야 할 창의적인 전문성을 다른 형태로 바꾸고, 첨단기술, 법, 금융, 엔터테인먼트에 이르는 다양한 산업 분야에서 공급받은 데이터를 구매 가능한 서비스로 나눈다. 이런 엄청난 변화로, 이제 정규직 근로자들이 상근하는 대기업의 시대가 물러갈 날이 얼마 남지 않았다. 기업들은 컴퓨터와 인공지능 스마트 기기를 결합한 정보 서비스를 팔기 위해서 앞다퉈 경쟁한다. 캐털런트(Catalant, 옛 아워리너드(HourlyNerd)), 팝엑스퍼트(Popexpert), 업워크(Upwork) 등의 회사들이 API를 활용해서 규모가 큰 편에 속하는 '매크로 태스크(macro-task)' 지식 업무를 기업 고객이나 개인 고객의 수요에 맞춰서 공급한다. 자동화가 초래할 고용의 미래는 9시에 출근해서 5시에 퇴근하는 전통적인 형태보다는 틀림없이 한층 세분화될 것이다. 일부 노동 경제학자들은 '직장의 균열'이라는 새로운 현실은 1980~1990년대에 장기 고용을 일련의 단기 고용 계약으로 전환한 데 따른 궁극적인 결과라고 주장한다.[18] 하지만 현실이 이렇듯 예측 불가능하더라도, 한층 스마트하게 진화한 듯 느껴지는 애플리케이션을 만들기 위해 밤낮으로 키보드 앞에 앉아 수많은 작업을 보이지 않게 맡아 처리하는 전 세계 수백만 명의 디지털 근로자들을 단념시킬 수는 없다. 그 말은 경제와 고용의 미래는, 로봇이 인간을 밀어내고 주도권을 쥐는 디스토피아를 그린 공상과학 영화보다는 요즘 시대의 온디맨드 경제에 가까울 가능성이 더 크다는 뜻이다.

그에 대비하려면 소프트웨어 인터페이스의 여러 단계를 다루고 인공지능의 그늘에서 일하는 법을 배워야 한다. 앞으로의 사업과 고용 환경은 자기 집 방이나 카페, 인도의 시골이나 테네시 녹스빌에 있는 콘크리트 주택에서, 혹은 포틀랜드나 오리건에서, 아니면 그 외에 어느 곳에서든 인터넷 연결망과 컴퓨터가 있고, 열정이나 돈을 벌어야 할 필요성이 있는 사람들이 조앤처럼 개인적으로 계약을 체결하고 일을 하는 생태계가 포함될 것이다. 이런 직종에 있는 사람들에 대한 관심이 부족해질 경우, 온디맨드 노동은 순식간에 소외당하고,

가치가 떨어지고, 고립된 고스트워크가 될 수도 있다.

우리가 인터뷰했던 노동자들은 의외로 모두들 '기대'를 품고 있었다. 그들은 온디맨드 직업으로 언제 누구와 함께 일할지, 어떤 일을 맡을지를 자신이 원하는 대로 결정하고, 가족 가까이에 머물 수 있을 것으로 기대했다. 또 먼 거리로 출퇴근하거나 적대적인 분위기의 일터에서 일하는 상황을 면할 수 있을 것으로 기대했다. 직업 경력을 쌓아 새로운 가능성의 문을 열 수 있을 것으로도 기대했다. 물론 현재 자기 자신과 가족들의 상황을 고려하면 달리 선택의 여지가 없다고 보는 사람들도 많았다. 거주 지역에서 구할 수 있는 전업 일자리는 보통 시간당 급여를 받으면서 교대 근무하고, 예측 불가능한 근무 스케줄에 맞춰야 하며, 의미 있는 발전의 기회도 없는 대형 소매점 근무 같은 것들이었다. 반면 온디맨드 직업은 실제 세계의 경험을 제공했다. 온디맨드 일에 종사하는 사람들은 회의 스케줄을 잡고, 웹사이트를 점검해서 오류를 수정하고, 컴퓨터 전문 능력을 키우고, 영업 전략을 찾고, 정규직 직원의 인사 기록을 관리한다. 언젠가는 근무 스케줄과 목표를 완전히 자기 마음대로 정하고 싶다는 기대를 품어보지 않은 근로자가 어디 있겠는가?

이 책은 인류학자와 컴퓨터 공학자인 우리 두 사람의 저자가, 크게 발달하고 있음에도 가려져서 잘 드러나지 않는 경제 분야를 5년 동안[19] 연구했던 내용을 바탕으로 한다.[20] 그 안에는 미국과 인도의 근로자들을 대상으로 한 수만 건의 설문 조사와 200건 이상의 인터뷰 자료, 온디맨드 직업 플랫폼에 관한 소셜 네트워크 분석과 행동주의 실험 수십 건, 이 노동 시장의 다른 핵심 요인에 관한 독특한 연구, 즉 이런 플랫폼들을 기업으로 일궈낸 사람들과 플랫폼을 통해 노동자를 고용하는 사람들에 관한 연구결과가 종합되어 있다. 꾸준히 일을 하고 월급을 받는 방식에서 비정기적으로 간단한 프로젝트를 수행하고 아주 적은 보수를 그때그때 받는 방식으로 대체되고, 직장 상사는 원거리에서 익명의 독립 계약 노동자들을 감독하도록 프로그램된 자동화 시스템으로 대체된다. 이 책 『고스트워크』는 널리 알려진 '로봇의 부상'을 바라보는 관점에서 벗어나서, 이미 현실에 조금씩 모습이 드러나고 있는 한층 복잡한 미래를 펼쳐 보인다. 그러면서 고스트워크 플랫폼이 첨단 기술의 놀라운 가능성이라는 믿음을 조성하는 데 어떻게 기여하는지 보여준다.

인류학자인 메리는 귀가 뾰족한 개의 사진, 털 없는 고양이 사진, 음경을 노출한 사진들을 골라내거나 분류하며 돈을 버는 세분화된 노동자들의 세계를 보고 이 주제에 흥미를 갖게 됐다. 메리가 채용 담당자들에게 일을 맡은 노동자들에 관해 어떤 정보를 가지고 있느냐고 질문하자, 사람들은 "잘 모르겠다."거나 "굳이 내가 그런 걸 왜 알아야 하는가?"라고 무심하게 답변했다고 한다. 한편 컴퓨터 공학자인 시다스는 오래 전부터 온디맨드 플랫폼을 사용해서 행동주의 실험을 온라인으로 수행했지만, API가 그 일을 수행한 사람들의 정보를 드러내지 않기 때문에 노동자들에 관해서는 아는 바가 거의 없었다.[21] 그 일을 맡아 했던 이들은 어떤 사람들이었을까? 흔히 '단순노동'으로 불리는 일에 지원하게 된 동기는 무엇이었으며, 이런 불분명한 고용 형태가 어떤 효용이 있었을까? 그들에게는 이런 일이 어떤 의미가 있었을까? 온디맨드 플랫폼을 통해 얼마나 많은 작업이 온라인으로 유통될까? 어떤 비즈니스 모델이 작업 기반의 노동 수요를 창출하는 걸까? 이런 작업 기반의 경제에서 전반적인 노동은 어떤 형식일까?

연구팀이 2013년에 이런 질문을 제기하기 시작했을 때, 논의에 참여한 사람들은 경제학자, 컴퓨터 공학자, 경영자들뿐이었다. 이 세 집단은 효율성을 증진하고 사업성과를 최대화하는 능력에 치중해서 온디맨드 노동 시장을 평가했다. 나중에는 논의의 대상에 인간도 포함됐지만, 그 내용은 소비자와 관련한 부분, 즉 '소비자 경험의 질은 어떠한가?'를 살피는 데 초점이 맞춰졌다. 회사에서 혹은 자체 연구소에서 인공지능 개발 실험을 하면서 API를 만든 기술자와 컴퓨터 공학자들은 비용이 많이 들거나 사용자들을 짜증나게 만드는 불필요한 절차를 없앤 시스템을 설계하고자 했다. 설계자들은 교통수단, 음식, 세무 상담 등의 각종 서비스를 사람들과 자동으로 연결하는 보다 스마트하고 빠른 소프트웨어를 만들고, 반복 처리과정에서 얻은 데이터로 그 이후의 소프트웨어를 훈련시켜 자동화 영역을 확대하는 일에 몸담았다. 생산성을 중시하는 이런 접근방식이 작업 단위로 분배되는 일거리를 얻으려고 경쟁하는 사람들에게 어떤 의미가 있는지 추적해서 살핀 사람은 거의 없었다. 기업들은 일단 인공지능이 어느 정도 수준까지 발전하면, 훈련 데이터를 만들어서 소프트웨어 개선에 기여했던 노동자들은 사라질 것이라는 추정 하에 사업을 이끌어 나갔다. 어쨌든 그들은 임시직 일자리를 만드는 기업이 아니라 소프트웨어를 만드는 기업이었으니 말이다.

이후 5년 동안 우리는 각자의 연구 분야에서 해본 적이 없는 시도를 했다. 우리는 고스트워크에 관해 지금껏 유례가 없었던 포괄적인 연구를 진행해서, 고스트워크의 범위와 그 일에 종사하는 사람들의 삶을 살펴보았다. 『고스트워크』는 인공지능의 발전에 고스트워크가 기여한 역할과, 인터넷과 자동화의 미래에 핵심적인 기능을 담당한 그런 노동자들의 삶을 최초로 파헤친 책이다. 이 책은 이 새로운 경제 분야에 몸담은 노동자들의 경험을 상세하게 제시한다. 특히 온디맨드 노동 인력의 규모가 가장 크며 첨단기술 발달에서 길고 밀접한 역사를 가진 인도와 미국의 노동자들을 중점적으로 살핀다.

우리 연구팀은 집에서나 임시로 마련한 사무실에서, 트위터 메시지를 분류하는 일에서 병원 진료 녹음 파일을 필사하는 일까지 다양한 작업을 맡아 처리하는 노동자 수백 명을 직접 인터뷰하고 관찰했다. 또 어떤 관행이 일반적이고 어떤 것은 예외적인지 가려낼 기준점을 만들기 위해 수천 명을 추가로 조사했다. 그리고 수십 건의 행동주의 실험을 진행하고 수천 명의 참가자들을 상대로 유형을 분석해 빅데이터화함으로써 인터뷰 자료에서 얻은 결과를 확장했다. 이 책에서 우리는 이 두 가지 분석의 장점을 결합해서 온디맨드 경제에서 일하는 사람들에 관해 더 많은 사실을 깊이 조명한다.

우리는 네 가지 고스트워크 플랫폼을 조사했다. 그 플랫폼들은 아마존닷컴의 미케니컬 터크(엠터크), 마이크로소프트의 사내 플랫폼인 UHRS(Universal Human Relevance System), 사회 복지에 뜻을 둔 스타트업 리드지니어스(LeadGenius), 타 언어 사용자들이나 청각장애가 있는 사람들을 위해 번역을 하고 자막을 넣는 활동을 하는 비영리 단체인 아마라닷컴(Amara.org)이다. 이 플랫폼들은 각기 다른 상품과 비즈니스 모델을 제공한다. 이 네 곳을 동시에 조사하면서, 우리가 관찰하고 결론 내린 내용이 고스트워크의 특정 분야에만 국한되는 것이 아니라 온디맨드 경제 전반에 널리 적용된다는 사실을 확인할 수 있었다. 엠터크는 고스트워크 플랫폼을 상업적으로 활용한 최초의 사례 중 하나로, 휴먼 컴퓨테이션을 비즈니스 솔루션에 적용하는 선례적인 기준을 마련했다. UHRS는 IT 대기업들이 각자의 고스트워크 수요를 충족하는 데 활용할 수 있는 내부적인 플랫폼을 대표한다. 리드지니어스와 아마라는 고스트워크가 얼마나 복잡하고 정교해질 수 있는지, 그리고 고스트워크에 더 좋은 환경을 만드는 데 기업이 얼마나 큰 영향력을 끼칠 수 있는지를 드러내 보인다.

그리고 물론 노동자들의 이야기도 빠질 수 없다. 우리가 만난 이들 중에는 이런 플랫폼에서 여러 가지 온디맨드 프로젝트를 맡아 일하면서 근무 시간이나 급여 수준을 맞추고 풀타임 정규직에 필요한 경력을 쌓는 이들도 있었다. 또 다른 직업 없이 집에서 육아에 전념하는 생활이 지루해진 대졸자 부모들, 결혼 비용을 마련하거나 형제의 학비를 보태기 위해서 일주일에 50시간씩 일하는 이민 1세대 대학생들도 만났다. 그리고 장애인이나 직장 은퇴자들 중에 통상적인 방법과 다른 방법으로 일자리를 찾거나 연금 이외의 여유 자금을 마련하려는 사람들도 만났다. 덧붙여 고스트워크 플랫폼을 설립하고, 설계하고, 구축한 기술자들과 기업가들도 만나 보았다.

처음에 우리는 '이 사람들은 누구이며, 이 사람들이 하는 일은 9시 출근 5시 퇴근이 기본인 전통적인 직장과는 어떻게 다를까?'라는 의문을 품었다. 대다수 온디맨드 노동 플랫폼에서 일을 의뢰하는 사람들은 노동자에 관한 개인 정보를 볼 수가 없어서 성별, 거주 지역, 연령, 경력을 전혀 알 길이 없다. 노동자들도 업무에 대한 설명 외에는 의뢰자에 관한 정보를 아무 것도 듣지 못한다. 업무의 범위는 정해진 한계가 따로 없으며, 날마다 바뀔 수 있다. API는 물론 고양이 사진에 인간이 태그를 달거나 연구를 위한 실험을 진행하는 데에도 사용되지만, 그와 유사한 종류의 API가 식사를 배달하고, 자동차를 보내고, 웹사이트를 디자인할 사람을 고용하는 데에도 쓰일 수 있다. API를 불러오면 곧바로 작업이 실행되는 순간은 소비자와 의뢰자에게 모두 자동화된 것처럼 느껴진다. 그런데 자동화라는 이런 명분으로 누가 득을 보는 걸까? 또 누가 피해를 입을 수 있을까?

연구가 마무리되어갈 즈음에, 우리는 고스트워크에 종사하는 사람들이 자유 계약 조건으로 글을 쓰고, 연구를 하고, 소프트웨어를 개발하거나, 시간 강사로 일해서 생계를 유지하는 우리 가족들이나 친구들과 다를 바 없다는 사실을 알게 됐다. 그들의 직업 생활은 취약하고 불안한 경우가 많다. 하지만 멀리에서도 쉽게 접근할 수 있고 익명성이 보장되는 온디맨드 플랫폼의 특성은 거주지, 장애, 낙인찍힌 소수자 집단이라는 이유 등으로 정규 직업을 갖기 어려운 사람들이 쉽게 접속해서 돈을 벌 수 있는 수단이기도 하다.

온디맨드 직업이 발생하기 시작하는 시점을 우리가 더 자세히 살펴볼수록, 무너져 내리지 않고 자신과 동료들을 위해 의미 있는 일을 만들기 위해서 익숙한 전략을 쓰는 사람들을 더 많이 보게 됐다. 때로는 이런 노동자들이 서로 협력해서 성공하기도 했다. 그들은 어려운 일을 쉽게 하는 전략을 공유하거나, 노동 시장에 나온 일에 관한 정보를 교환하거나, 온라인에서 새로운 일이 나올 때까지 두 눈을 똑바로 뜨고 기다릴 수 있도록 서로 돕고 있었다. 우리는 실패한 뒤에도 묵묵히 앞으로 나아갈 줄 아는 사람들을 만났다. 그들은 착취적인 비즈니스 모델, 노동법, 노동자들 편의와 이익에 무관심한 API 설계에 반대할 줄 아는 이들이었다. 그리고 우리는 기업들이 노동자들의 네트워크 덕분에 얼마나 득을 보고 있는지 전혀 모르고 있다는 사실에도 주목했다.

이 책에서는 아무런 생각할 필요 없이 API를 통해서 수행하는 기계적인 과정, 다시 말해 공감은 말할 것도 없고 생각하는 것조차 불가능한 컴퓨터 조작이라는 의미의 소위 '알고리즘의 무자비성'에 관해 설명한다. 고스트워크에 종사하는 사람들은 그 어떤 기술자, IT 기업의 CEO, 정책 입안자, 노동 운동가들보다도 온디맨드 직업의 위험과 가능성을 잘 이해하고 있다. 그들은 날마다 그 일을 하면서 살아간다. 그리고 그들은 온디맨드 직업을 더 낫게 만들기 위해 경제적으로, 심리적으로 가장 많이 투자하고 있다.

식품, 의류, 컴퓨터를 생산하는 기업들이 해당 산업의 노동 관행을 책임져야 하는 것과 마찬가지로 디지털 콘텐츠를 생산하는 기업들도 소비자와 노동자들을 책임 있게 대해야 마땅하다. 우리는 뉴스를 선택해 제공하거나, 사람들이 즐겨 이용하는 소셜미디어 사이트에서 트롤(troll: 인터넷 공간에 도발적이고 불쾌한 내용을 올려 공격적이고 반사회적인 반응을 유발하는 행위-옮긴이) 행위를 찾아내서 경고하는 일처럼, 사람들의 편익을 도모하기 위한 일에 인간들이 투입됐던 분야가 있었다면 이를 공개적으로 알릴 것을 강력히 주장한다.

투명성을 보장해야 한다는 이 같은 요청과 함께, 이 책은 노동 생산성 향상을 꾀하는 기업가들, 미래형 노동 플랫폼을 구축하는 컴퓨터 기술자들, 이런 새로운 산업 분야를 구체화하는 정책 입안자들을 위한 교훈을 제시한다. 하지만 그뿐 아니라 우리가 날마다 사용하는 휴대폰 앱과 인터넷 웹사이트를 눈에 안 보이는 곳에서 뒷받침하는 노동자들에 관한 감춰진 이야기는, '크라우드소싱'이나 '마이크로워크'는 물론이고 그보다 덜 알려진 '긱 노동'이나 '엠터크 작업'에 관한 이야기를 흘려들은 적이 있거나, '로봇의 부상'이라는 말을 귀에 못이 박히도록 들었지만 인공지능이 노동계를 어떻게 재편하고 있으며 인공지능의 그늘에서 일하는 사람들은 정확히 어떤 일을 하는지 궁금하게 생각해왔던 일반 독자들에게도 흥미로운 내용을 전한다.

우리는 생생하고, 세심하고, 궁극적으로 희망적인 이야기를 제시한다. 그 밖에도 정규직과 자유계약직 간의 차이를 초월하는 것만으로도 인터넷으로 창출된 부를 자동화 최종 단계의 역설을 해결하려 애쓰는 사람들과 나누는 데에 큰 도움이 된다는 사실을 보여주고자 한다. 우리는 미국과 인도의 많은 노동자들을 인터뷰하면서 얻은 교훈이, 이런 유형의 일에 이미 관여하고 있거나 머지않아 최대한 활용하게 될 전 세계 노동자 수백만 명에게 도움이 되기를 희망한다. 그리고 그 무엇보다도, 이 책은 자신의 미래를 위해 일하거나 자신의 미래를 가늠해보고자 하는 모든 이들을 위한 것이다.

PART 1

자동화
최종 단계의 역설

핵심 구성원인 사람들

고스트워크의 시작 · API를 활용해서 일할 사람을 모집하기 · 고스트워크, 기계 학습, 그리고 인공지능의 부상 · 고스트워크의 범위: 마이크로 태스크에서 매크로 태스크까지 · 무기화된 무지(無知)

삯일에서 아웃소싱까지

자동화 최종 단계의 간략한 역사

GHOST WORK

제 1장
핵심 구성원인
사람들

고스트워크의 시작

     2000년대 초에 아마존닷컴은 곤경에 처했다. 설립한 지 얼마 안 된 스타트업이던 아마존이 속해 있는 도서 시장은 전자 상거래가 본격적으로 도입되면서 급속하게 성장하고 있었다. 아마존은 온라인 서가를 확충하기 위해 출판사 카탈로그와 도서관 목록에서 직접 종이책 수백만 권의 전자 정보를 수집했는데, 그렇게 만든 데이터베이스에는 오류가 수두룩했다. 온라인에서 물건을 구매하는 것을 주저하는 사람들도 여전히 존재했기 때문에 단골 고객층을 확보하려면 사람들 앞에 상품을 내놓기 전에 반드시 목록이 중복 게재된 부분과 오탈자를 골라내고, 최신 정보로 업데이트되지 않은 책 표지 이미지를 찾아서 수정해야 했다.[1] 처음에 아마존은 임시 계약직 근로자를 고용해서 데이터베이스 정리 업무를 맡겼다. 다른 IT 기업들이 흔히 그랬던 것처럼 인력 알선 업체를 통해 원어민 수준으로 영어를 구사하면서도 노동 급여가 낮은 인도와 미국의 노동자들을 고용했다. 고용된 직원들은 책 제목, 출판날짜, 서지정보를 수정했을 뿐 아니라, 책의 편집판에 맞는 표지 이미지가 실렸는지 확인하고 고객들이 아마존 검색창을 사용해서 검색할 때 검색 결과가 최대한 많이 제시되도록 책 소개 페이지마다 키워드를 넣기도 했다.[2]

그 후에는 최대의 온라인 소매 기업으로 성장하는 데 걸림돌이 되는 문제들을 해결해야 했다. 아마존은 수백만 가지 상품을 직접 쌓아 놓고 판매하는 것이 아니라, 중소기업들을 대거 유치해서 전자제품, 장난감, 청소도구, 틈새시장 먹거리 같은 다양한 상품의 정보를 아마존닷컴 사이트에 게재하고 판매하게 했다.[3] 외부의 서적 판매상들과 서적 이외의 상품을 판매하는 소매상들까지 받아들여 규모가 한층 확대되면서 이제는 아마존닷컴에 등재된 모든 상품과 해당 상품의 이미지가 일치하는지 일일이 확인해야 하는 또 다른 숙제가 생겼다. 아마존은 물론이고 이곳에 물건을 올려놓고 판매하는 모든 판매상들 역시 상품 사진과 관련 정보가 일치하는지 확인하고, 갈수록 다양해지는 수많은 상품들을 온라인 쇼핑객들이 쉽게 검색할 수 있도록 제품의 키워드와 설명을 기재하는 반복적인 업무를 전담할 별도 인력을 수급해야 했다.

아마존은 판매상들에게 이 업무를 담당할 계약직 근로자를 고용하도록 유도했다. 아마존닷컴 사이트가 점점 확장하는 가운데, 부자연스럽고 불분명한 표현이나 문법 때문에 고객들이 등록한 서평이 폄하되는 일이 없도록 사이트에 게재된 고객들의 서평을 가다듬는 절차도 필요해졌다. 이번에도 계약직 근로자들이 그 일에 투입됐다.

그러던 중 아마존은 2005년, 확인된 아마존 계정이 있는 사람은 누구든 쉽게 접속해서 상품 정보와 서평의 철자 오류를 수정할 수 있도록 만든 웹사이트를 열었다. 이 사이트의 이름은 '아마존 미케니컬 터크(Amazon Mechanical Turk)'로, 사용자들 사이에서는 주로 엠터크(MTurk)라는 약칭으로 불렀다. 엠터크는 일손이 필요한 '의뢰인'이 원하는 다양한 직무를 게시하면 노동자들이 지원해서 보수를 받고 그 일을 해주는 일종의 온라인 노동 시장이었다. 이 플랫폼에 직무와 보수를 등록하는 과정은 유명 생활정보지 「크레이그리스트(Craigslist)」에 구인광고를 올리는 것만큼이나 쉬웠다. 게다가 엠터크는 은행 역할도 겸해서, 의뢰인들이 미리 지급 계정을 기입하고 급여계산서를 작성해두면 프로젝트가 완료되었을 때 일을 완수한 노동자에게 급여가 자동적으로 지급될 수 있었다.

아마존은 의뢰인들이 직무별로 노동자들에게 지급하는 보수의 일정 비율에 수수료를 붙이고, 특정 자격 조건을 갖춘 노동자를 연결해주는 경우에는 추가 수수료를 받았다. 은행 계좌, 신용카드 정보, 정확한 주소를 아마존에 제공하기만 하면 누구든 아마존 엠터크에서 일에 지원하고, 포인트를 모아 가상의 슈퍼마켓에서 사용 가능한 상품권을 얻을 수 있었다. 일을 하고 받는 보수는 작업별로 큰 차이가 있어서, 어떤 이미지에 키워드를 추가하는 이미지 태깅(image tagging)으로 1센트를 받는 일에서 간단한 마케팅 조사를 하고 25달러를 받는 일까지 다양했다.[4]

엠터크가 첫선을 보인 뒤 2년 동안 일거리를 찾기 위해 엠터크 플랫폼에 계정을 만든 사람은 10만 명 이상이나 됐는데, 아마 세계적으로 경제 불황이 시작되던 시기적인 영향도 있었을 것이다. 엠터크는 노동자들의 고용과 급여 지급을 자동화해서, 일손이 필요한 기업이나 개인이 찾아와 노동 인력을 구하고, 일거리를 찾는 많은 이들이 희망하는 일에 지원할 수 있는 환경을 조성했다. 엠터크가 아마존의 자체 상품팀을 능가할 정도로 성장하면서 이윽고 미국에 주소지를 둔 노동자들에게 현금을 직접 지급하고, 인도에 거주하는 노동자들에게는 싱가포르 은행을 통해 미국 달러를 인도 루피로 전환한 지불 수표를 지급하는 정책이 시행됐다. 엠터크가 상품권 대신 현금을 지급할 수 있게 되자 미국과 인도에 거주하는 많은 노동자들은 아마존 상품권을 놓고 태평하게 경쟁하는 다른 국가의 노동자들보다 더 치열하게 경쟁했다.[*][5]

엠터크는 꼭 필요했던 틈새시장을 메웠다. 기업과 개인 사업자들이 온라인으로 판매하는 상품이 갈수록 많아지면서 온라인에 게시된 내용이 정확한지 점검할 방법이 어떤 식으로든 필요했던 차였기 때문이다. 회사에서 영수증을 첨부해 지출 보고서를 작성하고 청구액을 상환하는 업무를 맡은 사람들은 엠터크의 서비스 덕분에 요일과 시간의 구애 없이 해당 직무를 수행할 인력을 곧바로 구할 수 있게 됐다. 당시 스타트업이었던 옐프(Yelp) 같은 기업과 데이터베이스의 내용을 작성하고 조직하는 업무를 맡은 단기 계약 근로자들은 예

---

[*] 엠터크는 제프 베이조스가 개인적으로 아끼는 사업이라는 소문이 있다. 베이조스는 엠터크가 내부적으로 쓰이는 것뿐만 아니라 목록을 정리해야 하는 다른 기업 고객들에게도 마케팅할 수 있는 새로운 시장으로 본다는 것이다.

전에는 엄두도 내지 못했을 정도로 아주 상세한 상업시설 위치와 레스토랑 정보를 정확하게 제공할 수 있게 됐다. 마케팅 홍보 에이전시들은 신제품 아이디어, 마케팅 슬로건, 단어 연상 설문을 수백 명에게서 수집하는 간단한 조사를 정규직이나 임시직 근로자의 시간당 급료보다도 적은 비용을 들여 수행할 수 있게 됐다. 학자들은 폭넓은 인구집단을 대상으로 설문 연구를 진행해서, 예를 들면 대학의 개론 수업에서 설문 조사로 도출할법한 결과를 단 1시간 만에 1,000명을 대상으로 진행해 얻을 수도 있었다.

더욱이 대부분의 대학 캠퍼스에서 실시되는 설문 조사는 만 18~22세 사이의 대학생 연령층을 주요 대상으로 하는 데 비해서 엠터크의 설문 조사는 대체로 그보다 훨씬 폭넓은 연령과 지역을 대상으로 한다. 물론 미국의 크레이그리스트 같은 유명 지역생활정보지와 그 온라인 사이트에도 구인 광고가 가득하지만, 엠터크는 그런 것과는 완전히 다른 서비스를 제공한다. 엠터크는 정해진 자격 조건이나 컴퓨터 활용 경력이 거의 필요 없는 일을 수행할 사람을 모집한다. 그런 종류의 일은 그저 시간이 있고, 세부적인 사항에 주의를 기울일 줄 알고, 인터넷을 사용할 수 있는 환경에 있으면 누구든 가능하다. 마케팅, 조사, 교육 자료 제작, 온라인 콘텐츠의 지속적인 점검 등 어떤 직무가 됐든지, 엠터크처럼 수요 기반 노동 시장 플랫폼을 통해 수행하는 일은 사무실 직원들을 통할 때보다 훨씬 짧은 시간과 적은 비용으로 완수할 수 있었다. 그리고 뒤이어 간단한 컴퓨터 프로그래밍, 웹 인터페이스, 규제에 얽매이지 않는 고용이 어우러진 체계의 장점을 살린 수많은 신규 사업체들이 생겨나면서 고스트워크를 담당할 인력 채용을 자동화하는 효과적인 방법이 새롭게 대두됐다.

소비자들 눈에 보이지 않는 곳에서 노동자 수백만 명이 간단한 직무 수십억 가지를 맡아 진행하면서, 고스트워크는 인공지능 혁명의 동력이 됐다. 어떤 기업들은 고스트워크로 우리가 '매크로 태스크(macro-task)'라고 이름 붙인, 보다 큰 규모의 프로젝트를 수행하기도 한다. 어떤 식으로든 오늘날 수많은 인기 웹사이트와 모바일 애플리케이션이 나올 수 있었던 데에는 고스트워크의 뒷받침이 있었으며, 고스트워크에 종사하는 노동자들은 여전히 그들을 고용하는 방법으로도 쓰이는 API 뒤에서 보이지 않게 일한다.

API를 활용해서 일할 사람을 모집하기

엠터크의 API에 접속할 수 있는 사람들은 누구든 엠터크에 회원 가입한 노동자 인력을 활용할 수 있다. 이제는 아마존 내부 개발자와 다른 회사에 소속된 소프트웨어 개발자들 모두가 소프트웨어를 제작해 엠터크 플랫폼에 작업을 올릴 수 있어서, 손쉽게 (단 몇 초 만에) 노동자들을 고용하고, 수행한 일을 평가하고, 완성된 프로젝트를 넘겨받고, 보수를 지급할 수 있게 됐다.

예전에는 프로그래머들이 기계가 실행할 코드만 짤 수 있었다. 하지만 엠터크의 혁신적인 기술 덕분에 이제는 기계뿐만 아니라 사람들이 프로그램 코드의 일부를 실행할 수 있게 됐다.[6] 엠터크의 놀라운 약진은 바로 이런 기본적인 기술(일련의 작업을 한데 묶어서 인간이 API를 이용해 처리할 수 있게 만든 것)을 이용해서 엠터크를 인간의 노동을 '사고파는' 노동 시장으로 만들었다는 사실이다. 이제는 그런 소프트웨어를 이용해 동일하거나 비슷한 작업을 반복 수행하는 컴퓨터의 능력과 창의적인 인간의 능력을 동시에 활용할 수 있게 됐다. 프로그램 소프트웨어와 엠터크의 API들은 온디맨드 임시직 노동자의 관리자 기능을 유능하게 해낸다. 엠터크의 비즈니스 모델을 본뜬 API들과 웹 기반의 플랫폼 인터페이스들에는 직장 상사나 사장의 임무로 흔히 기대하는 피드백, 일정 관리, 작업 영역, 비용 지불 점검, 일이 제대로 수행됐고 과제가 완료되었는지 확인하는 등의 과정이 빠져 있는 듯했다. 그렇게 해서 엠터크는 '고용주' 역할에 해당하는 기능들을 약화시키고, '의뢰자'들이 의뢰한 작업을 즉각적으로 처리하는 데 주의를 기울였다.

일을 하는 이런 새로운 방식이 갖는 가장 중요한 의미는 API가 프로그래머와 노동자 간의 대화와 소통을 결정한다는 데 있다. 가령 API는 각 의뢰인과 노동자에게 고유의 식별자 기호를 부여한다. 이런 식별자는 예를 들면 'A16HE9ETNPNONN'처럼 겉보기에 무작위적인 문자와 숫자의 조합이다. 프로그래머의 관점에서는 각 노동자들이 ID로 식별되고, 이런 식별자에는 신념, 개성, 경험처럼 인간을 인격체로 만드는 요소들이 반영되지 않기 때문에 인간 노동자들이 대체 가능한 존재처럼 느껴지게 된다.

컴퓨터 공학자들은 개인의 특성은 어차피 빠져 있다고 설명할 것이다. 마치 사회보장번호(SSN: 출생과 함께 공식적으로 부여되는 9자리의 개인 식별 번호로 우리나라의 주민등록번호와 비슷하다-옮긴이) 외에는 그 사람에 관해 전혀 알지 못하는 상황에서 고용하는 것과 마찬가지다.

API에 개별 노동자의 정보가 들어설 곳이 없어지면서, 결과적으로 일하는 사람이 누군가를 전혀 알 필요가 없어진 것처럼 보인다. 포커 게임을 할 때 돈 대신 칩을 이용할 경우 자신이 실제 돈으로 도박을 하고 있다는 사실을 잊어버리는 것과 마찬가지로, 사람들을 고유의 식별자로 표시하면 프로그래머들이 사람을 고용하고 있으며, 그들이 만든 코드가 사람들 삶에 영향을 끼칠 수 있다는 사실을 간과할 수도 있다.

아마존이 19세기에 있었던 체스 두는 기계 '미케니컬 터크'를 태연하게 언급했던 건, 얼핏 보기처럼 그렇게 불가사의한 행동은 아니었다.* 아마존은 1770년에 첫 선을 보인 뒤 80년 이상 순회하며 체스 대결을 펼쳤던 수수께끼 같은 이 기계와 자신들의 서비스를 비교하려던 것이었다. 아이러니하게도 미케니컬 터크 체스 기계는 속임수였음이 나중에 밝혀졌다. 이는 자동화 기계가 아니라 그저 체스 실력이 뛰어난 키 작은 사람이 나무로 된 상자 속에 숨어 있었던 것뿐이었다. 핵심 구성원의 일원인 인간이 스스로 체스를 두는 것처럼 보였던 기계 뒤에서 조종한 것이다. 그리고 그 이름에서 느껴지듯이 기계들이 배울 수 있는 영역을 확장하는 데에는 인간의 지능이 필요하다. API들은 기계들에게 발전된 인공지능 기술을 가르치는 데 아주 적합한 주체다.

---

* 아마존이 플랫폼을 외부 사람들 눈에 띄게 만들려고 계획했는지 여부는 확실치 않지만, 어쨌든 플랫폼에 이런 이름을 붙인 것에 대해 비난하는 글이 많다. 엠터크는 2005년에 첫 선을 보인 이후 공식적으로는 시험판 상태로 유지되고 있다.

고스트워크, 기계 학습, 그리고 인공지능의 부상

컴퓨터 공학자인 케빈 P. 머피는 기계학습을 '데이터에서 패턴을 자동으로 인식하고, 미래의 데이터를 예측하는 패턴을 밝히는 데 쓰이는 일련의 방법'이라고 정의한다.[7]

서론에서 기계가 캐멀백 소파(camelback couch)를 인식하는 법을 배우는 과정을 예로 들었다. 일반적인 기계학습 방식은 훈련 데이터라고 불리는 자료를 모으는 데에서 출발한다. 이 예에서는 가구 카탈로그와 소셜미디어 포스트, 그리고 저스틴 같은 작업자가 캐멀백 소파인지 캐멀백 소파가 아닌지를 가려냈던 자료를 참조하게 된다. 그러고 나면 기계학습 알고리즘이 훈련 데이터에 있는 이미지들과 새로 입수한 이미지 파일을 비교한다. 만약 캐멀백 소파와 더 비슷하면 알고리즘이 그 이미지를 캐멀백 소파로 분류할 것이다. 새로운 이미지의 조명이 약하거나 소파의 등판 부분이 명확히 촬영되지 않았거나, 소파에 사람들이 앉아 있어서 등판을 제대로 확인하기가 힘들다면 기계학습 알고리즘은 그 사진을 어떻게 분류해야 할지 판단하지 못한다. 그럴 때 인간이 다시 투입되어서 도움을 준다.

이미지넷 만들기

인공지능의 전반적인 목표는 사람들에게서 보통 기대하는 수준의 지능(평가하고 행동하는 능력)이 있는 컴퓨터 시스템을 만드는 것이다. 범용 인공지능을 향한 야심적인 혁명 중에는 이미지 상에 나타난 물체가 무엇인지를 이해하는 능력도 포함된다. 생각해보면 두세 살밖에 안 된 아기들도 사진이나 그림 속의 사과 혹은 개 같은 사물을 인식할 수 있으니 말이다. 컴퓨터 공학 교수이자 스탠퍼드 대학교 인간 중심 인공지능 연구소 공동 소장인 리 페이페이와 동료 연구원들은 특정 물체(예를 들면 소파)를 인식하는 정도에 그치지 않고 훨씬 다양한 일반적인 작업을 해결할 수 있도록 인공지능을 훈련시키고자 했다. 이들은 해당 이미지에서 주인공격인 물체(예를 들면 개, 사람, 자동차, 산 같은 것들)를 인식할 수 있게 만들어보려고 했다. 그러기 위해서는 어느 한 사람이 만들어낼 수 있는 것과는 비교도 안 될 정도로 엄청나게 많은 훈련 데이터가 필요했다.

리와 동료 연구원들이 맨 처음에 시도했던 방법은 월드와이드웹에 있는 수백만 장의 이미지를 다운로드하는 소프트웨어를 만드는 것이었다. 이들은 기업들이 임시직 직원을 고용하듯이 학부생들로 구성된 팀을 고용한 후 각 이미지를 설명하는 문구를 적어 넣게 했다. 이런 방법으로 간단히 테스트한 뒤에 인공지능을 완전히 훈련시키는 데 걸릴 기간을 추정해봤더니, 약 19년이라는 계산이 나왔다. 따라서 그들은 전략을 수정해야 했다. 그 다음으로 시도한 방법은 기계학습 알고리즘을 개발하는 것이었다. 이 알고리즘은 이미지의 설명을 자동으로 추측하고 추측하기 어려운 것이 나오면 사람에게 도움을 청하는 방식이었다. 하지만 기계학습 알고리즘이 도출한 오류가 너무 많아서 이 전략 역시 실패로 돌아갔다. 연구팀은 다른 과학자들이 나중에 재사용할 수 있을 정도로 대단히 정확하거나 '최적의 표준'이 될 데이터를 찾아 나섰다. 기계들이 쉽게 해결할 문제 같았으면 애초에 이런 데이터 세트(컴퓨터 상의 데이터 처리에서 한 개의 단위로 취급하는 데이터의 집합-옮긴이)가 필요하지 않았을 테니 말이다.

얼마 뒤인 2007년에 리와 동료 연구원들은 엠터크라는 서비스를 찾아내고, 엠터크의 API를 활용하면 이미지에 설명을 다는 이미지 태깅 작업을 자동으로 맡기고 인건비를 지급할 수 있겠다고 생각한다. 이들은 몇 가지 다른 방법으로 작업 진행을 시도해본 뒤에, 결국 167개국에 걸친 노동자 4만 9,000명을 동원해서 이미지 320만 개에 정확하게 설명을 붙일 수 있게 됐다.[8] 그리고 2년 반 뒤, 이와 같은 공동 작업으로 최적의 표준이 되는 대규모 데이터 세트를 만들었다. 고해상도 이미지 속 물체들의 이름이 대단히 정확하게 기록된 이 데이터 세트를, 리는 '이미지넷(ImageNet)'이라고 불렀다. 연구팀은 이미지넷이 나온 뒤로 매년 개최된 이미지넷 경진대회 덕분에 데이터 세트를 사용해서 더 정교한 이미지 인식 알고리즘을 개발하고 그 알고리즘을 최신 기술과 비교할 수 있었다. 덕분에 연구원들이 엄청난 발전을 이루어 일부 인공지능은 이제 이미지 인식 처리 능력이 인간보다도 뛰어나다.*

2010년에서 2017년 사이 경진대회를 통해 성취한 알고리즘과 공학기술의 발전은 최근 다양한 분야에서 다양한 문제 영역에 영향을 끼친 '인공지능 혁명'의 동력이 되었다. 훈련 데이터의 규모와 질은 이런 노력에 꼭 필요하다. 엠터크의 노동자들은 인공지능 혁명의 이름 없는 영웅들이다. 그들이 훈련 데이터를 만들고 데이터의 양과 품

---

*　2010년 72퍼센트였던 정확성이 2016년에는 97퍼센트로 상승했다.

질을 개선하지 않았다면, 이미지넷은 존재하지 않을 것이다.*[9]

　이미지넷의 성공은 자동화 최종 단계의 역설이 실제로 작용한 주목할 만한 예다. 인간이 인공지능을 훈련시키면, 결과적으로는 인공지능이 그 임무를 전적으로 넘겨받게 된다. 그러면 연구원들은 한 단계 더 힘든 문제들을 꺼내든다. 예를 들어 이미지넷 경진대회가 끝난 뒤에 연구원들은 이미지나 동영상에서 물체가 '어디' 있는지를 찾는 기능에 눈을 돌렸다. 인공지능으로 이런 문제를 해결하려면 훈련 데이터가 더 많이 필요해서, 새로운 영역의 고스트워크를 창출한다. 하지만 이미지넷은 컴퓨터 프로그래머들과 기업가들이 고스트워크를 이용해서 인공지능 기술을 개발하는 데 필요한 훈련 데이터를 만들어 내는 많은 예 중에 하나일 뿐이다.**

고스트워크의 범위: 마이크로 태스크에서 매크로 태스크까지

　　온디맨드 고스트워크를 창출하는 플랫폼들은 고용주

---

*　　실제로 알렉산더 비스너 그로스는 "인간 수준의 인공지능 발달을 제한하는 요소는 알고리즘이 아니라 데이터 세트일지 모른다."라고 말하기도 했다.

**　　연구원들의 데이터 세트 이용을 장려하기 위해서 리와 그녀의 동료들은 전 세계 연구팀들이 모여 이미지 인식 문제를 해결하는 최고의 알고리즘을 놓고 서로 경쟁하는 연례 경진대회를 조직했다. 그 분야에서 과학자들이 이룬 발전은 믿기 힘들 정도다. 매년 열리는 이미지넷(ImageNet) 경진대회가 8년을 거치는 동안 오류는 약 10배 줄었고 이미지 인식 정확도는 3배가 향상됐다. 결국에는 알고리즘이 이미지를 잘못 인식하는 비율은 인간 노동자들보다도 낮아졌다. 과학자들이 8년 동안 경진에 참여하면서 이룬 알고리즘과 공학의 발전은, 다양한 분야와 문제 영역에 파급적인 영향력이 있는 신경망 네트워크의 최근 성과와 이른바 딥러닝 혁명의 밑바탕이 됐다.

인 의뢰인들이 약간의 인간 지능이 필요한 문제를 풀어 나가도록 도움을 주는 문제기 역할을 맡는다. 기업들은 이제 임시직 노동자를 연결해주는 업체를 찾지 않고도 전 세계 노동 시장을 이용할 수 있다.

엠터크는 리 페이페이 연구팀이 활용했던 것처럼 빠른 시간 내에 할 수 있지만 많은 인원이 필요한 '마이크로 태스크(micro-task)' 서비스로 널리 알려지게 됐다. 그런데 최근에는 '매크로 태스크(macro-task)'라고 불리는 더 비중 있는 프로젝트에 투입할 인력을 연결하는 서비스들이 상당수 생겨났다. 뉴스레터 원고를 교열하고, 웹페이지나 모바일 애플리케이션을 만들 사람을 찾을 수 있는 업워크(Upwork)와 파이버(Fiverr) 같은 플랫폼들도 동일한 전략을 사용해서 노동자를 모집하고 관리한다. 인터넷에 연결된 노동자 집단에게 작업을 배분하면, 인공지능과 API가 전적으로 혹은 최소한 부분적으로 직접 이 노동자들을 고용하고, 일정을 짜고, 관리하고, 보수를 지급한다. 돈을 받고 고용된 사람들은 모두 플랫폼 기반의 고스트워크에 해당하는 일들을 완수한다. 그리고 현재 시점을 기준으로 모든 이들은 우리가 법적으로 직업이라고 규정한 범위 밖에서 일을 한다. 즉 고스트워크에서는 누가 '고용주' 또는 '고용인'이 되는지를 결정하는 법규가 따로 없다. 그리고 근로자들이 일거리를 찾는 장소인 이런 플랫폼이 어디에 속하는지도 불명확하다. 하지만 이런 플랫폼들이 사실상 온디맨드 노동의 중심적인 장소가 된 것만큼은 확실하다. API 뒤에서 일하는 사람들의 생활을 직접 들여다보지 않고서는 이 과정이 어떤 식으로 진행되는가를 가늠하기가 대단히 힘들다.

엠터크: 마이크로 태스크의 대표 브랜드

서론에서 잠시 소개했던 조앤은 일하는 동안 머리카락에 시야가 가리지 않도록, 머리를 둘둘 말아 올린 다음 반짝이는 검은 젓가락을 찔러 두었다. 그녀는 81세 노모를 돌보기 위해 2011년 휴스턴으로 돌아온 이후 줄곧 그곳에서 살았다. 조앤은 식사를 준비하고, 집안을 청소하고, 병원 검진일에 병원까지 엄마를 모셔다 드렸다. 그리고 그녀는 지난 3년 동안 소득의 대부분을 아마존의 미케니컬 터크에서 일하며 벌었다.

고향으로 돌아오기 전에 조앤은 테크니컬 라이터(technical writer: 어려운 기술 문서를 사용자의 눈높이에 맞게 바꿔주는 일을 하는 사람-옮긴이)로 풀타임 근무했다. 그녀는 텍사스 주의 실업 보험 신청 매뉴얼을 비롯한 여러 문서를 작성하고 교열하는 일을 했다. 고향으로 돌아온 뒤 처음에는 퇴직 연금을 인출해서 생활비로 충당했다. 하지만 어머니의 건강이 갈수록 나빠지면서 조앤은 집에서 할 수 있는 일을 찾아보기로 했고, 온디맨드 작업이 잘 맞을 것 같아 보였다. 조앤은 집에서 남는 방 하나를 사무실로 꾸미고, 그 좁은 방에 낡은 갈색 의자, 컴퓨터 책상, 대형 모니터를 들여놨다. 그리고 온라인에서 할 수 있는 일을 인터넷으로 찾아보기 시작했다.

조앤은 맨 처음 아마존 미케니컬 터크를 어떻게 찾아냈는지 기억은 못하지만, 아마도 소셜 뉴스 웹사이트인 레딧(Reddit)에서 처음 들었던 것으로 추측한다. 레딧을 비롯한 몇몇 온라인 커뮤니티에서는 고스트워크에 종사하는 사람들이 이 업계에 발을 들이는 요령을 공유하곤 한다. 39세 백인 여성이며 커뮤니케이션학 석사 학위를 가지고 있는 조앤은 어떻게 보면 전형적인 엠터크 노동자라고도 할 수 있다. 엠터크 소속 노동자의 70퍼센트 가까이가 학사 이상의 학력 소지자들이니 말이다. 하지만 어떤 면에서 그녀는 특별한 사례다. 엠터크 노동자들은 대다수가 젊은 세대이기 때문이다. 전문 직종을 결정하는 첫 직장을 가장 적극적으로 찾는 연령대인 18세에서 37세 사이가 엠터크 전체 노동자의 76.9퍼센트이다.

조앤이 자세한 내용을 일일이 기억하지는 못하지만, 그녀가 처음 엠터크에 가입한 이후로 회원 가입 절차가 바뀌지는 않았다고 한다. 조앤은 인터넷에서 엠터크 웹사이트를 찾아 들어가 회원 가입 버튼을 클릭한 후 절차에 따라서 확인 가능한 이름, 이메일 주소, 비밀번호를 입력했다. 일단 회원 가입을 한 뒤에는 웹사이트의 내부 시스템에 접속할 수 있었다. 조앤의 개인 페이지 화면에는 10여 개 항목의 작업이 나열됐다. 이런 작업들을 아마존에서 HIT(Human Intelligence Tasks)라고 부르는데, 현재 채용 중인 일거리였다. 그녀가 어떤 작업 항목을 클릭하면 그 작업의 요구사항, 마감기한, 보수에 관한 간단한 정보가 제시됐다. 그 항목을 클릭해서 주어진 작업을 완수할 수 있었지만, 그녀는 신규 회원이기 때문에 계정 정보를 확인받을 때까지 기다린 뒤에야 보수를 받을 수 있었다. 아마존은 노동자 회원들에게 돈을 지급하기 전에 그 사람의 실제 주소, 국적, 은행 계좌 정보를 확인한다. 조앤이 고스트워크 노동자로 회원 등록하는 과정은 그렇게 쉽고 간단했다.

엠터크의 대시보드(dashboard) 화면은 조앤 같은 신규 회원들 입장에서는 다소 혼란스럽게 느껴질지 모른다. 메뉴 탭이 여러 가지로 확장될 수 있는데, 그 안에는 지금까지의 계정 정보를 기록한 탭, 지금까지 했던 작업을 기록한 탭, 해당 회원이 갖춘 '자격조건'을 나열한 탭이 있다. 자격조건은 능력과 일치하지는 않는다. 엠터크의 세계에서 자격조건은 나이, 성별, 거주 지역 같은 것들이 될 수도 있다. 아마존에 구인 정보를 올리는 사람들은 이 '자격조건'을 이용해서 일을 수행할 노동자의 유형을 제한한다. 예를 들어 어떤 광고 회사에서 40대 여성을 겨냥한 제품에 대한 피드백을 줄 포커스 그룹을 모집한다면, 자격조건에 나이와 성별을 명시할지도 모른다. 혹은 자격요건에 '흡연자'라고 밝힌 사람들에게는 보수를 기준보다 30센트 더 많이, '2016년 선거 유권자'라고 명시한 사람들에게 10센트 더 많이 지급하는 식으로 특정 자격요건을 갖춘 사람에게 추가 수당을 지급할 수도 있다. 조앤이 기억하는 바에 따르면 맨 처음 엠터크 대시보드를 확인했을 때는 쏟아지는 정보에 다소 혼란스러웠지만 그렇다고 단념하지는 않았다. 그녀는 '그래, 처음에는 돈이 안 될지 모르지만, 어느 정도 경험이 쌓이면 쏠쏠한 부수입거리가 될 수도 있을 거야.'라고 생각했다고 한다.

엠터크를 이용하는 사람이 전체적으로 정확히 몇 명인지는 아무도 모르지만, 이 플랫폼에서 활발히 일거리를 검색하고, 작업을 맡아 진행하는 사람들은 보통 약 2,500명 정도다.[10] 엠터크 소속 회원 수를 조사하는 공식 기관(가령 노동조합이나 노동부 같은 곳)이 따로 없어서 전체적인 회원 수를 명확히 밝히는 것 역시 쉽지 않다. 아마존은 엠터크에 등록된 노동자들이 약 50만 명이라고 주장하지만, 학계 연구원들은 엠터크에 회원 가입한 구직자 수가 10만 명에서 20만 명 사이

일 것으로 분석한다.[11] 엠터크 노동 인력의 변동을 조사한 연구로 가장 잘 알려진 대표적인 연구원인 파노스 이페이로티스는 특정한 순간 엠터크 플랫폼에 로그인해 있는 노동자는 보통 2,000명~5,000명 정도가 될 것으로 추정한다. 이는 풀타임 근로자로 계산하면 1만~2만 5,000명에 상응하는 수치다.[12] 이 논리를 모든 온디맨드 플랫폼에 적용하면, 고스트워크의 그늘 아래에 있는 풀타임 일자리는 잠재적으로 수백만 개가 될 수도 있다는 계산이 나온다. 물론 이 수치는 사람들이 이 일을 풀타임으로 하고 싶어 할 것이라는 추측 하에서 계산한 것이다. 그러나 앞으로 확인하겠지만, 풀타임으로 근무할 필요가 없기 때문에 온디맨드 고스트워크를 찾는 노동자들도 상당한 비율에 이른다.

우리는 노동자들이 전 세계에 어떻게 분포하는지 이해하기 위해 엠터크 플랫폼에 일거리 공고를 냈다. 이 공고를 보고 지원한 회원들에게는 검색 엔진 빙(Bing)의 세계 지도 화면과 함께 "현재 본인의 위치를 더블클릭하고 '검색 결과' 버튼을 누르기만 하면 됩니다."라는 문구가 제시된다. 10주 동안 전 세계 곳곳에 거주하는 엠터크 회원 8,763명이 자신의 현재 머무르는 지역이 어디인가를 보고했다. 미국에 거주하는 사람들은 인구 밀도가 높은 지역과 낮은 지역에 고루 분산되어 있었지만, 인도에 거주하는 회원들은 주로 남부 지역에 몰려 있었다. 이에 관해서는 다음 장에서 자세히 다룰 것이다(<그림 1A>와 <그림 1B>를 참조하도록 한다).*

---

* 우리는 의도적으로 노동자들이 자신의 위치를 스스로 보고하도록 했다. 그렇게 해야 위치를 얼마나

우리가 만났던 대부분의 노동자들과 마찬가지로 조앤 역시 일감을 찾는 것으로 하루를 시작한다. 그녀가 가장 많이 하는 일은 텍스트 분류 작업으로, 짧은 텍스트, 예를 들면 어떤 뉴스에 나오는 한두 문장을 읽고 그에 해당하는 분류 항목을 만들거나 미리 지정된 목록에서 '정치', '스포츠' 같은 항목을 찾아 표시하는 일을 한다. 우리가 조앤을 맨 처음 만났을 때 그녀가 하고 있었던 일이 바로 그런 작업이었다. 그녀는 그런 식으로 데이터 포인트를 분류할 때마다 2센트를 받았으며, 일주일에 보통 수십만 개씩을 분류했다.

조앤이 엠터크에 가입한 뒤 처음 6개월은 자리를 잡는 기간이었다. 시간이 지나면서 그녀는 어느 정도의 소득을 얻으려면 신속하게 자신이 할 만한 일거리를 찾고 그 일을 제의한 의뢰인을 평가하는 것이 중요하다는 사실을 터득했다. 또 엠터크에서는 1분 1초가 중요해서 인터넷 연결이 느리거나, 일을 찾느라 시간을 허비하거나, 예기치 않게 컴퓨터가 고장나거나 하면 그만큼 소득이 줄어든다는 것도 알게 됐다. 엠터크에서 일하기 시작한 첫 해에 그녀는 4,400달러를 벌었다. 보잘 것 없다고 생각하는 사람도 있을지 모르지만, 그녀는 "그때까지 한 푼도 못 벌던 사람 입장에서 4,400달러는 상당한 액수"라고 말했다. 그로부터 2년 뒤에는 그녀가 엠터크를 통해 벌어들인 소

세부적으로 밝힐 것인가를 자신이 편하게 생각하는 범위 하에서 자유롭게 결정할 수 있기 때문이다. 지도를 검색하고, 확대하고, 좌우로 회전할 수 있어서 집이나 동네, 카운티, 도시 등 어디든 원하는 대로 위치를 표시할 수 있었다. 자신의 위치를 핀으로 표시한 뒤 '저장하기'를 클릭하면 빙(Bing) 세계 지도가 나와서 최근이 히트(HIT)에 참여한 노동자 500명이 핀으로 표시한 위치를 볼 수 있었다. 각 핀은 노동자의 개인정보를 보호하기 위해 임의적으로 약간씩 이동됐으며, 그 사실을 웹페이지에 명시해 두었다. 이 히트는 1분 내에 쉽게 끝낼 수 있었으며 작업을 마친 사람에게 우리는 25센트를 지급했다.

득이 거의 4배로 증가해서 1만 6,000달러가 됐다. 조앤은 현재 엠터크에서 작업을 하면서 시간당 7.25달러 이상을 버는, 숙련되고 운 좋은 상위 4%에 속하는 노동자다.[13]

최고 실적을 내는 사람들에게는 한 치의 빈틈없이 바짝 경계하는 자세가 필수다. 고스트워크 종사자들 중에 가장 돈을 많이 버는 사람들은 대시보드를 몇 시간씩 들여다보고 일자리 게시판 페이지를 꼼꼼히 스크롤해가면서 확인한다. 엠터크를 주 수입원으로 삼으려고 하는 다른 많은 사람들처럼, 조앤은 자비로 부담해야 하는 검색 비용 일부를 줄이기 위해 노동자들의 온라인 토론방이나 무료 소프트웨어 도구를 활용한다.*[14] 보수가 후하고 빨리 끝낼 수 있는 쉬운 일은 다른 사람들 모두가 눈독을 들이기 때문에 화면에 나타나는 순간 곧바로 지원할 수 있도록 대비해야 한다. 그녀는 "사무직 일을 하던 시절 그 어느 때보다도 더 열심히 노력했다."고 말한다. 조앤은 속도를 높이기 위해서 엠터크 대시보드에 작업이 25개씩 나열되도록 웹브라우저 화면을 조정했다. 또 웹 페이지를 재빨리 넘겨가며 살피기 위해 키보드의 단축키를 이용했다.

완전히 몰입해서 일할 때는 한 시간에 1,100개 작업을 완수할 수 있으며, 그럴 때의 시간당 보수를 계산하면 22달러 정도다. 사람들

---

* 터콥티콘(Turkopticon) 같은 웹브라우저 확장 도구가 있어서 노동자들이 리뷰와 평가 시스템을 통해 의뢰인들에 관한 정보를 공유할 수 있었다. 의뢰인 평가 항목에는 의사소통, 가격, 공정성, 보수를 즉각 지급하는지 여부, 노동자의 질문에 답하는 데 걸리는 시간 등이 포함됐다. 또 노동자들은 자체적으로 관리하는 포럼을 만들어서 유료 서비스 공간에 있는 내용을 공유하기도 했다. 의뢰인에 대한 평가나 노동자들의 포럼은 모두 엠터크를 통해 직접 접속할 수는 없다.

은 그런 일이 정신을 멍하게 만드는 작업이라고 생각할지 모르지만, 그녀는 지적 자극이 있는 다양한 작업을 찾았다. 특히 편집 관련 일이 재밌었는데, 테크니컬 라이팅을 했던 경력이 있어서 편집은 그녀의 장점으로 작용했다. 그녀는 그런 일감이 "능숙하고, 쉽게 할 수 있는 일"이라고 말한다. 일이 따분하거나 반복적으로 느껴질 때는 테크노 음악을 듣거나 텔레비전을 보면서 정신을 가다듬는다. 자동차 애호가인 그녀는 일하는 틈틈이 케이블 텔레비전 쇼 「탑기어」를 챙겨 본다고 한다. 그녀가 이렇게 말했다. "넷플릭스 앤 칠(Netflex and chill: 문자 그대로의 의미는 넷플릭스를 보면서 잠시 쉰다는 뜻이지만 이성에게 밤을 같이 보내자는 의미를 우회적으로 표현할 때 주로 쓰는 표현이다-옮긴이)'이라는 표현이 유행이지만, 저는 '넷플릭스 앤 엠터크', 즉 넷플릭스를 보면서 엠터크 일을 하지요."

엠터크는 작업당 최저 수고비를 1센트로 정하고, 정확한 금액은 의뢰인들이 작업에 따라 자유롭게 결정하도록 해 두었다. 의뢰인들은 시간당 임금으로 환산했을 때 평균적으로 한 시간에 11달러에 상응하는 비용을 지급했지만, 최저 수준의 수수료를 지급하는 낮은 보수의 일거리가 넘쳐나는 탓에, 보수가 형편없는 일거리들 틈에서 어지간한 보수를 받을 수 있는 일감을 찾아야 하는 엠터크 회원 노동자들을 맥 빠지게 만든다. 조앤은 "끝없이 밑으로 추락하는 하향식 경쟁"이라고 말한다. 일각에서는 엠터크나 그와 비슷한 사이트인 크라우드플라워 같은 플랫폼들에 진출해 있는 의뢰인들의 총 수입은 한 해 1억 2,000만 달러에 이른다고 추산한다. [15] 노동자들은 의뢰인들이 지불하는 금액 그대로 수령하지만, 아마존은 '사례금'이라는 명목으로 의뢰인들에게 노동자들에게 지급한 비용(일종의 팁과 비슷한 의미로 노동자에게 보너스를 지급했다면 그 금액도 포함된다)의 20퍼센트를 수수료로 청구한다. 또 한 가지 항목에 10명 이상의 노동자가 필요한 경우에는 20퍼센트의 추가 수수료를 받는다.*

전통적인 고용주와 고용인 관계와는 달리 엠터크 노동자들은 대개 익명이며, 주체적이다. 그 말은 의뢰인이 누가 일을 맡을 것인가를 결정할 수 없을뿐더러 일을 맡은 사람에게 어떤 식으로 일을 해야 하는지 명령할 수도 없다는 뜻이다. 엠터크를 통해 얻은 수입에 대한 세금은 노동자들이 오롯이 책임을 져야 한다. 이들은 독립계약직으로 분류되어, 프리랜스 컨설팅 분야에 종사하는 사람들이 흔히 작성하는 소득세 신고서 1099 양식을 기입하도록 되어 있다. 의뢰인들 입장에서는 정식 직원을 고용하는 데 드는 비용 없이 일을 빠르게 진행할 수 있다는 장점이 있다. 노동자들로서는 일을 끝내고 나면 굳이 똑같은 일을 계속 하지 않아도 된다는 장점이 있다. 뿐만 아니라 9시 출근 5시 퇴근이 기본인 풀타임 일자리에 매여서 먼 거리를 통근하거나 적대적인 분위기에서 일할 필요 없이, 각자 삶의 조건과 상황에 맞게 일을 조절할 수도 있다. 그리고 필요한 만큼의 돈을 벌었으면 당장에라도 일을 중단할 수 있다. 하지만 작업을 끝낸다고 바로 수고비를 받을 수 있는 건 아니다. 엠터크 노동자들이 일을 끝낸 후 제출하면 인간이나 알고리즘이 검토해서 통과시키거나 아니면 불합격

---

* 아마존은 10개 이상의 작업이 한 번의 신청하기 버튼 항목 안에 묶여 있는 경우(각 작업은 서로 다른 사람이 맡도록 되어 있다) 수수료를 20퍼센트 더 부과한다.

처리한다. 불합격 판정을 받으면 일에 대한 수고비가 지급되지 않는다. 엠터크의 각 노동자들이 제출했던 작업이 승인된 비율은 사이트 내에서 평가 지수의 역할을 한다. 엠터크의 대다수 일감은 승인 비율이 95퍼센트 이상 되어야 지원할 수 있다. 그래서 단 한번이라도 승인 받지 못했던 전력이 있으면 향후 일에 지원할 기회가 제한되기 때문에, 돈을 버는 능력에 심각한 영향을 끼칠 수도 있다.

고스트워크를 하는 다른 모든 사람들과 마찬가지로 조앤은 오르락내리락 하는 소득의 변화를 감내해야 했다. 의뢰인들은 하루아침에 번창했다가도 일순간 사라질 수 있다. 조앤이 엠터크에 가입한 지 얼마 안 되었을 때, 유명 여행 사이트인 트립어드바이저(TripAdvisor)에서 쓰는 이름이라는 소문이 엠터크 회원들 사이에 퍼져 있었던, 테이스트오브더월드(Taste of the World)라는 이름을 쓰는 단체에서 보수가 괜찮은 작업을 수십만 개나 엠터크에 올렸다. 호텔 목록이 중복 게재된 것을 삭제하고, 웹사이트 링크가 제대로 됐는지 확인하고, 최고의 여행지를 소개하는 글을 작성하고, 각 도시별 맛집 목록을 만들고, 오탈자를 수정하는 등의 작업이었다. 이 단체가 제의하는 일의 보수는 경력자 기준으로 평균 시간당 10달러에 상응했으며, 그 외의 특전도 있었다. "일이 거의 날마다 있었고…. 한 번에 몇 시간동안 게시됐어요."라고 조앤은 설명했다. 그 말은 잠시 컴퓨터를 끄고 저녁 준비를 하고 돌아와도 여전히 일거리가 남아 있다는 뜻이었다. 게시하는 일의 양 자체가 워낙 많았기 때문이다. 그러나 일감이 불쑥 쏟아져 들었듯이, 어느 새인가 모두 사라져버렸다. 조앤의 말에 따르면 테이스트오브더월드는 엠터크를 이용하기 시작한 지 1년이 채 안 된 시점에서 엠터크 게시판에 '충분한 인력이 갖춰졌다'는 글을 게시했다고 한다. "그게 마지막이었어요." 조앤이 맥없이 덧붙였다.

고스트워크의 수고비를 지불하는 방법은 플랫폼마다 조금씩 다르다. 아마존은 어떻게 보면 현금인출기와 회사 매점의 역할 두 가지를 겸한다. 엠터크에 새로 가입한 구직 회원은 처음 10일 동안은 일을 했더라도 지급 받은 보수를 바로 찾을 수가 없다. 플랫폼에서 일을 맡아서 하고 의뢰인의 승인을 받은 뒤로부터 10일을 기다리면, 미국에 거주하는 회원들은 다음 두 가지 지급 방식 중에서 선택하게 된다. 받은 금액만큼의 아마존닷컴 상품권을 받거나, 아니면 급료 수표를 아마존페이(Amazon Pay) 계정으로 이체하는 방법이다. 아마존페이 계정에 있는 돈은 개인 은행 계좌로 이체할 수 있지만, 그러려면 아마존에 이체수수료를 지불해야 한다. 해외 거주자들의 경우, 인도를 제외한 나머지 국가 사람들은 아마존닷컴 상품권으로만 보수를 지급받을 수 있다.

인도 국민들은 미국을 제외하고 유일하게 엠터크에서 고스트워크의 대가로 현금을 받을 수 있다. 이런 정책은 아마존의 다국적 보유 자산 덕분에 미국과 인도의 도시 간에 돈을 주고받을 수 있는 조건이 갖춰져 있다는 점 외에 다른 이유는 없다. 인도의 엠터크 노동자들도 아마존 상품권을 받기로 결정할 수도 있다. 다만 제대로 정비되지 않아서 길이 제멋대로 뻗어 있는 인도의 여러 지역으로는 아마존이 제대로 배송을 못할지도 모르지만 말이다. 인도에 있는 엠터크 회원이 받은 돈을 자신의 은행 계좌로 옮기려면 우선 생년월일과 미국의 사회보장번호(SIN)와 비슷한 개념인 팬(PAN:permanent account number-인도 세무 당국이 부여하는 소득세 번호로, 10자리 숫자로 되어 있다-옮긴이) 카드를 제출해야 한다. 아마존에서 팬 카드 정보를 확인하는 데에는 약 1주일 이상이 걸린다. 이런 승인 절차가 완료된 뒤에는 한 가지 단계를 더 거쳐야 한다. 바로 은행 계좌 정보를 아마존에 보내서 승인 받는 과정이다. 개인 회원의 은행 계좌 정보가 승인되면 아마존은 추가 수수료를 받고 종이 수표를 끊어주거나 각자의 개인 계좌로 직접 송금해준다.

조앤이 처음부터 엠터크를 풀타임 직업으로 삼으려던 것은 아니었다. 어쩌다 보니 그렇게 되었을 뿐이다. 독립된 자유 계약직 노동자로 자리 잡은 지금, 그녀의 장기적인 목표는 여러 수입원을 잘 짜맞추어서 경제적인 안정을 이루는 것이다. 이는 고스트워크를 조사하면서 우리가 만나본 노동자들이 공통적으로 지향하는 목표였다. 그리고 엠터크 관련 연구를 보면 노동자의 75퍼센트가 최소한 하나 이상의 다른 수입원을 두고 있었다. 조앤의 경우에는 엠터크 작업 외에 수제 털실을 만들고, 뜨개질한 수공예 작품들을 시장에 내다 팔았다. 또 매크로 태스크 사이트인 업워크에서 일감을 수주할 수 있도록, 프리랜서로서 돋보이는 이력을 갖추기 위해 테크니컬 라이팅 실력을 갈고 닦았다. 파트타임으로 온라인 고객 서비스 센터 같은 텔레커뮤니케이션 일자리를 찾아볼까하는 생각도 있지만, 어머니를 돌보는 일과 병행할 방법을 찾지 못해서 아직 궁리 중이다. 또 엠터크 노동자들 75퍼센트가 그렇듯이, 조앤도 마이크로소프트의 UHRS 등 다른 플랫폼에서도 고스트워크를 하고 있다. 하지만 1년이 넘는 기간 동안 주 수입원은 엠터크였다고 한다.

UHRS(Universal Human Relevance System):
기업 방화벽 뒤의 마이크로 태스크 고스트워크

서론에서 잠시 언급했던 43세의 칼라라는 여성은 아이를 출산하기 전까지 전기 기술자로 일했는데 둘째를 출산하면서 회사를 그만뒀다. 하지만 전업주부로 여러 해를 보내다 보니 회사에 다니던 시절 누렸던 공동체의식과 목적의식을 다시 느끼고 싶은 마음이 간절해졌다. 그녀는 시간제 근무 일자리라도 찾아보고 싶다는 이야기를 남편에게 꺼냈지만, 남편은 일과 가사를 병행하기가 쉽지 않을 것이라고 생각했다. "남편은 버거울 거라면서 걱정했어요." 하지만 칼라는 뜻을 굽히지 않았다. 마침내 그녀와 남편은 칼라가 집에서 일을 하는 것으로 타협했고, 그 결과 칼라는 마이크로소프트에서 운영하는 플랫폼인 UHRS에서 일을 한다.

마이크로소프트는 다른 여러 IT 기업들과 마찬가지로 내부적으로 마이크로 태스크를 처리하는 고스트워크 플랫폼을 두고 있는데, 이 플랫폼은 엠터크의 운영 방식을 모델로 만들었다. 기술 혁신을 추구하는 기업들은 상품을 베타 테스트하고 데이터 코드를 확인할 인력이 필요하다. 또 자체적인 보유 데이터에서 훈련 데이터를 정리해 서비스의 알고리즘과 인공지능을 개선하는 일을 보이지 않게 처리할 사람들도 필요하다. IT 기업들은 사람들이 자사의 사이트를 어떻게 이용하는지에 관한 정보를 수집하고 보관한다. 상위 검색어, 인기곡 목록, 그리고 마우스 커서의 움직임 같은 데이터를 잘 모아 두면 제품 개발에 보탬이 된다. 고객 관련 데이터가 이 시대의 원유라면, 고스트워크 종사자들은 원유 굴착 장치를 운영하는 사람들로 볼 수 있다.

UHRS 같은 IT기업 내부 플랫폼들과 엠터크의 가장 큰 차이점이라면, 엠터크는 노동자를 모집하고 판매할 뿐 아니라 플랫폼 작업 사이트 자체도 판매하는 데 비해서, IT 대기업들의 플랫폼은 제3자인 공급자 관리 시스템(VMS: vendor management system, 임시직 노동자를 공급하는 개인이나 회사들이 사용하는 인터넷 애플리케이션이다. 여기서 공급자는 임시직 노동을 파는 개인 사업자나 인력 소개업체 같은 회사들을 뜻한다-옮긴이)이 고스트워크 노동자를 모집하고 공급한다. 이런 설명을 하는 이유는 공급자 관리 시스템이 물밑에서 계약을 맺고 고스트워크를 수행할 사람들을 찾는 역할을 하면서 불투명성이 한층 짙어졌다는 점을 짚고 넘어가기 위해서다.[16] 예를 들어 구글은 공급자 관리 시스템이 불가사의한 자사의 고스트워크 플랫폼인 EWOQ를 가지고 들어와 쓸 수 있게 허용했다. 리프포스(Leapforce) 같은 인력 소개회사를 통해 고용된 사람들은 EWOQ 플랫폼 상에서 작업하면서, 광고와 사용자들이 입력한 검색어가 적절히 연관되도록 세밀히 조절하기 위해 새로운 웹페이지들을 확인하고 정렬한다.[17] 신문 기사에서 소개된 내용, 그리고 다수의 온디맨드 플랫폼에서 일하는 우리가 만났던 사람들에 따르면, 트위터와 페이스북은 엠터크와 비슷한 기능을 하는 내부적인 도구를 이용하며, 공급자 관리 시스템을 통해 일을 맡은 노동자들을 모니터하고 검토하기 위해 자신들의 플랫폼에 연결시킨다.[18] 칼라도 UHRS에서 마이크로소프트를 위해 비슷한 일을 하고 있다.

칼라는 UHRS에서 고스트워크를 시작하기 전에 어떤 미국 기업의 비대면부서 파일을 처리해 주는 작은 회사에서 일했다. 그녀가 일하던 곳은 소위 비즈니스 프로세스 아웃소싱(BPO) 회사로, 인도 방갈로르의 일렉트로닉 시티 중심부에 위치하며 관광객들로 넘치는 쿠본 공원(Cubbon Park) 가까이에 있다.* 이 회사에서 맡은 최대 프로젝트가 미국에 있는 가장 오래 되고 가장 큰 노동 조직 중 한곳과 체결한 계약이었다는 사실이 다소 아이러니하게 느껴질 것이다. 칼라와 다른 여성 직원 3명은 아웃소싱 회사 사무실에 꽉 들어찬 책상 네 개에 어깨를 나란히 하고 앉아 입력된 데이터에서 중복 게재된 부분을 삭제하고, 오탈자를 수정하고, 노동자 조직의 연락처 데이터베이스를 업데이트했다. 칼라는 채터누가와 호보컨 같은 미국 도시의 우편번호나 지명의 맞춤법 등 인터넷 여기 저기 흩어져 있는 정보를 찾아 수정하는 가상의 보물찾기 놀이를 즐겼다. 그녀는 중요한 단서를 추적하고, 올바른 검색 용어를 입력하고, 진행 중인 작업과 관련이 있는 정보를 찾는 것을 좋아했다.

3년 전에 칼라가 마이크로소프트의 내부 플랫폼인 UHRS를 찾게 된 것도 그런 과정을 통해서였다. 일자리 평가 사이트인 글래스도어(Glassdoor)를 찾아보던 중에 어떤 공급자 관리 시스템 사이트로 연결되는 링크가 눈에 들어왔다. "그 링크를 클릭해 봤어요. 살펴보니, 그 동안 제가 쌓은 인터넷 검색 능력과 컴퓨터 활용 능력을 꾸준히 유지

---

*   1960년대에 인도는 정보 통신 서비스, 금융 서비스 그리고 오늘날 우리가 '백오피스(고객들을 직접 상대하지 않는 부서)'라고 부르는 업무나 '비즈니스 프로세스' 같은 아웃소싱 분야의 주요 국가가 됐다. 회계 감사와 외상 매입금 정리를 비롯해 더 많은 업무 처리가 보안 서버를 통해 접근하는 중앙 데이터베이스로 옮겨가면서 종이, 사무실 내의 관리, 파일 보관 같은 것들은 사라져가고, 사무실에서 정시에 출퇴근하며 사업 관련 문서와 각종 기록을 정리하고 다루는 사람은 점점 더 필요 없어지고 있다.

하는 데 도움이 되겠더라고요."

칼라는 UHRS에서 일할 자격을 너끈히 얻었다. 공급자 관리 시스템에는 신규 지원자들이 고스트워크에 적합한 능력을 갖췄는지 심사하는 자체적인 절차가 있으며, 보통은 언어 능력(대개 영어 쓰기 능력을 갖춘 사람을 우대한다)과 온라인 검색 능력을 확인한다. 가령 UHRS의 경우에는 언어와 인터넷 검색 능력을 테스트하는 간단한 시험을 통과하면 단 몇 분 내에 개인 계정이 생성된다(참고로 UHRS의 구직 회원 계정은 마이크로소프트 엑스박스에 로그인할 때 사용하는 계정과 동일하다). 일단 계정이 활성화되면 회원들은 플랫폼별로 마련된 훈련 과정을 이수하고, 엠터크 플랫폼의 대시보드와 같은 기능을 하는 메뉴 탭에 들어가고 나오는 법을 배우고, '히트앱(HitApp)'이라고 불리는 프로그램을 구동해서 프로젝트 찾는 방법을 익힌다.

어떤 히트앱을 사용할 수 있는가는 구직 회원의 IP 주소, 그리고 공급자 관리 시스템 파일에 있는 국적과 언어에 따라 달라진다. 해당 구직 회원이 히트앱에서 최소한 한 가지 이상의 일을 완수하고('평가라고 불린다) 일을 제대로 할 능력이 있다는 것이 확인되면 시장(Marketplace) 구역에 있는 나머지 히트앱들도 개인 히트앱 화면으로 옮겨와서, 홈 화면 한쪽 구석에 표시된 '지원 가능한 프로젝트' 목록에 나타난다. 칼라는 침실 한편에 책상을 들여놓고 작업에 착수했다.

UHRS에서 고스트워크를 의뢰할 수 있는 사람은 마이크로소프트의 정규직 직원들과 마이크로소프트와 신제품을 공동 개발하는 협력사 관계자들뿐이다. 그 말은 마이크로소프트에서 일하는 정규직 직원 12만 명은 업무 중에 이들의 도움이 필요하면 언제든 고스트워크의 의뢰자가 될 수 있다는 뜻이다.

조앤이 엠터크에서 일하는 다른 노동자들과 비슷한 특성을 일부 공유하듯이, 칼라 역시 UHRS의 다른 노동자들과 비슷한 점도 있지만, 다른 점도 있다. 예를 들어 UHRS에 가입한 노동자의 80퍼센트는 18세에서 37세 사이이며, 70퍼센트 이상이 남성이다. 그러면서도 전체 노동자의 85퍼센트는 칼라와 마찬가지로 학사 학위가 있거나 그이상의 학력을 갖춘 사람들이다.

엠터크와 거의 비슷하게 UHRS 역시 어떤 사람들이 플랫폼에 가입해서 돈을 받고 일할 수 있는가를 명시한 노동법이 따로 있는 건 아니다. 하지만 마이크로소프트 같은 다국적 기업들을 위한 고스트워크는 필요에 따라 형성된 글로벌 사업이다. UHRS에서 지원하는 고스트워크는 마이크로소프트가 20여 개국에 70개 이상의 언어로 다양한 제품과 서비스를 제공하기 위해 그때그때 꼭 필요한 작업을 중심으로 돌아간다.

UHRS 플랫폼을 통해 진행되는 작업들은 마이크로소프트가 주로 판매하는 제품들과 밀접한 관련이 있다. 예를 들면 음성 파일을 검토하고 녹음 음질을 평가하거나, 글로 된 자료를 검토해서 혹시라도 성인물이나 음란한 내용이 있는 건 아닌지 확인한다. 번역 업무도 인기가 많다. 마이크로소프트가 음성인식과 기계번역 분야에서 기술적 강점을 유지할 수 있는 건 정확한 데이터세트를 제공해서 알고리즘을 훈련시키는 고스트워크 노동자들 덕분이다. 이들은 어떤 언어(보통은 영어)로 된 짧은 음성 파일이나 문장을 듣고 자신의 모국어로 번역해서 엑셀 파일에 입력한다.

그 밖에 UHRS에서 흔히 볼 수 있는 작업 중에 시장조사(보통 연령, 성별, 지역 등의 특정 조건에 맞는 집단을 대상으로 한다)와 '감정 분석'이라고 불리는 업무도 있다. 감정 분석에서 노동자들은 일련의 단어, 셀카 사진, 동영상, 음성 파일을 훑어보고 각 데이터 포인트에 단어를 추가한다. 이런 인간적인 통찰력은 알고리즘의 훈련 데이터가 된다.

칼라는 집에서 항목 분류 작업을 하는데 특히 미국식 구어 표현을 능숙히 다루어야 하는 부분에서 두 아들의 의견을 종종 묻는다. 칼라의 아들은 일반적인 웹사이트를 찾을 때 가장 적절한 용어를 분류하고 정렬하는 과정에 도움을 준다. 예를 들어 누군가가 고가의 결혼 선물을 찾는다면 '고급 도자기'나 '고급 식기세트' 같은 검색어를 입력할 테니, 그런 검색어를 관련 용어로 입력하는 것이다. 칼라의 두 아들은 '성인물'을 찾는 일에도 도움을 준다. 참고로 정보 연구학자 사라 T. 로버츠는 이런 과정을 '상업 콘텐츠 관리'라고 부른다.[19]

이런 종류의 콘텐츠 관리는 칼라 같은 사람들이 핵심 구성원으로 있어야만 가능하다. 단어는 언뜻 보기에 아주 단순해 보이지만 누가 읽고 쓰느냐에 따라 다른 의미가 완전히 달라질 수 있기 때문이다. 칼라가 두 아들과 대화를 나누며 신중히 고민했던 과정을 인공지능도 배워서 처리할 수 있지만, 평소와 다른 단어의 쓰임이나 새로 유행하는 속어 같은 것들을 이해하려면 기본 데이터가 끊임없이 업데이트되어야 한다.

공급자 관리 시스템에서 마찰이 생길 수 있는 부분 중에는 궁금한 점이 있거나 기능에 이상이 생겼을 때 공급자 관리 시스템들이 제공할 수 있는 기술지원이 한정적이라는 점도 있다. 일을 하면서 질문이 생기거나 문제가 발생했을 때 노동자가 취할 수 있는 방법이라고는 '나의 히트앱(MyHitApps)' 페이지에 있는 '이 히트앱에 관한 기술적 문제 보고하기' 링크를 클릭한 뒤 온라인 서비스 불만 신고 작성란과 비슷한 텍스트 상자에 내용을 적고 이메일로 답장이 올 때까지 기다리는 방법밖에 없다.

온라인 커뮤니티에는 아무런 공지도 없이 '나의 히트앱' 페이지가 먹통이 돼서 진행 중인 일을 할 수 없었다는 이야기가 노동자 회원들 사이에 많이 오가는데, 칼라도 그와 비슷한 이야기를 우리에게 전했다. 공급자 관리 시스템들은 직접 플랫폼을 운영하는 것이 아니기 때문에, 예기치 않은 작은 문제가 생겼을 때 직접 문제를 해결하거나 사람들에게 해명할 길이 없다. 이런 경우 UHRS 소속 프로그램 기술자들은 플랫폼 복구에 몰두해 있느라 고스트워크 노동자들의 문의에 대응할 시간이 없다. 기술자들이 노동자들의 곤란한 처지를 이해하더라도, 노동자들을 돕고 배려하는 것은 계약상 기술자들이 처리할 업무가 아니다. 그러다보니 노동자들의 불편 처리는 공급자 관리 시스템과 이들의 노동 인력을 활용하는 IT 기업이 서로 '나 몰라라'하는 큰 문제가 됐다.

마찬가지로 노동자가 완성해서 제출한 일의 완성도를 놓고 논쟁이 발생하는 경우에도, 공급자 관리 시스템들은 개입하지 않는다. 대부분의 고스트워크 계약서에는 분쟁을 조정할 책임이 오롯이 노동자들에게 있다는 조항이 있다. 공급자 관리 시스템 대부분은 노동자들을 위한 온라인 커뮤니티를 제공하지만, 기밀 유지 협약이 있어서 거의 실효성이 없다. 그래서 예를 들어 EWOQ를 통해 구글에서 의뢰한 일에 지원한 노동자들은 UHRS를 통해 마이크로소프트에서 의뢰한 일을 하는 사람들과 만날 수도, 이야기를 나눌 수도 없다. 하지만 UHRS에서 일하는 노동자들이 플랫폼 내부에서 문제나 질문이 있을 때는 동일한 플랫폼에서 고스트워크 일을 하는 다른 사람들과 소통할 수 있다.

UHRS에 새로 가입한 노동자들이 거쳐야 하는 마지막 등록 절차로, 일을 처음 완료하고서 급여를 받기까지 3주 동안 기다리는 과정이 있다. IT 기업들은 보통 공급자 관리 시스템에 보수를 지급하고, 공급자 관리 시스템은 그 돈을 받아 노동자들에게 지급한다. 엠터크와 마찬가지로 UHRS도 노동자가 처음 가입한 뒤 몇 주 동안은 계좌 정보를 확인하고, 제출한 일을 확인하고, 공급자 관리 시스템 내의 사용자 계정으로 돈을 송금할 준비를 한다. 처음 이렇게 대기하는 기간이 지난 뒤로는 2주에 한 번씩 정상적으로 급여를 지급받는다.

칼라의 시부모님들은 그녀가 컴퓨터 앞에서 보내는 시간이 너무 길다고 불평한다. 가족들과 더 많은 시간을 보냈으면 하기 때문이다. 하지만 그녀는 간섭받지 않고 혼자 할 수 있고, 쌈짓돈을 모을 수 있어서 이 일이 즐겁다. 칼라에게 UHRS에서 하는 일 대부분은 끊임없이 새로운 것을 배우는 활동이다. 또 IT 분야와 특정 직업과의 연계를 유지하는 의미도 있다. UHRS에서의 일은 최신 소프트웨어와 정보를 온라인으로 찾을 수 있다는 자신감을 칼라에게 심어 준다.

이력서 상으로 경력이 완전히 단절되지 않도록 경력의 맥을 유지하는 데에도 UHRS의 일은 가치가 있다. 그녀는 이렇게 말했다. "제나이 또래 여성들이 직장으로 돌아가거나 새로운 직업을 구하기는 상당히 힘들어요. 사람들은 저 같은 주부들이 아이를 키우느라 바빠서 세상 돌아가는 물정이나 최신 동향에는 뒤쳐져 있을 거라고들 생각하거든요." 남편은 이제 그녀가 다시 일을 시작한 것을 높이 사고, 최대한 지원하려고 노력한다. 남편이 귀가해서 집에 함께 있는 저녁 시간에 일을 하고 있으면 남편이 간식과 차를 준비해서 가져다주기도 한다면서 미소를 지었다. "제가 일하는 모습을 남편에게 보여줄 수 있고, 제가 남편을 챙겨주듯이 남편이 저를 챙겨주는 상황이 됐다는 게 참 기뻐요."

칼라의 전 직장인 비즈니스 프로세스 아웃소싱 회사 동료들 중에 그녀처럼 고스트워크를 시작한 사람은 아무도 없지만, 칼라는 동료들을 만나면 고스트워크 덕분에 인터넷 검색 실력이 늘었다는 이야기를 가끔 꺼낸다. 칼라는 일주일에 한 번씩 시내에서 전 직장 동료들을 만나 서로 정보를 교환하면서, '직장 세계의 일원'이 된 것처럼 느낀다.

엠터크와 UHRS의 사례는 단편적인 과업에도 인간의 창의성이 여전히 중요한 역할을 한다는 사실을 증명한다. 그런데 일을 잘게 나누는 이런 방식은 더 큰 프로젝트에도 적용할 수 있다. 앞으로 살펴볼 두 가지 사례를 통해서는 언제, 어느 상황에서 인간의 능력을 활용하느냐 그 자체가 사업의 기회가 될 수도 있다는 사실을 알아볼 것이다. 이런 사업에 뛰어든 회사들은 마이크로 태스크와 매크로 태스크 사이의 틈을 좁혀가고 있다. 그리고 그 과정에서 "고스트워크로 전환할 수 없는 직업이 과연 있을까?"라는 놀라운 질문을 제기한다.

리드지니어스: 마이크로 vs 매크로 고스트워크의 경계를 모호하게 만들다

26세인 자파는 인도 하이데바라드 중심부의 무시 강을 둘러싸고 있는 260제곱킬로미터 넓이의 '올드 시티' 지역에서 줄곧 지냈다. 500년 전에 형성된 이 도시는 이슬람교도들의 거주지로는 인도에서 가장 넓고 가장 오래된 지역이다. 자파의 아버지는 하이테크 시티 주변을 선회하는 고속도로 건설에 참여했다. 많은 사람들이 모여 사는 하이테크 시티는 1990년대에 인도 해안 지역으로 아웃소싱 기업들이 몰려들면서 형성된 IT 공업단지다. IT 산업 관련 일자리는 주로 하이데바라드의 주류인 힌두교도들, 그중에서도 특히 카스트 계급이 높은 사람들에게 돌아갔기 때문에, 자파의 삼촌과 사촌들 대부분은 다른 이슬람계 인도 사람들 대열에 합류해서 페르시아 만에 있는 아랍에미리트로 이주했다. 인도 이민자들은 주로 보수가 높은 일을 찾아 운전사, 보조 주방장 혹은 에미리트의 해안에 군집한 상점들에서 판매사원으로 일했다.

하지만 자파의 아버지는 자기 아들들만큼은 친척들과 다른 삶을 살기를 원했다. 그래서 두 아들을 대학에 보내고, 사무직에서 일하게 했다. 자파의 형은 대학에서 금융을 전공하고, 지금은 하이데바라드 교외의 부유한 지역에 있는 은행에서 금전출납계 직원으로 일한다. 자파는 IT를 전공했으며, 지방 기술 전문대학을 다니며 공학 학사에 해당하는 학위를 취득했다.

하이데바라드에 있는 IT 기업의 일자리는 대부분 영국식이나 미국식 억양을 쓰고 영어 실력이 뛰어난 구직자들에게 돌아간다. 영어 회화를 연습할 기회가 거의 없었고 직업 연수를 받을 기회도 마땅치 않았던 자파에게는 불리한 상황이었다. 그는 1년 동안 하이데바라드에 있는 IT 대기업 몇 군데의 콜센터와 기술지원 부서에 지원했지만, 2차 면접에서 번번이 낙방했다. 그래서 온디맨드 플랫폼인 리드지니어스(LeadGenius)에 관한 뉴스 기사를 보고 바로 지원하게 됐다.

리드지니어스는 영업 인력을 통솔하는 서비스를 판매하는 B2B 서비스다. 영업직원들을 관리해주는 서비스는 이곳 외에도 있지만, 리드지니어스에는 직원들의 창의성과 식견이라는 특별한 능력이 있다. 이를테면 이렇게 생각하면 이해하기 쉽다. 기본적인 인터넷 검색으로도 잠재 고객들의 연락처를 구할 수 있지만, 인공지능은 그것이 유용한 정보인지 여부를 판단할 수가 없다. 그래서 사람들의 도움이 필요하다. 어떤 두 상점의 정보를 살펴보고(예를 들면 회사가 생긴 지 얼마나 되었는지, 본점 이외에 다른 지점이 있는지, 사장이 법정 소송에 휘말려 있는 건 아닌지 여부 등), 그 두 상점 중에 어느 쪽을 공략하는 편이 효과적인지를 영업직원이 결정하는 데 도움을 준다. 리드지니어스에 소속된 노동자들은 보통의 온디맨드 작업에서 흔히 보기 힘든 가치와 인정을 받는다. 마이크로 태스크(간단하고, 반복적이고, 머리를 크게 쓰지 않고 할 수 있는 일)과 매크로 태스크(깊은 관찰과 추리력이 필요한 일) 사이에 벌어진 틈에 다리를 놓았다.*

---

* 리드지니어스는 시 웹사이트를 저렴한 비용으로 관리하기 원하는 미국 도시들과 계약하면서 사업을 시작했다. 웹사이트에서 주차 위반 범칙금 납부 방법이나 집 앞 도로 연석을 교체하는 방법 같은 정보를 수정하는 일은 쉽게 외주를 줄 수 있었다. 리드지니어스(당시에는 모바일웍스라는 이름으로 불렸다)는 인도 노동자들뿐만 아니라 미국에서도 주에서 비용을 대는 경력개발과정에 참여한 생활 보호 대상자들을 대상으로 수천 명을 모집했다.

자파의 설명에 따르면 리드지니어스에 지원하는 과정은 다른 고스트워크 사이트들과 대체로 비슷하다고 한다. 자파는 우선 리드지니어스 사이트에서 '지원하기' 버튼을 클릭해서 '지원자 계정'을 만들었다. 그 다음 자판을 사용하고 문장을 교정하는 짧은 테스트를 거친 뒤 성별, 나이, 지역 같은 간단한 개인 정보를 묻는 질문에 응답했다. 그리고 이력서를 제출했다. 리드지니어스는 지원자들이 가족의 일을 돕는 등의 비공식적인 경력도 이력서에 적을 수 있도록 허용했다. 이것은 신입 지원자들 대다수가 직장이 완벽히 공식적으로 자리 잡지 못한 지역 사람들임을 인식한다는 작은 표현이었다.

리드지니어스의 채용 절차가 다른 온디맨드 플랫폼들과 구별되는 점은 그 이후의 진행 단계다. 일단 지원 절차가 마무리되면, 밑에서부터 경험을 쌓아 올라온 직원들이 엄격한 면접을 진행한다. 신규 노동자를 채용하는 이 과정 전체는 3주가 소요되며, 면접과 몇 가지 추가 시험을 통과한 지원자들에게만 일자리를 제안한다.

합격한 지원자들이 리드지니어스에 들어오면 비디오 오리엔테이션을 받고 교육이 끝난 후 퀴즈를 보는데, 이 과정은 회사가 보수를 지급한다. 이렇게 유급 오리엔테이션을 진행한다는 점이 리드지니어스가 일반적인 인력 공급 업체들이나 개방형 고스트워크 플랫폼과 다른 점이다. 새로 채용된 사람들은 처음에 90일의 수습 기간을 거친다. 그 90일 동안 일주일에 20시간 이상 로그인해서 팀원들과 연락을 유지하고, 정해진 근무 시간 규정을 잘 지키면, 시간당 보수가 자동으로 8퍼센트 인상된다.

일주일에 20시간 이상이라는 근무 기회를 얻는 대가로, 노동자들은 개인적으로 컴퓨터와 인터넷 연결망을 갖춰야 하고, 마이크로소프트 워드, 엑셀, 구글 문서도구를 사용할 줄 알아야 하며, 인스턴트 메신저와 스카이프 같은 음성 통화 소프트웨어를 능숙히 다룰 수 있어야 한다. 자파는 직접 구매한 노트북으로 일을 한다. 그는 집 현관에 마련한 사무 공간의 데스크톱 컴퓨터에 죽치고 앉아있기보다는 집안 곳곳을 돌아다니고, 근무 시간을 짧게 나눠서 쓰는 것을 좋아한다.

리드지니어스 노동자의 85퍼센트는 자파처럼 젊은 연령대인 18세에서 37세 사이다.* 그리고 리드지니어스 고스트워크 노동 인력의 70퍼센트 이상은 학사 이상의 학력을 갖추고 있다.

우리가 조사한 인도 노동자들은 여성보다 남성이 10퍼센트 더 많았지만, 전 세계적으로는 여성이 플랫폼 전체 노동자의 49퍼센트다. 또 리드지니어스 외 다른 온디맨드 플랫폼에 한 군데 이상 추가로 소속되어 있는 노동자들이 75퍼센트 가까이 된다.

자파가 리드지니어스에 처음 지원했을 때 그는 엠터크에서 풀타임으로 일하는 중이었는데, 하루에 20달러를 벌겠다는 처음의 목표를 한 달 이상 동안이나 달성하지 못한 상태였다. 리드지니어스에 따르면 연구원 3명 중 1명은 구성원이 3인 이상인 가구의 가장이다. 그리고 리드지니어스 노동자들의 60퍼센트 이상은 이 플랫폼과 최소

---

* 　우리는 리드지니어스에 관해 조사하면서 주로 인도와 미국의 사례를 살폈지만, 리드지니어스에는 40개국에서 모집한 연구원이라고 불리는 팀원들이 있다는 점을 참고하기 바란다(이 연구원들은 리드지니어스 고객들을 위해 잠재 고객을 창출하는 일을 한다). 따라서 인력의 분포와 통계에 관해 우리가 조사한 수치는 리드지니어스의 공식 자료와 약간 차이가 있을 수 있다.

한 한 가지 이상의 추가적인 수입원에 의존해서 생계를 유지하고 있었다.

리드지니어스의 노동 인력은 전 세계에 산재해 있으며, 규모가 가장 큰 팀은 인도와 필리핀에 위치한다. 노동자들의 임금은 리드지니어스가 의뢰 받은 잠재 고객 비즈니스 시장에 따라 달라진다. 참고로 앞서 살펴본 UHRS의 경우는 노동자 임금이 두 가지 요소에 좌우된다. 하나는 노동 차익거래(arbitrage), 즉 기업들이 전 세계적인 무역 업무를 처리할 여건을 갖췄으면서도 임금 수준이 낮은 국가의 노동력을 활용해서 얼마나 낮은 비용으로 일을 손색없이 처리해 내는가의 문제이고, 다른 하나는 해당 기업의 상품이나 서비스의 '지역화' 가치가 얼마나 되느냐와 관련한 부분이다. 전 세계로 시장을 확대하려는 기업이 갈수록 많아지면서 해당 지역의 언어, 관용 표현, 재치 있는 표현을 잘 아는 노동자들의 수요는 점점 더 높아지고 있다.[20]

리드지니어스는 고스트워크를 담당하는 연구팀을 전형적인 노동 조직과 비슷하게 구성했다. 수습직원에서 주니어 매니저, 프로젝트 매니저로 한 단계씩 직급이 높아질수록 책임이 커지며, 이런 직급 체계는 회사 전체적으로 통용된다. 직급이 높은 직원은 팀을 꾸려서 특정한 고객의 요구를 해결하는데, 주로 인터넷 검색 자료를 수집하고 분류해서 잠재 고객을 추리는 일을 맡는다.

팀은 모든 직원이 같은 시간대에 근무할 수 있도록 보통 같은 국가에 거주하는 사람들끼리 묶인다. 프로젝트 매니저들도 팀원들이 질문을 했을 때 바로 답할 수 있도록 같은 시간대에 거주하는 사람들이 맡는다. 직원들은 일주일에 필수적으로 20~40시간 동안 근무하도록 되어 있다. 그리고 일단 어떤 프로젝트 팀에 소속되면, 긴급한 상황이 발생하지 않는 한 최소 30일 동안은 계속해서 그 팀에 남아 있게된다. 직원 평가는 프로젝트 매니저들이 맡으며, 어느 정도는 직원들의 학습곡선을 감안해 평가한다. 어떤 직원이 일을 완수하지 못했거나, 잘못했을 경우에는 스트라이크(일종의 경고)를 받게 되며, 3개월 내에 스트라이크를 3번 이상 받은 직원은 퇴출된다.

엠터크나 UHRS와 마찬가지로 리드지니어스 플랫폼에도 메뉴 페이지에 해당하는 대시보드가 있으며, 의뢰 받은 프로젝트들이 그곳에 내장되어 있다. 하지만 리드지니어스의 기업 고객들 중에는 간혹 사적인 정보 보호나 데이터 보안 때문에, 리드지니어스 직원들이 자신들 회사의 웹사이트에 들어와서 일을 처리하도록 요구하는 경우도 있다. 리드지니어스 대시보드는 프로젝트 매니저와 팀원들이 서로 소통하고 고객들이 프로젝트 상황을 직접 와서 확인하는 중심적인 공간의 역할도 한다. 질문이 생기면 매니저에게 도움을 요청할 수 있고, 팀원들은 실시간 채팅 소프트웨어를 바탕화면에 실행해 놓고 작업하기 때문에, 오프라인 매장에서 일하는 직원들이 대화를 나누듯 언제든 서고 대화를 주고받을 수 있다. 우리가 인터뷰했던 자파 같은 경우에는 어떤 잠재 고객 명단을 팀에 제출할지 신속히 판단해야 하는 까다로운 결정을 내리며 몇 시간을 보내곤 한다.

리드지니어스는 일반 소비자가 아닌 기업을 고객으로 하는 B2B 회사이기 때문에 일상적인 업무가 어떤 식으로 돌아가는지 가늠하기 힘들지 모르겠다. 그래서 사례를 하나 들어보려고 한다. 예를 들어 미국의 로펌들은 공공기록(정부 기관에서 공적 업무 수행과 관련하여 모은 기록-옮긴이)에서 사람들 명단을 수집하는 일을 리드지니어스 같은 플랫폼에 의뢰한다. 그러면 이 분야에서 일하는 자파 같은 노동자가 도시를 하나 정한 다음(예를 들면 매사추세츠 케임브리지), 지역 신문을 검색해서 위법 행위를 했던 사람들 기록을 찾아낸다. 가령 음주 운전을 했거나, 이혼 수당을 지급하지 않아서 입건된 경우 등이다. 이런 범법 행위 기록은 구직 활동을 할 때 면접관이 온라인으로 지원자의 뒷조사를 할 경우 발각될 수 있는 정보다. 범법 행위가 공개적으로 알려진 사람들의 목록을 리드지니어스 노동자가 수집해서 변호사에게 넘기면, 변호사는 그 목록에 있는 사람들에게 전화를 건다. 그리고는 수임료를 지불하면 검색 엔진에서 범법 행위 기록을 삭제해 줄 수 있다고 제의한다. 우리가 만났던 어떤 노동자는 이런 유형의 잠재 고객을 찾는 일에는 꾸준히 새로운 일자리가 필요해질 것이라면서, "사람들은 앞으로도 계속 죄를 지을 테고, 추후에 범행 기록을 덮어 버리길 원할 터이기 때문"이라고 설명했다. 인터넷의 등장과 함께 나타난 새로운 지원군이라 할 수 있겠다. 이 일에는 컴퓨터 자체만으로는 불가능한 스마트한 검색 기술이 필요하다.

각자 정해진 근로 시간을 완수하면, 나머지는 자유시간이다. 리드지니어스의 직원들도 다른 플랫폼 노동자들과 마찬가지로 정해진 교대 근무가 끝나면 근처에 사는 동료들을 만나서 시간을 보낸다.

리드지니어스는 캘리포니아 시간대를 기준으로(스타트업인 리드지니어스 본사가 캘리포니아에 있기 때문에) 한 주 걸러 한 번씩 화요일 낮 12시에 급여를 지급한다. 지급 방식은 디지털 결제 서비스인 페이팔(PayPal)이나 페이오니아(Payoneer), 심지어 비트코인으로 지급하기도 한다. 하지만 엠터크나 UHRS와 마찬가지로 급여를 계좌 이체로 받고, 지구 반대편에 있는 본사에서 직접 만나거나 대화 나눠본 적 없는 사람들이 운영하는 본사에서 돈을 송금하기 때문에 노동자들이 회사를 믿고 기다려 줄 수 있어야 하며, 국제환을 이체 받을 수 있도록 계좌를 연동시켜두어야 한다.

자파는 그동안 리드지니어스에서 열심히 일해 결혼식 비용을 충당하고 한 달 동안 휴가를 쓸 수 있을 만큼의 돈을 모았다. 또 경삼륜차를 타고 가다가 사고를 당한 어머니를 간호하기 위해 3주 남짓 일을 쉴 수 있었다. 이후에는 리드지니어스에서 그의 일자리를 보전해준 덕분에 곧바로 일을 다시 시작할 수 있었다. 자파는 결혼하기 직전에 주니어 매니저 직을 고사했었다. 자파가 주니어 매니저가 되면 야간에 일을 하거나 일주일에 30시간 이상 일을 해야 했는데, 신혼 초기에 남편이 그렇게 바빠지는 것을 약혼자가 꺼려했기 때문이다.

아마라: 언어 번역을 고스트워크로

37세인 캐런은 대학에서 비교문학 학사 학위를 받았으며 남편, 3살배기 아들, 태어난 지 10개월 된 딸과 함께 오리건 포틀랜드에서 살고 있다. 그녀는 현재 동영상에 자막을 제공하는 웹 기반 인터페이스 아마라(Amara)에서 일하고 있는데, 온라인으로 하는 일이 이번이 처음은 아니다. 몇 해 전에 그녀는 공급자 관리 시스템인 라이온브릿지(Lionbridge)를 통해 구글에서 의뢰한 검색엔진(정확하지는 않지만 그녀의 추측에 따르면) 평가 업무를 수행했다. 그리고 온디맨드 가상 비서 서비스인 팬시 핸즈(Facny Hands)에서도 일했다. 그때 했던 작업은 사람들이 문자나 실시간 인터넷 채팅으로 도움을 요청할 경우 비행기 표 예약부터 가구 구매까지 어떤 일이든 도와주는 것이었다. 하지만 그 두 가지 직업 모두 자신이 직접 끊임없이 일거리를 찾아야 하는 조건이어서, 얼마 지나지 않아 그만두게 됐다.

둘째를 낳고 나서부터는 예전에 했던 일들보다 창의적인 일을 찾아보기 시작했다. 처음에는 이하우(eHow)와 리브스트롱닷컴(Livestrong.com) 같은 온라인 매체에 '~하는 법'에 관한 글을 쓰고 편집해주는 일을 했다. 그런 종류의 글은 흔히 콘텐츠 팜(content farm: 검색엔진의 검색 순위를 높이려고 잡동사니 자료들을 가득 채워놓은 웹사이트-옮긴이)이라고 불린다. 캐런은 그녀가 했던 작업이 불만족스럽다는 이메일을 상사에게 몇 차례 받은 뒤로 해고당했다. 상사는 정확히 어떤 부분이 부족하며 다음번에는 어떻게 수정해서 써야하는지 피드백을 전혀 주지 않았다. 프리랜서 작가를 해고한다는 건 기술적으로 불가능한 일이지만, "법적 지위가 어떻게 됐든 상관없이 꼭 해고당한 기분이었다."라고 그녀는 말한다. 그녀는 이후 크레이그스리스트(Craigslist)에서 원고 교열 일자리를 찾던 중에 아마라 플랫폼의 홍보 광고를 우연히 보게 됐다고 한다.

아마라는 동영상 콘텐츠를 잘게 잘라 번역하고 재조합하는 자동화된 특성에 고스트워크의 메커니즘을 결합한 동영상 번역 자막 서비스다. 아마라는 간단하고 반복적인 마이크로 태스크와 작업 규모가 크고 노동자의 창의적인 식견이 필요한 매크로 태스크 간의 명확했던 경계를 흐려놓았다. 아마라의 작업 방식은 대부분의 사회에서 통용되는 유급노동과 봉사활동의 명확한 구분 역시 모호하게 만들고 있다.

아마라 플랫폼의 아이디어가 처음 나온 시점은 2006년으로 거슬러 올라간다. 비영리재단인 PCF(Participatory Culture Foundation: 참여문화재단)에서 근무하며 친분을 쌓은 니콜라스 레빌, 티피티 청, 홈스 윌슨, 딘 젠슨이 함께 아이디어를 냈다.[21] 이들은 콘텐츠를 통제하는 주체나 광고주들이 없는 상태에서 인터넷 사용자들이 동영상과 창작물을 보다 쉽게 공유할 수 있는 도구를 만들겠다는 목표를 세우고 소액의 보조금을 마련했다. 당시 온라인에서 동영상을 배포하려면 리얼플레이어(Real Player)나 윈도우 미디어 플레이어(Windows Media Player) 둘 중 하나를 이용할 수밖에 없었다. PCF는 2011년에 아마라의 초기 버전 소프트웨어를 만들어 출시했는데, 이 소프트웨어는 인터넷 사용자들이 공동으로 동영상에 번역문을 덧붙여 넣을 수 있도록 만든 웹기반 플랫폼이었다.

PCF가 온라인에서 아마라를 선보인 지 얼마 되지 않은 2011년 봄에는 아랍의 봄(Arab Spring: 2010년 12월 북아프리카 튀니지에서 촉발되어 아랍, 중동 국가 및 북아프리카 일대로 확산된 반정부 시위운동-옮긴이) 운동이 확산되면서 인권 문제가 주목을 받고, 일본에서는 후쿠시마 원전 사고가 발생하면서 관련 문제들을 다룬 다큐멘터리를 활동가들이 만들었는데, 이 다큐멘터리를 번역하는 과정에서 이 플랫폼이 사용됐다. 그러면서 세상의 이목이 아마라에 집중됐다. 영화제작자들과 비영리 단체인 테드(TED) 강연 제작진도 전 세계 청중들에게 신속하게 자막을 공급할 방법을 찾기 위해 PCF에 관심을 가졌다.*

2013년 중반에는 틈새시장을 포착한 PCF의 상임이사 니콜라스 레빌과 노련한 기술 전략가 알렐리 알칼라가 아마라 온디맨드(AOD: Amara On Demand)를 공동 설립했다.

아마라는 고스트워크의 성장에 녹아든 두 가지 현실을 우리 앞에 제시한다. 첫 번째로 단순히 고스트워크가 존재하고 계속 유지된다는 사실은, 창의성이 필요한 일에서 인간을 완전히 배제시킬 가능성이 높아지고 있다는 근거라는 주장이 허위임을 보여준다. 두 번째로 아마라는 소프트웨어보다 고스트워크 뒤에 있는 인간이 훨씬 더 소중한 구성요소임을 명확히 인정하려는 욕구가 일부 기업가들에게서 나타나기 시작했음을 보여준다.

처음에 캐런은 청각 장애자들을 위해 유튜브 동영상, 짧은 다큐멘터리, 대학 강의에 자막을 넣는 봉사자로 아마라에서 활동하기 시작했다. 캐런은 매크로 태스크의 매력에 관해서 우리가 만났던 다른 아마라 노동자들과 비슷한 이야기를 했다. 그녀는 전업주부로서의 생활에도 만족했지만, 동료들과 함께 일하며 어울리고 소통하고 싶다

---

* 이 비영리조직의 웹사이트에 따르면 첫 6개 테드 강연은 2006년 6월 27일 온라인에 게시됐다(테드 강연은 기술, 엔터테인먼트, 디자인을 중심으로 여러 주제를 다루는 수준 높고 인기 있는 프레젠테이션이다). 그해 9월에 테드 강연 시청 횟수는 100만 회 이상에 이르렀다. 테드 강연의 인기가 높아지자 2007년에는 테드 웹사이트를 새롭게 개편해 전 세계 청중들이 세계 최고의 사상가, 리더, 교사들의 강연을 무료로 볼 수 있게 했다. 테드의 공개 번역 프로젝트(OTP: Open Translation Project)는 2009년, 200명의 자원봉사 번역가들이 40개 언어로 300건의 동영상에 번역 자막을 제공하면서 첫선을 보였다. 현재는 번역가 2만 8,000명 이상, 언어 115가지, 번역 12만 건 이상이 발표됐다. 2012년에는 프로그램의 영역이 더 확장되어 테드X와 테드 에드(Ted-Ed) 수업 번역, 테드의 영역을 전 세계로 확대시키는 데 도움을 준 전 세계 파트너들이 배포한 콘텐츠의 번역까지 포함하게 됐다.

는 생각이 간절했다. 얼마 뒤에는 아마라 온디맨드로 자리를 옮겼는데, 하는 일은 크게 달라지지 않았지만 보수를 받으면서 일할 수 있게 됐다.

아마라에서 지급하는 보수는 해당 언어의 수요가 얼마나 큰가에 따라 달라진다. 가장 일반적으로 쓰이는 언어, 그중에서도 특히 부유한 국가들의 언어로 된 콘텐츠에 자막을 넣거나 번역하는 일은 보수가 더 많다. 그래서 예를 들어 한 시간짜리 영어 동영상에 영어로 자막을 넣는다면 캐런은 68달러 정도를 받는다. 캐런이 동영상에 자막넣는 작업을 처음 시도했을 때, 1분 분량을 작업하는 데 무려 1시간이 걸렸다. 하지만 연습을 통해 속도가 빨라지면서 일이 수월해지고, 평균 수준의 보수를 받을 수 있게 됐다.

동일한 목적으로 영어 자막을 넣는 일을 하는 아마라의 노동자들은 동영상 1분당 약 1달러를 번다. 이제 캐런은 한 번에 동영상 15분 정도를 작업하고 시간당 15달러 조금 넘게 번다. 거주지 근방에 있는 스타벅스에서 커피 만드는 아르바이트를 하는 것보다 거의 2배 가까이 높은 금액이다. 게다가 캐런은 시간당 보수를 그만큼 받기 위해 반드시 풀타임으로 근무할 필요도 없다. 그런데 무엇보다도 마음에 드는 점은 팀워크라고 캐런은 말한다.

온라인으로 일을 처음 시작했을 때 그녀는 혼자서 일을 했다. 그런데 지금은 동영상 자막 프로젝트를 팀원들과 함께 진행한다. 아마라 온디맨드는 하나의 동영상을 여러 소규모 집단이 나눠서 맡아 작업한다. 집단의 크기는 언어의 종류와 번역 프로젝트의 규모를 기준으로 결정한다. 캐런이 최근에 맡은 일처럼 국제 영화제에 나갈 장편 영화 작업이라면, 회사에서는 우선 몇 명의 팀 리더를 지정해 프로젝트를 관리하고, 작업 요구사항을 알리고, 팀을 조직하게 한다.

준비가 완료되면 팀원을 모집한다는 공고가 모든 아마라 회원들에게 발송된다. 그러면 관심 있는 회원들이 작업 가능한 시간을 적어서 답장을 보낸다. 어떤 회원이 공고를 보고 지원하면 그 사람은 준비된 동영상 중에서 아무 것이나 원하는 대로 선택할 수 있으며, 비디오 클립이나 메모는 다른 팀원들과 공유할 수 있다. 아마라의 온디맨드 팀원들은 동등하게 일하면서 원본 자막을 만들거나 다른 팀원이 만든 번역을 수정한다.

아마라 회원의 75퍼센트 가까이는 18세에서 37세 사이이다. 그리고 아마라 온디맨드 팀의 60퍼센트는 여성이다(지금까지 살펴본 플랫폼들과는 정반대이다).* 아마라 회원 전체의 78퍼센트 이상은 학사학위 이상의 학력이며, 전체의 40퍼센트 이상은 석사학위 이상의 학력이다. 그리고 80퍼센트는 아마라 플랫폼에 덧붙여서 다른 한 가지 이상의 수입원으로 살아간다. 노동자의 70퍼센트 가까이는 다른 플랫폼에 가입하지 않고 유일하게 아마라 온디맨드 고스트워크 플랫폼에서만 일하고 있다.

아마라에서 팀원들 간의 소통은 여전히 대부분 이메일과 실시간 채팅을 통해 이루어진다. 팀원들은 이름, 사진, 생년월일 등의 정보를 담은 프로필을 만들어 프로젝트를 함께 하는 사람들과 공유할 수

---

* 아마라는 그 임무 성격상 국제적인 네트워크다. 우리의 조사에 응한 사람들의 70퍼센트는 미국 이외의 지역에 거주했다. 그래서 우리의 연구 결과에는 미국과 인도 이외의 지역에 있는 AOD 회원들 관련 내용이 포함되어 있다.

있다. 팀원들 간의 관계는 전반적으로 원만한 편이어서, 다정하게 안부를 묻는 이메일을 주고받기도 한다. 캐런이 느끼기에 아마라의 작업 분위기는 앞서 경험했던 온디맨드 일과는 전반적으로 달랐다.

그런데 아마라 온디맨드와 다른 플랫폼의 큰 차이점은 그것 말고도 또 있다. 아마라에서는 어떤 사람이 어떤 작업을 맡았는데, 막상 일을 하려고 보니 너무 부담스럽거나 너무 재미가 없을 경우 그 일을 쉽게 물릴 수 있다. 캐런도 받았던 작업을 취소했던 적이 있다고 한다. 사무엘 베케트의 연극을 촬영한 동영상이었다. "자막을 넣어야 했는데, 얼마나 부담스럽던지! 등장인물들의 대사가 너무 빨라서, 그야말로 '다다다…'하는 소리로 들리더라고요. 누군가는 그 일을 해야 한다는 건 알지만, 도저히 안 되겠다 싶었어요." 캐런은 그 작업을 맡고서 자막을 어떻게 넣어야 할지 고민하는 데 투자했던 시간에 대한 보수를 받았다(동영상을 살펴보는 데 정확히 5분이 걸렸다). 프로젝트에 쉽게 지원하고 쉽게 취소할 수 있는 구조여서, 다른 사람들이 겁먹고 주저하는 작업에 실험적으로 도전해 볼 수 있는 분위기가 마련되어 있다.

아마라는 사용하기 쉽고 게다가 재밌기까지 한 소프트웨어를 만들기 위해 아낌없는 노력을 쏟아부었다. 우선적으로 자원봉사자들의 마음을 사는 게 중요했기 때문이다. 아마라 온디맨드 팀원들은 동영상에 자막을 넣고 번역하는 데 필요한 모든 소프트웨어를 회사에서 공급받는다. 젠슨과 윌슨은 댄스 게임으로 유명한 'DDR(Dance Dance Revolution)'에서 영감을 얻어 아마라 소프트웨어를 크고 알록달록한 버튼들로 구성된 단순한 인터페이스로 만들었으며, 탭 버튼을 이용해서 동영상을 앞뒤로 돌려보기 편하게 했다. 작업자는 동영상 클립을 보고, 대화나 행동을 묘사한 부분을 번역해 컴퓨터 스크린에 뜬 텍스트 창에 입력한다. 그 다음 작성한 자막을 마우스로 드래그해 '아마라 에디터'로 보내서, 자막을 동영상의 해당 위치에 붙인다. 동영상은 필요한 경우 몇 번이든 상관없이 멈췄다가 재생할 수 있다. "기본적으로 시작과 정지 버튼 두 개만 눌러서 자막을 비디오에 맞추는 싱크 작업을 할 수 있어요. 사용하기가 아주 편리해요." 캐런이 말했다. 아마도 비디오 게임을 하는 것만큼 쉽다고 보아도 좋을 듯하다.

요즘 사람들은 시리, 코르타나, 알렉사 같은 인공지능 프로그램에 익숙해져 있어서, 언어를 자동으로 인식하고 번역하는 작업이 쉬워보일지 모른다. 자동으로 인간의 음성을 인식하고 번역하는 것은 자연어 처리(Natural language processing)라고 불리는 분야에서 개발 중인 인공지능의 기본적인 기능이다. 자연어 처리 기술 발전에는 인터넷의 발달로 다양한 언어로 말하고 글로 쓴 데이터를 무수히 많이 수집할 수 있게 된 것이 엄청난 도움이 됐다. 하지만 특히 대사의 뉘앙스나 화면의 분위기가 중요한 액션 장면 동영상을 컴퓨터 프로그램이 완벽히 이해하기는 아직도 어려우며, 다른 언어로 번역하는 건 더더욱 그렇다. 그런데 엄밀히 따지자면 컴퓨터에게만 힘든 게 아니라, 사람도 혼자가 아니라 팀을 이루어 함께 작업해야 할 만큼 까다로운 작업이다.

비영리단체인 아마라는, 우버 같은 기업들과 각 분야에서 '우버화(Uberization)'를 내세우는 수많은 스타트업에 벤처 자금이 무차별적으로 열광하는 세태에 도전장을 내민다. 리드지니어스와 아마라 모두 그들이 그저 사람들을 연결하는 소프트웨어를 팔기만 하는 것은 아니라는 점을 인정하고 있다. 그들은 인간의 창의성이 바탕인 사업 분야에 있다. 또 고스트워크를 이용해서, 사진이나 그림에 설명을 넣는 단순한 작업보다 훨씬 거창한 작업들을 맡아 해낸다. 이런 식의 매크로 태스크는 최소한 지금 현재로써는 자동화의 손이 닿지 않는 곳에 있다.

업워크: 정규직 직원들이 마이크로 태스크를 관리할 때

노동자들에게 다른 회사들의 일을 주선하는 리드지니어스와 아마라의 사업 방식은, 핵심 구성원에 들지만 눈에 잘 띄지 않는 또 하나의 집단에 필연적으로 관심을 기울이게 만든다. 바로 고스트워크 플랫폼에서 노동 인력을 충당해 각자의 업무를 처리하는 의뢰인들(자영업자나 큰 기업의 정규직 직원들)이다. 이런 의뢰인들은 긴급한 사안이나 새로운 프로젝트를 처리하는 과정에서 고스트워크와 관계를 맺는 또 하나의 핵심 구성원이다.

일자리 공유 플랫폼인 업워크와 경쟁 플랫폼들은 여러 방식을 병용해가면서 고스트워크를 활용하고 다룬다. 우선 엠터크와 크게 다르지 않은 방식으로, 노동자를 채용하고 평가하고 보수를 지급하는 과정을 자동으로 처리할 수 있도록 API를 활용한다. 하지만 그와 동시에 인력이 필요한 기업이나 개인이 직접 플랫폼에 접속해서 직접 구인 광고를 낼 수 있게 허용하고, 지극히 세분화된 마이크로 태스크에 불과한 듯 보였던 간단한 작업을 완수하는 과정에서 계약직 노동자들과 더 많이 소통할 수 있는 환경을 제공한다. 사이트에 올라오는 가장 일반적인 작업은 그래픽 디자인, 영상 제작, 콘텐츠 제작이지만, 때로는 웹사이트 제작이나 소프트웨어 엔지니어링처럼 전문적인 공학적 지식과 기술이 능력이 필요한 일도 있고, 보수가 시간당 100달러 이상이 되는 작업도 있다. 더 크고 복잡한 과업들은 구성원들 간의 대화가 더 많이 필요하기 때문에 업워크는 의뢰인들이 노동자들과 실시간으로 대화를 나누고 이메일을 주고받으면서 한층 복잡한 과업을 효율적으로 처리할 수 있게 했다. 그렇게 하면서도 업워크 플랫폼은 노동자와 의뢰자 간의 소통을 여전히 중개한다. 그 과정에서 노동자와 의뢰자 양 집단의 거리를 벌려놓는데, 그러다 보면 의뢰자들이 노동자의 인간성을 간과하고 마치 노동자가 플랫폼 소프트웨어의 일부라도 되는 것처럼 느끼게 만들 수도 있다. 어찌되었든 업워크 같은 플랫폼들은 자동화 혹은 준자동화 과정으로 이제는 간단한 작업에서 복잡한 작업까지 모든 종류의 일을 분배하고 관리할 수 있게 됐다는 사실을 증명해 보인다.

다소 아이러니하게 느껴질지 모르지만, 업워크 같은 사이트를 통해 노동자들을 고용하는 사람들은 알고 보면 그들 스스로도 회사에 소속되어 일하는 직원들이다. 이들이 고스트워크 플랫폼을 찾게 되는 이유는 대개의 경우 일손 부족이나 업무 부담을 느껴본 적이 있는 사람이라면 쉽게 이해할 다음의 4가지 이유 때문이다.

첫째, 크레이그스리스트나 몬스터닷컴에 임시직 일자리 공고를 낼 때도 물론 그렇지만, 풀타임 정규직 직원들이 온디맨드 플랫폼을 활용하는 이유는 조직에서 추진하는 프로젝트를 진행하는 데 필요한 전문성을 회사 내에서 구할 수 없기 때문이다. 여기서 말하는 전문성은 광고 문구 작성에서 엔진의 진동 분석까지 아주 다양하다. 엔지니어링 회사에 근무하는 어떤 고위 간부는 주로 세부적인 엔지니어링 설계 작업에 온디맨드 노동자들을 고용한다고 설명했다. "대형 유도 전동기를 잘 다루는 진동 전문가를 찾아야 했어요. 설계와 엔지니어링에 특화된 사람들이 필요하면 늘 이 플랫폼을 통해서 사람을 찾아요." 온라인 교육 기업의 마케팅 간부는 온디맨드 노동자들을 주로 콘텐츠 디자인, 글쓰기, 애니메이션 작업을 할 때 활용한다며 이렇게 말했다. "보통 회사 내부에서 기한 내에 처리하기 힘든 경우에 프리랜서에게 맡겨서 작업을 완성합니다. 하지만 그 일을 할 수 있는 능력을 갖춘 사람이 내부적으로 아예 없어서 프리랜서를 고용할 수밖에 없는 경우도 있어요."

둘째, 온디맨드 플랫폼을 통해 인력을 충당하면 전통적인 인력 소개 사무소를 이용할 때보다 훨씬 빠르고, 직간접비도 덜 든다. 그런 장점은 수익을 최대화하고 사업 실적을 높이려고 애쓰는 기업들로서는 가장 매력적인 부분이다. 어떤 마케팅 회사의 홍보 전문가는 온디맨드 노동자들을 고용해서 절감한 비용을 대략적으로 이렇게 추정하기도 했다. "프리랜서 인력을 활용할 때의 가장 큰 장점은 최소 비용으로 일을 해낼 수 있다는 점이에요. 직원 복리후생을 제공하거나 사무 공간을 마련하는 데 드는 돈을 아낄 수 있어서, 크게는 40퍼센트까지 비용을 절감할 수 있거든요." 앞서 언급했던 마케팅 간부 역시 절감된 비용을 그 자리에서 어림잡아 설명했다. "가령 인력 사무소를 통해서 어떤 프로젝트를 진행할 때 2,500달러가 든다면, 업워크를 이용할 경우에는 700~800달러만 들여서 할 수 있어요."

온디맨드 인력을 사용하는 이유로 가장 흔히 꼽는 이유 중 세 번째는 예기치 않게 업무량이 급증하는 경우다. 예를 들어 풀타임으로 근무하는 정규직 직원들이 다른 일로 바쁜데 갑자기 새롭게 처리해야 할 업무가 생기면 온디맨드 노동자를 고용해서 일손을 충당한다. 앞서 언급한 마케팅 간부는 이렇게 설명한다. "저희는 빠른 시간 내에 완료해야 하는 프로젝트가 있을 때 프리랜서를 고용합니다. 내부적으로 그 일을 할 수 있는 직원이 없거나 한꺼번에 여러 일이 몰리면 프리랜서에게 의뢰합니다."

고스트워크 노동자를 채용하는 정규 직원들은 작업량이 증가하는 이유로, 계절적 변동에 따른 시장 수요 변화나 마감이 가까워 올 때 혹은 그 두 가지가 겹치는 경우 등을 들었다. 광고 인쇄물(DM) 기업의 한 관리자는, "순환적이고, 계절변화에 민감한 사업 분야라서 성수기에는 전 직원이 총력을 기울여 일하게 됩니다. 바로 그럴 때 프리랜서 직원을 구해야 한다는 말이 나오지요."

마지막 네 번째 이유는, 온디맨드 플랫폼 노동자들이 인력 사무소를 통해 고용한 계약직 직원들이나 때로는 정규직 직원들보다도 일을 수준 높게 해내기 때문이다. 실제로 광고 회사에 근무하는 한 마케팅 매니저는 우리와 인터뷰하면서 "프리랜서 직원들이 내부 직원들보다도 업무 능력이 월등한 경우가 꽤 많았다."라고 이야기했다. 이들의 업무 처리 수준이 높은 데에는 몇 가지 이유가 있다. 첫 번째로 이들은 말 그대로 자유 계약으로 일하기 때문에, 일을 한번 맡았던 곳에서 계속해서 일을 받으려고 노력한다. 뒤에서 자세히 살펴보겠지만, 기업에서 온디맨드 인력 수급을 담당하는 관리자들은 일반적으로 인력 수급 부족에 대비해서 믿을 만한 온디맨드 노동자 인력 풀을 미리 확보해 놓는다. 온디맨드 노동자들도 이런 점을 잘 알고 있어서, 그런 인력 풀에 들어가기 위해 일을 맡으면 최대한 완성도 있게 해낸다. 그래서 새로운 의뢰인에게 일을 받을 때마다 그런 명단에 들 수 있는 일종의 시험을 해보는 셈이다. 그리고 수준 높은 결과물이 나오는 두 번째 이유는 온디맨드 노동 시장에서의 경쟁 때문이다. 정규직 직원이라면 각자의 능력을 부지런히 갈고 닦지 않더라도 즉각적으로 타격을 입지는 않지만, 온디맨드 노동자들은 최신 기술을 갖추지 못하면 다른 노동자들에게 일자리를 빼앗길 가능성이 크다. 어떤 건강관리 기업의 프로젝트 매니저는 이런 식으로 설명했다. "자유계약으로 일하는 분들 중에는 기술면에서 최고 수준인 경우가 꽤 있어요. 프리랜서로 일하려면 보다 다양한 체계와 과정을 배우는 데 관심이 있고, 남다르고, 특별한 사람이어야 하지요. 제가 볼 때 프리랜서라는 직종은 그 특성상 각자 다양한 기술을 연마하고 지속적으로 자기계발에 힘을 쏟게 만드는 것 같아요…. 그런 다양한 능력을 갖췄기 때문에 시장성이 더 커지는 거지요."

온디맨드 노동자들의 뛰어난 기량과 직업의식을 높이 인정함에도 불구하고 의뢰인들 사이에는, 만약 다른 상황이었다면 내부 직원들이 직접 처리했을 업무였다는 암묵적인 인식을 가지고 있으며 때로는 직접 말로 표현하기도 한다. 매크로 태스크를 계획하는 사람들과 실행하는 사람들 간의 구별이 완전히 임의적인 것 같아 보일 때가 많기 때문이다. 정규직 직원이 수행한 일과 외부 인력에게 맡겨서 처리한 일 사이에 큰 차이가 없는데, 어째서 정규직 직원들은 회사에서 지원하는 각종 복리후생 혜택은 다 누리고 업무 수행의 위험 부담은 전혀 지지 않는 것일까?

무기화된 무지(無知)

고스트워크가 재빠르고 은밀하게 정규직 업무를 대체해 가면서, 풀타임 직업을 얻어서 장기 근속하는 것이 문화적 표준이자 중산층 생활의 안정화된 기반이었던 지난 세기의 흐름이 뒤집히고 있다.

핵심 구성원으로서의 인간 노동자들은 쉽게 대체될 수 있는 존재로 비친다. 앞서 설명했듯, API 덕분에 노동자들은 이름과 얼굴이 있는 존재가 아니라 일련의 문자와 숫자로 표현되는 존재가 됐다. 이와 같이 인간성이 소실된 상황에서, 고스트워크를 중개하는 기업들은 그들의 노동자들이 어떤 사람들인가에 대해서는 거의 무지하다. 이런 인간성의 말소는 세부적인 실행 계획에서 비롯되었을 수도 있다. 즉 노동자 집단이 너무 방대해서 개별 구성원을 하나하나 살필 수가 없다고 주장하는 사람도 있을지 모른다. 하지만 인간성의 말소는 고스트워크 경제에서 어쩌다 보니 생긴 비정상적인 오류가 아니라 의도적인 특성이라는 점을 절대 어물쩍 감추고 넘어가려 해서는 안 된다.

온디맨드 플랫폼이 근로자들에 대해 자세히 알려고도, 관심을 기울이려고도 하지 않는 데에는 법적인 이유가 있다. 그렇더라도 위에서 살펴본 고스트워크의 범위에서 짐작할 수 있듯이 갈수록 확대되는 인공지능의 그늘에서 인간이 꼭 필요한 존재가 되었다는 사실을 모른 척하고 넘어갈 수는 없다.

크라우드플라워(CrowdFlower)는 2007년에 루카스 바이월드와 크리스 반 펠트가 만든 크라우드소싱 및 데이터 마이닝 기업으로, 서론에서 소개했던 우버의 '셀카 사진 보안 정책' 기술을 지원했던 곳이기도 하다. 이 기업은 우버 외에도 이베이, 모질라, 트위터, 페이스북 같은 대기업 고객을 두고 있다. 크라우드플라워에 소속된 고스트워크 노동자들은 사진 승인, 고객 지원, 콘텐츠 관리 같은 마이크로 태스크를 수행한다. 2012년에는 크라우드플라워 노동자였던 크리스토퍼 오티(Christopher Otey)가 이 회사의 노동 관행을 지적하며 소송을 제기하는 사건이 발생했다. 처음에는 오티와 매리 그레스라는 노동자 두 사람이 소송의 원고로 이름을 올렸는데, 그 뒤로 소송에 동참하는 노동자들이 늘면서, 최종적으로 1만 9,992명에 달했다. 오티의 설명에 따르면 그가 처음 소송을 제기한 근거는 크라우드플라워가 정규직 직원에 준하는 수준의 일처리를 요구하면서, 그에 따른 급여와 부가 혜택은 일반적인 자유 계약직 노동자들 수준으로 지급했다는 사실이었다. 오티는 크라우드플라워에서 일했던 시간에 대해 이렇게 설명한다. "제 일에 대한 결정권은 제게 있는 게 아니었습니다. 모든 일은 플랫폼의 결정에 따라야 했어요. 가령 작업 시간을 제가 정할 수 있는 게 아니라, 플랫폼이 일을 제공할 때에만 일을 할 수 있었지요. 플랫폼 측에서는 주선한 일의 거의 모든 측면에서 결정권을 쥐고 있었습니다."

오티는 크라우드플라워가 규정한 수준의 고용 조건이라면 노동자들에게 공정근로기준법(FLSA:Fair Labor Standard Act)에 따른 최저 임금을 지급해야 마땅하다고 주장했다. 그러나 크라우드플라워의 법무팀은 그 주장에 반박했다. 이 플랫폼에 소속된 노동자들은 '자유 계약직'이므로, 공정근로기준법이 적용되지 않는다는 설명이었다. 결국 이 소송은 2015년 크라우드플라워가 노동자들에게 58만 5,507달러를 지급하기로 합의하면서, 노동자들의 고용 조건에 관한 질문에는 명쾌한 답을 내지 못한 채 마무리됐다.

2015년 이후로 온디맨드 노동을 사고파는 회사들은 온라인에서 회합 공간을 제공하고 일자리를 연결시키는 역할 이외의 것으로 비쳐질 수 있는 활동에 대해서는 지극히 몸을 사리고 있다. 온디맨드 고스트워크 플랫폼은 스스로를 중립적인 입장으로 여기고, 자신들은 경제학자들이 흔히 말하는 양면 시장(two-sided market)을 관리하는 중재자 역할의 소프트웨어라고 주장한다.

이들은 플랫폼 시장의 한쪽(노동자를 찾는 의뢰인들)과 다른 쪽(일자리를 찾는 노동자들)을 연결한다. 정해진 시간이나 작업 현장, 누가 공식적인 책임자인가에 관한 협의가 없기 때문에, 급성장 중인 이 산업에서 얼마만큼의 고스트워크가 실제로 이루어지고 있는지, 누가 비용을 부담하는지, 어떤 노동자들이 일을 수행하는지를 정확히 가늠하기가 어렵다. 노벨상을 수상한 경제학자 로널드 코스가 벌써 한참 전에 회사의 존재 이유 자체로 설명했던 '거래비용'이라는 개념은 새로운 온디맨드 시스템의 부상과 함께 차츰 사라지고 있는 듯하다. 플랫폼들은 노동자들과 어느 정도 거리를 유지함으로써, 플랫폼과 의뢰인들이 공식적인 고용인의 법적 책임을 질 필요가 없도록 지켜올 수 있었다.

당신이 하는 일이 어떤 범주에도 속하지 않는다면

자동화 최종 단계의 역설이라는 측면에서 보면, 고스트워크를 이용해 서비스를 제공하는 방향으로의 변화는 이제 막 달아오르는 중이다.[22] 오늘날 고객들이 온라인에서 보내는 매 순간 만들어 내는 엄청난 양의 '빅 데이터'를 평가하고, 분류하고, 해석을 달고, 세밀히 구별하는 일에 온디맨드 고스트워크로 서비스를 제공하는 기업들이 수백 곳에 이르며, 그보다 규모가 큰 프로젝트를 최소한 부분적으로 API로 관리해서 호스팅하는 회사들도 폭발적으로 증가하고 있다.[23] 그럼에도 사람들이 고스트워크를 여전히 소모성 상품처럼 취급하면서, 고스트워크 직업은 그 어떤 보호도 받지 못하고 있다.

관련 당사자들이 고스트워크의 광대한 범위를 충분히 이해하고 가치를 평가하기란 힘들지 모른다. 게다가 노동자들 스스로 자신의 직업이 어떤 범주에 해당하며 노동자로서 자신의 지위가 어떻게 되는지 잘 모르다보니 고스트워크 종사자들이 무엇을 원하고 그들에게 무엇이 필요할지를 가늠하기가 힘들고, 그래서 문제가 더 복잡해진다. 고스트워크 종사자들은 공동의 작업 공간, 근무 시간, 직업 정체성이 따로 없기 때문에, 다양한 관심사별로 비공식적인 모임이나 공동체를 만든다. 이는 구성원들이 주로 활동하는 시간대에 따라 각기 다른 사람들과 프로젝트에 참여하면서 다양한 연결망을 수시로 오가는 온라인 환경에서는 흔히 나타나는 특성이다.

노동자들이 각자 언제, 누구와, 어떤 프로젝트를 맡을 것인지 선택할 수 있도록 지원하고 동등하게 중요시하는 방향으로 정규 고용을 체계화한 사례는 지금껏 없었다. 대개 그런 특권은 엘리트 정규직 노동자들의 몫으로 돌아간다. 그 나머지 사람들은 9시 출근 5시 퇴근의 고되고 따분한 제약 속에 갇혀 지내거나, 그런 제약을 감내할 다른 사람들에게 자리를 내주어야 한다.

정규직 직원들이 처리할 수 있는 범위 밖의 잡다한 업무를 뚝딱 해치우기 위해서, 소모적이고, 대체 가능한 것처럼 보이는 임시 노동자 집단을 활용하는 기업들은 예전에도 있었다. 단연컨대 고스트워크는 지금껏 오랜 역사 속에 확실히 자리 잡았던 사회적 동향의 최신판이라 하겠다.

제2장
삯일에서
아웃소싱까지

자동화 최종 단계의
간략한 역사

　　　　뉴욕 상원인 로버트 F. 와그너의 입안으로 1935년 제정된 노동관계법(주로 와그너법(Wagner Act)이라고도 불린다)은 노동자들이 노동조합을 만들어 더 나은 근로 조건을 위해 집단적으로 협상하고 파업할 수 있는 기본권을 보장한 미국 최초의 연방법이 됐다. 사람들은 대개 와그너법을 미국 최초의 공식적인 사회계약이자 현대적 고용의 안전망으로 생각한다. 하지만 노동자의 권리를 규정하고 그 권리를 국가 체제 속에 편성하려는 움직임은 사실 그로부터 한 세기 전에 이미 시작됐다.

　　와그너법의 초점이었던 19세기 공장 노동자들의 운명과 와그너법으로 보호 받지 못하는 이 시대 온디맨드 노동자들의 운명은 거의 안 보이는 가느다란 실로 연결돼 있다. 지금 여기서 설명하는 고스트워크는 1900년대에 뉴잉글랜드(초기 이주자들이 몰려 살던 미국 북동부 지방으로 메인, 뉴햄프셔, 버몬트, 매사추세츠, 코네티컷, 로드아일랜드의 여섯 개 주를 중심으로 한다-옮긴이)에서 농민들이 천 조각으로 화려한 드레스 리본을 만들던 시절까지 거슬러 올라간다. 100년도 넘은 과거의 그 노동자들 역시 와그너법의 보호를 거의 받지 못했다. 이런 단층선, 즉 정규직 고용자와 나머지 사람들을 갈라놓는 경계는, 1960년대 캘리포니아에서 우주로 쏘아 올릴 위성 로켓에 탑재할 제트 연료유의 적정 무게를 계산하던 젊은 여성들로도 이어진다. 그리고 오늘날 이 단층선은 인터넷의 발명 이후로 포춘 500 명단에 드는 다국적 기업의 데이터베이스와 콜센터를 관리하고 회계 업무를 처리하는 전 세계 임시직 노동자들에게도 연결된다.

풀타임 정규직 직장이 어째서 여전히 문화적으로 성공의 잣대 역할을 하며 그런 현실이 고스트워크에 종사하는 사람들에게 얼마나 큰 영향을 주는지 이해하려면 과거를 자세히 들여다 볼 필요가 있다. 이번 장에서는 19세기 후반으로 돌아가 그때부터 20세기까지를 되짚는다. 그 과정에서 우리는 두드러진 기술 혁명의 매 순간에 정치 지도자, 경제계 실세, 노동계 세력, 당대의 사회 규범이 어떻게 숙련 전문직(즉 기계를 능가하는 기술)과 비숙련직(즉 자동화될 운명에 놓인 임시 노동직)의 경계를 확고히 해 나갔는지 확인할 수 있다.

초기 산업 자본주의와 제조업은 공장을 움직이는 동력인 조립 라인 노동자들에게 크게 의존했다. 그러나 제조업자들은 아직까지 기계적인 공정에 포함시킬 수 없는 작업을 손으로 처리할 노동자들 역시 많이 필요했다.

풀타임 정규직을 산업화 제조 공정의 반자동화된 체계에 접목시키려면 노동자들이 조직화되고 단체적으로 활동해야 했다. 더욱이 풀타임 고용을 검증하고 적정 비용을 정하는 정책이 시행되면서, 애석하게도 기업의 이익을 노동자들의 삶일보다 우선시하고 여타 임시직이나 계약직이 노동 보호 수단을 보장하지 못하는 소모적인 노동으로 치부되기 쉬운 환경이 마련됐다. 어떤 노동자들에게 투자하고 어떤 노동자들에게는 투자하지 말아야 할 것인가의 기준은, 일을 하는 주체가 누구인지 그리고 그 일자리가 '숙련직'인지 아니면 곧 자동화될 일자리인지에 달려 있었다. 그래서 실무 능력을 갖춘 남성이 대부분이었던 냉전 시대의 공학 기술자들은 기업의 비서직 업무에 주로 투입되던 여성 계산원들보다 본질적으로 더 숙련되고 가치 있는 노동자로 간주됐다.

1970년대 이후로는 기업들이 분기별로 실적 보고서를 내면서 풀타임 직원을 자산이 아닌 부채로 보는 경향이 커졌다.[1] 기업들은 데이터베이스 분산처리 같은 인터넷 기술을 활용하고, 가능한 모든 일을 아웃소싱하며, 정규직 직원의 업무 중에 국외의 임시직 노동자에게 맡기거나 복도 끝 좁은 사무실에 앉아 일하는 '영구 임시직' 직원에게 넘길 수 있는 부분은 없는지 고심했다. 기업들이 갈수록 임시직 노동자에게 의존하는 분위기는 잦아들지 않고 계속됐으며, 그런 과정에서 소모성 노동으로 여겨지던 임시직의 개념이 재정의됐다. 이러한 지난 세기 노동자들의 이야기는 '정규직 고용'의 의미가 무엇이며 그 의미가 어디서 나오는가를 설명한다. 또 업계에서 일자리를 자동화하는 데 온 신경을 기울이고 있는 와중에 역설적으로 고스트워크의 수요가 급증하고, 그와 함께 고용주와 직원 간의 사회 계약이 어떻게 파기되고 있는가를 엿볼 배경이 되기도 한다.

와그너법 이전: 초기 자본주의를 활성화했던 소모성 노동

와그너법은 역사상 미국 최초의 고용법은 아니었다. 남북전쟁 이전에는 노예로 아무런 보수 없이 강제로 일해야 하는 사람과 노동의 대가를 받을 권리가 있는 사람의 법적인 지위가 성문화되어 있었다. 철광석과 목화를 비롯한 원자재를 가공 처리하는 북부 도시들은 노예들의 노동으로 상품을 제조해서 부를 축적했다. 개인의 자산으로 여겨졌던 노예들은 대체 가능한 노동 집단으로, 노동자로써의 목적을 다하면 버려도 되는 소모성 노동 집단이었다. 노예가 있는 주(州)인지 없는 주인지에 관계없이 미국 전역에서 자본주의 확대와 산업혁명의 성장은 임시 노동력인 노예들에 의존하고 있었다.[*2] 자신들이 투자한 시간에 대한 보상을 요구할 확실한 권리를 가졌다고 볼 수 있는 사람들은 백인 남성 지주들뿐이었다.[**3] 남북전쟁이 종결된 1865년까지는, 남의 명령이나 부탁을 받고 일을 한 사람에게는 응당

---

[*] 예일대 역사학자 데이비드 블라이드는 1860년 미국에서 강제 노동에 동원된 노예 400만 명은 "미국의 모든 은행, 공장, 철도 회사를 합한 것보다도 큰 가치가 있었다."고 설명한다.

[**] 역사학자 넬 얼바인 페인터는 백인 존재론에 관해 이렇게 서술한다. "백인의 구성은 시간에 따라서 사회 변화 요구를 수용하는 쪽으로 바뀌었다. 19세기 중반 이전에는 대중문화계와 학계는 오로지 하나의 백인 인종만 존재하는 것으로 널리 받아들여졌다. 그런데 실제로는 여러 인종이 있었다. 미국에서 많은 사람들이 백인으로 받아들여지고, 투표권도 있었지만(성인 백인 남성일 경우), 그럼에도 불구하고 열등한(혹은 뛰어난) 백인 인종으로 구분됐다. 아일랜드계 미국인들이 그 대표적인 예다."

한 보수를 받을 권리가 있다는 단순한 사실이 미국에서 당연하게 받아들여지지 못했다.

남북전쟁 이후 산업자본주의가 나타나고 임금을 받고 일할 수 있는 기회가 빠른 속도로 늘어갔지만, 전쟁으로 피폐해진 미국 국민 대다수는 자급 농업과 산업화 사이의 어둠의 시기를 보냈다. 말 그대로 식탁에 음식을 올릴 수 있는 건 사람들 각자의 노동 덕분이었다. 사람들은 얼마 안 되는 좁은 땅에서 키운 작물로 근근이 먹고 살았다. 농가 가족들은 수확한 작물의 잉여부분 즉 달걀, 목화 등을 내다팔고, 바느질이나 토지 개간 같은 기술을 활용해서 소득에 보탰다. 가뭄, 폭우, 흉작, 기근 틈에 살아남는 것이 국민 대부분의 풀타임 직업이었다.

임금을 받는 일자리를 얻을 가능성이 엿보이자 특히 남부 지역을 중심으로, 자급자족하던 사람들은 불안정한 농장을 떠나 동해안 곳곳에 번성하는 항구 도시들로 이주했다. 이 도시들은 전기, 난방, 식품 같이 생활에 필요한 물자들을 얻을 수 있는 가능성을 의미했다. 값싼 노동력을 제공하는 새로운 인력 풀(자유를 얻은 남부 흑인들과 몰려드는 유럽 이민자들)이 유입되면서 북부의 공장주들은 노동자들의 임금을 그대로 낮은 수준으로 유지하면서 사업을 확장하기가 더 쉬워졌다.*[4] 가난하지만 건강한 몸의 이민자들과 해방된 노예들이 몰려

---

*   사실 노예제도 폐지 반대론자들과 노동 운동은 충돌했다. '실업자들의 새로운 부대'가 임금 노동자로서의 그들의 불확실한 입지를 위협한다고 생각했던 아일랜드인 중심의 젊은 이민자들은 북쪽으로 이주하는 해방된 노예들에 맞서 시위했다. 미국 정부가 1862년에서 1930년에 걸쳐서, 구입한 토지를 나누어주거나 토착민들이 팽창하는 서부의 도시 지역으로 이주하지 않도록 붙잡는 역할을 한 소위 자영 농지법이 마련되지

들고, 미국의 첫 독점 재벌들이 현대적인 산업 자본주의의 자금을 대는 이런 상황을 배경으로, 조립 라인과 삯일의 혼합체가 탄생했다.

산업 혁명의 트윈 엔진(twin engines): 조립 라인과 삯일

조립 라인에 노동자를 배치한 생산 공정이, 체계화된 장인들과 기술자들의 작업 속도를 하룻밤 새에 추월한 것은 아니다.* 각기 정해진 자리에 서서 개별적인 종류의 일을 하는 노동자들의 주위를 컨베이어 벨트와 기계식 도르래 장치가 꿈틀대며 지나가는 공장이 일반적인 생산 공정으로 자리 잡기까지는 100년 이상이 걸렸다. 그런데 인식하지 못하는 사람들이 많지만, 사실 대부분의 제조 공정이 대량 생산 라인으로 옮겨간 뒤로도 몇몇 일자리는 사라지지 않고, 비유적으로 그렇지만 말 그대로 '조립 라인 공정 밖'에 그대로 남았다.

산업혁명 최초의 공장(그 당시 표현에 따르면 제작소)들은 손으로 작업하는 장인이나 기술자 조합들보다 총, 자물쇠, 의자, 사탕, 신발, 옷을 10~20배 더 빨리 만들었다. 하지만 기계를 이용해서 대량 생산하는 경우에도 마무리 작업을 수행할 일손은 필요했다. 물건을 만들면서 그런 자잘한 일을 담당할 인력이 필요했던 건 예전에도 마찬가지였다. 가령 상공업자들의 조합인 길드(Guild)들은 견습생과 하도급자들을 두고 일을 거들게 해서 장인의 기술을 최대한 활용했다. 새로운 조립 라인 체계는 수공업 길드에서 일반적으로 통용되던 하도

않았다면 공장 마을의 임금은 바닥을 치고, 이민자 집단들 사이의 민족 전쟁이 훨씬 격해졌을 것이다.

* 전기의 활용과 토마스 뉴커먼이 1712년 발명한 최초의 상업적 증기 엔진은 1781년 제임스 와트에 의해 두 배로 강력하게 진화되면서 제조업의 발전을 불러왔다.

급 관행을 그대로 가져 왔지만, 한 가지 차이점이 있었다. 바로 공장주가 원자재와 노동 '공급망'의 통제권을 모두 쥐고 있었다는 점이다. 즉 노동자들은 각기 다른 노동자들과 서로 조절해가면서 물건을 만드는 것이 아니라, 최종 제품이 완성되기까지 어디에 서서 무엇을 한다음 어떻게 다음 차례로 넘겨야 하는가를 지시받는다. 이런 식으로, 조립 라인은 인간과 기계 사이에서 새로운 분업 방식을 도입하지는 않았으며, 남들과 조절해가며 맞추거나 남들에게 일을 분배할 재량, 그리고 작업속도에 대한 통제권까지 빼앗아갔다.* [5]

산업혁명이 진행되면서 기계로 직물 같은 제품들의 생산을 자동화할 수 있게 되자 삯일이 폭발적으로 증가했다. 삯일('가내 공업', '생산 작업', '영세 산업 시스템', '위탁 시스템' 등으로도 불렀다)은 제품을 생산하거나 처리할 때 기계로는 할 수 없는 부분을 사람이 맡아 하는 것이다. 삯일거리는 생산을 중단하거나 자원을 공장 밖으로 전용하지 않으면서, 여러 사람에게 분배할 수 있는 작은 과업들로 나뉘었다.** [6] 조립 라인은 구식 분업에 의존했으며, 소모적인 삯일을 맡아하는 사람들 대다수는 도시 변두리에 사는 여성들과 아이들이었다.*** [7] 사실상 가내 수공업은 보수를 받으면서 일하는 온디맨드 고스트워크의 초

---

* 스티븐 워링은, 프레더릭 테일러의 과학적 관리법은 상인들이 가장 숙련된 기술이 필요한 수공업을 장악할 방법을 찾기 위해 애쓰던 산업 초기에 주로 초점을 맞춘다고 주장한다. 워링은 이렇게 설명한다. "새로운 관리적 자본주의는 운영을 조정하고 노동자들을 통제할 방법을 찾던 중에 등장했다."

** '가내 공업(homework)'은 "공장의 제조 과정을 보조하는 차원에서, 판매용 제품의 제조나 준비 과정을 집 안에서 하는 것"으로 정의된다.

*** 마조리 아벨과 낸시 폴브레는 여성들의 삯일이 공식적인 자리에서 무시당하는 사례에 대해서 더 자세히 설명한다. 1800년대 초반에는 가족들 대부분이 서로에게 의지했으며 특히 부인, 엄마, 딸들은 빵을 굽고, 보관 음식을 만들고, 요리하고, 청소하고, 헤진 이불이나 옷을 바느질하는 일을 맡았다. 가족들 모두가

기 형태로 볼 수 있었다.

당시 사용하던 다림질 기계와 증기 재봉틀 대부분은 여성들이 가동했다.[*8] 마무리 작업은 대량으로 제작하는 공정에 한해서만 공장 내에서 진행됐고, 그 외 소규모 제조 공정과 대부분의 방직 과정은 '위탁 시스템'을 통해 여전히 농가에 거주하는 사람들에게 맡겨졌다.

노동자들의 작업장은 오늘날에도 존재하는 도시 빈민가의 건물에 노동자들이 빼곡하게 들어찬 '노동 착취'의 전형적인 풍경은 아니었다. 그보다는 농가 주택의 거실을 가득 메운 여러 대의 재봉틀에 아버지부터 어린 아이들까지 온 가족이 들러붙어서 직물로 뭔가를 작업하는 식이었다. 가족들은 운전사에게 비용을 지불하고 재단한 옷감을 운반했는데, 운송료는 옷감 12장을 한 묶음으로 해서 이동 거리를 기준으로 정해진 비율을 곱해 지급했다. 운전사들은 삯일의 중재자가 되어, 피츠버그 같은 산업 중심지가 있는 도시의 변두리 끝에 있는, 통행이 사실상 불가능한 시골 길을 운전해서 '닭과 아이들이 떼지어 있는 오두막집'을 이리저리 피해 다니며 짐을 운반했다.[10] 피츠버그에서 출발한 운전사들은 근처에 들어서면서 금속이 달가닥 거

<hr>

음식을 먹고, 건강을 지키고, 제대로 옷을 챙겨 입을 수 있도록 구성원들이 각자 일정 역할을 맡았다. 여성들은 손으로 하는 일, 그리고 기계를 돌리고, 빗고, 짜고, 뜨개질해서 천을 바지, 셔츠, 스웨터, 작업복으로 만드는 일을 지시하고 주도했다. 가족은 사회 안전망이자 작은 산업 집단이었다. 그러다가 도시가 형성되면서 빵집, 세탁소, 대형 의류 공장이 생겨났다. 이런 것들은 인류가 집 밖에서 제공했던 최초의 소비재와 서비스로 가정 오븐, 빨래통, 바느질 도구가 확대된 것이다. 3세대 전만 해도 의식주를 해결하기 위해 다른 누군가를 고용하는 건 왕족이나 노예 소유주들만 가능한 일이었다. 하지만 이런 서비스들이 가정에서의 개인적인 소비를 넘어 개별 산업이 되면서 여성들이 그 분야에 종사했다.

* 엘리자베스 비어슬리 버슬러는 러셀 세이지 재단(Russell Sage Foundation)에 합류해, 삯일이 주된 고용 형태가 되면서 산업화의 그늘에서 일하게 된 소모성 삯일 노동자들에 관한 광범위한 연구를 최초로, 그리고 지금까지 유일하게 진행한 사람이다.

리는 소리와 윙윙거리는 발재봉틀 소리를 들을 수 있었다고 한다.

당대의 경제학자들과 산업 이론가들은, 삯일은 대량 생산이 확대되면 서서히 사라질 기술상 비효율적인 관행이라고 생각했다. 예를 들어 1770년에 발명된 다축(多軸) 방적기는 수력으로 움직이는 기계 장치로, 목재 프레임에 실패를 최대 120개까지 걸고 크랭크를 돌려서 섬유 조직을 휘휘 감고, 잡아 빼고, 꼬아 비틀었다. 이 기계는 사람들 수십 명이 수백 시간을 들여 손으로 작업해야 할 작업 분량을 한 번에 처리해서 동일한 양의 천을 생산했다. 그런가 하면 엘리 휘트니가 1792년에 조면기를 발명하면서, 다축 방적기에 목화를 넣기 전에 목화씨를 빼내는 일을 사람 손으로 할 때보다 25배 빠르게 작업할 수 있게 됐다. 다축 방적기와 조면기 두 가지 발명으로 산업혁명 초기에 면직물 생산이 증가했으며, 면직물은 주요 소비품목이 됐다. 산업 생산의 증가를 추적 관찰한 대부분의 분석가들은, 기계화가 시작된 시점부터 기술을 과학적으로 응용해서 보다 숙련된 인력으로 재편되는 시점 사이 언젠가에 삯일은 사라질 것이라고 예측했다.

이런 분석가들 중에 자동화가 임시 노동 수요를 단기적으로 급증시킬지 모른다는 사실을 염두에 둔 사람은 없었다. 목화의 사례를 생각해보라. 노예를 소유한 미국인들은 남북전쟁이 시작될 무렵에는 노예가 5배 더 많이 필요해졌다. 면직물 수요가 급증하면서 기계가 못하는 작업을 계속 맡아 처리할 인력이 절실히 필요했기 때문이다. 다축 방적기 같은 기술이 나왔다고 인간의 노동이 필요 없어진 것은 아니었으며, 오히려 노동 수요를 변화시켜서 새로운 임시 노동자들이 필요한 환경으로 바꾸어 놓았다. 아이들은 손이 작아서 움직이는 실패들 사이로 손을 집어넣어 자칫 공정에 지장을 줄 수도 있는 실보푸라기와 부스러기들을 쉽게 꺼낼 수 있었기 때문에, 방직 공장에서는 아동들이 아주 귀한 삯일 노동자였다. 하지만 기계 옆에서 일하면서 자동화 최종 단계의 공백을 채웠던 이들의 능력은 무가치한 '비숙련' 노동으로 받아들여졌다.

육중하게 진동하는 기계 장치들 사이로 아이들이 능수능란하게 움직였다는 이야기가 전해 내려오는 것을 보면 그 일에 육체적, 정신적으로 모두 정교한 솜씨가 필요했다는 것을 확인할 수 있음에도, 사람들은 다축 방적기를 작동하는 일이 생각을 할 필요가 전혀 없는 육체노동이라고 생각했다. 물론 삯일은 공장들이 기계화되면서 종적을 감추고, 길드를 중심으로 하는 장인들로 인해 수공업이나 아동들의 노동은 과거의 유물이 될 터였다. 아니면 유럽 전역에서 일어났던 현상처럼, 노동조합들은 결국 삯일 노동자들을 조합의 회원으로 영입할 터였다. 그래야 숙련 상공업자 길드 제도 하에서처럼 자기네 일감을 그 노동자들이 하도급 계약으로 가져가는 상황이 생기지 않게 막을 수 있기 때문이었다. 하지만 그런 상황들이 생산 공정에서 삯일을 완전히 축출하지는 못했으며, 특히 최신 기계를 들여놓기 힘든 소규모 생산 현장에서는 더더욱 그랬다.[*11] 피츠버그에 있는 어떤 의류 공장 사장은 1907년에 이렇게 설명하기도 했다. "그 여성 노동자들을 공장 직원으로 불러들이면 생산비용이 훨씬 많이 들 겁니다. 그 사람

---

*   초기 경제 역사학자들은 가내 공업을 수공 장인들의 생산에서 공장 생산 시스템으로 이행하는 과도기로 보고, 산업화가 자리 잡으면 그런 노동이 사라질 것으로 예측했다. 그러나 이런 예측은 빗나갔으며, 가내 공업은 형태가 약간씩 바뀌면서 산업화 과정 내내 계속해서 유지됐다.

들이 쓸 기계들도 새로 사야 하고, 기계 놓을 자리를 마련하려면 건물을 한 층 더 빌려야 할 거고요. 연료와 난방도 필요하고, 게다가 노동에 대한 보수도 예전보다 더 많이 줘야 하잖습니까."[12]

하지만 노동조합들이 공장이나 집에서 일하는 여성 임시 노동자들의 가치를 인정하려는 마음이 없었던 건 공장 사장들과 별반 다르지 않다는 사실은 그들의 행동으로 증명됐다. 1891년에 조직됐으며 가장 진보적이고 규모가 큰 조합인 의복노동자조합(UGW: United Garment Workers)은 이들이 '위협적인 존재'로 보았던 하도급 노동자들을 축출하고, 대신 그들을 '조합의 발전과 뜻을 같이하는 일원'으로 만들려고 했지만, 아무 소용이 없었다. [13]

노동조합 조직책들은 공장에 생긴 빈자리를 메울 젊은 여성 노동자를 모집하는 데 치중했다. 그런데 그런 식의 접근은 여성들이 삯일을 통해서 임시계약 노동자로 빈번히 일하고 있는 문제를 해결하려고 노력하기는커녕 인식조차 하지 않는 태도였다. 밥하고, 청소하고, 집에 있는 아이들과 노부모를 돌보는 풀타임 직업에 아직은 매이지 않은 미혼의 젊은 여성들이 공장 노동을 하는 것이 도의적이라는 생각이 여전히 지배적이었기 때문이다.

젊은 여성들이 의복노동자조합 공장에서 일하면 재봉틀에 앉아서 허리가 끊어지도록 일하고 받았던 주급의 2배인 4.5달러를 벌 수 있었다. 하지만 조합의 운영 정책은 그동안 해오던 하도급 업무나 집에서 하던 삯일을 그만두고 조합원이 된 여성들에게 어떤 희생이나 구체적인 어려움이 있는지를 인식하지도, 배려하지도 않았다. 그리고 가정에서의 남녀평등을 주창해서 여성의 가사노동을 줄이는 것이 노동 여성 노동자들을 조합에 가입시키는 데 필요한 전략이 될 수도 있다는 생각은 아무도 하지 못했다.[14] 그 대신에 조합 측에서는 일의 속도를 높이는 신기술이 유입되지 못하도록 막는 데 신경을 썼다. 일부 노조들은 삯일을 주지 못하게 하고, 공장 주인들이 숙련 노동자와 비숙련 노동자들 모두에게 보수가 더 좋은 안정적인 일자리를 제공하도록 압력을 행사하기도 했다. 그리고 노동조합에서 그나마 덜 위태로운 일자리를 얻을 수 있는 것은 예외 없이 조합의 핵심 멤버인 신체 건강한 백인 남성들이었다.[15]

20세기에 들어선 뒤로 처음 20년 동안은, 기계 오작동으로 정육 공장에서 일하던 아이들의 손발이 잘려나가고, 화재가 발생한 방직 공장의 문이 잠겨 노동자가 공장을 탈출하지 못하고, 성냥의 원료인 인을 채굴하던 노동자들이 유독 가스를 뒤집어썼다는 신문 기사가 전국적으로 끊이지 않았다. 그에 따라 미국의 각 주들은 회사가 상해를 입은 노동자들에게 보상하도록 의무화한 규정들을 만들었다. 임시변통으로 만든 이런 법규들은 산업화 시대에 일용직 종사자들을 경시하는 관행이 얼마나 널리 퍼져 있었는가가 드러나는 계기가 됐을 뿐이다. 노조 조직책들에 대한 대중의 지지가 부쩍 커져 작업장에 관한 법을 연합정부 차원에서 마련하도록 촉구할 수 있게 된 것은, 미국에서 경제대공황에 따른 공황 상태가 널리 확산된 뒤에야 비로소 가능했다.

주말의 등장: 정규직이 우선시되고 임시직은 뒤로 밀리다

1935년 제정된 와그너법(노동관계법)은 노동자들이 고용주에게 법적으로 이의를 제기할 길을 열었다. 이 법은 노동자들을 위협하고 통제하기 위해 무장 민병대를 고용한 공장주 및 광산주들과, 위험한 근로 환경 때문에 작업 현장을 떠났다가 싸울 준비를 하고 돌아온 노동자들 사이의 교착 상태가 갈수록 심각해지면서, 이를 해소하기 위한 첫 단계로 도입된 방책이었다. 이 법이 제정되면서 미국 노동관계위원회(National Labor Relations Board)도 만들어졌다. 노동관계위원회는 고용인들이 노동조합을 만들거나 경영진과 협상할 권리를 고용주가 침해하지 못하도록 감독하는 중립적인 제3자의 역할을 했다.

그런데 농업 종사자들과 가정부들을 포함한 몇몇 분야 노동자들에게는 와그너법의 효력이 미치지 않았다. '관리자'로 분류되는 직원들과 정부 기관에 소속된 노동자들 역시 이 법의 적용 범위 밖에 있었다. 또 가정부, 농장 일꾼, 소상공인의 친척들 같은 독립 계약 노동자들도 마찬가지였다. 그 이유는 와그너법이 만들어진 시점 때문이었다. 와그너법은 당시 빠른 속도로 성장 중이었으며 작업 환경의 위험성이 커지는 제조업과 광업을 겨냥해서 만든 법이었다. 1930년대까지 전국의 산업 노동 현장에서 수많은 노동자들이 사고로 목숨을 잃었다. 와그너법이 마련된 시기는 대공황이 최고조에 이르렀을 무렵이다. 대공황은 1929년이 주식 시장이 대폭락하면서 촉발됐으며, 미국 성인 총인구의 20퍼센트 이상에 해당하는 1,500여만 명의 노동자들이 자기 가족들 말고는 기댈 곳이나 보호수단이 전혀 없는 상태에서 실업자가 됐다. 그러다보니 불공정한 작업 환경에 따른 희생이 곳곳에서 눈에 띄었다.

그런 상황에서 와그너법을 계기로 개혁의 물꼬가 트였다. 1938년에는 공정근로기준법(Fair Labor Standard Act)이 만들어졌다. 이 법의 통과를 지지했던 노조의 조직책들이 '주말'을 발명했다고 보아도 크게 무리가 없을 것이다. 이 법으로 미국 역사상 최초로 주말이 의무화되고, 주당 40시간 근무와 최저 임금(1시간에 25센트, 오늘날 돈의 가치로 환산하면 1시간에 4.5달러 정도)이 보장됐다. 또 초과 근무 수당도 생겨서, 1주일에 40시간 이상 일한 몫에 대해서는 시간당 임금을 '1.5배' 받을 수 있게 됐다. 그리고 농장이나 집안에서 운영하는 가게를 제외하고는, 이제 더 이상은 미성년자들을 고용해서 위험한 작업을 맡길 수 없었다. 이 법이 마련되기 전에는, 아이들의 작은 체구가 작업에 유리했기 때문에 고용주들이 가장 위험한 일부 작업 현장에 투입할 미성년자 노동자들을 앞다투어 모집했다. 그런데 공정근로기준법을 들여다보면, 임시직 노동 계약직 도급 업무에 대한 의존도를 높일 가능성이 있는 상당수의 임시직 노동은 이 법으로 보호받지 못했다는 사실을 확인할 수 있다.

공정근로기준법은 '고용주에게 고용된 사람'에게 적용됐는데, 확대되는 경제 부문에는 조립 라인에서 상품을 만들고 땅에서 나온 광물을 채취하는 위험한 일이 압도적으로 많았으므로 일정한 고용주 밑에서 일하는 노동자들을 대상으로 하는 것은 타당한 적용 범위였다. 그런데 불행히도 삯일은 연방법에서 관심을 갖는 영역 밖에 있었다. 공정근로기준법이 통과될 당시 노동조합은 삯일을 독립 계약직으로 보호할 마음이 전혀 없었다. 공장이나 작업장 이외의 장소에서 진행되는 일은, 일정 작업장에 소속되어 일하는 조합 회원들에

해가 되거나 대다수 노동자의 일을 줄일 수 있어서였다. 노조는 집에서 하는 삯일을 그만두고 도시로 이주해 조합의 일자리에서 일하라고 다수의 여성들을 설득할 수는 없었기에, 대신 그렇게 할 수 있는 남성 노동자들에 치중했다.

노동조합들은 1935년의 와그너법, 그 3년 뒤 공정근로기준법이 통과된 뒤 광업과 제조업을 근거지로 삼았다. 당시 미국 노동자들 중에서 2,500만 명 가까이가 노동조합에 가입되어 있었다. 하지만 몇 년 뒤 2차 세계대전이 발발하면서 다른 산업으로 세력을 확대하려는 노조의 계획이 가로막혔다. 전쟁에 총력이 쏠리면서 젊은 남성들이 공장에서 차출되어 유럽의 전선에 투입됐다. 핵심 구성원들을 잃게 된 여러 조합들은 전쟁이 끝날 때까지는 파업이나 단체 교섭은 하지 않기로 고용주와 협약하기도 했다. 널리 알려진 '리벳공 로지(Rosie the Riveter)'는 전쟁 중에 철강, 운송, 화학 산업의 맥을 이은 임시직 노동자들을 대표하는 상징적인 이미지다. 로지는 오빠와 애인이 전쟁에서 복귀하면 공장을 떠나 다시 집으로 돌아오기로 되어 있었다. 그렇기 때문에 노동조합들은 전쟁이 끝나고 남성들이 공장에서 풀타임으로 일하며 가정의 생계를 책임지는 역할을 다시 맡게 될 때까지는 노동자의 권리 확대를 주장할 필요가 없다고 보았다.[16]

전쟁이 끝나고 제조업계가 새롭게 유리, 플라스틱, 금속 제품을 만드는 생산 라인을 확대하자, 노동조합들도 활동을 재개했다. 1946년까지 미국인 500만 명이 대규모 장외 파업에 참여하고, 비조합원 상점에 대해 공동으로 보이콧 운동을 벌이고, 모든 제조업 부문에서 무단 파업을 진행했다.*

　자동차노동조합(UAW: United Auto Workers) 위원장인 월터 루서는 2차 세계 대전이 끝난 뒤 일련의 파업 활동을 조직했는데, 1945년 첫 파업에서는 제너럴모터스(GM) 노동자 30만 명 이상을 동원하기도 했다. 루서는 이후 5년간의 대대적인 파업을 벌이며 제너럴모터스, 포드, 크라이슬러와 협상을 진행해서 1950년에는 이른바 디트로이트 협약(Treaty of Detroit)을 이끌어냈다. 이 협약으로 정규직 근로자가 고용주에게 받을 수 있는 혜택과 권리가 재규정됐다. 이제 자동차업계 노동자들은 물가 변화에 따른 생계비 수당을 연봉에 포함시켜 받고, 완전 적립식 퇴직연금, 사회보장 부담금, 정기휴가, 덧붙여 건강보험과 실업급여까지 받을 수 있게 됐다.[17] 그 대가로 자동차 제조사들은 향후 5년 동안 연례 파업을 유예하고(이 협약은 그 이후 노동자들에게 가장 큰 피해가 되는 조항으로 밝혀진다) 생산에 관한 결정권을 사측에 완전히 위임한다는 약속을 얻어냈다. 그래서 자동화를 통해 정규직 업무를 잘게 나누기 위해서 고용주들이 작업 스케줄을 조종하고, 도구를 재설계하고, 생산 설비를 개조하더라도 노동자들은 더 이상 이의를 제기할 수 없었다.

　디트로이트 협약은 미국에서 정규직 고용에 퇴직 연금과 건강보험 혜택을 결부시키는 데 결정적인 역할을 했다. 이런 혜택들이 노동자들에게 사회 안전망을 제공하려는 연방 정부의 결정에서 나온 것

---

* 이것은 1946년 미국 총인구의 3.5퍼센트에 해당하며, 당시 미국인 근로자들의 23퍼센트는 제조업 부문에 종사했다.

은 전혀 아니었지만, 디트로이트에서 노동자들이 거둔 이런 성과는 다른 업계 근로자들에게도 새로운 희망을 안겼다. 그런데 그와 동시에 디트로이트 협약은 기술 혁신이 허용하는 범위 하에서 제조업체들이 최대한 신속하게 기계는 들이고 사람은 내보내는 방향으로 작업현장을 재편할 토대로도 작용했다. 그리고 자동차노조가 더 나은 근로 조건을 얻어냄과 동시에, 애석하게도 다른 분야에서는 기업들이 노조의 전반적인 활동에 맞설 준비를 해나가고 있었다.

공화당이 주도권을 잡은 미국 의회는, 트루먼 대통령의 거부권 행사를 무효화시키고 로버트 A. 태프트 상원의원과 프레드 A. 하틀리 주니어 하원의원이 제안한 노사관계법(Labor-Management Relations Act)의 입법을 추진했다. 제안자의 이름을 따서 '태프트하틀리법'이라고 주로 불리는 이 법은 미국 제조업협회의 로비를 등에 업고, 2차 세계 대전 이후 힘을 키우던 노조의 권력을 직접적으로 조준했다. 오늘날까지 상당부분 그대로 유지되고 있는 이 태프트하틀리법은 '관할권을 주장하는 파업'이나 '업무에 관한 경영진의 결정에 영향력을 행사하기 위한 조업중단'을 금지한다. 이 금지조항 때문에 고용주들이 특정 부문의 인력을 감축하려는 목적으로 기술을 도입하더라도 노조 측에서는 회사 측에 조직적으로 맞서기가 더 힘들어졌다. 그리고 이를 계기로 노동자들은 어떤 한 부문의 근로자들이 감축될 경우 자신들의 업무 흐름에도 영향을 줄 수도 있다고 항의하는 건 고사하고, 그런 문제를 고려조차 할 수 없게 됐다.*

---

* 또 태프트하틀리법은 노동자들이 노조 지도부의 허가 없이 불법 파업에 나설 권리를 철회하고, 노조

조직화에 쐐기를 박은 이런 결정에 덧붙여서, 이제는 작업장을 '클로즈드 숍(closed shop: 노동조합원만을 고용하는 사업장-옮긴이)'으로 운영하는 것 역시 불가능해졌다. 그 말은 기업들이 이제 노조 회원 자격이 없는 사람들 중에서 신규 노동자를 뽑아서 하급 관리자로 키우고, 비노조 구성원들의 수를 늘릴 수 있게 됐다는 뜻이다. 그런가 하면 태프트하틀리법은 공정근로기준법 조항과는 반대로, 고용주가 회사 내에서 노조에 반대하는 성명을 낼 수 있도록 허용했다. 의회 보수주의자들은 태프트하틀리법이 통과된 지 얼마 되지도 않은 시점에서, 와그너법 조항을 부분적으로 개정하기 위해 결집했다. 와그너법이 다루는 큰 범위에 비하면 사소해 보일 수 있는 이 작은 수정은 표면적으로는 신문 배달원들에게만 국한된 사안이지만, 태프트하틀리법이 노조원들에게 가한 타격과 마찬가지로, 비노조원에 둘러싸여 어떻게든 해보려고 애를 쓰는 노조원들에게는 결국 해가 될 터였다.

문제의 발단은 언론계의 거물인 윌리엄 랜돌프 허스트가 1944년 대법원 판결에서 패소하면서 비롯됐다. 계약 노동자로 일하는 신문 배달원들은 독립된 신분과 마찬가지이니 공정근로기준법상 고용노동보호에서 면제되어야 한다는 주장을 납득시키는 데 실패했던 것이다. 그런데 당시 신문 배달원들은 그저 신문을 배달만 한 것이 아

가 파업을 예정할 경우 80일 전에 고용주에게 통보해야 하는 의무 규정을 두었으며, 노조가 파업할 권리를 행사하기 전에 중재에 나서야 할 요건들을 더 만들 여지까지 두었다. 정치 후보자나 다른 기업의 생산에 지장을 줄 수 있는 파업은 더 이상 보호받지 못했다. 그리고 이 법이 노조의 성장에 가장 큰 타격을 준 것은, 노동조합 결성을 주에서 결정할 권리로 만들었다는 점이다. 그로써 각 주들은 이제 노동권법(조합에 가입하지 않아도 직장을 유지할 수 있도록 한 법)을 통과시킬 수 있게 됐다.

니라는 사실에 주목할 필요가 있다. 배달원들은 신문의 주요 판매책이었으며, 차들이 붐비는 도로 위를 이리저리 헤집고 다녀야하기 때문에 신체적인 위험에 노출되어 있는 경우가 많았다.*[18] 대법원은 공정근로기준법의 정신이 '어떤 기업에 경제적으로 의존하고 있으며 그 기업을 위해서 무언가를 생산하는 모든 고용인'에게 적용되는 것으로 해석했다.[19] 길모퉁이의 신문 배달원들을 작업장에 근무하는 노동자들과 같은 지위로 보고 그들도 공정근로기준법의 보호를 받을 자격이 있다고 판단한 대법원의 결정에 타격을 입은 허스트 코퍼레이션(Hearst Corporation)은, 와그너법의 수정안인 태프트하틀리법에서 정의한 '고용인'의 범위를 좁히기 위해 로비 활동을 벌였다. 허스트는 작업장 외의 장소에서 일하거나 사업 운영에 큰 영향을 끼치지 않는 독립 계약자들은 고용인의 범위에서 명확히 제외시키도록 압력을 넣었다. 의회의 와그너법 개정안은 법원이 '관습법' 상의 고용 상태를 분류하는 데 더 엄밀한 심사 기준을 적용해야 한다고 규정했다. 단순히 기업이 공정 노동 관행과 고용 혜택을 받을 자격이 있다고 간주되는 사람들을 고용해 일을 맡긴다고 추측해서는 안 된다는 것이다.

당시에는 직원으로 고용된 사람과 의뢰를 받고 독립적인 일을 수행하는 사람 간의 차이가 명확해 보였다. 그 시대의 지배적인 고용

---

* 19세기 중반에서 20세기 초까지, 신문배달원들은 독자들을 놓고 경쟁하는 여러 신문사들을 위해서 신문을 판매하는 임무를 맡았다. 신문팔이는 서구 국가들에서 청소년들이 첫 직업으로 흔히 택하는 일이었다. 신문을 다 팔지 못하면 불이익을 당할 수 있어서 장시간 일을 해야 했기 때문에 거의 남자 아이들이 일을 맡았다.

형태는 일주일에 40시간씩 교대 근무하는 육체노동을 중심으로 했으며, 고용주와 충실한 노동자의 관계가 길게는 50년에 이르기까지 지속됐다. 그래서 세월이 흐르면서 사장과 직원의 나이가 함께 지긋해지는 경우도 있었다. 하지만 공정근로기준법에 관한 대법원의 이런 해석이 나오면서, 예전과는 다른 고용 모델을 상상해 볼 기회의 문이 열렸다. 대법원은 기업을 위해 일하는 개인들에 대해, 그 일을 어디서 수행하고 얼마나 오래 근무하느냐에 관계없이, 기업이 책임을 져야한다고 판단했다.

그런데 결국에는 허스트가 요구했던 법의 개정이 관철됐다. 공정근로기준법이 모든 노동자들에게 적용된다는 1944년 대법원 판결로 열렸던 가능성의 문은, 정규직과 독립 계약직에 대한 태프트하틀리법의 엄격한 조사와 분류로 다시 닫혔다. 이와 같은 법규 수정으로 급속히 확장하던 서비스 산업, 통신 분야를 중심으로 하는 소위 정보 경제 산업, 항공우주 산업, 그리고 소비자를 대상으로 하는 소매 산업에서 새로운 단순 소모성 노동 인력이 형성됐다. 비노조 회원들로 구성된 이런 노동 계층은, 신규 산업분야로서는 더 가치 있는 인력이었다. 간단히 말해서 이제 기업들은 광고에서 우주 탐험까지 그 어떤 것을 판매하든 상관없이 정규직 직원을 장기 고용하는 데 투자하지 않고도 성장할 수 있게 됐다.

임시직 계산원들이 인간을 달에 보내다

노동조합에 가입된 상태로 육체노동에 종사하는 사람들 외의 노동자들 중에서 '비숙련직'으로 분류되는 노동자들에 대한 노동 보호

수단이 물 새듯 서서히 사라져갔는데, 이를 통해 누구의 일을 보호해야 하고 어떤 사람이 보호 받을 가치가 있다고 여기는지에 관한 사회의 생각을 들여다 볼 수 있다. 공정근로기준법과 태프트하틀리법의 적용 예외 범위를 깊이 들여다보면, 어떤 노동 집단에 실업 보호 수단이 필요하고, 어떤 직업이(혹은 어떤 사람이) 자동화로 대체될 위기로부터 안전하다고 보았는지에 관한 20세기 중반 사람들의 생각을 추측해볼 수 있다. 가령 오늘날 대학생들이 무급 직업 연수 활동인턴으로 흔히 참여하는 자원봉사활동의 경우, 공정근로기준법 적용 대상에서 제외됐다. 자원봉사활동을 전문성을 키우는 수습활동으로 여겼기 때문이다.

중세 이후로 종교, 의학, 법률의 세 가지로 구성된 이른바 '학문적 직업(learned profession)'은 지식 계급의 독점적인 직업이라고 생각했다. 이런 전문직은 직장 보호수단이 따로 필요하지 않았다. 이들은 전문 학위를 가지고 있어서 경제적인 위기에 처할 우려가 없었기 때문이다. 광산이나 공장에서 벗어나기를 꿈꿨던 사람들이 모두 대학 교육을 중산층들에 진입할 수단으로 생각하게 된 것도 그런 이유에서였다.

대부분의 의사, 변호사, 성직자들은 개업을 해서 각자의 자원을 공유하고, 노동조합 없이 독자적으로 일하는 자영업 형태로 일했다. 이런 전문직의 노동 조건은, 최소한 현대 산업 자본주의 시대 초기까지는 공정근로기준법 논쟁과 관련이 없는 듯했다. 공정근로기준법은 '고용주에게 고용된 사람'에게 적용되는 법이었으니, 전문직에 진출하기 위해 준비하는 자원봉사자나 독립 계약으로 일하는 프리랜서들에게는 적용되지 않았다. 자원봉사자나 프리랜서들은 입문 직종으로 생각했다. 임시직 계약 노동자는 망치나 샤프 연필처럼 소모성 수단으로 취급받으며 눈앞에 닥친 일만 해야 했던 데 반해서, 인턴들은 전망 좋은 고급 사무실에 들어갈 날을 바라보며 훈련받고 있다고 본 것이다.

20세기 초 즈음에는 고등 교육, 자격증, 전문 훈련과정을 거쳐야 하는 직종은 모두 전문직으로 높은 가치를 인정받았다. 공장에서 일하는 비숙련 노동자는 연방법을 통해 지위와 직장을 보호받을 수 있는 노동조합원이라는 의미로 통했다. 공정근로기준법의 '면제 대상이 아닌' 사람은 누구든 규정 근로시간 이상 일할 경우 초과근무수당을 받을 자격이 됐다.[20]

하지만 그 규정에는 예외도 있었다. 월급제로 일하는 사무직과 행정직 노동자들은 급여가 가장 낮은 편에 들었음에도 불구하고, 고용주가 주당 40시간 이상 근무를 법적으로 요구할 수 있었으며, 초과근무수당을 지급할 필요가 없었다. 사무실에서 창의적이고 비일상적인 업무를 하는 직업들 역시 마찬가지였다.[21] 이런 면제 조항에서, 독립 계약으로 일하는 임시직 근로자들이 어떻게 상비직과 임시직으로 일하고, 그 자체가 수익성 있는 산업이 됐는지를 이해할 수 있다.

이 법에서 면제된 임시 계약직 노동자들 다수가 어둠 속에서 성장해, 2차 세계대전이 끝난 뒤로 회계, 과학 연구, 법, 엔지니어링, 금융 같은 정보 서비스 산업에서 전문직을 보조했다.*[22]

---

* 젊은 여성들은 해안 경비대와 해군 공창이 배에서 육지로 전화 연결을 할 수 있도록 안정적으로 전화

법률과 의료는 여전히 사회적으로 모든 사람들이 갈망하는 분야로, 화이트칼라 직업 중에서도 특히 고도로 숙련된 기술을 요하는 직종에 진출할 유일한 통로였다. 그러나 각종 행정 서비스가 늘어나면서, 더 이상은 법률과 의료 분야가 경제적 풍요와 사회적 존경을 손에 넣을 유일한 방법은 아니었다.*[23)] 하지만 그것들에는 '직업 안정성'이라는 가격표가 달려 있었다.

버지니아 랭리에 있는 미 항공우주국 랭리연구소의 '계산원(human computer)' 인력 풀을 예로 들어 생각해보자. '컴퓨터(computer)'라는 용어는 1600년대부터 쓰였으며, 본래는 수를 계산하는 사람을 뜻했다.[24)] 1946년까지 미국에서는 수천 명의 젊은 여성들이 미연방 인사위원회의 계산원으로 고용되어, 랭리 공군기지를 비롯한 전국의 여러 연구소에서 근무하기 위해 연수를 받았다.** 이들은 독일 나치가 보낸 암호 메시지를 해독하고, 로켓 엔진 실험에서 엔진의 추력을 계산하고, 로켓의 속도를 높이려면 길이와 둘레를 어떻게 조종해야 하는가를 알아내는 등 온갖 복잡한 계산을 다루는 전문가들이었다.[25)]

를 교환하는 일을 계약직으로 맡았다. 이들은 전쟁이 끝난 뒤 모두 일자리를 잃었으며, 급료 외의 특전을 받거나 어떤 형태로든 고용 계약 해지 통보를 받은 사람은 아무도 없었다.

*   이런 정의의 원천 자료들 중에는 미국 노동부 블로그에서 더 이상 나와 있지 않은 것들도 있다. 하지만 웹 기록 보관소를 통해서 블로그 포스트 캐시 버전을 찾을 수 있었다. 그 자료는 전 노동부 장관 톰 페레즈와 전 상무부 장관 페니 프리츠커가 작성한 것으로, 중산층이 성공하려면 기술 격차를 메워야 한다는 오바마 행정부의 지배적인 기풍을 드러내는 예이다. 하지만 이것은 중등교육 과정보다는 더 많은 교육과 훈련이 필요하지만 4년제 대학 학위보다는 덜한 교육을 요하는 '중간급 기술 직종'과는 완전히 별개이다. 단언컨대 이런 중간급 기술 직종을 채울 수 있는 노동자들에 대한 수요는 높지만, 실직 상태거나 능력 이하의 일을 하고 있는 수많은 미국인들은 경력을 향상시킬 기회가 되는 교육을 받지 못한 상태이다. 이 사안은 기업 경영자, 정책 입안자를 비롯해 많은 사람들이 지난 수십 년 동안, 그 대신 '인재 공급망의 문제', '기술 부족', '중간급 기술 노동자의 위기'로 해석해 왔다.

**   랭리 공군기지는 1958년에 미항공우주국 랭리 연구소(NASA Langley and LaRC)가 되었다.

랭리연구소의 첫 여성 전산 인력 풀은 1935년에 구성됐다. 연방 정부의 육군성(War Department)은 공정근로기준법에 따라 독립 계약 노동자들을 공무원으로 채용할 수 있었다.

1946년 무렵에는 랭리 공군기지가 미항공우주국(NASA)의 전신인 미항공자문위원회(NACA)로 재조직되었는데, 그때 '수학자'라는 전문 직책에 임명된 여성들은 몇 명이 채 되지 않았다.[26] 대다수는 전쟁 후에 여러 해 동안 급여가 낮은 '준(準)전문직'으로 근무했으며, 그중에는 2016년에 개봉된 흥행작 「히든 피겨스」의 주인공이었던 흑인 공학자 캐서린 존슨도 있다. 캐서린 존슨은 나중에 아폴로 13호의 발사 가능 시간대를 계산했던 인물이기도 하다.[27]

연구소는 계산원들에게 낮은 임금과 직위를 부여함으로써 운영비용을 줄일 수 있었다. 고용된 여성들 중에 고등학교나 직업학교보다 높은 '전문 학위'를 가진 사람이 아무도 없었기 때문에, 연구소장은 이들을 말단 계약직에 배치한 것을 정당화할 수 있었다. 랭리연구소에서 흑인 계산원들만 모여 있었던 '웨스트 에어리어 컴퓨터' 구역을 이끌던 주임 계산원 도로시 본과 그녀의 동료인 캐서린 존슨은 P-1 직급으로 고용됐다. 이 직급은 연봉이 2,000달러였는데, 그 정도면 미국 남부의 흑인 고등학교에서 교사로 일해서 받을 수 있는 돈의 2배 이상이었다. 하지만 고용 계약을 보면 그들이 랭리연구소의 주요 연구원 대접을 받지 못했음은 분명하다. 이들은 '해당 직원이 근무해야 할 필요가 있는 시기 동안, 그러나 현재 진행 중인 전시와 그 이후 6개월 이내'로 고용 기간이 정해졌다.[28]

처음 몇 년 동안 계약 직원들은 휴가를 낼 수 없었다. 미국과 소련의 우주 경쟁이 한창이던 시절에는 휴일에도 근무를 해야 했다.[29] 존 슨과 본은 나중에 결국 전문직 직급을 얻고 정규직 직원이 된다. 하지만 고용주 마음대로 쉽게 부리고 해고할 수 있는 계약직 신분이었던 계산원들 대다수는, 랭리연구소 공학자들이(대부분 남성들) IBM 704 컴퓨터를 능숙하게 다룰 수 있게 된 뒤로 해고당했다. 과열 현상이 자주 발생하기는 했지만, IBM 704는 여성 직원들 수백 명이 확인해야 했던 계산 작업을 안정적으로 처리해냈다. IBM 컴퓨터가 랭리연구소에 도입된 지 거의 10년 가까이가 되어서야, 비로소 공학자들은 계산 업무를 기계에게 완전히 넘기기 시작했다. 계산원 인력 중 일부는 연구소에 남아서 컴퓨터가 내놓은 산출값을 재확인하는 일을 맡았다. 역설적으로 존슨과 본 같은 여성들을 일시적이기는 해도 없어서는 안 되는 인력으로 만들었던 것이다. 랭리연구소 역시 예외가 아니었다.

캘리포니아 패서디나에 있는 미항공우주국의 제트추진연구소(JPL:Jet Propulsion Lab)에 근무했던 계산원들은 1940~1950년대에 계약직이나 임시직으로 채용됐다. 이들은 미국 최초로 발사됐던 미사일, 태평양에 투입됐던 폭격기, 덧붙여 미국 최초의 위성과 달 탐사 계획에 필요했던 모든 계산을 담당했다. 이들은 심지어 화상 탐사를 위해 탐사 로봇을 최초로 발사할 때에도 참여했다.[30] 제트추진연구소에 근무하는 대다수 여성들도 랭리연구소에서와 마찬가지로 계약직이어서 제한된 경력에 머물렀다. 대부분은 2차 세계대전 중에 정부기관인 고용촉진국(Works Progress Administration)을 통해 유급 임시직으로 일을 시작했다. 제트추진연구소는 그 근방에 있는 대학 수학과 물리학과 학생들을 대상으로 파트타임 일자리 공고를 내면서, 영어 대문자로 큼지막하게 '계산원 급구!'라는 제목을 달았다.[31] 그 밑에 첨부된 상세 설명을 보면 젊은 여성들을 겨냥한 일자리라는 사실이 분명해진다. "경력이나 학위는 필요하지 않지만, 수학과 컴퓨터에 소질과 적성이 있어야 함."[32] 그 당시 대학 학위를 요구하지 않는 사무직 인력은 여성들이 지원할 수 있는 일자리라는 의미였다. 일반적으로 사무직 고용주들은 물론이고 여성들 스스로도 고등학교(혹은 드물게는 대학교)를 졸업한 뒤 결혼하기 전까지 몇 년 동안만 할 수 있는 일을 원할 것이라는 생각이 보편적이었다. 당시에는 결혼 여부에 따른 고용 차별을 금하는 법규가 따로 없었기 때문에 그런 분위기가 형성되기 더 쉬웠다. 미국 국토의 반대쪽 끝에 있는 랭리연구소의 관리자들과 마찬가지로, 제트추진연구소 관리자들이 결혼이나 임신 계획을 밝힌 여성 직원들을 해고하더라도 법적으로는 아무런 문제가 없었다. 연방정부의 계약을 통해 일했던 계산원들처럼 이곳 직원들도 계약직으로 일했으며, 이 직원들 역시 내부적으로 키워야 할 중요한 인력으로는 받아들여지지 않았다. 이들은 대체 가능하고, 능력의 발전이 거의 혹은 아예 없고, 프로젝트가 끝나면 회사를 떠날 예정인 사람들로 간주됐다.

이런 고스트워크의 초기 형태는 20세기 내내 번성했다. 1980년대에 이르면 켈리 걸 서비스(Kelly Girl Service)나 맨파워(Manpower) 같은 인력 소개 업체를 통해서 일하는 노동자들의 수가 대부분의 회사들이 보유한 정규직 직원들보다도 많아진다. 실제로 1990년대에 맨파워에 등록된 임시직 노동자 수는 제너럴모터스의 정규직 근로자들

보다 많았다.[33]

이와 관련해 사회학자 에린 해턴은 정규직 근로자들의 대대적인 임시직 전환이 단순히 기술 변화에 따른 부산물은 아니라는 인상적인 주장을 내놓았다. 그녀는 인력 소개 업체들의 성장을 자체 서비스 산업의 성장으로 분석한다. 어떤 점이 기업 고객의 마음을 움직였을까? 이런 업체들은 집에서 가족을 보살펴야 하거나, 교육 기회나 거주 지역에 따른 제한으로 정규직을 얻기 힘든 젊은 여성들이나 그 밖의 인력을 활용하면 비용을 절감할 수 있다고 기업들에 홍보했다. 해턴은 노동자들을 회사 수익에 부담을 주는 장애물로 보는 이 같은 '책임 모델'이 고용을 회사의 자산으로 보는 '자산 모델'을 추월한 것이라고 설명한다. 1947년에 태프트하틀리법이 통과된 이후로는 자산 모델이 제조 부문 밖에서는 절대 영향을 끼치지 못하게 된 것일지도 모른다. 어쨌든 분명한 건, 인터넷이 탄생할 무렵 미국은 이미 무기한 임시직 노동자에서 계약 기반 노동에 의존하는 쪽으로 빠르게 이동하고 있었다는 사실이다.

소모성 노동의 차세대 물결: 아웃소싱과 영구 임시직

20세기 후반에 이르면 통신과 대형 컴퓨터 인프라가 갖춰지면서, 삯일의 차세대 버전이라 할 수 있는 '아웃소싱'의 기반이 마련됐다. 기업들은 데이터 관리, 고객 서비스, 직원 기록 관리 등을 범세계 통신 네트워크에 연결된 곳이라면 세계 그 어느 곳으로든 외주를 주어서 처리할 수 있게 됐다. 이를테면 영국항공(British Airways)처럼 선진국에 본사를 둔 다국적 대기업들은 업무를 큰 덩어리로 분할한 뒤에,

식민지 역사의 영향으로 영어를 사용하는 개발도상국에 있는 작은 회사들에 업무의 일부를 맡긴다. 그렇게 해서 전통적인 고용 방식을 따를 경우에 져야 할 책임, 비용, 고용 안전책 등의 부담을 덜 수 있다. 인도 같은 민족국가의 경우, 국가가 나서서 글로벌 위성 시스템을 확충하고 비과세 IT 산업단지를 조성하는 등의 구미 당기는 조건을 제시하며 다국적 대기업들을 유치했다. 글로벌 공급망 안에서의 이런 새로운 연결로 항공권 예약에서 시작해 보험 감정, 정규직 직원 급여 지급이 이르는 온갖 업무를 처리할 국외 노동자들을 자유자재로 고용하고 해고할 수 있게 됐다.

인도는 1991년에 경제 자유화 정책을 펼치면서 모든 주요 도시에 소프트웨어 기술단지인 STPI(Software Technology Parks of India)를 조성했다.[34] 당시 재무부 장관은 케임브리지와 옥스퍼드 대학에서 수학한 경제학자이자 훗날 국무총리 자리에 오른 만모한 싱이었다. 그는 교역 파트너였던 소련에 장기간 의지하면서 형성된 인도의 사회주의적 경제를 자유화하고, 철의 장막 붕괴 이후의 생존을 위해 시장 규제를 철폐해야 한다고 주장했다. 그의 경제 전략의 핵심은 외국인의 투자를 최대한 많이 끌어 모으는 것이었다. 인도의 도시들에 수도나 하수 처리 시스템 같은 공공설비가 부족한데도 불구하고 초고속 광대역 인터넷 통신망과 과학 기술 단지에 공급하는 전력망이 잘 갖춰진 것은 바로 그런 정책 때문이다. 인도는 쉽게 이용 가능한 인터넷 연결 수단이 급격히 발달했고, 영어를 모국어처럼 구사하는 사람들이 있으며, 오랜 옛날부터 과학과 공학 분야의 수준 높은 교육 기관이 있었기 때문에, 비즈니스 프로세스 아웃소싱(BPO) 분야에서 제

일의 중심지가 됐다.

하지만 아웃소싱은 단순히 비용 절감에만 관련된 문제는 절대 아니다. 노동자 조합의 확대에 대응하고, 오랜 세월동안 지속된 노동 규제를 피하기 위한 방편이기도 하다. 기업들이 임시직 직원의 광대한 네트워크에 갈수록 더 많이 의존해 가면서, 더 나은 근로 조건과 혜택을 얻기 위해 집단적으로 협상하고 요구하는 상근 정규직 근로자들의 수는 줄어들었다. 1980년대에는 상당수 기업들이 거의 검증되지 않은 경영 이론에 따라서 '꼭 필요한 것이 아닌 사업 활동'으로 볼 수 있는 것(사무실 청소부터 소프트웨어 프로그램 오류 수정까지 잡다한 여러 활동)은 모두 삭감해서, '투자자본수익률(ROI)'과 '핵심역량'이라는 용어로 규정되는 회사의 진가를 주주들 앞에 보여주고자 했다. 미국 노동부의 임금 및 시간부(Wage and Hour Division) 책임자를 지낸 데이비드 웨일은 이런 과정을 '일터의 분열'이라는 적절한 표현을 들어 설명한다.[35]

누가, 어디서 하느냐에 관계없이 더 낮은 비용으로 할 수 있는 모든 일은 이제 따로 분리해서 외주를 줄 수 있다. 주주들은 아웃소싱으로 지출 비용을 줄이고 정규직 인력을 삭감할 의사가 있는 기업들에게 보상했다. 하지만 능률화가 얼마나 많이 이루어지든 관계없이, 회계 감사, 자료 정리, 기초 계획 잡기, 체제 갖추기, 선적하기를 비롯한 일부 업무는 여전히 필요하다. 누군가가 어디서든 해야 한다. 아웃소싱의 역설은 원거리에 있는 임시직 근로자들에게 일을 맡겨야 한다는 제약이 전혀 없었다는 점이다. 아웃소싱은 복도 끝에 있는 구석진 작은 사무실에서도 진행될 수 있다.

영구 임시직의 부상

1980년대 후반, 마이크로소프트는 성장하는 기술 업계에서의 위상 때문이 아니라 다른 일로 집중 조명을 받았다. 임시 노동자들과 독립 계약으로 일하는 프리랜서들은 기술 기업들에게 새로운 현상은 아니다. 통상적으로 이런 노동자들은 단기적인 인력이 필요할 때, 정규직 직원 휴가 중일 때, 혹은 일상 업무 외의 분야에서 전문적인 지식과 기술을 제공하는 역할을 맡아왔다. 그런데 마이크로소프트는 임시직 직원에게 정규직과 사실상 똑같은 일을 맡겼다. 이런 '영구 임시직(permatemp)'은 같은 임무를 여러 해 동안 지속하고, 같은 관리자에게 보고하고, 풀타임으로 근무한다. 1989년에 미국 국세청은 이런 고용 방식을 경계의 눈으로 지켜보면서, 마이크로소프트의 채용 과정에 관한 감사를 실시했다. 그 결과 마이트로소프트의 계약직 노동자 약 600명은 전적으로 마이크로소프트의 지휘 하에 일하는 직원들이므로 정규직 직원으로 재분류되어야 한다고 결정했다.[36]

그런데 그것이 끝이 아니었다. 마이크로소프트는 인사와 경리 업무를 전문 인력 소개 업체의 임시직 직원들에게서 아웃소싱하고, 임시직의 '전환'을 거부했던 내부 직원들을 해고했다. 이 인력 소개 업체들은 더 낮은 비용으로 노동자들을 제공했다. 영구 임시직 근로자들은 공식적으로는 다른 회사 직원이므로, 수당이나 스톡옵션 등을 지급할 필요가 없었기 때문이다. 1992년에는 이런 관행이 정점에 이르러, 임시직 노동자들이 자신들은 관습법상 직원인데도 정규직 직원들과 똑같은 혜택을 받아야 마땅하다며, 마이크로소프트를 상대로 집단 소송을 제기한다(비즈카이노 대 마이크로소프트). 마이크로소프트는 이 노동자들은 임시직 노동자로 명시된 계약을 승인했으며, 정규직의 혜택을 받을 자격 대신에 '더 높은 임금'과 '자유재량'으로 보상 받았다고 주장했다. 이후 몇 년 동안 마이크로소프트는 임시직 노동자와 정규직 직원 간 차이를 두기 위해서 신분증 색깔이나 이메일 주소를 달리하고, 마이크로소프트 스토어 할인 혜택을 없애고, 주차장 이용을 불허하고, 회사 모임이나 행사에서 제외하고, 의료나 금융 혜택도 물론 전혀 제공하지 않았다.

8년에 가까운 소송 끝에 8,000명 정도 되는 마이크로소프트 영구 임시직 노동자들이 마침내 9,700만 달러의 합의금을 받았다. 큰 승리를 거둔 것처럼 보일지 모르지만, 손실도 만만치 않았다는 걸 간과해서는 안 된다. 이 소송은 결국 법정 밖에서 합의가 이루어졌다. 법원의 확실한 판결이 없으므로, 영구 임시직원들은 어떤 유형의 노동자이며, 이들에게 어떤 보호 수단을 제공해야 하는가에 관해서는 명확히 결정된 바가 아직 없다. 마이크로소프트 영구 임시직 직원들의 소송은 법조계와 경영자들 사이에 중요한 본보기가 되어서, 임시직 노동자와 독립 계약직 노동자들을 어떻게 도입해야 하는지, 혹은 어떻게 해서는 안 되는가를 보여준다. 하지만 정식으로 '정규직'이라고 규정된 일 외의 분야에서 일하는 수백만 명의 곤경을 해소하는 데에는 아무런 역할을 하지 않았다.

고용 분류의 탁한 물

다축 방적기를 관리하던 십대들, 달 탐측선 발사를 계산하던 계산원들, 위탁 업무를 하는 인도의 콜센터 직원들로 이어지는 흐름을 가

만히 살펴보면, 기술 발전은 소모적이고 임시적인 노동자 집단에 늘 의존해왔다는 사실이 드러난다. 과거 사례들에서 근본적인 변화보다는 연속성에 초점을 맞추면 고스트워크를 그런 맥락 속에서 이해할 수 있을 것이다. 역사가 증명하듯, 일정 프로젝트가 진행되는 기간 동안에만 유효한 일자리라거나, 자동화가 제 기능을 할 수 있는 수준에 이르면 기계로 대체될 수 있다는 전제 하에 사람들을 고용하는 지금과 같은 상황은 완전히 새로운 건 아니다. 1800년대 후반에 매사추세츠 로웰에 있는 방직공장들은 대단히 섬세한 공정이어서 공장에서 대량 생산하기 힘든, 천 조각으로 셔츠 장식을 만드는 작업을 돈을 주고 농가에 맡겼다. 마찬가지로 오늘날의 기업들은 검색 엔진에서 검색어의 완성도를 높이기 위해 온디맨드 노동자들을 고용해서 검색 항목 순위, 적절성, 크롤링(crawiling: 컴퓨터들에 분산 저장되어 있는 문서를 수집하여 검색 대상의 색인으로 포함시키는 기술-옮긴이) 등의 확인 작업을 맡긴다.

전문적인 지식과 숙련된 기술이 필요한 직업은 어떤 것이며 어떤 사람들이 정규직으로 일해야 하고 그럴 자격이 있는지에 관한 문화적인 관념이 널리 형성되면서, 임시직은 더욱 더 평가 절하됐다. 바느질하는 농민 아낙네들, 손으로 숫자를 계산하는 젊은 흑인 여성들, 저 먼 대륙에서 데이터를 입력하는 타국 주민들, 출하 가능성이 불명확한 시범적인 교육 소프트웨어 패키지 제작을 돕는 계약직 노동자들은 성별, 인종, 국적, 교육, 거주 지역, 혹은 그 모든 조건이 중첩되어 작용한 탓에 가치를 제대로 평가받지 못했던 것일 수도 있다.

오늘날 온디맨드 일을 하는 사람들은 소모성 고스트워크의 최신

판으로 볼 수 있다. 이들은 지금 꼭 필요한 인력임에도, 으레 무가치한 사람들로 평가받는다. 이들이 맡은 일이 일반적으로 재미없거나 반복적이고, 이런 일을 맡은 사람들은 보통 문화적인 영향력이 없기 때문이다. 이어지는 장들에서 살펴보겠지만 온디맨드 노동자들은 이런 근본적인 모순 속에서 지내면서도, 다른 한편으로는 근본적인 변화를 예고한다.

산업화 시대를 거치는 동안에, 새로운 기술이 아직 완벽함에 이르지 못한 상태가 지속적으로 있어 왔다. 이것은 자동화 그 자체의 문제가 아니라 자동화 최종 단계에서 나타나는 역설적인 상황이다. 이런 역설적인 상황이 나타나면서 인간 노동의 의미와 가치에 대한 관념이 주기적으로 동요했으며, 어떤 고용 방식이 중요하고 어떤 노동자를 보호하고 키워야 하는가에 관한 논쟁이 일었다. 탈공업화한 서비스 경제로의 변화는 분석가들이 '지식 노동(knowledge work)'이라고 명명한 분야에도 불을 붙였다. 간단히 말하자면 지식 노동은 첨단 기술, 법률, 금융, 엔터테인먼트를 비롯한 다양한 산업에서 데이터를 이리저리 궁리하고 다뤄서 온라인으로 제공되는 상품을 만드는 창의적인 전문성의 영역이다.

카를 마르크스, 애덤 스미스 같은 사상가들은 기계가 인간 노동을 '단순 작업화(de-skilling)' 하는 데 핵심적인 역할을 한다고 생각했다. 마르크스는 자동화가 노동자들의 인간성을 말살한다고 보았다. 스미스는 변화의 속도를 높이고 기계가 도달할 수 있는 영역을 넓히면 인간의 신성하게 특별한 면이 보다 명확히 드러날 것이라고 생각했다. 각자 살았던 시대를 대표하는 사상가였던 마르크스와 스미스 모두, 자동화에는 필연적으로 일상적인 업무를 정복할 본질적인 능력이 있다고 보았다. 과학의 근본적인 질서와 힘이 인간이 짊어진 수고스런 노동의 짐을 덜어 줄 것이라는 믿음은 계몽주의와 그에 뒤이은 산업의 발전을 통해 나타났다. 그런데 지식 노동 분야는 엔터테인먼트에서 세금 상담에 이르기까지 각종 무형의 정보 서비스를 24시간 끊임없이 생산하고 있다. 주택 인테리어 같은 실제적인 유형(有形)의 서비스들이 증가하고, 텍스트 기반의 의료 서비스 같은 무형의 지식 노동도 마찬가지로 급성장하고 있지만, 그런 서비스들은 전통적인 조립 라인 종사자들이나 사회생활을 막 시작하는 20세 청년들이 제공하기는 힘들다. 이런 부류의 노동은 숙련도가 높아짐에 따라 '중요한 직업'이 되는 경제적 지위에 위배된다.

초기 산업주의자들은 노동을 기계의 일과 정규직 노동자의 일로 나누어서 생각했는데, 그런 관점은 그 둘 사이의 공백을 메우는 노동자들의 역할이나 그 가치를 제대로 인식하지 못했다. 마찬가지로 기술 개발자들과 기업들이 생산력을 자동화해 나가는 과정에서도 어느 정도의 기간 동안 사람의 개입이 필요하며, 이때 투입되는 사람들은 경제학자 프랭크 레비와 컴퓨터 과학자 리차드 머난이 언급했던 것처럼 '전문적 사고'와 '복잡한 의사소통'을 맡는다.[37] 이 노동자들은 자동화 최종 단계의 역설에 직면한 상황에서, 저 멀리 눈앞에 펼쳐진 자동화된 미래로 연결되는 희미한 출구 쪽을 향해 있다. 한 세

---

* 레비와 머난의 '전문적 사고'와 '복잡한 의사소통'이라는 개념은 컴퓨터와 인간 사이의 노동을 나누는 기술적인 이유를 이해할 좋은 방법이다. 레비와 머난은 전문적인 사고를 하려면 '일상적으로 정해진 해결책이 없는 새로운 문제를 해결하는' 능력이 필요하고, 복잡한 의사소통에는 '설득하고, 설명하고, 정보의 특정

기가 지난 지금도 임시직 노동자들은 눈에 안 보이는 분주한 생산 현장 뒤에 몰려 있어서 공로와 가치를 제대로 인정받지 못한다.

20세기의 기업들은 동시대 사람들이 믿었던 것처럼 첨단기술의 힘이 더 나은 삶을 만들 것이라고 믿었기 때문에 생산을 자동화했다.[38] 그중 일부는 경영학계에서 끊임없이 이야기하는, 노동자들은 부담이 큰 부채라는 주장도 그대로 믿었다. 아웃소싱이 증가하고 임시직 노동자가 늘어나면서, 직원 감축은 오로지 기계와 중복되는 업무에 한정된다는 말을 믿기가 더 힘들어졌다. 곧 누구든 기계로 대체될 수 있을 것 같은 분위기가 형성되면서, 정규직 노동자로 남는 것이 진정한 자산이라는 암묵적인 믿음이 더 강해졌다.

정규직 노동자 보호에 총력을 기울이는 노동조합의 활동은 20세기 동안은 대체로 타당하게 받아들여졌다. 역사적으로 정규직 노동자들이 조직화한다는 것은, 협상 테이블에서 경영자 측과 만나서 단결된 의견을 제시하고 임금, 복지 혜택과 작업 조건의 기준을 논의할 수 있도록, 동일한 직장에서 일하는 근로자들에게 노동 단체 가입을 설득하는 것을 의미했다. 제조업이 처음 형성되어 가던 시기에는 공장 조립 라인과 광산에서의 노동 환경이 대단히 위험했기 때문에, 노동조합 발달 초기에는 조립 라인에서 일하는 노동자들의 보호에 초

한 해석을 전달하는 다른 방법'이 필요하다고 설명한다. 미국 노동자들이 하는 다른 일들은 경비 보고서를 쓰는 것같이 일상적인 인지적 과업이거나 논리적인 규칙으로 적절히 설명되는 다른 여러 서비스들, 일상적인 육체적 업무처럼 규칙으로 잘 설명되는 육체적인 일, 트럭 운전처럼 광학 인식과 미세한 운동 제어가 필요해서 정해진 조건문으로 설명이 잘 안 되는 비일상적인 육체적 업무 등이다. 레비와 머낸은 새로운 제품을 개발하고, 생산하고, 홍보하는 일은 분석적인 문제를 관리하고 해결하고, 새로운 정보를 주고받기 위해 인간의 능력을 빌리므로, 전문적인 사고와 복잡한 의사소통 기술의 수요가 아주 크다고 설명한다.

점이 맞춰졌다. 노동조합과 일반 대중의 폭넓은 지지에 힘입어, 미국에서는 일찍이 사회계약 보장의 토대인 포괄적인 규정이 통과됐다. 그 안에는 주당 40시간 근무와 휴식 시간, 직장 안전과 보건에 관한 규정, 사회보장과 상해보험이 포함됐으며, 나중에는 고용주가 비용 일부를 부담하는 건강 보험, 퇴직금, 병가, 휴가 등도 추가됐다.

　20세기 초에는 노동조합이 조립 라인에서 일하는 직원들이 처한 곤경을 해결하는 데 치중했는데, 그건 앞서 말한 대로 공장과 광산의 근로 조건이 끔찍하게 형편없었기 때문이다. 근무 시간은 길었고, 안전 보호책이나 상해보험은 마련되지 않았다. 휴식 시간에 밖에 나가거나 일찍 퇴근하는 것을 막기 위해서 공장문은 일상적으로 잠겨 있었다. 그리고 당시 가내 수공업 형태로 대부분 각자 집에서 했던 삯일과 달리, 공장일은 다른 노동자들에게 관찰 당하고 지적 받을 수 있는 환경에서 해야 했다.*[39] 덧붙여 중요한 사실로, 공장의 조립 라인은 노조 조직책들이 조직원들을 모집하고 조직 활동 자금을 충당해서 조합을 지속성 있는 비즈니스 모델로 유지할 수단이 되었다는 점도 있다. 작업 안전보다 수익에 더 많이 투자하는 경영자들에게 맞설 기회가 생기면, 노동자들은 조직적으로 뭉쳐서 교섭해야 했다. 그래서 노동자들이 공장에 상근하는 환경에서는 노조 지도부가 파업, 태업, 계약 심의 등의 전략을 시행하는 데 필요한 현장 결속과 공동의 목표를 추진하기가 훨씬 수월했다.

---

* 　이와 같은 일들은 영국에서는 '가내수공업', '산업적 가내 공업' 미국에서는 '커미션 시스템'이라고도 불렸다.

미국의 일부 노조는 지난 세기 상당 기간 동안 여성과 유색 인종들의 문제는 물론이고 1930년대 이후 연방법의 적용 범위에서 제외된 서비스직 노동자와 가사도우미를 비롯한 여러 노동자들을 격려하고 지지할 필요가 있다는 사실을 인식해 왔다. 하지만 임시직 노동에 대한 관심은 철강회사 같은 대규모 조직이 아니라 커피 전문점들 같은 작은 조직들이 직원을 정규직에서 임시직으로 전환하고도 한참 지난 뒤에야 나타났으니, 너무 늦은 감이 있었다. 노동 운동가들은 같은 일터에서 일하는 건 고사하고 사용하는 언어조차 서로 다른 노동자들의 연대를 모색할 효과적인 전략을 아직 펼치지 못하고 있다. 일반적으로 온디맨드로 일하는 사람들은 서로 소통할 길이 막혀 있으며, 앞으로 이어질 장들에서도 살펴보겠지만 온디맨드 노동자라는 정체성의 멘탈 모델(mental model)이 서로 많이 다르고, 일에 투자하는 정도도 보통 크게 차이가 난다.

오늘날의 온디맨드 노동자들은 근본적으로 새로운 유형의 노동자들이며, 특히 임시직 신분이라는 특성이 이들을 없어서는 안 되는 존재로 만든다. 이들은 어떤 한 기업과의 확고한 연계가 없기 때문에 많은 기업들이 공유할 수 있는 인력 집단이 된다. 기업들은 경력, 언제든 구해 쓸 수 있는 유용성, 다양성을 특징으로 하는 이런 온디맨드 인력을 활용해 지속적으로 새로운 프로젝트를 만들어 낸다. 요즘 기업들은 고객에게 제품과 서비스를 제공하는 방식을 끊임없이 재발명해야 하며, 정규직 근로자들만으로 하루도 빠짐없이 24시간 대응해 내는 건 불가능하기 때문에 이런 공동 임시직 인력 풀에 기대게 되는 것이다.

그런데 분명히 해두자면, 지금처럼 임시직 노동에 의존하게 된 상황이 필연적인 결과였던 것은 아니다. 사실 노동조합들은 민간 부문과 공공 부문 모두에서 계약직 노동자들을 조직화하는 데 에너지를 투입할 수도 있었다. 법원과 연방 정부는 중공업과 광업 외의 분야에서 계약직 확대를 부추길 가능성이 있는 면제 조항을 없애는 쪽으로 더 강력히 밀어붙일 수 있었다. 미국 노동부는 직업 분류를 변경해 독립적으로 일하는 대안적인 직업 종사자들의 숫자를 더 정확하게 파악할 수도 있었다. 일반 대중들은 직업 분류가 어떻게 되든 관계없이 모든 노동자들에게 득이 되는 쪽으로 주식자본 성장과 수익분배의 균형을 맞추도록 기업을 압박할 수도 있었다. 하지만 역사적으로 이런 영향력이 수렴되는 결과는 결국 나타나지 않았다.

영구 임시직 분쟁이 마무리되어 가던 2005년 무렵, 세계 경제를 이끄는 동력은 이제 더 이상은 무언가를 만드는 활동이 아니었다. 비록 제조업이 여전히 고용의 핵심 분야로 남아 있었지만, 고객 경험을 창출하고 관리하는 서비스를 제공해서 수익을 얻는 기업들이 훨씬 많아졌다. 그러면서 API를 통해 지식 노동을 분배하는 '크라우드소싱(crowdsourcing)'이 실행 가능한 비즈니스 모델이 됐다. 이 분야 기업들은 이제 프로젝트를 수행하는 다양한 노동자 인력 풀을 도입하고, 반자동화 시스템을 이용하여 서로의 컴퓨터로 일을 전달하고 회수한다.

아웃소싱과 공급자 관리 시스템을 통한 인력 풀과 네트워크 기술이 마련되었기 때문에, 기존 기업들과 스타트업들은 임시직 노동자들을 고용해서 프로젝트를 단순화해 진행하고, 출시 계획 상품의 프로토타입이나 베타 버전을 신속하게 테스트할 수 있게 됐다. 기업들은 이렇게 고용된 노동자들을 프로젝트 마감 기한까지만 인연을 맺은 사람들로 생각한다. 흥미롭게도 정규직 근로자 수가 가장 많은 대기업들 중에는 엑센츄어(Accenture) 같은 다국적 컨설팅 기업이 포함되며, 그중에는 세계에서 가장 많은 일자리를 만들어 내는 기업으로 꼽히는 곳도 있다.[40] S&P 글로벌 마켓 인텔리전스의 분석에 따르면, 2017년 세계 20대 고용기업 중에 5곳은 아웃소싱과 '인력 솔루션'을 제공하는 기업이었다.* 비교 자료를 언급하자면, 2000년에는 20대 고용기업 중에 IBM 단 한 곳이 아웃소싱을 통해 IT 서비스를 제공했다. 얼마나 많은 임시 인력이 기업에 투입되고 있는지를 알기 힘든 이유는, 인건비를 받아서 전달하는 (혹은 감추는) 주체가 바로 인력을 중개하는 그 기업들이기 때문이다. 하지만 어느 정도는 드러난다.

아웃소싱 부문은 지난 20년 동안 호황기를 거쳤다. 2000년에서 2016년 사이 아웃소싱 연간 계약 액수는 3배로 늘어서, 125억 달러였던 것이 370억 달러 이상으로 성장했다.** 막대한 양의 데이터를 클라우드로 옮기는 기업들이 많아지면서 대규모 IT 기술 프로젝트가 두

---

* 웨버의 논문에 인용된 S&P의 연구는 '세계 최대의 고용주 중 하나'라고 설명한다. 아웃소싱 기업들이 제공하는 서비스의 범위는 믿기 힘들 정도로 넓다. 1941년에 창업한 콤파스 그룹(Compass Group)은 세계전쟁 당시 영국에서 공장 카페테리아를 운영하다가, 나중에는 기업 케이터링 서비스로 분야를 확장했다. 지금은 55만 명 이상을 고용하고 있으며, 자회사들 중에는 고객들의 우편물실을 관리하고, 풀타임 안내 담당 직원을 제공하고, 회의를 위해 회의실을 세팅해서 하고, 창고를 관리하는 등의 서비스를 제공하는 유레스트 서비스도 있다. 유레스트의 고객 중에는 구글, S&P, 화이자도 있다. 알고리즘이 더 많은 일을 할 수 있게 되면서 아웃소싱 기업의 노동자들이 줄어들지 모른다. ISG(Information Services Group Inc.)의 파트너인 스티브 홀은 "대규모 아웃소싱 기업은 분석학과 자동화를 조합해서 노동의 수요를 줄인다."고 말했다.
** 연구 자문 기업 ISG가 발표한 정보.

자릿수 성장을 이룬 덕분에, 아웃소싱 시장은 2017년과 2018년에도 지속적으로 성장할 것으로 예견됐다.

아웃소싱과 공급자 관리 인력 기업의 현재와 같은 메커니즘에서는, 주주들에게 전달되는 분기별 보고서에서 임시직 인력을 조달하는 데 드는 비용이 말 그대로 복사용지 값과 똑같은 방식으로 이해된다. 직원을 감축한다고 발표한 기업의 주가가 치솟는 것도 그 때문이다. 그런데 영구 임시직에 관한 법정 소송에서 드러났듯이, 기업들이 정규직의 정리해고를 시행하고서 그로부터 몇 주도 지나지 않아 곧바로 임시 인력을 크게 증원하는 사례가 드물지 않게 나타나고 있다. 그런 기업들은 프로젝트도 마무리하고 인건비 문제도 쉽게 해결할 요량으로 임시 인력 소개 업체들을 통해 퇴직자들을 '바이백(buy back)'한다. 베타 테스트, 바이럴 마케팅 등 온갖 업무를 외부 업체와의 계약을 통해 해결해왔던 실리콘밸리의 수많은 스타트업을 비롯한 신생 기업들은, 이제는 인력 소개 업체를 통해 임시직 직원들을 필요한 만큼 고용해 일을 맡기면서도 문서 기록상 군살 없는 조직의 모습을 계속해서 유지할 수 있게 됐다. 인력 소개 업체를 통해서 아웃소싱하거나 계약 직원들을 '기록상의 정규 직원'처럼 활용하는 관행은 흔히 플랫폼 경제라고 불리는 경제가 발달하게 된 바탕이 됐다.

노동자들이 제품 출시를 위해 '조달하는 자원'으로 전환된 고용 형태가 굳어져 고스트워크의 관례가 됐다. 지난 10년 동안 공항 픽업에서 병원 진료기록 문서 작성에 이르는 각종 서비스를 간단한 스마트폰 애플리케이션으로 기업들과 개인 소비자들 사이에 연결해 주는 온디맨드 서비스를 내놓은 회사들이 생겼다. 이들은 스스로를 취업이나 임시직 알선 사이트가 아닌, 선도적이고 혁신적인 기술을 도입한 기업으로 홍보한다. 하지만 이들과 많은 온디맨드 고스트워크 플랫폼들은 의도적이든 그렇지 않든 간에 1,150억 달러 규모에 이르는 임시 노동 산업을 은밀히 장악해 가고 있다. 이 책에서 자세히 소개하는, 온라인에서 임시 노동자 인력들과 직접 연결할 여건을 제공하는 플랫폼들은 특이한 사례들이 아니다.

새로운 경험에 대한 소비자의 요구는 대부분의 기업들이 더욱 새로운 제품과 더욱 훌륭한 서비스에 집중하도록 만든다. 그렇기 때문에 기업들은 즉각적인 수요가 있거나 가능성이 있는 사업 프로젝트를 꾸준히 진행한다. 그럴 때는 노동자들이 꼭 필요하지만, 일단 프로젝트가 완료되면 더 이상 효용이 없어진다.

PART 2
벅찬 일

알고리즘의 무자비성과 고스트워크의 간접비용

변변치 않은 설계와 그에 따른 의도치 않은 결과 · 사업에 드는 비용 · 고스트워크의 숨겨진 통증 척도 · 완벽한 상사는 없듯, 완벽한 프로그램도 없다

돈 혹은 그 이상을 위해 열심히 일하기

선택의 폭을 넓히기 · 직업 경력의 사다리에서 가로대가 사라지면 · 일이 독서 모임에 더 가깝게 느껴질 때 · 삶을 직업에 맞추는 것이 아니라 일을 삶에 맞추기 · 무조건 다 좋고 근사한 것만은 아니다

GHOST WORK

제3장

알고리즘의 무자비성과
고스트워크의 간접비용

변변치 않은 설계와
그에 따른 의도치 않은 결과

　　　　대부분의 온디맨드 노동자들은 불규칙한 작업 흐름을 API 환경의 일부로 받아들이지만, 소프트웨어 오류들 때문에 일이 더 불안정하게 느껴질 수도 있다. 앞서 소개한 조앤의 경우, 2013년 시스템에 발생한 작은 오류 때문에 엠터크 계정이 갑자기 먹통이 된 적이 있었다. 이런 일은 온디맨드 노동자들로서는 가장 끔찍한 상황이다. "소프트웨어에 문제가 생겼다는 이메일을 전혀 받지 못했어요. 로그인이 안 된다는 사실 밖에는 아무 것도 알 수가 없었지요." 그녀가 말했다. "그래서 고객 서비스센터에 전화를 걸었더니, 사이트가 복구될 때까지 기다려야 한다고 이야기하더군요. 사이트 접속이 안 됐던 탓에 200달러 가까이를 날렸어요. 제 일이 부족해서가 아니라 플랫폼에 발생한 문제 때문에 높은 보수를 받을 수 있는 일거리를 잃었던 거예요."

조앤 같은 온디맨드 노동자들은 상환 청구는 둘째 치고, 무슨 일이 생겼는지 알아보기조차 힘들다. 조앤은 40시간 동안 계정에 접속하지 못하는 상황을 겪은 끝에 다시 로그인할 수 있게 됐다. 하지만 이 일을 겪은 뒤로는 불안한 마음을 갖게 됐다. "앞으로 일을 계속 할 수 있을지, 돈은 벌 수 있을지 알 수 없는 채로 40시간을 보냈는데, 대체 어떤 이유 때문이었는지는 제게 알려주지도 않았어요."

2014년에 웹디자인 컨설턴트이자 저자인 에릭 메이어(Eric Meyer)는 '비의도적인 알고리즘의 무자비성(inadvertent algorithmic cruelty)'이라는 표현으로 공감 능력이 부족한 컴퓨터 설계의 결함을 지적했다. 이 표현은 조앤이 고스트워크를 하면서 겪은 경험을 통렬히 묘사한다. 메이어가 이 표현을 처음 사용한 건 페이스북이 한 해 동안 올린 주요 사진을 모아 만드는 '한 해 돌아보기(Year in Review)' 기능을 새로 도입한 데 대해 자신의 블로그 포스트에 글을 쓰면서였다. 메이어의 경우에는 애플리케이션이 설계대로 작동을 해서, 지난해에 그가 찍었던 사진들이 재생됐다. 그런데 문제는 그의 딸 레베카가 뇌암으로 인해 불과 다섯 살의 나이로 그해 세상을 떴다는 데 있었다. 웹진 「슬레이트닷컴(Slate.com)」에 실은 글에서 메이어는 "세상을 뜬 딸아이 사진, 올해 목숨을 잃은 내 딸 말이다. 물론 나의 한 해는 사진에 나온 것과 같았다. 있는 그대로였다. 내 한 해는 지금은 떠나고 없는 내 어린 딸아이의 얼굴과 같았다." 그는 의도적인 공격이 아니라, 그저 프로그램 코드의 결과로 발생한 유감스런 상황이었음을 인정하면서, 이렇게 덧붙였다. "알고리즘에는 기본적으로 생각하는 능력이 없다. 알고리즘은 정해진 판단의 흐름을 따르지만, 일단 작동하기 시작하면, 그 이후로는 생각이 개입하지 않는다."[1]

알고리즘 설계, 플랫폼, API에 생각이 결여되어 있고 그런 알고리즘이 무방비 상태에 있는 소비자의 감정을 자극할 경우, 에릭 메이어 같은 사람들이 의도치 않는 결과로 고통을 받는다. 이처럼 생각 없고 무심한 처리과정이 직장에 도입될 경우, 협상력은 거의 없고 잃을 것은 많은 저임금 노동자가 겪을 의도치 않은 경제적, 사회적 피해는 특히 심각하다.*[2]

고스트워크 시장이라고 해서 일의 진행과 관련된 거래비용이 소멸되지는 않는다. 대신 그 비용이 온디맨드 노동자와 의뢰인들에게 전가된다. 소프트웨어는 문제가 생겨도 고칠 수 있지만, 고장이 났을 때 시스템이 노동자들에게 나 몰라라 하는 식으로 대응하는 것이 더 큰 문제다. 현재를 기준으로, 온디맨드 플랫폼 기업들과 인력을 구하기 위해 플랫폼을 이용하는 기업들이 노동자들에게 의무적으로 설명해야 할 계약 조건은 따로 마련되어 있지 않다. 심지어 지금 의무조차도 결함이 발생하기 쉬운 소프트웨어가 처리한다.

더 구체적으로 설명하자면, 노동자들은 일거리를 찾고, 업무 처리 방식을 익히고, 일이 뭔가 잘못됐을 때 연락을 취하는 비용을 부담한다. 의뢰인들은 인재를 찾고, 신뢰를 쌓고, 노동자들과의 책임을 유

---

*　　우리는 페이스북이 지난해 가장 중요한 순간들을 보여주려는 의미에서 만든 기능 때문에, 세상을 뜬 아이의 얼굴이 페이스북 화면에 뜬금없이 나오면서 겪은 감정적인 고통을 경시해서는 안 된다는 말을 하려는 것이 아니다.

지하는 비용을 부담한다. 불균형적으로 노동자들 쪽에 부담이 더 많이 쏠리는 이런 거래비용은, 플랫폼과 API 설계에서 발생한 비의도적인 알고리즘의 무자비성 때문에 발생한다. 플랫폼과 의뢰인들 모두에게서 활용되는 소프트웨어 시스템은 너무 엄격하고 융통성이 없어서 노동자들을 고용하고, 완료한 일을 평가하고, 보수를 지급하는 과정의 여러 복잡한 상황을 공정하게 처리하지 못한다. 그래서 시장에 관여한 양측 당사자들이 이런 복잡성을 해결하는 일을 각자의 부담으로 해결할 수밖에 없으며, 그중에서도 노동자들이 더 큰 타격을 받는다.

사업에 드는 비용

　　　　온디맨드 경제의 중심에는 고스트워크를 이용하면 거래비용이 줄고, 그러므로 수익이 증대된다는 전제가 깔려 있다. 거래비용은 생산 관리, 제품 및 서비스 거래와 관련이 있다. 노벨상을 수상했으며 현대 경제학 이론에 크게 기여했던 로널드 코스는 '거래비용'의 개념을 제시해서 널리 알려졌다. 비록 거래비용이라는 용어 자체를 그가 사용하지는 않았지만 말이다. 큰 영향력을 전파한 1937년의 논문 「기업의 본질」은 와그너법이 통과된 지 2년 밖에 안된 시점에 발표됐다. 그는 이 논문에서 기업들이 시장의 마찰을 줄이기 위해 노동자들을 구하고, 채용하고, 교육시키는 등의 활동을 조직화해야 했다고 설명한다. 비용을 낮추고 수익을 낼 유일한 방법은 회사를 최대한 매끄럽게 운영하는 것에 전적으로 달려 있었다.

기본적으로 로널드 코스는, 현대적인 민간 기업을 통해 대규모로 생산하고 능률적인 조직 운영으로 수익을 내는 방법을 최초로 이론화한 경제학자다.

고스트워크 경제는 자신들은 노동자들을 찾고, 배치하고, 교육시키고, 소통하고, 재교육하면서 발생하는 비경제적인 마찰을 없앨 수 있는 소프트웨어라고 홍보한다. 그러나 코스가 지적했을지 모르지만, 노동자들끼리나 노동자와 고용주 사이의 소통과 조화는 꼭 필요한 과정임은 물론이고 더 나아가 유익하게 쓰이는 돈이다. 고스트워크는 알고리즘, 인공지능, 플랫폼 인터페이스를 결합해서 기업의 생산을 지휘하는 '사업가-코디네이터'로서의 역할을 대체할 수 있다고 주장하지만,[3] 그와 반대되는 증거도 있다. 고스트워크의 거래비용은 사라져 없어지는 것이 아니라, 의뢰인과 노동자의 어깨 위에 얹혔다. 의뢰인들은 일반적으로 새로운 프로젝트를 샅샅이 살핀 뒤 새로운 노동자에게 전달하는 임무를 포함한 관리를 최대한 효율적으로 조직해야 한다. 일단 해당 업무를 형식에 맞는 데이터로 전환한 뒤 API를 통해 전달하면 더 이상 설명할 필요가 없다고 예측하지만, 결국에는 업무를 다시 설명하는 데 추가로 시간과 노력을 들이게 된다.

노동자들이 부담해야 하는 대가는 그보다도 더 크다. 노동자들은 부당한 대우를 받더라도 호소할 기회가 없이, 시간을 잃고, 때로는 보수도 날린다. 의뢰자들에게 전가된 기회비용의 상당 부분은 노동자들이 짊어진 짐과 비슷하다. 의뢰자들과 노동자들이 처한 난관은 고스트워크가 관계 주체들 중 그 누구에게도 순조롭게 진행되지 않고 있음을 보여준다.

일을 의뢰하기: 거래비용

의뢰인들이 느끼는 어려움 중에 가장 흔히 보고되는 것은 업무를 맡길 노동자를 정하는 과정이다. 의뢰인들은 업무 내용을 게시하고 나서 지원자들이 몰려들면, 그 많은 지원자들을 꼼꼼하게 살펴서 추리고 심사해야 한다. 특히 일의 규모가 크고 복잡할 경우 지원자들도 그만큼 더 많다. 홍보 회사에 근무하는 어떤 커뮤니케이션 전문가는 이렇게 설명했다. "지원자가 어찌나 많은지, 엄두가 안 날 정도라니까요. 다들 일을 꼭 맡고 싶어 하는 사람들이지만, 그 사람들이 실제로 그 일을 할 수 있는 능력이 되는지는 알아보기가 힘들거든요."

그 이면에는 좋은 일거리를 찾기 위해서 끊임없이 주시하며 바짝 경계하는 노동자들이 있기 때문에 의뢰인들은 쏟아져 드는 지원자들에게 압도당할 수밖에 없고, 결과적으로 노동자를 선정하기가 어려워진다. 어떤 마케팅 매니저는 이런 식으로 말했다. "특히 전 세계에서 지원서가 들어올 때는 지원자들을 일일이 살피는 것이 대단히 수고스럽고 힘든 일이 돼요."

심사 과정에 시간이 많이 걸리고, 전화 통화나 스카이프 같은 화상 통화가 필요한 경우도 많다. 한 스타트업의 커뮤니케이션 담당 부사장은 심사 과정이 중요하다며 이렇게 말했다. "기술적인 능력은 출중하지만 커뮤니케이션 기술이 형편없는 사람이 많기 때문에, 그 부분을 확실하게 조사할 필요가 있습니다. 그리고 어떤 사람이 만든 웹사이트가 언뜻 보기에 훌륭해보였는데, 나중에 알고 보니 프로그램 코드가 제대로 완성이 안 됐거나 서로 상충되는 부분이 많았던 경우도 있었어요. 그래서 이제는 담당자를 정할 때 더 세심하게 주의를 기울이지요."

어떤 플랫폼들은 1장에서 설명했듯이 각 노동자 회원의 등급이나 평가점수를 참고 자료로 제공하기도 한다. 의뢰인들은 이 정보를 다양한 수준으로 사용한다. 어떤 사람들은 그 정보에 전적으로 의존하고, 어떤 사람들은 간간이 참고하고, 어떤 사람들은 그 정보가 확실하다는 보증이나 증거가 없기 때문에, 조작된 정보일지도 모른다는 생각으로 완전히 무시한다. 그런데 이런 등급이나 평가점수는 플랫폼들끼리는 서로 공유가 안 된다는 단점이 있다. 따라서 어떤 사람이 한 플랫폼에서 최고 등급을 받았더라도 다른 플랫폼으로 옮기면 맨 밑에서부터 다시 쌓아 올려야 한다. 의뢰인들 중에는 플랫폼에서 매긴 등급과 평가점수는 예전에 했던 일의 포트폴리오를 직접 확인하는 것만큼 좋은 판단 기준이 되지 못한다며, 플랫폼에서 구직 회원들이 그동안 했던 업무 내용을 열람하기 힘들게 만들어 놓아 아쉽다고 이야기하는 사람들도 많았다.

앞서 언급한 엔지니어링 회사의 마케팅 매니저는 그런 의견을 이렇게 뚜렷이 표현했다. "프리랜서의 프로필로 더 많은 내용이 공개됐으면 좋겠어요. 물론 예전에 일을 맡아서 했던 회사들이 그 프리랜서가 했던 일을 공개하도록 허용하지 않으리라는 건 알지만, 구체적으로 어떤 일을 했는지 알아볼 수만 있어도 판단하는 데 확실히 도움이 될 거예요." 일반적으로 의뢰인들은 일손이 필요할 때 온디맨드 플랫폼을 이용하면서도, 지원자들을 심사하는 과정에 생각보다 시간이 너무 많이 든다고 생각하고 있었다. 그래서 빈도를 최대한 줄이기 위해 예전에 심사한 적이 있는 사람들을 재고용하는 경향이 나타난다.

인력 소개 업체를 통해 사람을 뽑을 때 지원자 심사 과정은 소개 업체가 부담하는 거래비용이지만, 온디맨드 플랫폼 모델에서는 이 부담이 고스란히 의뢰인들에게 전가된다.

의뢰인이 일을 맡길 사람을 선정하면 그 다음에는 일을 실제로 진행하게 되는데, 이 단계에서도 의뢰인의 입장에서 여러 거래비용이 발생한다. 이런 비용 중 상당부분은 온디맨드 노동자가 일단 고용되면 일이 끝날 때까지 그 사람이 일시적으로 그 회사의 일원이 되기 때문에 발생한다. 이 노동자들은 기본적으로 입사 첫날 아무런 교육도 받지 않은 채로 멀리서 진행되는 업무에 투입된 신입 직원과 마찬가지다. 교육에 드는 비용은 의뢰인과 노동자 모두에게 전가되지만, 적정 수준으로 일을 해내지 못할 경우 노동자는 거부당하고 돈도 받지 못하는 데 비해서, 의뢰인은 완성한 일이 미흡할 경우 단순히 일의 대가를 지불하지 않고 다른 사람을 구하기로 결정할 수 있다.

이런 작업 환경에서 가장 우선적으로 대두되는 사안은 신뢰와 책임에 기초한 관계를 만드는 것이다. 두 사람 간의 신뢰를 쌓는 데에는 시간이 필요하지만, 그런 상황은 온디맨드 노동자를 고용하는 큰 장점인, 일손을 빨리 구할 수 있다는 특성과 상충된다. 플랫폼은 API를 통해 서로 간의 신뢰를 확인할 방법으로 노동자 회원의 등급과 평가점수 제도를 도입했지만, 이것은 불완전한 해결책이다. 산업 자재 공급 회사에서 조달 업무를 담당하는 한 관리자는 이렇게 말했다. "신뢰 문제가 항상 걸립니다. 지원자가 내세운 자격 조건을 실제로 갖췄다고 신뢰하고 그 사람을 고용하거나, 더 중요한 업무 같으면 먼저 그 사람과 10~15분 정도 대화를 나눠 봅니다. 그러니까 저희들이 할 수 있는 건 이런 게 전부예요. 어느 정도는 상대방의 전문성을 믿어줄 수밖에 없지요."

신뢰의 문제는 책임의 문제로 비화하기도 한다. 기존의 인력 소개 업체를 이용하는 경우, 노동자가 한 일이 회사가 요구한 수준에 못 미칠 때 소개 업체가 책임을 져야 할 수도 있었다. 하지만 온디맨드 환경에서는 책임을 져야 할 의무가 거의 존재하지 않는다. 선물 용품과 수집품을 파는 어떤 온라인 회사 사장은 이런 경험을 했다고 한다. "인력 채용 업체를 9군데나 알아봤는데, 저희가 원하는 언어를 구사하는 프로그래머를 찾을 수가 없었어요. 그러다가 마침내 한 사람을 찾았는데, 성격도 좋고 이 분야 일을 잘 알더라고요. 그래서 막 일을 맡길 참이었는데, 그 사람이 돌연 종적을 감췄어요." 힘들게 구한 사람이 사라져서, 그 사장은 큰 낭패를 보았다. 온디맨드 노동자들은 의뢰인과의 관계가 틀어지면 새로운 의뢰인을 찾아서 다시 일을 시작할 수 있다. 그러다 보니 노동자 입장에서 느끼는 책임감은 더더욱 약화된다. 한 온라인 교육 기업의 마케팅 매니저는 이렇게 설명했다. "프리랜서들은 무사태평해요. 정규직 근로자들하고 일을 해 보면, 그 사람들은 자기가 평가받고 있다는 걸 인식하고 있어요. 그런데 프리랜서들은 단발성으로 일을 하고 그 다음에는 또 다른 회사의 프로젝트를 맡아서 그런지, 무심한 태도로 일을 합니다. 그러다 보니 신뢰 문제가 많이 걸리지요."

대부분의 플랫폼은 노동자가 특별한 제재 없이 모든 의뢰인의 일을 맡을 수 있게 되어 있는데, 이런 체계의 장점은 책임감의 약화라는 의도치 않은 결과를 낳는다. 책임감 결여는 의뢰인들이 노동자들을 관리해야 하고, 때로는 아주 사소한 것까지 챙겨야 하는 거래비용을 의뢰인들에게 전가한다. 노동자들을 면밀히 관찰했던 어떤 마케팅 매니저는 책임감 부족에 대해 이렇게 설명했다. "프리랜서들에게 일일 보고를 해달라고 부탁했어요. 멀리 떨어져 있어서 업무를 관리하기가 힘들었는데, 날마다 처리한 일에 대해서 보고를 받으니 도움이 됐지요. 최소한 마감 기한을 넘길지 모른다는 사실을 미리 알면 긴급 대책이라도 세워둘 수 있으니까요."

대부분 멀리 떨어진 곳에서 일하는 온디맨드 노동자들에게는 일을 의뢰한 기업의 문화에 맞게 행동하고, 관찰하고, 받아들이고, 행동하기가 힘들 수도 있다. 예를 들어 엔지니어링 기업의 마케팅 매니저는 이렇게 말한다. "가장 힘든 부분은, 온디맨드 인력은 조직에서 함께 일하는 사람들이 아니다보니 조직의 운영 스케줄, 절차, 지침, 문서 쓰는 방식을 거의 알지 못한다는 점입니다." 기업 문화는 의뢰인이 원하는 일의 기대치에 영향을 주어, 결과적으로 노동자들이 생산하는 실제 제품에 영향을 끼칠 수 있다. 해당 기업의 문화를 받아들 수 없거나 받아들이려는 의지가 없으면 온디맨드 노동자들이 완성해서 제출하는 일은 기업이 원하는 것에 부적합할 수도 있다. 앞의 그 마케팅 매니저는 디자이너와 일을 하면서 그런 경험을 했다고 말했다. "그 디자이너가 솜씨는 좋았는데, 전체적인 색 배합이 저희 회사가 원했던 것보다 조금 밝았어요. 파란색, 회색, 더 어두운 색조를 써달라고 요청했는데, 그러지 않고 강렬한 색깔을 썼던 거예요…. 그 뒤로도 저희가 원하는 방향을 여러 차례 설명했는데도, 회사에서 정한 기준을 맞추지 못하더라고요."

광고계에서 일하는 다른 마케팅 매니저는 회사 문화를 설명하는 건 API를 통해서 전달하기 어려운 부분이어서, 의뢰인 입장에서 온디맨드 노동자는 또 한 가지의 거래비용을 덧붙인다고 말한다. "프리랜서 직원이 회사 문화를 완벽히 이해할 것으로 기대할 수 없고, 그런 건 프리랜서의 본분이 아니기 때문에, 결과물을 회사의 기준에 맞추도록 확실히 전달하는 건 제가 챙겨야 할 부분입니다."

신뢰, 책임, 문화는 일반적인 직장 환경의 사회적 측면이다. 온디맨드 노동자를 고용하는 경우에 노동자들이 필요한 도구와 데이터에 어떻게 접근하게 할 것인가와 관련한 중요한 기술적인 문제도 있다. 의뢰인들 대부분은 노동자들이 각자 작업에 필요한 소프트웨어를 갖추기를 기대한다. 광고 인쇄물 기업의 한 관리자가 말했다. "네, 저희들은 온디맨드로 채용된 사람들이 각자 맡은 일을 할 수 있어야 하고, 그 일을 하는데 특정 소프트웨어가 필요할 경우 각자 그 소프트웨어를 구비해야 한다고 봅니다. 프리랜서는 그야말로 독립적으로 일을 하는 사람들이니까요. 회사에서 프리랜서들에게 필요한 도구를 제공하거나 따로 교육을 시키지는 않습니다. 그런 투자비용을 아낄 수 있다는 게 바로 프리랜서를 채용하는 이유이니까요."

정규직 직원들은 업무에 필요한 소프트웨어를 지급받는다. 하지만 온디맨드 근로 환경에서는 이런 비용이 노동자들의 몫으로 넘어간다. 컨설팅 기업의 한 관리자는 이렇게 설명한다. "누군가가 설계도를 그릴 수는 있는데 오토캐드(AutoCAD) 프로그램을 안 가지고 있다고 칩시다. 그러면 전혀 효용이 없기 때문에, 저희들은 지원자가 일을 하는 데 필요한 도구를 제대로 갖추고 있는지 확인해야 합니다.

만일 없다면, 프로그램을 가지고 있는 다른 사람을 찾아야 해요." 의뢰인들은 온디맨드 노동자들에게 소프트웨어를 제공할 필요가 없기 때문에 그만큼 회사 경비를 아낄 수 있다.

의뢰인들은 이런 어려움을 극복하거나 최소한 완화하기 위해서, 믿을만한 프리랜서들을 확보해 두는 전략을 쓰는 경우가 압도적으로 많다. 이런 프리랜서 인력 풀은 같은 사람에게 일을 여러 번 맡기고 역량을 시험하면서 모아나간다.[4] 일단 의뢰인들은 온디맨드 플랫폼에 들어와 노동자들을 모집해서 선발한다. 그러면 시간을 들여서 이 노동자들을 꼼꼼히 검토하고, 그렇게 선발한 사람들에게 일을 준다. 일을 완수하면, 일을 잘 했던 사람들은 해당 기업의 내부 데이터베이스에 신뢰할 수 있는 프리랜서 노동자로 기록된다. 그리고 그 후에 온디맨드 노동자를 고용해야 할 일이 생기면, 기업들은 신뢰할 수 있는 프리랜서 목록에 있는 노동자들부터 검토한다.

의뢰인의 입장에서는 이런 전략이 여러 가지로 득이 된다. 첫 번째로 돈이 절약된다. 의뢰인들은 플랫폼에서 노동자들을 처음 만나서, 그들 중 일을 잘 하는 사람들과 관계를 맺고 그 이후에는 플랫폼을 통하지 않고 직접 일을 의뢰한다. 플랫폼들이 노동자들에게 지급하는 급여의 일부를 수수료로 챙기기 때문에, 의뢰인들이 플랫폼을 안 거치면 돈을 절약할 수 있고, 결과적으로 기업의 재무제표에도 도움이 된다. 두 번째로, 신뢰할 수 있는 인력 풀 내에서 일할 사람을 뽑으면 의뢰인이 노동자를 심사할 수 있고, 또 기업 문화와 요구사항을 일단 한 번 설명하면 나중에 사람을 다시 뽑아 일을 맡길 때마다 반복해서 설명할 필요가 없다. 세 번째로 온디맨드 노동자를 고용할 때 발생할 수 있는 위험 요인이 경감된다. 가령 성격과 업무 처리 방식 때문에 충돌할 가능성이 줄어든다. 네 번째로 일단 한 번 이상 고용되어서 일을 맡은 사람은 의뢰인과 신뢰의 관계를 쌓거나, 최소한 신뢰 형성의 토대를 마련할 수 있다. 일반적으로 의뢰인들은 노동자들과 좋은 관계를 유지해야 더 좋은 작업 결과가 나온다고 보기 때문에, 노동자들과의 관계 형성을 중요하게 여긴다.

아마도 거래비용 부담을 완화할 비교적 간단한 방법을 찾았기 때문인지, 의뢰인들은 다른 사람들에게 온디맨드 인력 활용을 적극 권하는 것으로 나타났다. 광고 회사의 마케팅 매니저는 이렇게까지 이야기했다. "저라면 10점 만점에 8점을 주겠어요. 온디맨드 프리랜서들의 역량과 완성된 일의 품질이, 고객의 기대에 부응해야 하는 프로젝트에 큰 영향을 발휘하거든요." 그런데 시장의 반대쪽에 서 있는 노동자들이 고스트워크에 '10점 만점에 8점'을 줄 가능성은 별로 없지 않을까 싶다.

고스트워크의 숨겨진 통증 척도

거래비용의 부담은 과거에는 기업들이 졌지만, 이제는 고스트워크에 종사하는 사람들에게 곧바로 전달된다. 환자들이 느끼는 통증의 정도가 맨 밑의 웃는 얼굴에서 맨 위의 울부짖는 얼굴까지 단계적으로 표시된, 병원 진료실에서 가끔 볼 수 있는 통증 척도를 한번 떠올려보자. 알고리즘의 무자비성이 노동자들에게 안기는 고통은 그처럼 눈금으로 표시할 수 있다. 어떤 경우에는 이런 부담이 종이에 벤 가벼운 상처처럼, 그저 살짝 불쾌한 정도에 그친다. 그런 작은 상처들은 마땅한 일거리를 찾거나 일을 파악하는 데 허비한 시간 같은 것들이다. 그러나 때로는 이런 가벼운 불쾌감이 심해져서, 노동자의 시간과 에너지를 고갈시키는 훨씬 큰 고통으로 발전하기도 한다. 아무 피드백도 받지 못하거나 동료들 없이 혼자서 일을 수행하는 경우가 이 정도 수준에 해당할 수 있다. 대부분의 노동자에게 통증 척도의 최고 수준은 일의 보수를 받을 수 없을지도 모를 위험이다. 노동자들은 계정에 뭔가 문제가 생겨서 급여를 받지 못하더라도 취할 방법이 전혀 없다.

그런데 냉혹하게도 고스트워크 플랫폼과 의뢰인들은 이런 고통을 노동자들에게 전가함으로써 이런 문제에서 벗어나는 아이러니한 상황이 된다. 엠터크나 우버 같은 기업들은 노동자들을 그저 노동을 파는 고객들로 생각한다. 마치 플랫폼에 와서 중고 레코드판을 팔거나 월세 놓을 방을 내놓는 사람들처럼, 노동을 판매하는 사람들로 보는 것이다. 고스트워크 기업들의 눈에는 고객들이 완전히 자기 뜻에 따라서 그들 사이트를 방문하는 것이다. 그리고 고객이기 때문에 언제든 원할 때 떠날 수 있다고 본다.

다시 말하지만 기업 입장에서 노동자들은 부담해야 할 비용이고 책임이다. 고객들은 각자 위험 부담을 지고 상품을 사고파는 자주적인 행위자다. 그런데 노동자들을 고스트워크 플랫폼과 의뢰인들 간 상거래의 주요 동력으로 인정하지 않을 때 가장 큰 고통을 받는 것은 노동자들이다. 그 직접적인 결과로 수백만 명의 인력이 불확실한 신분으로 머물러 있다.

통증 척도 1-3: 유연성으로 포장되는 극도의 경계 상태

노동자들이 어느 정도 지명도가 있는 플랫폼에서 수많은 프로젝트들 중 어떻게 좋은 일감을 찾아내고 뽑아낼 수 있는가는 전적으로 적시적소에 있는 능력에 달려 있다. 노동자들은 로널드 코스의 머리를 어질어질하게 만들 수 있을 정도로 엄청난 경계 상태를 유지하는 능력을 키워야 한다.

온디맨드 노동자 수십 명을 인터뷰하면서, 우리는 두 가지 종류의 경계 상태를 확인했다. 한 가지는 몇 시간씩 시간을 들여 스팸 광고나 '재택근무'를 미끼로 내세운 수상한 채용 공고를 골라내가며, 제대로 된 플랫폼에서 제대로 된 일을 찾는 데 필요한 경계 상태다. 온디맨드 시장에서 채용 공고를 내는 사람들을 확인해 가려낼 법적인 규정이 없기 때문에 노동자들은 이메일 주소를 알아내거나 신원도용을 노리는 사이트에 가입하는 건 아닌지 철저히 확인해야 한다.

24세인 리조는 인도 방갈로르에 거주하고 있으며, 비즈니스 프로세스 조직에서 일한다. 그는 가로수에 붙은 전단 광고를 보고 엠터크를 알게 됐다. 그가 전단지에 적힌 번호로 전화를 걸었는데, 전화를 받은 사람은 엠터크에 계정을 만들려면 1,000루피(약 14달러)가 든다고 말했다. 엠터크 계정이 무료라는 사실을 몰랐던 리조는 흥정 끝에 비용을 600루피(8.24달러)로 깎고, 가진 돈을 모두 털어서 그 계정을 샀다.

전화 받은 사람은 엠터크를 이용하는 기본적인 방법을 설명해줬지만, 혼자 해보려니 금세 뭐가 뭔지 헷갈리기 시작했다. 1년 뒤에 그는 20달러(약 1,450루피)를 벌었다. "엠터크는 최악의 시간 투자였어요." 그가 말했다. "저는 아무 것도 못 배우고서, 보장도 전혀 없는 일에 시간을 쏟아붓는 모험을 한 거예요. 사람도, 사무실도, 그리고 제 질문에 답해줄 사람도 없었지요." 플랫폼들은 의뢰인과 그들의 일에 대해서는 심사를 하지 않기 때문에, 괜찮은 일감이 있는 믿을 만한 플랫폼을 찾는 과정은 오로지 노동자들 스스로 해결해야 할 문제로 남는다.

인도의 온디맨드 노동자들 대다수는 부도덕한 회사들을 경계한다. 인도 노동자들 대부분이 개인적으로나 가족들이 겪은 경험 중에, 거창한 약속을 늘어놨지만 결국에는 제대로 된 일자리가 턱없이 부족한 무책임한 직업소개소에 속았던 적이 있다. 예를 들면 1990년대 인도에는 콜센터가 잇따라 문을 열었다. 이 기업들은 인도 노동자들을 고용하고, 급여도 주지 않은 채로 3주 만에 사라져버렸다. 그 경험으로 리조 같은 많은 젊은이들은 온라인 일자리에 대해 정보를 노리는 피싱 사기이거나 속여서 돈을 안 주고 일을 시키려는 것일지 모른다는 의심을 품게 됐다.

전문가들은 이런 노동 시장의 유연성을 옹호하기도 하고 비판하기도 한다. 옹호자들은 유연성이 그나마 내세울만한 새로운 경제의 장점이라고 보는 반면에 비판론자들은 유연성이 임금수준을 낮추는 근원이라며 독설을 퍼붓는다. 거듭 말하지만 고스트워크 종사자들은 시간과 장소에 구애받지 않고 일할 수 있다는 건 엄청난 혜택이라는 말을 듣는다.[5] 하지만 혜택이라 불리는 이런 조건은 대개 온라인 노동의 현실을 감추는 데 기여할 뿐이다. 조금도 방심하지 않고 끊임없이 다음 일거리를 찾는 가장 부지런한 노동자들이 가장 많은 보상을 받는다. 실제로 온디맨드 의뢰인들과 플랫폼을 운영하는 알고리즘은, 시간의 구애를 크게 받지 않는 일이거나 애플리케이션을 켜서 실행하는 것 이상의 노동자의 능력이 의사 결정 과정에 영향을 끼칠 수 있을 때조차도 자동으로 작업의 마감 시한을 짧게 설정한다. 인위적으로 만든 시간적인 제한이 생기면서 노동자들은 지속적으로 채용 공고 목록을 훑어야 한다. 특히 보수가 괜찮은 기회는 금세 누군가가 낚아채기 때문에 더더욱 그렇다. 유연성은 현실적으로는 근거 없는 믿음에 불과하다. 사실 온디맨드 노동은 일거리가 끊이지 않고 들어와 노동자들이 다른 일을 하는 중간 중간에 시간을 투자해서 일할 수 있는 이상주의적인 모습보다는, 유명 텔레비전 시트콤 「왈가닥 루시(I Love Lucy)」에서 루시와 에셀이 일하는 초콜릿 공장 조립 라인 환경에 더 가깝다. 간신히 속도를 맞추고 있는데, 일의 진행 속도는 가면 갈수록 빨라진다.*[6]

　노동자들을 극도의 경계 상태로 몰아가는 또 다른 요인은 노동자들이 밤낮으로 대기하고 있어야 하는 온디맨드 노동 환경이다. 의뢰인이나 플랫폼 설계자들은 노동자들이 삶에서 별다른 시간적 제약을 겪지 않고 있을 것으로 짐작한다. 하지만 우리가 조사한 바에 따르면 노동자들에게는 평소에 맡은 여러 임무를 소화하면서 할 수 있

---

* 　우리의 연구 결과에서 많은 노동자들은 네트워크를 맺은 사람들끼리 보수가 좋은 업무와 믿을만한 의뢰인들에 관한 정보를 공유한다는 사실이 드러났다. 네트워크가 있는 노동자들은 이런 추가 정보에 접근할 수 있어서 좋은 작업에 다른 사람들보다 더 빨리 지원할 수 있다. 극단적인 경우에는 이런 연결 관계가 있는 노동자들이 양질의 작업을 싹쓸이해서, 연줄이 전혀 없는 노동자는 좋은 일자리를 찾을 기회를 누리지 못해 실질적으로 가사시킬 수도 있다. 그러므로 우리는 네트워크에 소속되는 것이 노동자들에게 이득이 된다고 본다.

는 일거리가 필요하다. 우리가 만난 나탈리라는 흑인 미국인 여성을 예로 들어보겠다. 나탈리는 뉴욕 퀸즈에서 부모와 함께 살고 있고, 27세이며, 학사 학위가 있다. 음악가를 꿈꾸는 그녀는 일과 음악 작업 간의 균형을 맞출 수 있어서 집에서 할 수 있는 온디맨드 일을 마음에 들어 했다. 하지만 온라인으로 하는 일은 예측할 수가 없어서, 시간 계획을 짜는 데 어려움을 겪었다. 나탈리는 우리가 조사했던 플랫폼 중 한 군데에 가입하고 얼마 지나지 않아서, 돈을 조금이라도 벌려면 프로젝트 게시판을 끊임없이 주시하고 있어야 한다는 사실을 알게 됐다. "게시판에 올라온 작업 공고를 먼저 보고 신청하는 사람이 자동으로 일을 배정받게 돼요. 그걸 알고는 좌절감이 조금씩 느껴지더라고요. '아, 이래서야 과연 내가 일거리를 받을 수 있을까?'라는 생각이 들었거든요." 플랫폼들은 지원한 사람들에게 선착순으로 기회를 주기 때문에, 노동자들은 언제 좋은 일자리가 나올지 모르니 늘 한쪽 눈으로 플랫폼을 주시하고 있어야 한다.

규모가 큰 플랫폼들의 경우에는, 정보 공유를 위해 만든 비공식적인 온라인 커뮤니티에 24시간 로그인해 있도록 기업들이 요구하기도 한다. 59세 여성인 다이앤은 워싱턴 D.C. 근처에 거주한다. 그녀는 대학에서 생명공학을 전공하고 졸업 후 전공과 관련한 분야에 취직했다. 그러다가 얼마 뒤 직업을 바꿔 컴퓨터 분야에서 오랜 세월 일했다. 근처에 있는 대학에서 직원으로 일하다가 정리해고 당한 뒤에, 그녀는 리드지니어스에 가입해 온디맨드 일자리를 알아봤다. "6개월 동안 무직 상태로 있다 보니, 내 힘으로 뭔가 찾아봐야겠다는 생각이 들더라고요."

처음 리드지니어스에 가입했을 때는 혼란스러워서 정신이 없었다고 한다. "회원들은 모두 힙챗(HipChat)에 로그인해 있어야 하더라고요." 힙챗은 리드지니어스 플랫폼 내에서 사용하는 온라인 채팅 소프트웨어다. 힙챗으로 가볍게 대화를 주고받는 걸 좋아하는 사람들도 있었지만, 다이앤은 정신이 산란해서 로그아웃해 버렸다. 그녀는 이렇게 말한다. "힙챗에 들어가면, 사람들이 서로 웃는 얼굴 이모티콘을 보내고, 점심으로 뭘 먹었냐는 이야기를 주고 받거든요. 그런데 저는 할 일이 산더미처럼 쌓여 있어서요." 그녀는 힙챗 로그인 상태를 유지하는 것이 의무사항인 줄 몰랐다고 한다. "리드지니어스에서는 회원들이 일이 없더라도 플랫폼에 들어와 있도록 규정하고 있어요." 우리와 인터뷰하기 직전에 다이앤의 계정이 중지됐다. 그녀가 받은 이메일에 따르면, 그녀가 3주 이상 힙챗에 로그인하지 않은 것이 계정이 중지된 이유 중 하나였다. 그녀가 말했다. "일을 하고 싶을 때만 힙챗에 가면 된다고 생각했지, 항상 힙챗에 로그인해야 하는 거라고는 생각 못했네요."

우리가 연구한 바에 따르면, 노동자들은 자기 시간을 마음대로 조절할 여지가 있으면 그런 기회를 활용한다.*[7] 우리는 엠터크에서 아마존 제품들의 후기를 긍정적 또는 부정적으로 분류하는 일을 맡겨 봤다. 한 가지를 분류하는 데 30초 이내에 할 수 있는 일이었다. 이 일에 참여한 노동자들 중 3분의 1은 각 항목을 1분 내에 분류해야 했고(유연성이 전혀 없음), 3분의 1은 항목당 1시간 내에(유연성이 약간 있

---

*   연구에서 노동자들은 무작위로 배정됐다.

음), 나머지 3분의 1은 항목당 하루 안에(유연성이 많음) 분류해야 하도록 정해두었다. 각 집단에 해당하는 노동자들에게는 동일한 개수의 분류 작업을 맡겼으며, 각 집단에 배정된 노동자들은 무작위로 선정했다. 그 결과 일을 끝내는 데 시간이 더 많이 주어져 각자 일정에서 유연성을 더 많이 활용할 수 있을 때, 엠터크 노동자들은 그 기회를 활용하는 것으로 분석됐다.

엠터크 노동자들은 일을 받아 놓고서, 잠시 내버려 두었다가 시간이 지난 뒤에 할 수 있다고 앞에서 설명했었다. 평균적으로 노동자들은 할당된 시간이 1시간일 때에는 일을 받고서 17초 만에 일을 시작한다. 하지만 주어진 시간이 1일이면 일을 받고 나서 4분이 조금 넘어서 착수하는 것으로 나타났다. 언뜻 보기에 17초와 4분이라는 시간 차이가 그리 크지 않게 느껴질지 모르지만, 컴퓨터에서 잠시 벗어날 수 있는 최대 시간이 17초 밖에 안 된다면 어떨지 한번 생각해보라. 4분이라는 여유 시간이 생기면 나탈리나 다이앤 같은 사람들이 전화를 받고, 낮잠자는 아기가 잘 있는지 한번 확인하고, 화장실에 가고, 더 급한 다른 일을 잠시 챙기면서도, 일이 다른 사람에게 넘어가지 않을까 걱정할 필요가 없다. 게다가 노동자들에게 일을 완료할 시간을 더 많이 주었을 때에는, 일단 노동자가 분류 업무를 시작하면 휴식 없이 일을 몰아서 더 많이 하고, 중간에 쉬더라도 쉬는 시간이 더 짧았다. 시간을 각자 조절해서 쓸 수 있으면 노동자들은 필요할 때 쉬고, 일정에 맞을 때는 집중해서 빠르게 일을 진행하는 방향으로 시간을 더 현명하게 썼다. '유연성'은, 노동자들이 일정을 재량껏 결정하고 조절할 환경이 마련되지 않는다면, 속빈 강정과 마찬가지다.

노동자들에게 어느 정도의 유연성을 주면 노동자들이 시간을 쓰는 방식이 달라진다. 하지만 노동자들은 금전적인 측면에서는 유연성을 얼마나 가치 있게 여길까?[*8]

우리는 유연성의 가치를 확인하기 위해 보상적 격차(Compensating differential)를 측정했다. 즉 의뢰인들이 노동자들에게 휴식 시간을 자기 마음대로 조절할 수 있게 하지 않고, 제약을 주어 시간을 통제했을 때 같은 양의 일을 하는 데 얼마나 더 많은 돈을 내야 했는가 조사해봤다. 최소한 우리가 확인한 바에 따르면, 조사하기 전 주에 0~10시간을 일했던 사람들은 유연성을 그다지 가치 있게 여기지 않았다. 하지만 전 주에 11~30시간 동안 고스트워크 작업을 했던 사람은 유연성을 아주 중요하게 생각해서, 시간을 자유롭게 조절할 수 있는 권리를 시간당 0.98달러의 가치로 보았다. 고스트워크를 가장 많이 하는 편이며, 그 전 주에 엠터크에서 30시간 이상 일했던 사람들은 유연성의 가치를 시간당 2.37달러로 평가했다. 또 마찬가지로 우리가 확인한 바로는 1일 소득 목표액을 정하지 않은 사람들은 유연성을 그다지 가치 있게 보지 않았으며, 목표액을 정해 둔 사람들은 시간당 0.92달러의 가치로 평가했다.

1일 소득 목표액을 정해두었거나 일을 더 많이 하는 노동자들은 돈이 더 많이 필요한 사람들일 가능성이 높았지만, 동시에 이들은 유연성의 가치를 가장 높게 평가하는 사람들이었다. 이들은 고스트워크를 하면서 시간을 최대한 효율적으로 쓰는 법을 이미 파악하고 있

---

* 　노동자들에게는 6가지 지시사항이 무작위로 전달됐다(기간 2종류와 급료 3종류).

었다. 결국 일에 그렇게까지 바짝 경계하지 않더라도 감당할 수 있는 사람들은 온디맨드가 주요 수입원이 아닌 사람들뿐이었다. 다시 말해서 돈이 가장 덜 필요한 사람이 유연성을 가장 많이 누린다. 하지만 온디맨드 일이 생계와 관련이 있는 사람들은, 현실적으로 컴퓨터 화면에서 떠나 있을 형편이 되지 못한다.

통증 척도 4-6: 자율성으로 포장되는 고립감과 지도의 부재

대개의 경우 고스트워크를 하는 사람들은 각자의 기기를 사용해서 일의 구석구석을 살피고 챙기도록 되어 있다. 질문을 하더라도 의뢰인들이 대답해줄 수 있는 경우는 거의 없다. 그리고 질문을 하다가 일에 지연이 생겨서, 애써 얻은 일을 날리는 상황이 발생할 수 있다. 그래서 노동자들은 그런 위험을 무릅쓰느니 직접 뛰어들고 각자의 능력에 기댄다. 대부분은 일을 하면서 방법을 찾고, 맡은 업무를 파악하고, 요청받은 부분을 정확히 알아내고, 거추장스럽고 구식인 인터페이스를 다루어서 일을 최대한 빠르고 정확하게 해내는 방법을 배운다. 하지만 지도해주는 사람 없이 완전히 혼자서 일한다는 데에는 그만큼 피해도 따른다.

아이샤는 19세로, 우리가 인터뷰한 프리랜서들 중에 가장 어렸다. 우리는 그녀가 부모님과 함께 사는 인도 하이데라바드에 있는 집에서 그녀를 만났다. 아이샤는 16명이나 되는 대가족의 둘째 딸이었다. 그녀의 오빠는 이미 엠터크에서 일을 하고 있어서, 그녀가 계정을 처음 만들 때 도와주었다. 아이샤는 이번에 12학년을 졸업한다. 아이샤의 부모는 와하브파의 이슬람 율법을 철저히 따르기 때문에,

아이샤가 공부해서 의사가 되어 언젠가 병원을 내겠다는 등의 꿈을 이야기할 때마다 부모님과 갈등을 겪기도 한다. 하지만 아이샤의 엄마는 여자 아이들도 일을 해야 한다고 굳게 믿고 있으며, 집에서 할 수 있는 일이 여자들에게 적합하다고 생각한다.

아이샤는 실수를 저지르지 않을까 싶어서 엠터크에서 혼자 일하기가 겁이 난다고 우리에게 말했다. 아주 작은 실수만으로도 계정이 차단되는 상황에 이를 수 있기 때문에, 감당해야 할 짐이 너무 무겁게 느껴졌다. 그래서 그녀는 오빠가 집에 있을 때만 사이트에 접속하는데, 오빠가 집 밖에서 일을 하기 때문에 그녀는 자기가 원하는 시간만큼 엠터크에서 일을 하지 못하고 있다. "일을 별로 못해요. 겁이 나서요." 지금은 아이샤가 엠터크에서 버는 돈이나 범하는 실수는 모두 오빠 계정으로 쌓인다. 영어와 컴퓨터를 더 잘하고 싶다는 생각은 하지만, 그녀는 엠터크 사이트를 집안 생활비를 조금 보탤 수단 이상으로는 생각하지 않는다.

특정한 유형의 프로젝트를 잘 아는 사람들조차도 외부와 단절된 상태에서, 맨 처음에 사이트에 게재됐던 업무 설명 말고는 자신이 그 프로젝트에 적합한 사람인지 가늠하는 데 도움이 되는 피드백을 전혀 받지 못하면서 일한다. 노동자들은 일단 직접 일에 착수하기 전에는 그 일을 하는 데 기술적으로나 문화적으로 자신의 역량이 충분한가를 알 수가 없다. 그런데 자신이 할 수 있을지 여부를 모르는 채로 일을 시작하다 보면 또 다른 위험 요인에 직면한다. 자신의 역량으로 감당하기 힘든 프로젝트임을 너무 늦게 깨달으면, 평가점수에 흠이 생길 위험이 있기 때문이다. 노동자 회원들의 평가점수는 일이 통과되어 승인된 비율로 계산한다. 따라서 평가점수가 나빠지면 이후에 일거리를 받을 기회가 사라질 수 있다.

1장에서 설명했듯이 플랫폼들은 대부분 노동자들의 평점을 매긴다. 지역 식당과 기업에 대한 고객들의 리뷰를 제공하는 옐프(Yelp)와 비슷한 방식으로, 노동자들을 고용한 사람들의 피드백을 토대로 노동자들을 평가하는 것이다. 플랫폼에서는 노동자들이 정확한 설명을 듣거나 교육 받을 방법을 전혀 제공하지 않기 때문에, 위기에 처했을 때 문제를 스스로 해결하지 못하는 사람들은 낮은 평점을 받는다. 예컨대 우리가 인터뷰했던 어떤 노동자가 엠터크를 처음 이용하는 어떤 의뢰인에게서 꽤 많은 양의 일을 의뢰 받았다. 한 문장으로 된 상품평을 읽고 각 제품을 '유용한' 또는 '유용하지 않은'으로 평가하는 일이었다. 일에 착수한 그 노동자는 한 줄 상품평을 읽고, 그 제품이 살만한 가치가 있게 느껴지는지 아닌지를 기준으로 각 상품에 표시했다. 그가 몇 시간 뒤에 일을 완료해서 의뢰인에게 보냈는데, 의뢰인은 그가 했던 작업에 대한 보수를 지급하지 않고, 일을 모두 불합격처리했다. 아무런 설명도 듣지 못한 채, 완료해서 제출한 작업 수천 개에 모두 불합격 판정을 받았던 것이다.

나중에 의뢰인은 동일한 업무 공지를 다시 사이트에 올렸다. 불합격처리 당했던 그 노동자가 새로운 공지문을 살펴보니, 이전 공지와 비교해서 업무 내용 설명에 한 문장이 더 추가되어 있었다. 이전과 완전히 다른 일이거나, 아니면 의뢰인이 더 명확하게 전달하기 위해 문장을 추가했을 터였다. 추가된 부분은 '제품이 아니라 후기를 평가할 것'이라는 문장이었다. 그리고 그렇게 되면 그가 해서 제출했던 일은 업무 지시사항에 부합하지 않는다. 이 사람이 의뢰인에게 연락해서 업무 지시문이 변경됐다는 점을 지적하자, 의뢰인은 그제야 일에 대한 보수를 지급했다. 그런데 더 황당한 일은, 의뢰인이 이 일의 진행 상태를 '불합격'에서 '합격'으로 바꾸지 않아서(아마 플랫폼을 처음 이용했기 때문에 어떻게 바꾸는지 몰라서였을지도 모른다), 사이트에서 그의 회원 평점이 형편없이 낮아졌다.

그는 그 사이트에서 신뢰할 수 있는 회원 등급으로 다시 올라서기 위해서, 보수가 몇 센트밖에 안 되는 간단한 작업 수만 가지를 완벽하게 해내서 불합격됐던 경력을 상쇄시켜야 했다. 그렇게 하고 나서야 그는 평점 높은 회원 등급을 회복할 수 있었다. 이 일화는 플랫폼 시스템이 노동자보다 의뢰인에게 더 유리한 환경이라는 사실을 보여주는 한 가지 사례에 불과하다. 플랫폼들은 의뢰인들을 더 가시적이고 소중한 고객으로 여기기 때문에, 의뢰인들이 업무 요구사항을 중간에 변경하더라도 아무런 비난을 하지 않는다. 고스트워크를 하는 사람들은 비가시적이고, 대체 가능한 존재로 취급된다. 이 노동자들은 이들을 직장에 근무하는 실제 사람들로 생각하기보다는 고객인 의뢰인들을 이용해 먹으려는 악당들일 수도 있다고 추측하는 시스템 속에서 어떻게든 버텨내야 한다.

서론에서 잠시 소개했던 저스틴은 사진 이미지 태깅 작업을 했으며, 그 전에는 고급 식료품점에서 직원으로 좋은 대우를 받으며 일했다. 그의 아내가 오랫동안 꿈꾸던 직장에 취직하여 다른 도시로 이사해야 하는 상황에서, 부부는 저스틴이 회사의 다른 지점으로 전근하는 것이 나을지 어떨지를 저울질했다. 전근하더라도 거리가 멀어서 출퇴근에 몇 시간이 걸릴 터였다. 게다가 어린 두 아들을 어린이집에 보내게 되면, 아무리 맞벌이를 하더라도 경제적인 부담이 만만치 않았다. 그래서 저스틴이 집에서 아이들을 돌보면서 온디맨드 일을 해 보기로 결정했고, 인터넷에서 '재택근무'를 검색해서 엠터크 사이트를 알게 됐다. 그가 엠터크 사이트에 우리가 올린 인터뷰 참가자 모집 공고를 보고 지원한 것은 엠터크에서 일을 시작한 지 고작 2주가 지났을 때였다.

저스틴이 가장 짜증났던 때는 일부 의뢰인들이 노동자 회원들을 유인하기 위해서 '미끼 전략'을 쓰는 경우였다. 최근에 그가 봤던 공고 중 손으로 쓴 메모를 타이핑할 사람을 구한다는 내용이 있었다. 예시로 나온 것은 깨끗하게 쓴 메모였지만, 그가 일을 맡아서 막상 일감을 받아 보니, 그의 표현에 따르면 '횡설수설하는 내용이거나 흐릿하게 지워진 글'이었다. 그는 어떤 때는 별 탈 없이 맡았던 일을 바로 물릴 수 있지만, 자신이 감당하기에는 너무 벅찬 일이라는 걸 너무 늦게야 알게 된 경우도 있었다고 설명했다.

소파가 캐멀백 소파인지 아닌지처럼 가구의 특징을 식별하는 일을 맡았을 때 벌어졌던 일이 바로 그런 것이었다. 다들 그렇듯이 의뢰인은 해야 할 일의 예를 짧게 제시했다. 사실 어느 정도 자세한 정보를 제시해야 노동자 회원들이 일을 가능할 수 있을지 판단하는 건 쉽지 않은 일이다. 그러다 보니 예시 부분에 자세한 설명이나 다양한 사례가 나오는 경우는 드물다. 저스틴은 시간을 건 도박을 하면서, 자신이 일감을 현명하게 골랐기를 바랐다. 지나고 보니, 그가 가구 사진 분류 일을 맡았을 때 그에게는 자신이 잘못된 선택을 했는지 여부를 알 수 있을 만큼의 정보가 없었다. 그는 상당한 시간을 투자해 인터넷을 샅샅이 뒤져서 화면에 나오는 용어들의 이미지를 찾아봤다. 그러고 나서야 받은 일과 관련한 질문에 제대로 답할 수 있을 것 같은 생각이 들었다. "실제 일에 필요했던 것보다 훨씬 많은 시간이 걸렸어요."

이런 유형의 걸림돌은 미국과 인도에 거주하는 노동자들 모두 똑같이 느끼는 흔한 문화적인 단절을 드러내 보인다. 이 사례에서 저스틴은 자신이 속한 사회 문화적 계층이나 직업적인 배경에서 최고급 가구 제품 관련 용어를 접할 기회가 없었다. 마찬가지로 인도에서 온 디맨드 일을 하는 사람들은 우리와 인터뷰하면서 이탈리아식 샌드위치인 파니니를 만드는 도구나 인도 가정에서 흔히 보기 어려운 주방 기구와 관련한 일에 어려움을 느꼈다는 이야기를 전하기도 했다.

그리고 앞서 예로 든 손으로 적은 메모를 타이핑하는 일 같은 경우였다면 시간이 엄청나게 많이 들어서 안 되겠다고 재빨리 결정할 수 있었겠지만, 가구 종류를 분별하는 일을 맡았을 때 저스틴은 자신에게 그 일을 할 지성과 직관력이 충분하다고 생각했다. 하지만 의뢰인에게 피드백을 받을 수가 없으니, 그는 자신이 한 일이 기대치에 부합하는지 알 길이 없었고, 결국은 부합하는 수준에 맞추지 못했다. 그때는 이미 일을 물리거나, 다시 하거나, 수준 이하의 일에 해당하는 평점을 모면하기에는 너무 늦은 상태였다. "제출한 일이 불합격된 건 그때가 처음이었어요. 일이 생각했던 것만큼 만만하지 않더라고요." 그가 말했다. "저는 왜 제가 한 일이 불합격처리됐는지 따지려고 의뢰인에게 이메일을 보내거나 하지는 않았어요. 굳이 그럴 가치가 없었거든요." 만일 그랬다면 저스틴은 무엇을 잘못했는지 확인하는 데 시간을 더 많이 투자해야 했을 테고, 게다가 이메일을 보내면 답장이 온다는 보장도 없었다. 그는 일찌감치 손을 떼서 더 이상의 피해를 막는 게 낫겠다고 생각했다.

진행 중인 일에 관한 정확한 설명이나 피드백을 받을 기회가 없기 때문에, 저스틴 같은 노동자들은 맡은 일을 어떻게 성공적으로 해낼지 판단할 방법이 없다. 새로운 업무를 배우거나 새로운 플랫폼을 익히는 과정에 있는 노동자들에게는 이런 어려움이 한층 증폭된다. 2장에서 논의했듯이 '직원 구성'에 관한 법적인 책임 때문에, 온디맨드 노동자를 채용하는 기업들은 직장 내 교육을 실시할 수 없다. 그 결과 고스트워크를 하는 사람들은 일을 하는 방법과 직장 문화를 익히는 비용을 고스란히 떠안을 뿐 아니라, 의뢰인들에게 질문을 하거나 피드백을 받을 기회도 얻지 못한다.

통증 척도 7-10: 불법 행위로 포장되는, 기술적 오류나 소동이 발생했을 때 보수를 받지 못하는 상황

플랫폼 노동자들은 좋은 일감을 찾고, 플랫폼의 특이한 점을 익히고, 일을 끝내기까지 여러 장애물을 넘어서고 나서도, 일의 보수를 받을 수 없을지 모르는 아주 현실적인 위기에 처한다. 급여 지불 과정에서 발생하는 많은 문제는 플랫폼 설계의 오류에서 기인하기도 한다. 온디맨드 구인구직 사이트 설계자들은 노동자들이 고속 데이터 통신망과 안정적인 전력 공급 환경에 있다는 가정 하에서 사이트를 만든다. 하지만 실제로는 고스트워크에 종사하는 사람들 수백만 명이 오래된 컴퓨터나 불완전한 인터넷망을 이용하거나, 심지어 공유 IP 주소로 접속하기도 한다. 플랫폼 설계자들이 제품을 이용할 사람들에 대해 떠올리는 이미지와 현실 사이의 깊은 틈은 잠재적인 오류가 가득한 지뢰밭이다. 한발만 잘못 디뎌도 노동자가 돈을 받을 기회는 완전히 날아갈 수 있다.

가령 주소가 변경된 것만으로도 수상한 행동으로 의심받아 계정이 정지될 수 있다. 24세인 모신이라는 청년은 인도 남부의 도시 코치에서 어머니와 함께 산다. 아버지는 2년 전에 돌아가셨고, 누나가 두 명 있는데, 둘 다 결혼해 미국에서 살고 있다. 그는 컴퓨터 애플리케이션 석사 과정에 다니면서 엠터크에서 파트 타임으로 일을 하는데, 엠터크에 대해서는 애증이 엇갈리는 감정을 품고 있다. 엠터크가 아무런 이유나 경고도 없이 그의 계정을 중지시켰기 때문이다. 그는 급여 수표가 발송될 자택 주소를 변경하면서 계정이 중지되는 일이 발생했던 것으로 예상한다. 그는 우편 서비스가 확실하지 않은 임시 거주지인 그의 집보다는 상류층 주거지의 단독 주택인 삼촌의 집 주소로 수표를 받는 것이 안전하다고 생각했기 때문에 주소를 변경했다. 하지만 수표 수신인의 이름과 주소가 바뀌어서, 이제는 그가 계정을 만들 때 제출했던 신분증의 이름, 주소와 일치하지 않게 됐다. 그는 이런 변경 때문에 자동으로 계정이 중지된 것으로 추측한다. 하지만 우리가 인터뷰했던 수많은 사람들도 마찬가지였듯이, 모신은 계약 조건을 어겼다는 모호한 설명 외에는, 그의 계정이 중지된 데 대한 아무런 공식적인 해명을 듣지 못했다. 계약 조건은 아주 작고 빼곡한 글씨로 여러 장에 걸쳐서 적혀 있고, 계정을 만들기 위해서는 모두가 반드시 '동의'해야 하는 문서다.

우리가 만나본 사람들 중에는 이런 식의 혼란을 겪은 사람들이 무수히 많았다. 애틀랜타에 사는 28세 여성 라토니아는 그래픽 디자인 준학사 학위를 가지고 있으며, 아버지가 돌아가신 뒤 가족들 곁으로 이사했다. 그녀가 고스트워크를 하게 된 건 여러 가지 일을 통해 생활비를 버는 것을 좋아하기 때문이다. "한 가지 일만 하는 건 별로예요." 그녀가 말했다. 그런데 어머니 집의 인터넷 서비스 접속이 끊기는 일이 발생하면서 그녀는 플랫폼 관리자에게 경고 메시지를 받았다. "그때 받은 경고 때문에 일부 일자리에는 지원을 할 수가 없어요." 그 뒤로 라토니아는 인터넷에 접속하는 주요 경로였던 휴대폰을 도난당했다. "휴대폰으로 일을 할 수가 없어서, 관리자에게 그 사실을 보고했어요. 그리고 다시 인터넷에 접속할 수 있게 됐을 때 그 관리자가 '어쨌든 경고를 줄 수밖에 없다'고 말하더라고요. '어쩔 수 없지'라고 여겼는데, 곰곰이 생각해보니 '내가 잘못한 게 아니었잖아. 내가 받은 경고에 대해서 항의해야겠다'는 생각이 들더라고요. 하지만 제가 항의할 방법이 전혀 없었어요."

알고리즘의 무자비성이 표출되는 최악의 상황은 권리 박탈이다. 시스템 설계자들은 보안이라는 구실 하에, 나쁜 속셈을 품은 사람들이 편법을 쓸 경우를 대비해서 계정을 차단하거나 없애기 쉽게 만들었다. 이렇게 적대적인 태도는 선의의 노동자들도 때로는 수상한 사람들로 오인받을 수 있음을 뜻한다. 필연적으로 실수는 발생한다. 누군가가 주소를 변경하거나, 인터넷 연결이 끊기거나, 다른 사람과 IP 주소를 공유하는 상황이 생길 수 있다. 이런 상황은 모두 잠재적으로 경고를 받거나 계정이 차단될 수 있다. 알고리즘 기반의 시스템은 이런 신호를 잠재적인 보안 위험으로 보고, 배의 키를 잡고 적과 아군을 구별할 사람이 없는 상황에서 해당 노동자는 벌칙을 받는다. 그 벌칙은 플랫폼 접속 차단이나 계정 중지, 혹은 계정 비활성화 같은 것들이다. 다시 말하지만 노동자들을 대체 가능한 존재로 보는 생태계이고 보니, 시스템은 무언가가 암적인 존재로 판단되면 그것을 자동으로 제거한다. 슬픈 아이러니는 심지어 아주 선하고 좋은 의도를 품은 가장 경험 많은 노동자들도 수사망에 걸릴 수 있다는 점이다.

33세의 리야즈는 키가 178센티미터에 몸무게는 약 90킬로그램 정도의 체구다. 그는 인도의 해안 지역인 안드라 프라데시 주의 크리슈나 강변에 있는 도시인 비자야와다에서 1마일쯤 떨어진 곳에 산다. 우리가 그를 만났던 2013년 7월에는 끓는 듯한 더위가 기승이었지만, 리야즈는 빳빳하게 다린 흰색과 푸른색이 섞인 셔츠, 황갈색 치노 바지에 검은색 로퍼 차림이었다. 하지만 그의 두 눈은 피곤해 보이고 퉁퉁 부어 있었다. 그에게서는 그런 장대한 체구에 잘 안 어울리는 어색함이 묻어나왔다. 그는 장시간 일을 하고, 또다시 일을 찾아야 하는 압박에서 벗어나기 힘들어 잠을 잘 못자고 있다고 말했다. 우리 연구팀원은 게이트가 단 한 개뿐인 비자야와다 공항에서부터 그의 고향인 그곳까지 택시를 타고 갔다. 그가 일러준 대로, 우리는 그가 사는 집 근처에 있는 상점에서 그를 만났다. 우리들은 다시 택시에 타고, 리야즈는 오토바이에 올라탔다. 택시 운전사는 곧 그의 오토바이를 쫓아 웅덩이와 양떼, 그리고 아이들을 이리저리 피하며 흙길을 달려 곧 마을 반대쪽 끝자락에 있는 단출한 그의 집에 도착했다.

그가 이 작은 마을에서 평생을 산 것은 아니다. 20대 초반에 대도시인 하이데라바드로 이사해서 컴퓨터와 기초적인 소프트웨어 엔지니어링을 배웠다. 자격증을 따면 그 도시에서 한창 붐이 일고 있는 IT 분야의 일자리를 얻을 수 있지 않을까하는 기대 때문이었다. 2장에서 언급했듯, 하이데라바드는 소프트웨어 개발과 비즈니스 프로세싱 아웃소싱 분야의 다국적 기업들을 유치하기 위해 인도 정부에서 우선적으로 기간설비를 구축한 도시들 중 하나다. 하이데라바드에는 고등 교육을 받은 중산층이 많고, 시민들이 힌디어만큼이나 영어를 잘 할 줄 안다는 점도 최적의 아웃소싱 환경을 조성했다.

리야즈가 엠터크에 대해서 처음 들은 것도 하이데라바드에서였다. 현금이 필요했던 그는 그 크라우드소싱 플랫폼에 가입했다. 그는 연구원들을 위한 조사에서 이미지 태깅 작업까지 다양한 일을 했다. 처음 엠터크에서 일하는 법을 배우는 데에는 5개월 이상이 걸렸다. 엠터크에서 성공적으로 일하기 위해 그가 발견한 비법 중 하나는 믿을만한 의뢰인들과 관계를 쌓는 것이었다. 예를 들어 리야즈는 그와 가장 자주 일하는 의뢰인을 위해서 유튜브로 교육 동영상을 만들었다. 그 의뢰인은 리야즈가 만든 동영상을 마음에 들어 하면서, 다른 온디맨드 노동자들에게 검색 엔진을 최적화하는 방법을 가르칠 수 있게 도와달라고 그에게 부탁했다. 늘 맡은 일 이상을 해내는 사람이었던 리야즈는, 미래를 위한 투자라고 생각해서 그 의뢰인에게 동영상을 무료로 제작해 주었다.

그 도시에서 연줄이라고는 전혀 없는 무슬림 젊은이였던 리야즈는, 오래지 않아 다른 IT 분야의 일을 할 때보다 많은 돈을 엠터크를 통해서 벌게 됐다. 그는 하루에 약 40달러를 벌었으며, 미처 감당하지 못할 정도로 많은 일을 찾았다. 고향에는 가족들과 많은 친구들이 있었는데, 그들은 기초적인 컴퓨터와 영어 능력을 갖췄지만 직업은 없었다. 그래서 그는 집으로 이사해 그들을 고용한 후 집으로 불러모아 엠터크의 일을 하게 할 계획을 세웠다. 결국 10명으로 구성된 모임을 만들고 '팀 지니어스'라는 이름을 붙였다.

팀 지니어스는 2년 이상 동안 번창했다. 그러다가 2014년에 리야즈는 인도에서 일하는 노동자들이 계정의 사용을 중지 당했다는 이야기를 전해 듣는다. 그때부터 그는 자신의 계정이 잘못되지 않을까 걱정하기 시작했다. 그는 직원들을 통해서 여러 개의 계정을 만들어두고 있었다. 이것이 문제가 될 수 있다는 건 알았지만, 한편으로는 팀 지니어스가 일을 이렇게 훌륭하게 하고 있는데, 그런 걸 문제 삼는 건 너무 독단적이지 않은가하는 생각도 들었다. 그러다가 팀 지니어스 구성원들의 이름으로 만든 계정이 하나씩 차례로 중지 당하기 시작했다. 리야즈는 찾을 수 있는 모든 플랫폼을 통해 일을 조금이라도 더 찾으려고 미친 듯 움직였다. 그는 그를 믿고 그의 밑에서 일하거나 그와 일로 관계를 맺고 있는 사람들이 피해를 보지 않도록 밤낮 없이 일했다.

그러던 중 리야즈가 가장 두려워하던 일이 벌어졌다. 다음과 같은 이메일이 그에게 전달된 것이다.

유감스럽게도 귀하의 아마존 미케니컬 터크 계정이 가입 협약에 위배되어 폐쇄되었으며, 이 계정은 재개될 수 없습니다.

계좌에 남아있는 돈은 모두 몰수되며, 향후 어떤 추가적인 정보나 조치도 제공할 수 없을 것입니다.

가입 협약/조건에 관한 규정은 다음 URL에서 확인하실 수 있습니다.

http://www.mturk.com/mturk/conditionsofuse

아마존 미케니컬 터크를 이용해주셔서 감사합니다.

안녕히 계십시오.

래번

추신: 저희는 귀하의 피드백을 소중히 여깁니다. 다음 링크를 클릭해서 저희의 회신에 대한 평가를 해 주세요.

아마존 미케니컬 터크

참고사항: 이 이메일 주소는 이메일 수신이 불가합니다. 저희에게 연락을 다시 취해야 할 경우에는 아래쪽 목록에 있는 연락처 링크를 클릭하세요.

구직 회원: https://www.mturk.com/mturk/contactus

의뢰인: https://requester.mturk.com/contactus

그 즉시 리야즈는 그의 계좌와 그가 보수로 받았던 돈에 접근할 수 없게 됐다. 어떻게 항의해야 할지, 또 지난 두 달간 벌었던 돈을 어떻게 되찾을 수 있을지 종잡을 수가 없었다.

그 여름 날에 우리가 탄 택시가 리야즈의 집 앞에 도착했을 때, 우리는 왜 그가 그토록 지쳐 있는지 그 이유가 몹시 궁금해졌다. 그가 오토바이를 집 앞에 대고, 우리는 택시에서 우르르 내렸다. 우리가 택시 요금을 치르려고 하는데 리야즈는 택시 운전사와 잘 아는 사이가 분명한 태도로 운전사에게 손사래를 치면서, "나중에 처리할게요."라고 말했다. 우리가 뭐라고 말해볼 틈도 없이 리야즈는 우리를 집 안으로 안내했다. 그가 그의 아내와 두 아이, 어머니와 함께 사는 집이었다. 장식 없이 단출한 이 집의 내부는 바닥은 시멘트이고 벽은 하늘색 칠이 되어 있었다. 얇은 커튼들이 드리워서 거실과 부엌, 침실, 리야즈의 작업 공간을 나누었다. 집에 만든 사무실들이 흔히 그렇듯, 사무실 의자와 작은 책상이 놓여 있었다. 책상 위에 있는 18인치 LCD 모니터에 윈도우-XP가 구동되고 있었고, 녹슨 컴퓨터 본체는 책상 밑에 놓여 있었다. 화장실에 다녀오면서 의도치 않게 집 뒤쪽에 있는 방들을 돌아보게 됐는데, 침실 두 개에는 화려한 퀼트로 장식된 트윈 침대가 있었다. 각 방에 있는 받침대 없는 옷 선반에는 노랑, 주황, 빨간색 사리와 검은색 부르카가 잔뜩 있었다. 몇 분 뒤에 리야즈의 어머니가 우리두어로 우리에게 인사를 하면서, 밥상으로 쓰는 낮은 식탁 주위에 방석을 깔고 앉으라고 권했다.

우리가 팀 지니어스의 운명은 어떻게 됐느냐는 이야기를 꺼내는데, 리야즈의 어머니가 비리야니(쌀을 고기나 생선 또는 야채와 함께 요리한 것-옮긴이), 생선 스튜, 매운 닭고기 요리로 점심상을 차렸다. 리야즈는 고개를 가로 저었다. 그가 개인적으로 20명 가까이 되는 친구들과 가족들의 생계에 대한 책임을 느끼고 있음이 분명했다. 그에게는 신뢰할 수 있는 노동자로 다시 돌아갈 방법이나, 그와 그의 팀이 벌었던 돈을 회수할 방법이 없었다. 팀 지니어스는 해체됐다. 그는 공동체 의식, 직장, 자존감을 잃었다. 그런 것들이 컴퓨터와 자동화 처리 과정으로서는 아무런 의미가 없을지 몰라도 인간 노동자에게는 대단히 의미 깊었다.

리야즈는 엠터크에서 가장 많이 함께 일했던 한 사람에게 연락을 취했다고 말했다. 그 사람은 엠터크의 다른 노동자들을 위한 교육 동영상을 리야즈가 무료로 만들어 주었던 바로 그 의뢰인이었다. 리야즈는 이메일에서 그에게 중재를 해달라고 간청했다. 그는 그 의뢰인에게 자기 대신에 아마존과 연락을 취해서, 자신이 지금까지 일을 훌륭히 해왔으며, 신뢰할만한 사람이고, 계정을 계속 유지해야 마땅하다는 사실을 전해달라고 부탁했다. 하지만 리야즈는 그 의뢰인에게 답장을 전혀 받지 못했다고 한다. 이런 이야기를 우리에게 전하는 리야즈의 표정을 보니, 그가 일하면서 만난 동료에게 배반당한 듯한 기분을 느끼는 것이 분명했다. 리야즈는 제프 베이조스에게까지 편지를 썼다고 한다. 그건 리야즈에게는 큰 모험이었다. 엠터크 일의 숨겨진 의의는, 노동자들의 존재가 겉으로 드러나지 않는 것이다. 그런데 목소리를 높이고 주의를 끄는 행동은 '나쁜 평가'를 받는 지름길이었다. 제프 베이조스는 답장을 보내오지 않았다.

불행히도 리야즈 같은 사례는 드물지 않다. 우리가 퓨리서치센터와의 협력 연구로 진행한 전국 조사에 따르면, 온디맨드 긱 노동자의 30퍼센트는 했던 일에 대한 보수를 받지 못한 적이 있다고 보고했다. 노동자들은 일자리나 임금을 잃을 수도 있다. 계정이 폐쇄된 데 대해서 설명을 듣거나 이의를 제기할 기회도 없다. 기업들은 완수된 일에 대한 보수를 노동자들이 어떻게 받을지, 혹은 과연 정말 받을 수 있을지를 결정한다. 사람들은 그저 계정에 접근할 권리만 잃는 게 아니다. 리야즈 같은 많은 노동자들은 생계 수단도 잃는다.

리야즈가 '임의적인 자유' 계약을 통해 일자리를 잃는 경험은 프리랜서 노동자들이 날마다 직면하는 흔해빠진 이야기일까? 아니면 우리가 다음 세대, 그 다음 세대가 겪을 일의 미래를 염려한다면, 이것을 모두가 직면할(그리고 재규정할) 새로운 도전과 선택의 전조로 보아야 할까? 유효성이 증명된 임금과 시간제 고용법을 적용해야 할까?

프리랜서라면 누구든 보수를 받는 것이 프리랜서 직업에서 가장 어려운 부분이라고들 이야기할 것이다. 독립 계약직에 관한 문헌을 봐도 그 사실이 증명된다. 2015년에 미국 프리랜서 조합은, 현 경제에서 프리랜스 일을 하는 사람의 70퍼센트가 최소한 한 사람 이상의 고객에게 보수를 받지 못한 적이 있으며, 71퍼센트는 일을 하는 중에 최소한 한 번 이상은 보수를 받기 위해 힘들여 싸운 적이 있다.[9] 그런데 고스트워크 직업 설명에 쓰이는 난해한 용어들 때문에 임금을 받기가 더 힘들어진다. 대부분의 프리랜서와 계약직 노동자들은 기업에 이들의 급여를 담당하는 사람이 있어서, 급여가 지급되지 않거나 하면 그 사람에게 전화를 하거나 이메일을 보내면 된다. 때로는 급여 지급이 늦어지면 대신 나서서 알아봐 줄 다른 직원이 있는 경우도 있다.

그와는 달리 온디맨드 노동자들은 얼굴 없는 플랫폼과 상대해야 한다. 관리자도, 직원들의 연락처 목록도, 문제가 발생했을 때 도움을 줄 기술지원부도 없다. 온디맨드 노동자들은 긴 노동 공급망에 연결되어 있어, 큰 프로젝트의 작은 조각을 집어서 각자 다듬고 손질한

다음 제출하고 이것이 나중에 다시 전체 프로젝트에 합쳐지게 한다. 업무로 연결된 사람들 대부분은 서로 만날 일이 전혀 없다.[10] 그래서 리야즈 같은 노동자가 보수 지급과 관련해 문제가 생겼을 때 배상을 요구할 확실한 방법이 없다.

문제를 더 복잡하게 만드는 건, 회사들도 마찬가지로 눈앞이 가로막힌 상황에 있을지 모른다는 점이다. 예를 들어 계좌 소유자나 근로자의 신원이 문제가 되면 의뢰인이나 회사의 해당 부서는 사기에 가담됐을지 모를 계좌에 그대로 돈을 입금해야 할까 아니면 불명확한 부분이 해소되고 정당한 소유주의 신원이 확인될 때까지 지급을 보류해야 할까? 하지만 이런 지원 업무의 수렁에 빠져 어려움을 겪더라도, 기업들은 불확실성을 헤쳐 나가기에 온디맨드 노동자들보다는 확실히 나은 위치에 있다.

완벽한 상사는 없듯, 완벽한 프로그램도 없다

노동자들은 일자리 제공 플랫폼을 찾는 것에서부터 좋은 일감을 찾고, 보수를 떼일 위험이나 불명확한 이유 때문에 계정이 정지될 위험을 안은 채 맡은 일을 완성하는 데까지의 모든 거래비용을 감수한다.

절대 다수의 플랫폼 설계자들과 의뢰인들은 의도적으로 몰인정하게 대응하려는 마음은 전혀 없다. 플랫폼 설계자들은 노동자들을 포함해서 최대한 많은 사용자들이 프로그램을 매끄럽게 이용할 수 있도록 만들고자 한다. 하지만 완벽한 사람은 없듯이 프로그램 코드도 완벽할 수는 없다. 컴퓨터를 사용한 처리과정에는 의도치 않은 결과가 종종 발생한다. 수학자인 캐시 오닐은 프로그램은 공식적으로 '수학에 내포된 의견들'을 본보기로 만들어진다고 주장한다.[11] 컴퓨터 처리 과정은 사람들이 원하거나 혹은 그 사람들에게 필요해서 규칙에 예외를 두어야 하는 상황을 이해하지 못한다. 그리고 의뢰인들은 악의가 있어서 둔감하게 대응하는 것이 아니다. 의뢰인들도 노동자들과 마찬가지로 플랫폼을 사용하면서 하나씩 배워간다. 그들도 사이트 이용 방법에 아직 능숙하지 못하거나, 자신이 원하는 바를 명확히 전달하는 데 서툴지 모른다. 그리고 의뢰인들도 대개 빡빡한 마감 시한과 상사에게 지시 받은 업무에 치여서 지낸다. 그렇더라도 온디맨드 노동자들을 변덕스런 알고리즘과 씨름하도록 내버려 둘 때에는 몰인정한 중재자가 될 수도 있다.

의뢰인들도 약간의 거래비용을 감수하지만, 노동자들은 의뢰인이나 플랫폼에 비해 온디맨드 노동 시장에서의 힘이 너무 약하기 때문에, 훨씬 심각한 영향을 받아서 가장 크게 타격을 입는다. 노동자들은 좋은 일거리를 찾기 위해 항상 대기 상태에 있다가, 의뢰인의 지시가 떨어지면 곧바로 움직여야 한다. 게다가 온디맨드 노동 시장은 극도로 치우쳐 있다. 예를 들어 엠터크에서 공지되는 일의 98~99퍼센트는 의뢰인들 중 10퍼센트가 게재한 것인데, 이런 상황은 독과점으로 지칭되는 경제적 힘의 불균형을 가중시킨다.[12] 게다가 고스트워크 API 대다수는 의뢰인이 어떤 일과 그에 대한 보수를 공지하면 노동자는 정해진 보수 그대로 수락하거나, 만약 금액이 마음에 안 들면 다른 일을 찾아야 하도록 설계된다. 협상이나 흥정의 여지가 없다. 고스트워크의 이런 측면은 시장에서 의뢰인들의 손에 영향력을 쥐어준다. [13]

플랫폼은 의뢰인들로부터 수입을 얻기 때문에, 의도적이든 아니든, 플랫폼이 의뢰인들에게 더 큰 힘을 실어주는 것도 알고 보면 당연한 일이다. 플랫폼들은 누구는 플랫폼에 접근할 수 있고 누구는 접근할 수 없는지를 일방적으로 결정할 수 있다. 플랫폼이 사이트의 서비스 규정을 위반한 듯한 계정을 자동화 처리 과정을 통해 일시적으로 중단하기로 결정하면, 노동자들은 별달리 조치를 취할 방법이 없다.[*][14] 멸시하고, 따돌리고, 냉혹하게 반응하는 듯한 플랫폼의 기능 뒤에는 미흡한 프로그램 설계가 이유로 작용하는 경우도 있지만, 항상 그런 건 아니다. 가령 플랫폼에서 더 많은 지시사항을 알려주고, 직접적인 소통경로를 열고, 교육 기회를 제공하는 경우에라도 기술적인 문제는 늘 발생한다. 2장에서 설명했듯이 전통적인 고용 모델은 노동자들을 장기적인 안목에서 바라본다. 기업들은 직장에 상근하는 인력을 안정적으로 유지하기 위해서 경력이 없는 직원들에게 투자해서 이들을 키운다. 운영비용을 줄인다는 말은 직원들이 장기 근속하도록 유도하고, 조직 내에 여러 독특한 관점이 존재하도록 노동 인력을 다양화하는 것을 의미했다. 하지만 그런 모델은 오늘날과 같이 전문화되고, 서비스를 끊임없이 업데이트하는 정보 경제에는

---

[*] 호튼은 이렇게 주장한다(그리고 우리 저자들도 이 주장에 동의한다). "시장을 처음 만든 주체의 영향력은 너무나 커서 시장에서 그들의 역할은 정부가 하는 역할에 가깝다…. 그들은 어떤 계약 문서를 사용할 수 있고 결정권이 누구에게 할당되는가처럼, 시장 내에서 허용할 수 있는 행동의 범위를 결정한다."

더 이상 통하지 않는다.

만일 온디맨드 노동자를 미래의 전령으로 본다면, 전통적인 고용 계약이 플랫폼의 '서비스 규정'으로 대체된 것에 주목할 만하다. 이런 동의서의 의무조항은 노동자가 플랫폼에게 기대할 수 있는 것 중 한계에 대한 내용이 빠져 있다. 플랫폼들은 노동자들이 계정에서 탈퇴하는 것 외에 다른 식으로 작업 조건에 이의를 제기할 방법을 상세히 밝힌 경우가 거의 없다. 더불어 물리적인 형태의 작업장이 없다는 점도 문제를 가중시킨다. API가 노동자들의 이익과 권리를 보호하기 위해 만든 노동법의 틈새를 어떻게 부당하게 이용하고 악화시키는가를 문서화하는 건 둘째 치고 정확히 확인하기조차 힘들다. 미국과 인도의 온디맨드 노동자들은 직업 분류상의 명확한 신분도 없이, 소외된 채로 힘들게 일하고 있다. 이들은 정규 근로자로 분류되어야 한다는 주장을 해보는 것 외에는, 고용과 관련한 통상적인 보호수단을 거의 이용하지 못한다. 그리고 온디맨드 노동자들은 경력 신장을 위한 기회, 다른 능력을 함양할 기회, 고용 차별을 예방할 법규, 임금 착취에서 내부고발 보호에 이르기까지, 부당한 대우에 대처할 법적인 보호 수단이 없다.

모든 기술은 결국에는 문제가 발생하기 마련이다. 노동자들은 일을 하다 보면 문제를 처리하고 바로잡아 줄 사람과 연락을 취해야 할 상황이 생긴다. 자동화 처리 과정에서 단순한 중재가 아니라 돌보고 처리할 사람이 필요해질 때, 고스트워크의 결함을 해소하는 핵심은 고객과 노동자를 똑같이 대우하고 돕는 데 있다. 현재 노동자들이 온디맨드 경제의 거래비용을 감당하고 가장 심각한 파장을 견뎌내고 있는 상황에서, 다음 장에서는 노동자들이 어째서 그리고 어떻게 거래비용을 합리적으로 줄이는 것 이상에 더 많이 투자하고 있는지 자세히 알아볼 것이다.[15] 4장에서 확인하겠지만, 노동자들은 보수가 얼마나 많은가에 관심을 갖는 것 못지않게, 가치를 창출하고, 각자의 시간과 운명을 결정하고, 흥미와 재능에 더 잘 맞는 것을 찾는 것을 의미 있게 여긴다.

제4장

돈 혹은 그 이상을 위해
열심히 일하기

선택의 폭을 넓히기

온디맨드 고스트워크로 급료를 받는 건 고사하고 기반을 잡는 것조차 이렇게 힘든데, 왜 굳이 고스트워크를 선택하는 것일까?

찜통더위 속에 에어컨이 갑자기 고장난 적이 있다면 이해하겠지만, 생활비를 충당하기 위해 일을 더 많이 해야 할 때 때로는 '선택'의 여지가 아예 없는 경우도 있다. 연방준비제도이사회(FRB)의 「미국 가정의 경제 복지에 관한 연례 보고서」는 2016년에 미국인의 40퍼센트는 긴급하게 400달러를 써야할 일이 생기면, 돈을 빌리거나 무언가를 팔지 않고서는 그 돈을 마련할 길이 없다고 보고했다.[1] 각자 처한 상황에 따라서는 온라인 플랫폼에 가입하고 집에서 컴퓨터로 일하는 것이 가장 긴요할 때 돈을 마련할 제일 빠른 길이다. 그것 외에는 별다른 선택의 여지가 없다고 느끼기 때문이다.

그래도 집 근처 쇼핑몰이나 패스트푸드 음식점에서 일하는 것이 고스트워크보다는 낫지 않을까? 그건 '낫다'는 말을 어떻게 정의하느냐에 달려 있다. 안정적이고 보수가 그럭저럭 괜찮은 서비스 부문의 일자리는 독자들이 생각하는 것만큼 구하기가 쉽지 않다. 그리고 고스트워크를 시험적으로 해보거나 그 일에 매진하는 사람들이, 급히 돈이 필요했던 상황을 넘긴 뒤에도 계속해서 고스트워크에 남아있기로 결정하는 데에는 복잡한 상황이 작용한다.

노동자들이 기본적인 생활 요건을 충족하고도 고스트워크를 유지하는 데에는 경제적인 측면을 초월한 이유가 있다. 고스트워크를 하는 사람들은 전형적인 직업에 흔히 수반되는 부담과 어려움에서 벗어나거나 최소한 일시적으로 줄일 방법이 된다고 느끼기 때문에 그 일을 찾는다.

사람들이 본업으로 삼는 정식 직업들에는 여러 제약과 문화적인 인식이 묻어 있다. 예를 들어 십대 청소년이 돈을 모아 생애 첫 자동차를 장만하려고 패스트푸드점에서 햄버거 만드는 아르바이트를 하면, '근면하다'는 칭찬을 듣는다. 하지만 그와 똑같은 일을 더 나이가 들어서 직업으로 삼으면, 비록 돈을 꼭 벌어야 하고 일자리를 힘들게 얻었더라도 어릴 때와 마찬가지로 이해받고 인정받기는 힘들다. 문화적으로 보면, 경력을 쌓기 위해서 낮은 보수를 받거나 아예 무급으로 일을 하거나, 아니면 작가, 디자이너, 프로그래머로 성공하기 위한 발판을 딛고 올라가는 과정은 '기업가적인 정신'으로 인정받는다. 그런 시도는 보수를 적게 받더라도 미래를 위한 투자이므로 해볼 만

한 도전이 되며, 특히 첨단기술이라는 매력적인 요소와 연관된 분야라면 더더욱 그렇다.[*][2)]

고스트워크에 대한 사회적인 신분이나 인식이 부족하다는 점도 고스트워크 종사자들이 넘어야 할 난관 중 하나다. 고스트워크는 19세기 초반에 널리 행하던 삯일과 다를 바 없이 막다른 길로 가는 덫일까, 아니면 유연성을 최대한으로 누리는 선도적인 긱 경제의 일환일까? 보편적인 직업들보다 더 좋을까 아니면 나쁠까? 고스트워크를 하기로 결정한 사람들은 아마도 비용과 편익을 따져본 뒤에 마음을 정했을 것이다. 이들의 결정은 돈보다 무엇을 더 가치 있게 여기는가와 지금껏 삶을 살면서 보편적인 직업을 어떤 모습으로 그려왔는가에 전적으로 달려 있다. 직업에 대한 이들의 전망에서, 전 세계에서 경제활동 연령층에 있는 사람들이 택할 수 있는 직업이 무엇인가에 관한 냉정한 현실이 드러난다.

서론에서 언급했듯이 지금 세계에서 성장하고 있는 직업 대부분은 음식 서비스, 소매, 건설, 자택 간호를 포함한 서비스 부문의 직종이다. 이런 역사적 시점에서, 우리가 만났던 미국과 인도의 노동자들 대다수는 실업자이거나 능력 이하의 일을 하고 있다. 심지어 한층 전문적인 분야에서도 기업들이 최고위직 임원을 제외한 모든 직원들을 계약직으로 채우는 관행이 나타나기 시작하면서, 한 곳에서 장기간 일할 가능성이 아예 없지는 않지만 고용주 입장에서나 노동자 입

---

[*]　브룩 에린 더피는 이렇게 열정을 품고 프로젝트에 참여하고 포트폴리오를 만들어가는 활동의 조합을 '꿈의 노동'이라고 불렀다.

장에서 모두 확실하게 약속할 수는 없다. 이런 식으로 고용주들은 승진의 계단 중 낮은 단계에서 중간 단계 사이에 해당하는 직급을 없애고 그 직급을 임시 노동으로 대체했다.

사람들이 우선적으로 희망하는 제1안이 20세기에 널리 확산됐지만 지금은 많이 줄어든 월급을 받으며 경력을 쌓아가는 직장이라면, 제2안은 경력이 없는 계약직 노동자들이 선택할 수 있는 직장이다. 이런 직장의 특징으로는 대다수가 서비스 부문의 직종이고, 임금이 낮고 특전이 거의 없으며, 경력에 따른 승진 기회도 없고, 근무 시간이 예측 불가능한 일이며, 그 다음인 제3안이 고스트워크가 된다. 고스트워크는 컴퓨터 자동처리 과정이 혼자서 해내지 못하는 부분에 도움을 줄 수 있고, 그럴 의사가 있으며, 그 즉시 시간을 낼 수 있는 사람들이 필요하다는 전제 하에 생긴 일자리다.

고스트워크에는 정해진 근무 시간이나 작업 공간, 통제하고 관리하는 직업적 주체가 없기 때문에, 각자의 계획에 따라 실행하는 유기적인 온라인 커뮤니티에 가까운 방식으로 운영된다. 원칙적으로 이런 작업 환경에서는 일정, 프로젝트, 동료 직원들을 빈틈없이 통제하는 구조화된 체계를 따르는 것이 아니라, 사람들이 원하는 대로 자유롭게 오갈 수 있다. 이런 작업 시스템은 반복을 토대로 운영된다. 즉 문제 해결에 참여하는 사람들이 충분히 많은 인원이 되면, 참여자들 대다수가 제시한 의견이 알고리즘의 진보에 도움이 되는 최선의 답이 된다. 그렇기 때문에 일주일에 4시간을 일하든 40시간을 일하든, 딱 일주일만 일을 하든 여러 주 동안 계속하든 관계없이 누구든 고스트워크 생태계에 참여해서 돈을 벌 수 있다.

이와 같은 공개 모집 방식을 도입하면(물론 이런 방식은 플랫폼과 노동자의 경험 수준에 따라서는 대혼란의 장이 될 수도 있다), 고스트워크를 이용하는 사람들은 통상적인 고용 방식에서 흔히 나타나는 부담과 압박에서 조금이나마 벗어날 수 있다. 이들은 정식 직업을 선택해서 생활을 억지로 꿰어 맞추기보다는, 고스트워크를 각자의 삶에 맞게 융통성 있게 활용한다. 그리고 일부는 고스트워크를 계속 해나가면서 주요 수입원으로 삼는다. 시간과 작업 환경, '의미 있는 일'이라고 생각하는 바에 맞게 각자 자유로이 조절할 수 있기 때문이다.

미국과 인도에서 노동자들이 고스트워크에 진입하게 되는 배경도 대부분 그와 비슷하다. 어찌되었든 자신의 운명을 자기 손으로 결정하고 당대의 전문 직업 세계의 일원이 되고 싶은 욕구가 전 세계 중산층의 열망이기 때문이다. 이번 장에서 확인하겠지만, 사람들은 고스트워크를 의미 있고 물질적으로 유용하게 활용하는 많은 방법을 찾아내고 있으며, 그중에는 각자만의 독특한 방법들도 포함된다. 이를 통해 고스트워크라는 어둠의 경제를 정당한 가치를 인정받는 온디맨드 직업으로 전환할 방법에 대한 실마리를 얻을 수 있다.

직업 경력의 사다리에서
가로대가 사라지면

전통적인 직업이라고 했을 때 많은 사람들이 떠올리는 안정성과 예측 가능성이라는 측면은 20세기 후반의 산물이다. 앞에서 살펴봤듯이 노조와 정치적인 권력이 결합해서 급여 이외에 지정 근로시간, 연금, 건강보험, 산업안전 등의 혜택을 덧붙인 정규직이라는 고용 형태를 만든 것은(최소한 미국의 일부 지역에서) 2차 세계대전이 일어난 뒤에야 나타난 일이다.

그런 직업들이 중산층의 성장을 견인하면서, 1970년대 후반 미국에서는 중산층의 성장이 최고조에 이른다. 그러다가 그 이후 10년 동안은 탈산업화와 아웃소싱의 영향으로 중산층이 위축됐다.[3] 그 뒤로 남겨진 것은 급성장하는 서비스직이었다. 이런 새로운 형태의 고용은 수천 개의 슈퍼마켓 체인, 패스트푸드 매장, 미국 교외 지역을 시작으로 전 세계로 퍼져 나간 대형 쇼핑몰 체인에서 생겨났다. 하지만 서비스직은 냉전 시대 정규직에 단단히 기반을 둔, 고정 월급을 받는 평생직장을 대체하기 위해 만들어진 직업이 아니었다. 기업 경영자들이 수익을 서비스직 노동자들과 나누거나, 제조업에서와 같은 강성 노조를 허용할 의사가 없었기 때문이다. 따라서 서비스직에는 저임금, 불확실한 근로시간, 주거비용이 저렴한 지역에 살면서 도심으로 출퇴근하는 데 걸리는 오랜 시간, 고객 서비스라는 새로운 부담이 더해졌다.[4]

대중을 상대하는 것 역시 이제는 일의 일부가 되었다.[5] 사회학자 지나 네프(Gina Neff)가 주장하듯, 닷컴 버블이 시작되던 1990년대 초에는 대학을 졸업한 젊은이들, 그중에서도 특히 백인 남성들의 취업의 문이 좁아졌다. 제대군인 원호법(GI Bill: 군에서 제대한 사람들에게 교육, 주택, 보험, 의료 및 직업훈련의 기회를 제공하는 프로그램-옮긴이), 인종차별법인 짐크로법 폐지 이후의 사회 동향, 2세대 페미니즘의 영향으로 경쟁이 한층 심해졌기 때문이었다. 좋은 자격 조건을 갖춘 구직자들은 서서히 입지가 좁아지고 있는 전문직 일자리를 놓고 경쟁했다. 하지만 네프가 지적하는 것처럼 이런 시대적 변화와 함께 '성공'의 의미도 바뀌어갔다. 이제는 성공이 직급의 사다리를 타고 위로 올라간 후 어느 정도 버텨내서 고액의 연금을 받는 것이 아니라, 자기 시간을 얼마나 자율적으로 운영할 수 있는가, 스톡옵션을 얼마나 받는가, 고용 계약을 체결할 때 얼마나 유리한 조건을 얻어내는가, 혹은 그 세 가지 모두를 차지하는 것으로 규정된다.[6] 1990년대 말에서 2000년대 초에 이르는 시기에는 대학 교육을 받은 화이트칼라 노동자들이 실리콘밸리 IT 기업들을 중심으로 하는, 위험부담은 크더라도 보수가 더 많고 스톡옵션을 기대할 수 있는 직종인 '벤처 노동'이라는 새로운 세계에 뛰어든다. 이 세계에서는 성공의 의미가 비교적 젊은 나이에 스톡옵션으로 받은 주식을 현금화하거나, 아니면 최소한 언제, 누구와, 어떤 종류의 일을 하는가의 세 가지 조건을 자율적으로 결정할 수 있는 능력을 의미했다.

X세대와 밀레니얼세대 노동자들은 화이트칼라나 블루칼라 노동자였던 그들의 부모 세대가 익히 알고 있는, 각종 혜택을 누리는 정규직 노동이라는 안정된 지위가 더 이상 제공되지 않는 구직시장에 진출했다. 동시에 그들보다 약간 나이가 많은 노동자들, 그중에서 특히 성공한 사람들이 규정하는 성공은 일의 양을 스스로 조절하고, 일을 전혀 할 필요가 없는 것이었다. 2000년대 중반에는, X세대 부모들에게 익숙한 보수가 좋고 안정적인 직장은 거의 찾아보기가 힘들어졌다. 그리고 그때쯤에는 교육이나 경제적인 조건이 가장 뛰어난 사람들은 다른 누군가가 선택한 프로젝트나 계획표에 묶여 있어야 하

는 직업을 더 이상은 원하지 않게 된다.

교육 수준이나 경제력이 뒤처지는 사람들은 2008년 세계적인 대침체를 맞아 생존이 위태로운 지경에 처했는데, 이들에게는 고스트워크가 생명줄이었다. 그들과 그 가족들은 두 가지 이상의 직업을 가지고 일했기 때문에, 고스트워크가 본업이냐 부업이냐의 구분에 의미가 없어졌다. 고스트워크는 생활에 필요한 돈을 충당하기 위한 수입원의 일부였다. 이들은 고스트워크를 통해 어쩔 수 없이 풀타임으로 서비스직에서 일해야 하는 상황을 모면할 수 있었다.

제2안이 아닌 고스트워크를 선택하는 이유는 무엇일까?

매달 일정한 생활비를 벌 수 있는 제2안이 있는데, 어째서 그 다음 단계 대안인 온라인 온디맨드 긱 일자리를 선택하는 사람들이 갈수록 많아지는 걸까?

우선은 가장 명백한 이유부터 짚어보자. 일자리가 증가하고 있다는 보고가 나오고는 있지만, 많은 노동자들은 희망하는 직업의 대안인 말단 서비스직을 실제 자신의 본업으로 삼을 수 있다고는 생각하지 않는다. 앞서 살펴봤듯이 대다수 풀타임 서비스직은 임금, 근로시간, 근무지의 위치를 고려할 때 고스트워크보다 나은 선택이 되지 못한다. 급여만 해도, 대부분의 풀타임 서비스직은 임금 정체에 빠져있다. 인플레이션을 고려해서 계산했을 때, 미국 노동자들의 2017년 실질 임금은 1973년에 비해 고작 10퍼센트 인상되어서, 40년 동안 연간 임금 상승률이 0.2퍼센트라는 미진한 성장세를 기록했다.[7] 그나마 평균 인상 수치가 그것보다 더 낮아지지 않은 이유는 CEO나 월스트리트 금융업자들처럼 급료를 가장 많이 받는 사람들도 집계에 포함되면서 통계가 왜곡됐기 때문이다. 급료가 상위 1퍼센트에 해당하는 근로자들은 1979년에서 2013년 사이 연간 임금 상승률이 138퍼센트에 이르는 반면, 하위 90퍼센트 근로자들은 같은 기간에 연간 15퍼센트씩 인상되는 데 그쳤다.[8] 이 말은 일반적인 풀타임 직업만으로 살아가기에는 소득이 불충분하다는 뜻이다.

저소득층 주택연합(National Low Income Housing Coalition)의 2018년 연구에 따르면 미국의 모든 주, 카운티, 혹은 대도시들 중에 노동자가 기본 근로시간인 주당 40시간만 일해서 가족들이 거주할 수 있는 방 2개짜리 집을 얻어 집세와 생활비를 감당하며 살 수 있는 곳은 아무데도 없다.[9] 미국에서 생활 물가가 최저 수준인 앨라배마 주에 사는 근로자는 침실 2개짜리 아파트에 세를 들려면 시간당 14.65달러를 벌어야 한다. 하지만 앨라배마 주의 최저 임금은 그 절반인 시간당 7.25달러다. 최저 임금을 받는 사람이 집세를 내려면 일주일에 81시간을 일해야 한다는 계산이 나온다. 실제로, 전형적인 서비스 부문의 '제2안' 직업들은 급료만 적은 게 아니라 역설적이게도 시간을 너무 많이 빼앗아간다. 다시 말해 노동자들이 잠에서 깨어있는 시간 대부분을 일에 쏟아붓게 만든다.

게다가 풀타임 서비스직에 근무하는 사람들 6명 중 1명은 비정기적인 근무 일정을 감당해야 한다. 풀타임이나 파트타임으로 고용된 서비스직 노동자들의 10퍼센트는 1주일도 채 안 남은 시점에서 근무 일정표를 받는다.[10] 직원들은 근무 일정 변경 사항을 이메일, 문자, 전화로 전달받으며, 통보받은 근무 일정을 무조건 수용할 수밖에 없다. 근무 시간만큼만 보수를 받기 때문에 근무 시간이 줄어들면 보수가 그만큼 줄어드는데, 만일 아이를 맡길 곳이 마땅치 않거나, 학교 수업이나 부업으로 하는 다른 일의 일정 때문에 배정 받은 근무 시간에 맞출 수 없을 경우, 빠진 시간을 나중에 보충할 기회는 없다. 이런 관행에 대한 비판의 목소리가 커지면서 2015년에 스타벅스, 디즈니를 비롯한 대기업들이 '저스트 인 타임(just-in-time)'이라고 불리는 이런 근무 일정 관리 방식을 중단했지만, 대형 마트와 호텔 직원에게는 여전히 이런 관행이 유지되고 있다.* [11]

1장에서 논의했듯이 고스트워크의 경력이 더 많은 사람들은, 일단 각자 조건에 맞는 플랫폼을 선택해 작업을 익히면 전통적인 고용방식의 제2안에 상응하는 시간당 임금을 벌 수 있다. 또 시간이 임박해서 근무 일정이 정해지는 '저스트 인 타임' 방식의 일자리나, 출퇴근 거리가 멀어서 시간적인 제약까지 감수해야 하는 말단 서비스직을 피할 수 있다.

그렇다면 경제적인 보상 이외에 노동자들이 온디맨드 직업을 택하는 다른 이유에는 어떤 것들이 있을까? 다달이 소요되는 생활비가 있으니 좋든 싫든 밥벌이는 해야 한다고 생각하는 사람들이 많을 것이다. 아나나 다를까 대부분의 온디맨드 노동자들은 일을 하는 주된

---

* 　몇몇 도시들(예를 들면 샌프란시스코, 시애틀, 뉴욕 등)과 오리건 주는 보통 저스트 인 타임(just-in-time) 방식으로 작업 일정을 배정받는 노동자들을 보호하고 일정 관리 방식을 개혁하는 법안을 통과시켰다. 셀레익스, 스마트시트, 시프트보드 같은 스케줄 관리 소프트웨어가 최근 쏟아져 나오면서, API와 웹사이트의 고스트워크 도구 상자를 재편할 경우 소위 예측 스케줄링이라고 불리는 것이 가능해지는 것을 보면, 노동자의 스케줄을 자동화하는 방법은 절대 없어지지 않을 것임을 알 수 있다.

이유가 '돈을 벌기 위해서'라고 답했다.[12] 그런데 그렇게 버는 돈은 그들에게 얼마나 큰 의미가 있을까?

이번 장에서는 우리가 플랫폼 4군데의 회원 1,729명을 설문조사한 연구 내용과 노동자들을 개별적으로 인터뷰한 자료를 활용해서 노동자들의 동기에 관해 살펴볼 것이다. 이 두 가지 데이터 세트를 함께 참조하면 이들의 경험이 전체를 대표한다는 점과, 그것이 고스트워크 고유의 특성임을 짐작할 수 있다. 그런가 하면 노동자들의 29~54퍼센트는 경험을 쌓고 새로운 기술을 익히는 등의 자기계발, 혹은 여가시간을 활용하거나 자기 삶을 스스로 주도하는 등의 자기결정을 고스트워크의 주요 동기로 꼽았다. 돈을 버는 것도 물론 중요하지만, 그것이 고스트워크를 하는 유일한 이유는 아니다.[13]

2016년 퓨리서치센터의 연구에 따르면 온디맨드 고스트워크를 하는 사람들의 약 4분의 1은 고스트워크로 버는 돈이 생존에 필요한 기본적 욕구를 충족하는 데 "꼭 필요하다"라고 답했으며, 4분의 1은 "중요하다"고 답했다. 고스트워크로 버는 수입이 꼭 필요하거나 중요하다고 답한 사람들 중 절반 가까이는 "각자의 일정을 스스로 정할 수 있어야하기 때문에" 고스트워크를 한다고 답했다. 또 다른 4분의 1은 "거주 지역에 다른 마땅한 일자리가 없어서" 이 일을 택했다고 말했다. 돈이 꼭 필요하다고 답한 사람들 중에는 저소득층이고, 유색 인종이며, 대학 교육을 받지 않은 사람들이 많았다.[14] 실제로 기존 연구들에서도 보고되었듯, 많은 노동자들은 온디맨드 직업으로 어떻게든 해보려고 노력하는 것을 그만 둘 경제적 여력이 없다. 그것 외에는 직업적으로 다른 선택의 여지가 없기 때문이다.[15]

그럼에도 경제적으로 가장 곤궁한 처지에 있는 온디맨드 노동자들조차, 자기가 하고 있는 일은 개인적인 상황에 맞게 의식적으로 선택한 것이라고 생각한다.[16] 물론 이들에게 왜 이 일을 선택했느냐고 물으면 으레 "돈 때문에"라고들 대답한다. 하지만 전통적인 직업에 비해서 안정성이 확실히 부족한데 어째서 다른 일을 찾지 않고 이 일을 계속 하는지 파고들면 한층 흥미로운 사실이 드러난다.

노동자들이 온디맨드 직업을 택하게 되는 대표적인 원인은 따로 없다. 반면 이들은 각자 아주 다양한 이유에서 온디맨드 노동을 가치 있게 평가한다. 가령 자신이 원하는 일을 선택할 수 있다거나, 필요한 만큼 돈을 벌면 언제든 일을 중단할 수 있다거나 하는 이유들이다. 알고 보면 대기업들이 이런 방식으로 고용을 조직했던 사례가 전혀 없었던 건 아니다.

일이 독서 모임에
더 가깝게 느껴질 때

빌프레도 파레토는 20세기의 이탈리아 학자이자 미시경제학 분야의 선구자다. 그는 사회적으로 소득과 주거 조건의 불균등한 분배와 쏠림 현상을 조사해서, 이탈리아 국민의 20퍼센트가 전체 토지의 80퍼센트를 소유하고 있다는 사실을 확인했다.[17] 파레토 법칙은 보다 일반적인 '힘의 법칙'에 따른 분배의 보다 특별한 사례를 다룬 것으로, 자원이 몇몇 사람들에게만 집중된 자연적, 사회적 현상을 설명한다.

파레토의 80대20 법칙은 소득의 분배에서(세계에서 가장 부유한 20퍼센트가 전 세계 소득의 약 80퍼센트를 장악한다) 소프트웨어 엔지니어링에 이르기까지 다양한 현상을 설명하는 데 활용되어 왔다.[18] 마이크로소프트의 엔지니어들은 어떤 소프트웨어에서 버그(bug)의 20퍼센트를 수정하면 해당 컴퓨터 프로그램에서 발행하는 오류의 80퍼센트가 해결된다는 사실을 발견했다.

파레토의 80대20 법칙은 사회 체계에도 반영된다. 예를 들어 규모가 큰 어떤 독서 모임에서 책을 꼬박꼬박 읽고 모든 모임에 빠짐없이 참석해 각자의 생각을 나눌 준비가 된 열정적인 회원은 몇 사람 되지 않는다. 그 사람들이 파레토가 분류했던 20퍼센트에 해당한다. 모임의 나머지 80퍼센트 회원들은 두 가지 부류로 나뉜다. 하나는 책을 일부 혹은 대부분 읽고 모임에 나오지만 주로 모임 공동체를 보고 나오는 사람들이고, 다른 하나는 가벼운 마음으로 시험 삼아 활동하는 사람들이다. 이 마지막 부류에 해당하는 사람들은 오랫동안 이 모임에 붙어 있을 수도 있고 아닐 수도 있으며, 책을 읽었을 수도 있고 안 읽었을 수도 있지만, 독서 모임이 자신들에게 잘 맞는지 알아보고 싶은 마음이 크다. 이 세 부류의 사람들 모두 역동적인 독서 모임이 오랫동안 지속되려면 꼭 필요하지만, 모임이 꾸준히 유지되는 건 활발히 참여하는 20퍼센트에 해당하는 회원들 덕분이다.

파레토의 80대20 법칙의 이런 사회적인 역동성은 온라인 커뮤니티에도 그대로 적용된다. 가령 위키피디아에서 가장 최근에 수정된 내용들 대부분은 소수의 편집자들이 작성한 것이다. 또 페이스북에서 뉴스피드를 업데이트하면 많은 페이스북 친구들이 그 내용을 확인하지만, 그중 일부만이 의견을 표시한다. 이런 커뮤니티들은 언제 참여하고 언제 뒤로 빠질 것인가를 임의적으로 결정하는 격식 없는 분위기 덕분에 원활히 기능한다. 만약 친구들이 올리는 포스트에 100퍼센트 댓글을 달아야만 페이스북에 참여할 수 있다고 한번 가정해보라. 그렇게 되면 아마 페이스북을 이용하는 사람은 지금보다 훨씬 적을 것이다.

기회와 참여의 문제를 고려하면, 파레토 법칙이 고스트워크에 어떻게 적용될지 짐작해볼 수 있다. 그런데 그 전에 전통적인 풀타임 직업은 파레토 법칙에 부적합하다는 점을 먼저 확인하면 이해하기가 더 쉬울지 모른다. 전통적인 직업에서는 고용주들이 노동자들에게 정해진 근무 시간에 일터에 나와서 그 시간 동안 전적으로 참여할 것을 요구한다. 그래서 선택의 여지가 별로 없다. 노동자들은 그런 근로 조건을 인식하고, 근무 시간을 제외한 나머지 시간에 대해서만 각자 삶의 계획을 세운다. 그 대신 회사는 노동자들에게 2주에 한 번씩 급여를 지급한다. 이런 전통적인 고용 방식에는 노동자들의 참여라는 측면에서 임의성과 자율성이 없다.

하지만 고스트워크는 전통적인 직업 구조에 반한다. 대부분은 명확히 정해진 근무 시간이 없으며 공지된 프로젝트에 누구든 지원할 수 있어서, 선착순으로 일이 배정되는 경우가 많다. 이런 식으로 고스트워크는 자체적으로 조직되는 커뮤니티(이를테면 독서 모임, 위키피디아, 페이스북과 비슷한 유형)에 더 가깝기 때문에, 구조화된 직업 유형 대신 파레토 법칙을 따른다.

파레토 법칙은 오래 전부터 노동 시장에 반영되어 왔다. 프리랜서 작가, 일용근로자, 배우 같은 직업을 생각해보자. 이런 직종에서는 가장 강인하고 능력 있는 소수만이 지속 가능한 삶을 유지한다. 나머지 사람들은 빚지지 않고 살기 위해 애를 쓰고, 부족한 생활비를 보태기 위해 다른 일을 겸하는 경우가 많고, 거의 대부분은 이 일이 자신에게 잘 맞는지 확인하는 과정에 있다.

예전에는 찾아볼 수 없었던 고스트워크의 이례적인 특성은, 대기업들이 온디맨드 고용을 조직하는 방식으로 고스트워크를 주로 활용하게 됐다는 점이다. 온디맨드 노동 인력은 각기 다른 매력, 다양한 흥미와 능력을 갖춘 사람들의 공동체로, 이들 모두가 똑같이 생산성에 중요하게 기여하는 동등한 대우를 받는 사람들이다. 과거에는 기업들이 가장 뛰어난 직원을 뽑아서 회사에 장기 근속시키는 데 많은 에너지를 소비했다. 그런데 이제는 역사상 처음으로, 글로벌 기업들이 노동 수요를 충족할 전략으로 파레토 법칙을 받아들이거나, 혹은 최소한 부지불식간에 의지하게 됐다. 기업들은 문을 활짝 열어서 모든 사람들이 자유로이 들어올 수 있게 하고, 그중 일부는 프로젝트 마감 때까지 계속해서 머물 수 있도록 해두었다(단 마감 이후에도 남아 있을 수는 없다).

고스트워크 플랫폼들은 핵심 노동 집단이 일의 대부분을 맡는다는 점에서 파레토 법칙에 따른 분배를 따른다.[19] 정확한 노동자들을 고용하는 데 플랫폼이 어떤 전략을 쓰느냐에 따라서 달라지지만, 어찌되었든 파레토가 설명한 분배 법칙은 존재한다. 현재 고스트워크는 프로젝트 단위 일을 계속 맡아서 풀타임으로 일하는 소수의 노동자들을 중심으로 운영되고 있다. 이처럼 풀타임으로 일하는 사람들은 전체 중 아주 낮은 비율이고, 그보다 조금 높은 비율의 노동자들은 일정이 허락하는 한도 내에서 여기저기서 일을 맡아 몇 시간씩 꾸준히 일을 한다. 그리고 대다수 비율에 해당하는 나머지 사람들은 시험적으로 일을 해보다가 나중에 직업으로 삼거나 간헐적으로 일을 계속 해나갈 수도 있지만, 한두 가지 프로젝트를 해본 뒤에 플랫폼을 떠날 가능성도 있다. 고스트워크에 참여하는 이런 3가지 방식 모두가 플랫폼의 수익에 기여한다. 단순히 계정을 만들어서 플랫폼 '회원 수'를 늘린 것만으로도(해당 회원이 구직 활동을 실제로 하든 안하든 관계없이) 플랫폼에 득이 된다. 인력을 구하려는 사람들에게 준비된 노동 인력이 충분한 플랫폼이라는 인식을 심어줄 수 있기 때문이다.[20]

우리는 편의상 고스트워크에 참여하는 3가지 유형의 집단을 '맛보기 회원', '고정 회원', '상시접속 회원'의 세 가지로 이름 붙여보았다. 고스트워크에 발을 들인 사람들 대다수는 맛보기 회원으로 시작한다.

맛보기 회원들은 플랫폼에 가입은 했지만, 사기를 당했거나 착취당한 기분을 느끼는 등의 여러 이유로 얼마 안 가서 플랫폼을 떠나는 사람들이다. 예를 들어 서론에서 잠시 언급했던 저스틴이 그런 경우에 해당한다. 그는 엠터크에 가입한 지 한 달도 못 돼서 탈퇴했다. 그는 부인을 통해 엠터크 사이트를 알게 됐으며, 그의 부인은 대학원에서 연구를 하는 도중 엠터크 사이트를 활용한 친구들에게 처음 엠터크 이야기를 들었다. 저스틴은 엠터크가 "사람들을 부당하게 이용한다"면서, 엠터크는 "가난한 나라에 사는 사람들에게만 득이 되는 사이트"라고 설명했다. 저스틴은 그 이후로 두 번 다시 플랫폼에 돌아가지 않았다.

저스틴이 플랫폼을 떠난 이유는 그곳에서 배분되는 일들이 노동 착취적이라고 느꼈기 때문이었지만, 대부분의 맛보기 회원들은 보통 플랫폼 활용법을 혼자 익히기 어려워서 어려움을 겪다가 그만두게 된다. 새로 가입한 회원들은 수천 가지나 되는 프로젝트 중에 어떤 것이 해볼 가치가 있는 일인지 결정하지 못해 힘들어한다. 게다가 일부 프로젝트는 앞에서 설명했듯이 지시사항을 불명확하게 게재한 탓에 노동자가 작업을 완료해 제출했지만 불합격당해 수고비를 받지 못하게 되는 것처럼, 불명료한 설명으로 노동자들이 더 큰 어려움을 겪게 만든다.

고정 회원들은 기본적인 토대는 닦았지만 여러 가지 이유 때문에 간헐적으로만 일을 하는 사람들이다. 어떤 사람들은 몇 주에 한 번씩 플랫폼에 접속해서 하루에 몇 시간씩 이용한다. 그런가 하면 플랫폼에 더 자주 접속하지만 한 달에 일하는 시간은 몇 시간 밖에 안 되는 사람들도 있다. 하지만 중요한 것은 이들 모두가 플랫폼 회원으로 머물러 있으면서, 고스트워크가 주요 수입원이 되지는 않지만 그래도 시간이 허락할 때마다 일을 맡아서 하겠다고 결정한 사람들이라는 점이다.

고정 회원들은 각자의 생활과 맡은 책임들 속에 고스트워크를 맞춘다. 예컨대 강의를 듣거나 풀타임 직업의 일을 하고 남는 자투리 시간에 일을 하는 식이다. 어쩔 때는 안정적인 인터넷망이 갖춰진 직장에서 풀타임으로 근무하면서 짬짬이 한두 시간씩 일하기도 한다.

마지막으로 상시접속 회원들은 고스트워크를 정규 직업으로 삼은 사람들이다. 휴스턴에 사는 조앤이 그런 경우다. 조앤은 고령의 어머니를 보살피면서, 집세와 생활비를 마련할 방법을 궁리하다가 고스트워크를 시작하게 됐다. 상시접속 회원들은 일반적으로 각자의 일정을 마음대로 조절할 필요가 있거나 과거의 직장에서 겪었던 경험을 비롯한 몇 가지 주된 이유 때문에 통상적인 직장보다 고스트워크가 더 낫다고 생각한다. 상시접속 회원들을 인터뷰하면서 우리가 가장 많이 느낀 점은 온디맨드 직업의 복잡한 상황을 헤쳐나가는 데 가족이나 사회의 도움이 중요하다는 사실이었다.

독서 모임, 위키피디아, 페이스북 뉴스피드에서와 마찬가지로, 고스트워크 참여자들의 세 가지 유형 모두가 고스트워크 경제의 균형을 유지하는 데 꼭 필요하다. 일감의 80퍼센트를 맡아 하는 20퍼센트의 노동자들은 공지된 작업들이 확실히 처리되도록 보장하고, 나머지 80퍼센트의 노동자들은 빈 공백을 메우는 역할을 한다.

삶을 직업에 맞추는 것이 아니라
일을 삶에 맞추기

미국에서 중산층으로 올라서기 위해 힘겹게 노력하는 사람들은 성별, 인종, 교육 수준, 사회적 지위, 국적 등의 요인으로 숱한 좌절을 겪는다. 통계적으로 봤을 때 이제는 중산층에 올라서기가 대공황 이후 그 어느 때보다도 힘들어졌다. 그러고 보면 그처럼 불안정하고 변덕스런 특성이 있는 고스트워크로 사람들이 눈을 돌리는 것도 놀랄 일이 아니다. 고스트워크를 선택하면 보다 전통적인 형태의 일자리, 다시 말해 서비스 부문의 직업을 택해서 각자의 삶을 힘겹게 끼워 맞추는 부담을 덜 수 있기 때문이다.

사무실에 갇혀 지내기: '워라밸'의 환상을 깨다

어떤 사람들에게는 고스트워크가 좁은 사무실에 갇혀 지내는 삶에서 도피할 수단이 된다. 또 어떤 사람들, 그중에서도 특히 여성들의 경우에는 온디맨드 노동으로 남부끄럽지 않은 어엿한 직장에 들어갈 기회가 열리기도 한다.

통계적으로 볼 때, 사회에서 여성들이 일을 해서 돈을 벌기 시작하면 국가 경제와 국민 건강이 꾸준히 개선된다. 그러나 성평등 연구학자들이 지적하듯 지난 30년 동안에 여성들이 직장생활, 가정생활, 개인적인 행복을 '모두' 성취하는 것이 가능하다는 기대가 커지면서, 여성들이 특별한 도움 없이도 '반드시' 일과 가정과 개인의 삶을 모두 잘 꾸려내야 한다는 요구가 강화됐다. 가정에서 성평등이 제대로 실천되는 사례는 드물기 때문에 유급 육아휴직이나 적당한 수준의 아동 돌봄서비스 같은 정부의 보조가 꼭 필요하다.[21] 중산층 백인 여성을 중심으로 연구를 진행했던 사회학자 앨리 혹실드(Arlie Hochschild), 그리고 더 최근 연구에서 멜리사 그렉(Melissa Gregg)은, 여성들이 풀타임 직업에 덧붙여 가정을 돌보는 또 하나의 풀타임 의무를 수행해야 한다는 기대와 시간적 제약의 곤경에 빠져서, '커리어 우먼'으로 성공하기가 갈수록 어려워지고 있다고 주장한다.[22] 우리는 마찬가지로 미국과 인도에서 온디맨드 일을 하는 여성들도, 비록 방식은 다르지만 가정과 직장 양쪽에 시간을 투자하느라 힘겨워하면서 어려움을 겪고 있다는 사실을 확인했다.

양국 사이에는 놀라울 정도의 유사성이 존재한다. 인도에서도 일자리 증가로, 특히 비즈니스 프로세스 아웃소싱을 중심으로 서비스 분야에서 여성 노동력에 대한 수요가 늘어났다.[23] 하지만 인도의 정치, 종교, 카스트 지배 계층의 전통주의적인 자극이 이런 문화적 관심을 분열시켰다. 그래서 현대적인 커리어 우먼의 역할을 가치 있게 여길 여지는 마련됐지만, 경제적인 독립을 이루고 아내, 엄마, 딸을 초월한 정체성을 찾으려는 여성들의 든든한 버팀목이 되기에는 아직 미진하다.

여성들에게 직장과 가정생활, 개인의 행복을 모두 성취해야 한다는 부담이 전 세계적인 현상이 된 가운데, 미국과 인도의 여성들은 시간적 제약을 헤쳐 나가기 위해 남다른 전략을 활용한다.[24] 여성들은 여전히 직업에 전념하는 것보다 가족과 사회에 대한 의무가 우선이라는 사회적 기대 하에서 지내고, 고정적인 월급, 무급 휴가, 보험, '커리어 우먼'으로 인정받는 등 전문 IT 인력으로서 누려야 마땅한 혜택을 얻기 힘든 경우가 많다.

아스라는 키가 작고 마른 체격이다. 그녀는 안면이 없는 사람 앞에서는 보통 눈을 내리깔고 시선을 바닥 쪽에 두지만, 아는 사람 앞에서는 항상 미소를 머금고 있다. 웃을 때 손으로 입을 가리는 그녀의 행동은 히잡의 정숙한 분위기와 잘 어울렸다. 그녀는 인도에서 이슬람교도의 인구가 가장 많은 하이데라바드 남부 도시에 사는데, 쇼핑을 하러 가거나 다른 볼일을 보러 붐비는 길거리로 나갈 때는 온 몸을 뒤덮는 부르카를 입는다. 그녀는 어린 딸과 아들을 뒀다. 의사인 남편은 이슬람교도가 대다수인 북적거리는 동네에서 개인 병원을 운영하는데, 환자들을 돌보러 자주 불려나간다.

우리는 라마단(혹은 우르드어를 쓰는 지역의 말로는 라마잔)이 한창일 시기에 그녀의 집에 방문해서, 이프타(iftar)를 함께 했다. 이프타는 라마단 기간에 해가 진 뒤 하루 동안의 단식을 마무리하며 먹는 저녁식사다. 아스라는 대추야자가 담긴 큰 우묵한 접시, 물이 담긴 큰 플라스틱 물병, 양념한 양고기, 렌틸 콩, 밀을 넣어 만든 걸쭉한 스튜인 할림(haleem)이 담긴 스프 그릇을 식탁 위에 차렸다. 우리는 카라치에 있는 빵집에서 산 쿠키 두 상자를 들고, 예정보다 조금 이른 시간에 그녀 집에 도착했다. 그녀는 현관으로 나와 우리를 맞이하면서 "앗살람 알라이쿰(평화가 당신과 함께 하기를)"이라고 이슬람식 인사말을 건네고, 밝게 웃으며 영어로 "안녕하세요!"라고 인사했다. 그녀는 영어로도 우르드어로 글을 쓰는 것만큼 자연스럽게 쓸 수 있지만(아스라는 영어와 우르드어를 모두 제1언어로 배웠다) 영어를 들을 기회나 영어 말하기를 연습할 기회는 거의 없었다.

아스라는 호주 빅토리아 주에서 4년간 엔지니어링을 공부하고, 준석사 학위를 받았다. 그 뒤에 하이데라바드로 돌아와서 남편인 하심과 결혼했다. 지금 그녀에게 가장 중요한 일은 아이들을 돌보는 것이다. 그녀는 아이들 뒤를 쫓아다니는 것이 그다지 재밌지는 않다고 솔직히 인정하지만, 그래도 밖에 나가서 일할 마음은 없다. 하이데라바드에 사는 상위 중산층 이슬람교 집안인 그녀의 가족들은 그녀가 집에서 가정을 돌보기를 바란다. 하지만 첨단기술에 흥미가 있는 오빠 덕분에 그녀는 삶의 대부분 기간을 컴퓨터를 다루며 보냈다. 그리고

'캔디 크러쉬사가' 같은 퍼즐 게임과 '러즐' 같은 단어 게임에서 높은 점수를 얻는 것을 보면 그녀에게는 남에게 지기 싫어하는 성격도 있음을 엿볼 수 있다. 그녀가 컴퓨터 게임을 좋아한다는 것을 알고, 그녀의 오빠와 남편은 엠터크에서 일해보라고 권했다. 오빠는 엠터크 플랫폼 계정을 만들 수 있게 도와주었다. 그녀는 이미지 태깅에서 능숙한 실력을 길러 현재 엠터크에서 '오스카 스미스'라고 불리는 의뢰인의 일을 해주고 있다.[*][25]

우리가 엠터크 일을 왜 했느냐고 묻자 그녀는 "돈 때문이지요!"라고 대답하고, 잠시 뒤에 텔레비전 리얼리티 쇼 「어프렌티스(The Apprentice)」 주제곡과 아주 비슷한 분위기로 "돈, 돈, 돈"이라고 읊었다. 그녀는 평소에 미국식 영어로 된 영화와 텔레비전 프로그램들을 즐겨봤다. 부엌에서는 장식 고리가 달린 선홍색 사리를 입은 가사 도우미가 싱크대에서 감자 껍질을 벗기는 중이었는데, 크고 넓은 방이 여러 개 딸린 집에 가사 도우미까지 둔 것을 보니 아스라가 고스트워크를 계속 하는 데에는 다른 이유가 있으리란 짐작이 갔다. 정말로 돈이 필요해서 그런 것이냐고 다시 물으니, 아스라가 웃으며 답했다. "제가 돈을 벌면 제 손으로 가족들 선물을 살 수 있잖아요. 뭔가의 일원이 되어서 기여한다는 기분도 들고요. 다른 사람들처럼 저도 일을 하는 거예요. 다만 집이 제 사무실일 뿐이지요."

아스라는 단순히 돈 때문에 고스트워크를 하는 것이 아니다. 우리는 그녀와 같은 태도가 얼마나 일반적인지, 그리고 미국과 인도의 노

---

[*] 링크드인은 '오스카 스미스'라는 의뢰인명을 쓰는 중개인을 통해 명함 옮겨 적기 작업을 게시했다.

동자들이 주로 돈 때문에 고스트워크를 할 가능성은 얼마나 되는지 알아보기 위해 설문 조사 자료를 확인했다. 자료에 따르면 미국 이외의 지역에 거주하는 노동자들은 돈을 버는 것 이외의 목적에서 일할 가능성이 미국의 노동자들보다 더 높았다. 이런 현상에 대한 타당성 있는 설명으로, 고스트워크에는 컴퓨터와 인터넷 연결망을 갖추는 선제적 비용이 필요하다는 점을 들 수 있다. 통계적으로 따졌을 때 인도에 있는 사람이 온디맨드 노동에 필요한 도구와 필수적인 언어 능력 그리고 컴퓨터 기술을 갖추려면 애초에 이 분야에 진입하기 전에 이미 어느 정도 경제적 자원을 갖추고 있을 가능성이 크다.*

지난 2년 동안 힌두교 여성인 라지는 하루에 약 5시간씩 온디맨드 플랫폼에서 일했다. 그녀는 인도 남부 코임바토르에 살고 있으며, 남편과 두 아이들이 자는 밤늦은 시간을 이용해서 엠터크 일을 한다. 그녀는 금전적으로도 가계에 기여한다. 경제력이 생기면서 남편과의 관계도 좋아져, 그녀가 일하는 동안 남편이 아직 자지 않고 깨어 있으면 키보드 앞에 앉아 있는 그녀에게 차를 가져다주면서 애정을 표시하곤 한다.

라지로서는 돈을 떠나서 가족들에게 인정받는 점이 가장 큰 의미가 있었다. 또 뭔가 중요한 활동의 일부가 된다는 것도 즐거웠다. 그녀는 인도에 거주하는 노동자들의 비공개 페이스북 그룹 활동에도 참여하며, 그룹에 속한 동료 노동자들과 즐겨 만난다. 그래서 노트북 앞에

---

* 미국 노동자들이 인터넷 연결과 컴퓨터 시설을 갖추기가 더 쉽고 비용도 덜 들지 모르지만, 그렇다고 재정적 자원을 갖추는 것이 돈을 버는 것보다 우선순위가 더 낮다는 뜻은 아니다.

앉아 혼자 일을 할 때조차 공동체의 일원이라는 뿌듯함을 느낀다.

아스라와 라지의 사례를 통해 집에 머물며 가족을 돌보는 많은 사람들이 시간적 제약을 극복하기 위해 노력하는 모습을 엿볼 수 있다. 온디맨드 고스트워크는 하루 일과가 어떻게 되든 관계없이 끼워 맞출 수 있어서, 그런 사람들이 구직 시장에 진출할 길을 제공한다. 우리가 조사했던 자료에서 미국 노동자들은 인도 노동자들보다 낮에 일을 하는 비율이 더 높았다. 일거리를 게시하는 기업들 대다수는 본사가 미국에 있기 때문에 미국의 근무 시간대에 공지가 게시되는 경우가 많다. 그래서 미국에 있는 사람들은 통상적인 근무시간인 '9시에서 5시' 사이에 일을 하고, 미국 외의 지역에 있는 사람들은 일감을 조금이라도 더 많이 얻을 수 있도록 일하는 시간을 그에 맞게 조절해야 한다.[26]

우리가 조사했던 자료의 분석 결과도 아스라와 라지의 사례를 뒷받침한다. 분석에 따르면 고스트워크 종사자들의 일주일당 근로 일수와 시간은 거의 똑같았지만, 시간을 쓰는 방식은 서로 달랐다. 전반적으로 남성들은 밤 시간과 주말에 일을 하는 비율이 높았고, 여성들은 낮에 주로 일을 하고 주말에는 일을 덜 하는 경향이 있었다. 남자들은 주중에 집밖에서 9시부터 5시 사이에 주로 근무하고 여자들은 주중에 집에서 일을 할 가능성이 높다고 보면, 어느 정도 패턴이 나타난다. 여성들은 가족과 집안을 돌보는 책임을 다하며 시간이 허락하는 한도 내에서 고스트워크를 할 가능성이 높은 반면, 남성들은 집밖에서 하는 일의 의무를 다 마치고 난 주말과 밤 시간에 고스트워크를 할 가능성이 높다.[27]

두 아이의 엄마이며 기독교 신자인 랄리타 역시 하이데라바드에 산다. 그녀는 콜센터에서 일하다가 결혼하면서 일을 그만두고, 나중에 리드지니어스에 가입했다. 직장에 나가서 하는 풀타임 직업에 매이지 않고도 일을 할 수 있는 기회라고 생각했기 때문이다. 랄리타는 일을 즐겼고, 일솜씨도 좋았다. 그래서 말단 관리자 직책을 제의받기도 했지만, 그녀는 제의를 수락하지 않았다. 그 직책을 맡으면 주말과 밤 시간에도 일을 해야 하는데, 자신이 맡은 가장 큰 책임인 두 아이의 양육에 소홀해지는 것을 원치 않았기 때문이다.

랄리타의 사례는 우리가 몇 번이고 거듭 확인했던 사실을 여실히 드러낸다. 바로 모든 노동자들이 온디맨드 일을 성공이나 더 안정적인(나중에 전업이 될) 직업을 성취하기 위한 발판으로 보는 것은 아니라는 점이다. 이들에게 고스트워크는 남을 위해 해야 할 의무로 가득한 삶 속에서 돈을 벌어서 재정적, 개인적 자립감을 느낄 수단이 된다. 설문 조사에서 미국 이외의 지역에 거주하는 노동자들은 금전적인 보상이 온디맨드 일을 하는 가장 큰 이유라고 응답하는 비율이 낮았다. 돈을 버는 것이 최우선적인 목표가 아닌 사람들은 경험을 쌓거나 새로운 기술을 배우는 등의 자기계발이나, 남는 시간을 활용하거나 자신의 삶을 주도적으로 사는 등의 자기결정을 목표로 한다.[28]

온디맨드 노동 플랫폼에서 여성들의 노동과, 여성들이 이런 유형의 일을 통해 얻는 가치를 해석하는 방법은 두 가지가 있다.

첫 번째는 온디맨드 노동이 직업을 갖고 싶어도 밖에 나가서 일을 할 수 없는 여성들의 딜레마를 해결할 열쇠가 될 수도 있다는 생각으로, 온디맨드 노동을 가정과 직장, 자아 성취를 모두 이룰 기회로 높이 사는 관점이다. 그런가 하면 두 번째 관점은 온디맨드 고스트워크가 여성들이 전업 주부의 역할과 정식 직장의 업무 두 가지 모두를 충실히 해내야 한다는 전통적인 사고를 고착화한다고 본다.

이 두 가지 모두 충분한 근거가 있는 타당한 견해다. 우리가 인터뷰했던 사람들 중에서 특히 여성들은 고스트워크를 통해 자신의 역할을 인정받고 가치 있는 사람이 된 느낌을 받는다고 말했다. 여성들은 계속해서 아내, 엄마, 나이든 부모를 모시는 자식의 역할을 해야 한다는 기대가 최소한 어느 정도 작용하기 때문에, 전통적인 직업 중에서는 선택의 여지가 그다지 많지 않다는 사실을 알고 있다. 가정에서의 의무를 부부가 동등하게 분담하는 데 도움이 될 유급 육아휴직이나 돌봄 서비스 등이 갖춰지지 못한 상황에서 가족에 대한 책임과 삶의 다른 측면들의 균형을 맞추려고 사람들이 애를 쓰는 가운데, 직장의 제약에서 벗어날 방법으로 고스트워크로 눈을 돌리는 경우가 더 많아지고 있다.

분투

일에 대한 보수를 포기하면서 더 큰 명망을 얻기 위해 정진하는 기업가나 언젠가 소기의 성과를 얻으리라는 희망으로 온라인 미디어 콘텐츠를 만드는 사람들처럼, 온디맨드 고스트워크를 하면서 이 일을 즉각적인 대가보다는 앞으로 새로운 경력 분야에 진출할 기회로 삼는 사람들이 있다.[29]

고스트워크는 목적지를 향해 가는 과정의 징검다리가 되거나 비교적 쉽게 활용할 수 있는 직접적인 연수 기회가 되기도 한다. 그럴 경우 온디맨드 고스트워크는 그래픽 디자인, 타이핑, 전사(轉寫), 컴퓨터 사용 능력, 언어 번역 같은 활동을 연습하는 '샌드박스'가 된다. 전통적인 직장에서는 업무 능력에 대한 압박과 기대가 크기 때문에, 이런 경험을 쌓기가 조금 더 힘들다.

버지니아는 대학에서 국제학을 전공하고 대학원에서 세계정세를 전공해 석사 학위를 받았다. 스페인어와 영어를 모국어 수준으로 구사하는 그녀는 자신의 언어 능력을 활용해 유엔이나 다른 비정부조직에 들어가 문화 교류를 바탕으로 세계 평화에 기여하겠다는 희망을 품고 있지만, 그 분야에 첫발을 들이기가 힘들어서 애를 먹고 있다. 2년 전에 버지니아가 아마라에서 프로젝트 매니저가 됐을 때, 그녀는 스페인어-영어 번역 능력을 더 키우고 다른 언어를 몇 가지 더 배울 기회를 얻었다. "저는 이제 아랍어와 프랑스어를 할 수 있어요! 다른 직업이었다면 이런 식으로 배우지 못했을 거예요. 마치 날마다 언어 수업을 들으러 가는 것 같다니까요!" 버지니아는 아마라에서의 일을 꿈을 이루는 과정으로 보았다. "지금 배우는 내용을 앞으로 어디에서든 활용할 수 있어요." 그녀는 아마라를 효과적으로 활용해서 자신을 위한 가치 있고 의미 있는 일을 만들어가고 있다. 아마라가 노동자를 중시하는 플랫폼이기 때문에 버지니아에게는 온디맨드 고스트워크가 어지간한 직업의 역할을 했다.

버지니아가 아마라를 활용했던 것과 마찬가지로, 인도 중남부의 소도시 에로드에 사는 23세 여성 고우리는 나중에 직장 생활을 할 때 사용할 수 있는 기술을 엠터크에서 갈고 닦았다. 직조 기술을 가르치고 직물을 만들어 파는 부모 밑에서 첫째로 태어난 고우리는 컴퓨터

학원에서 엠터크 계정 만드는 법을 배운 것을 계기로 온디맨드 일을 해보겠다고 결심했다. 그녀의 목표는 영어와 컴퓨터 기본 활용 능력을 향상시키는 것이었다. "영어로 글을 쓸 수는 있지만, 신문과 뉴스에 나오는 일상적인 영어 구문을 익히기가 힘들었어요. 엠터크에서 일하면서 용어를 찾고 다른 나라 우편번호를 찾는 등의 정보 검색 연습을 했는데, 그런 건 학교에서는 배울 수 없는 기술이지요."

고우리는 현재 곧 있을 결혼식을 위해 돈을 모으고, 보수가 더 좋은 일을 찾는 데 도움이 될 수 있는 컴퓨터와 의사소통 기술을 배우고 있다. "이 일을 하면서 타이핑 속도가 아주 빨라졌어요. 그런 기술은 회계 관련 일을 할 때나 금융 자격증 시험을 보는 데 도움이 될 거예요. 생각해 보면, 제가 하고 있는 모든 활동은 나중에 금융계통이나 은행에 취직하면 쓸 수 있는 기술들이에요."

이들의 이런 이야기에서 온디맨드 고스트워크를 하며 쌓은 기술이 나중에 더 나은 일자리를 찾는 데 도움이 된다고 보는 노동자들의 생각을 읽을 수 있다. 영어와 타이핑 능력을 키우겠다는 목표를 세운 고우리의 사례에서, 비록 교육 수준이 높지 않은 노동자들이 돈을 벌기 위해 일하는 것이 고스트워크 노동계의 전반적인 추세일지 모르지만, 이런 일반적인 흐름에서 벗어난 예외도 분명히 있으며, 그녀도 그중 하나라는 사실을 확인할 수 있다.

우리의 조사 자료에서도 다른 소득원의 유무, 나이, 교육 수준 같은 조건이 온디맨드 일을 하는 동기에 영향을 주었다. 첫째로 고스트워크 외에도 소득원이 있는 사람들은 돈을 버는 것 이상의 목적에서 이 일을 하고 있을 가능성이 크다. 둘째로 나이가 어릴수록 단순히 돈을 위한 목적보다 경험을 쌓고 새로운 기술을 익히는 것이 주된 목표일 가능성이 크다. 마지막으로 교육 수준이 높을수록 경험을 쌓거나, 새로운 기술을 습득하거나, 남는 시간을 효율적으로 활용하거나, 자신의 삶을 주도적으로 사는 등의 자기결정을 목표로 하는 사람들이 많다.[30] 전체적으로 볼 때 이런 결과에서 나이가 어리거나, 교육을 더 많이 받았거나, 추가적인 수입원이 있어서 다른 선택의 여지가 있는 노동자들은 돈을 버는 것 이외의 목적으로 온디맨드 노동을 활용하는 경우가 많음이 확인된다. 그 외의 사람들에게는 고스트워크가 꾸준한 수입원이 되지는 못하더라도 어느 정도의 이익을 얻는 수단이 된다.

예를 들어 30세인 카멜라는 안무가의 꿈을 이루기 위해 시카고에서 플로리다로 이주했다. 그 전에는 춤을 가르치고, 기업 행사에서 제품을 홍보하는 브랜드 홍보대사로 일해서 돈을 벌었다. 그 두 가지 일을 해서 먹고살 수는 있었지만, 둘 다 그녀가 진정으로 바라는 일은 아니었다. 댄스 강습을 하려면 정해진 수업 일정을 지켜야 해서, 여기저기 옮겨 다니며 해야 하는 안무가로서의 일을 할 수가 없었다. 또 브랜드 홍보대사 일은 공허감을 안겼다. 그녀는 그 일이 희망이 없는 직업이라고 말한다. "제품을 홍보하려는 회사는 앞으로도 계속 있겠지만, 그게 다예요. 발전 가능성이 전혀 없어서, 직업적으로는 전혀 도움이 안 되지요."

버지니아와 마찬가지로 어릴 때부터 스페인어를 쓰면서 자란 카멜라는 이중 언어를 구사할 수 있고 기본적으로 언어를 좋아한다는 점을 활용하기로 했다. 그녀는 전문대학에 진학해서 통번역 수업을 들었다. 그리고 연습을 겸해서 TED 강연에 번역 자막을 넣는 OTP(Open Translation Project) 자원봉사 활동에 참여했다. 그 과정에서 아마라 플랫폼을 알게 됐는데, 마침 아마라에서 온디맨드로 번역을 해 자막을 넣는 유급 일자리를 모집하기 시작했을 때였다. 기업 이벤트 행사에서 브랜드 홍보대사로 일하면 아마라에서 일하는 것보다 더 적은 시간을 들여 돈은 더 많이 벌 수 있었지만, 카멜라는 아마라에서 일하기로 결정했다. "장소에 구애 없이 일할 수 있고, 제게 의미 있는 일을 할 수 있거든요." 그녀가 말했다. "다른 무언가에 진출하기 위한 발판을 찾으려는 건 아니에요. 그저 안무가로 활동할 수 있게 여러 지역으로 여행을 다닐 수 있어야 하거든요. 컴퓨터와 일감만 있으면 충분하니, 제게 딱 맞는 이상적인 삶이지요."

카멜라와 버지니아가 아주 쉽게 구할 수 있는 서비스 부문의 풀타임 직업은 고정적인 월급에 무거운 의무가 묶여 있다. 이런 일자리는 그럭저럭 보수는 괜찮지만 대신에 사람들을 지정된 장소에 얽맨다. 근무 시간이 길고 정서적 공허감이 느껴지는 일을 하다 보면, 돈을 받는 일이든 받지 않는 일이든 즐기던 활동에서 진이 빠진다. 이런 힘든 상황에서, 고스트워크는 노동자들이 돈보다 더 큰 흥미를 추구하는 데 필요한 자율성과 독립을 위한 기본적인 욕구를 충족할 길이 될 수 있다.[31]

유리 천장

온디맨드 직업은 직장 내 차별을 겪는 미국과 인도의 노동자들(특히 역사적으로 소외된 공동체, 여성, 장애인들)에게 디지털 기술 활용 능력,

정체성, 가족 간의 존중, 경제적인 독립을 성취할 기회를 제공한다. 어린 자녀의 양육을 위해 직장을 그만 뒀던 여성들이 직장으로 돌아가려고 할 때에는 흔히 장벽에 부딪친다. 미국과 인도의 여성은 종교·사회경제적 배경, 교육 수준, 사회적 역할이 다르지만 그럴 때 느끼는 어려움은 서로 비슷하다. 이들은 온당한 수준의 보수를 받거나 직장에서 인정을 받기가 힘들면서도, 다른 한편으로는 역설적이게도 가정에서 가족들을 돌보는 막중한 책임을 무보수로 떠맡는다.[32]

쿠무다는 인도 타밀나두의 항만도시 첸나이에 사는 힌두교도로, 나이는 34세이고 자녀가 2명 있다. 그녀는 고등학교에서 전자공학을 공부했다. 그녀가 힌두교 카스트의 낮은 계급 출신이라는 점을 고려하면 이정도 학력을 갖출 수 있었던 건 대단한 일이다. 그녀가 속한 계급의 여성들은 대체로 높은 계급 사람들 집에 들어가 가사 노동을 한다. 쿠무타는 자기가 교육을 받을 수 있었던 건 아버지 덕분이라고 생각한다. 마을에 사는 대부분의 여자 아이들이 학교를 중단하고 집으로 불려 들어와서 집안일을 시작하는 나이가 한참 지난 뒤까지도, 그녀의 아버지는 그녀와 그녀의 여동생을 학교에 보냈다. 그런 아버지의 결정이 마을 사람들 귀에 들어가지 않을 리 없었고, 사람들은 아버지를 크게 나무랐다. 쿠무라의 결혼 상대를 고를 때 동일한 카스트 계급에서 그녀의 교육 수준에 맞는 짝을 찾기가 힘들어 가족들에게 불리할 수도 있다고 우려했던 것이다.[33] 하지만 아버지는 뜻을 굽히지 않았다.

쿠물라는 고등학교에서 전자공학을 전공한 덕분에 현재 컴퓨터 학원에서 강사로 일하고 있으며, 힌디어 회화를 가르치는 일도 한다.

하지만 가장 큰 소득원은 고스트워크다. 쿠물라가 3년 전에 엠터크에서 일하기 시작했을 때, 남편과 시댁 식구들은 부정적으로 바라봤다. 집안 한쪽 구석에 노트북을 놓고 구부정하게 혼자 앉아, 미국 서부 태평양 표준시를 쓰는 회사들이 배급한 일을 맡아서 하는 일로 과연 돈을 변변히 벌 수 있겠느냐고 생각했다. 하지만 그녀가 버는 돈이 수리공인 남편이 버는 돈과 비슷해지고, 나중에는 남편의 벌이를 추월하면서, 가족과 친척들이 그녀를 지지하게 됐다.

쿠물라는 한 달에 2만 5,000루피(미화로는 약 350달러)를 벌어서, 그 동네에서 가장 소득이 높다. 그녀의 꿈은 돈을 벌어 아버지의 이름을 딴 코칭 센터를 열어서, 마을 사람들에게 젊은 여성들을 교육하는 것이 얼마나 중요한지를 알리는 것이다. "아버지는 자신이 성장했던 시대보다 제가 더 많이 누릴 수 있기를 바라셨어요. 제가 성공해서 동네에서 최고의 수입을 올리는 사람이 된 것을 보고 아주 자랑스러워하시지요."

다넬은 35세 여성으로, 생화학 박사 학위를 취득하기 위해 지난 몇 년 동안 강의를 듣고 시험을 보면서 보냈다. 그녀는 전통적인 과학계 근로 환경에서 성차별을 경험한 적이 있었던 데다가 아이 둘을 둔 엄마로서 해야 할 일도 있었기 때문에, 일반 직장보다는 리드지니어스에서 일하는 것이 더 좋겠다고 결정했다. 그녀는 리드지니어스가 생긴 지 얼마 안 되어서 모바일웍스(MobileWorks)라는 이름으로 알려졌던 시기에 고스트워크를 시작했다. 그리고 리드지니어스가 두 번째로 대규모 엔젤투자(angel investment: 개인들이 돈을 모아 창업하는 벤처기업에 필요한 자금을 대고 주식으로 그 대가를 받는 투자형태-옮긴이)를 받으면서, 다넬은 이 기업의 사무 관리자로 채용됐다. 그녀는 흔쾌히 가족과 함께 캘리포니아 버클리로 이사한 후 리드지니어스 본사에서 정규직 직원으로 일했다. 그녀는 리드지니어스가 아주 훌륭하고, 성차별 없는 직장이라고 말한다.

멀리 떨어진 두 국가에 거주하는 다넬과 쿠물라는 온디맨드 노동이 노동자들 스스로는 물론이고 그 가족까지 크게 변화시킬 수 있음을 보여준다. 그리고 이런 변화가 나타나는 건 유리 천장의 존재를 실감했던 크물다 같은 여성 노동자들뿐만이 아니다. 장애, 성적 성향, 성 정체성 때문에 직장에서 차별을 겪었던 사람들도 직장 내에서 직위가 높거나 영향력이 더 큰 직원들에게 괴롭힘 당하는 상황을 피할 방법으로 온디맨드 직업을 선택한다.

34세인 락샤는 여러 해 전에 삼륜 택시를 타고 가다가 사고를 당해서 하반신 불수가 됐다. 그는 이스트 델리의 부유한 동네에 있는 호화로운 집에서 대가족과 함께 산다. 사고를 당하기 전에 그는 기계공학자로 일하면서 버는 돈 대부분을 부모에게 보내서 땅을 사고 지금 살고 있는 집을 짓는 데 보탰다. 그는 하루 중 대부분의 시간을 2층 모퉁이에 있는 큰 방에서 보낸다. 발코니가 딸린 그 방에서는 그 집의 큰 출입문이 내려다보인다. 집안을 돌아다닐 때는 가족들이 그를 들고 계단을 오르내리고, 집 밖으로는 거의 나가지 않는다.

사고에서 회복된 뒤 1년이 넘도록 일자리를 찾아 다녔지만, 수도 없이 거절당한 끝에 결국에는 온라인으로 하는 일로 관심을 돌렸다. 최소한 온라인에서는 그가 장애인이라는 것을 아무도 알지 못할 터였다. 1990년대 이후로 인도에서 장애인을 차별하는 것은 법으로 금지되어 있지만, 미국에서도 그렇듯 락샤 같은 장애인들이 정식 직장에서 거부당하는 느낌을 받는 건 드문 일이 아니다. 그가 취업이 되지 않았던 것이 장애를 입었기 때문인지, 아니면 회복될 때까지 병원에 1년 이상 입원해 있느라 경력 단절이 생겼기 때문인지는 알 길이 없다.*[34]

락샤는 UHRS에서 거의 2년 동안 고스트워크를 했다. 그는 평균 1시간 정도 소요되는 일을 150가지 이상 했으며, 우리와 인터뷰하기 바로 전달에는 거의 200시간 가까이 일했다고 한다. 락샤는 뉴스 기사를 분류하고, 미성년자에게 부적절한 내용은 없는지 검토하고, 동영상 콘텐츠를 분류하고, 검색엔진 빙에서 사람들이 검색을 위해 주로 사용하는 단어들을 분류하고, 영국식 영어와 인도식 영어의 음성을 비교하는 작업을 주로 한다. 또 질문을 할 때와 일반 진술을 할 때의 차이를 인식할 수 있도록 챗봇(지능형 대화 매신저나 로봇에 사용되는 음성 혹은 텍스트 기반 컴퓨터 프로그램)을 훈련시키고, 간단한 마케팅 조사를 실시하고, 이미지 관련성 확인 작업을 하고, 검색에 쓰이는 질문을 대화형으로 바꾸고, 힌디어로 작성된 질문의 개선 작업을 지원하고,

---

* 인도 정부에 의해 2016년에는 장애인 복지법이, 2017년에는 장애인의 권리에 관한 규정(두 가지를 합해 '장애인 법')이 마련됐다. 새로운 장애인 법은 '장애인 권리를 위한 국제 협약'의 원칙을 실행한다. 그중에서도 장애인 법은 다양한 형태의 차별로부터 장애인을 보호하고, 장애인들의 사회에 편입시키고 효율적인 참여를 확대하며 동등한 기회와 적절한 접근성을 보장한다. 2016년 장애인 복지법이 발효되기 전에는 인도 헌법의 장애인에 관한 조항(권리의 동등한 기회 보호, 완전한 참여), 1995년 법규(1995 장애인 법), 1997년의 정신건강법, 1999년의 인도 재활 위원회 법 및 국민 신탁(자폐, 뇌성마비, 정신 지체, 중복장애가 있는 사람의 복지를 위한 것) 등 여러 군데로 흩어져 있었다. 이 법규들은 모두 장애인들의 권리를 보호할 목적으로 마련됐지만, 특히 고용과 관련해서 '동등한 기회'를 구체적으로 명시한 법이 예전에는 없었다. 2016년의 장애인 법이 나오면서 1995년의 장애인 법은 폐지됐다.

힌디어 자막이 들어 있는 콘텐츠에 성인물이 없는지 확인하는 일을 한다. 그는 이렇게 말했다. "어딘가에 끊임없이 마음을 쓸 거리가 필요해서 이 일을 하고 있습니다. 계속해서 바쁘게 지내야 해서, 저한테는 이 일이 꼭 필요해요." 그의 목소리에서 절박함이 묻어났다.

락샤와 쿠물라 같은 사람들은 온디맨드 직업으로 막혔던 취업의 길을 열었다. UHRS와 엠터크 같은 플랫폼들은 의뢰인들에게 노동자에 관한 정보를 아예 주지 않거나 최소한으로만 제공한다. 1장에서 API가 노동자의 개인적인 특성을 추상화한다고 설명했었다. 그래서 의뢰인들이 알 수 있는 것이라고는 회원 ID가 A16HE9ETNPNONN 인 사람이 일을 했다는 정도다. 의뢰인은 이 ID를 쓰는 사람이 남자인지, 여자인지, 이슬람교도인지, 힌두교도인지, 기독교도인지, 장애가 있는지 없는지를 알 길이 없다. 그런데 이렇게 추상화할 경우 인간성이 말살되어 의뢰인들이 인간을 고용한다는 사실조차 쉽게 잊어버릴 수 있다는 부정적인 측면도 있다. 반면 쿠물다가 여자라고, 혹은 락샤가 반신불수라고 해서 의뢰인들이 차별하는 일은 거의 없다는 장점도 있다.

우리가 연구를 시작하던 시기에 인도에서는 힌두 민족주의가 세력을 확장하는 중이었다. 표면상 좌파이며 대중적인 정당인 인도국민회의(Indian National Congress)에서 인도인민당(BJP: Bharatiya Janata Party)으로 역사적인 정권 교체가 있었다. 우리는 연구 참여자들의 눈을 통해서 이 변화로 가족, 종교, 문화적 의무에 대한 여성의 헌신을 노골적으로 요구하는 분위기가 더 강화될 것임을 짐작할 수 있었다. 아마도 이런 정치적 보수주의의 영향으로 우리가 만났던 인도 여성들이 온디맨드 고스트워크를 더 의미 있게 생각했을지도 모른다. 고스트워크는 많은 이들이 희망하는 현대적인 워킹우먼을 실현하는 데 연결선이 됐다. 이들은 '콜센터 여성'들의 부도덕성을 둘러싼 팽팽한 국가적 논쟁에 뛰어들지 않고 돈을 벌 수 있었다. 콜센터에서 일하는 여성들은 다양한 계급과 종교적 배경의 남성들과 함께 일하고, 예절과 경건함보다는 돈을 중요시한다고 비난받아왔다.[35] 동시에 미국의 여성들도 마찬가지로 경제적인 운명을 스스로 결정하고, 새로운 분야의 일에 뛰어들고, 자녀와 노부모를 돌보는 일을 병행하면서 새로운 기술을 습득할 기회를 얻는다는 점에서 온디맨드 직업을 가치 있게 평가했다.

사람들은 고스트워크를 통해 생계를 꾸리는 과정에서 흔히 겪는 여러 가지 부담을 덜고 있다. 하지만 대안으로 고스트워크를 선택할 때의 한계점도 물론 있다. 특히 맛보기로 고스트워크를 시작한 사람들이 일감을 찾는 법을 배워 나갈 때 그와 관련한 자료나 동료들의 지원을 구할 수 없어서 애를 먹는 경우가 많다.

무조건 다 좋고
근사한 것만은 아니다

온디맨드 노동의 파레토 법칙은, 사람들이 삶에 주어진 의무를 다하고 희망하는 직업의 차선책(제2안)으로 서비스 부문의 직업을 택할 때의 부담과 압박에서 조금이나마 벗어날 기회를 제공한다. 위에서 살펴본 노동자들의 이야기를 통해 증명되듯, 온디맨드 노동은 본질적으로 나쁜 직업은 아니다. 노동자들에게 필요한 사항과 시장의 수요가 적절히 조합되기만 한다면 한결 현실적이고 보람 있는 직업으로 바뀔 수 있다. 온디맨드 노동을 세계적으로 급속히 성장 중인 고용방식으로 받아들이지 않고 소프트웨어 뒤에 감춰진 채 무관심하게 방치하면, 온디맨드 노동이 인정받지 못하는 고스트워크로 순식간에 탈바꿈하기도 한다.

첨단 기술은 그 자체로 훌륭한 평형 장치의 역할을 하지는 못한다. 온디맨드 노동은 모든 사람들을 위한 경제적 기회가 될 잠재력이 있다. 온디맨드 노동에 접근할 방법이 없는 사람들이 전 세계 인구의 절반이나 된다는 지금의 현실만 돌아봐도 그 명백한 잠재력을 확인할 수 있다. 안정적인 인터넷 연결 수단이 없는 사람은 온디맨드 노동과 관련된 사안에서 완전히 배제된다. 세계 국가들이 지금과 같은 인터넷의 발전 속도를 계속 유지하더라도, 전 세계에 인터넷이 100 퍼센트 도입되려면 앞으로 20년은 족히 걸릴 것이다.[36] 그리고 인터넷이 깔려 있더라도 전 세계 대다수 지역의 인터넷 연결 속도는 여전히 끔찍하게 느리며, 많은 사람들이 시대에 뒤떨어진 구식 기기를 사용한다.[37] 인도에서는 비교적 비싸지 않은 비용으로 4G와 컴퓨터 광대역망을 이용할 수 있지만, 우리가 인터뷰했던 많은 노동자들은 장마철에 비가 많이 오고 강풍이 불면 전력이 끊기는 경우가 빈번해서 원하는 만큼 작업을 하지 못한다며 아쉬워했다. 현재로서는 전 세계에서 노동 연령에 있는 사람들 다수가 고스트워크에 필요한 여건을 갖추지 못했고, 상황을 개선하기 위해 나선 고용주나 정부 단체도 따로 없다.

또 하나의 문제로, 노동자의 스케줄과 구체적인 업무의 차이가 너무 많다보니, 고스트워크의 파레토 법칙에서의 '유연성'이, 노동자들이 가장 중요하게 여기는 세 가지 핵심 요소인 직장, 근무 시간, 직업 정체성을 공유하지 못하는 상황을 뜻하는 말이 되어버린 상황도 있다. 마지막으로 보수를 적정 수준으로 안정화하는 데 이바지할 노동 조직이 따로 없는데다가, 보수에 대한 결정권이 의뢰인들에게 있어서 최저가를 제시한 노동자들에게 일감을 맡기는 방식을 도입할 경우 플랫폼 내 모든 노동자들의 급료가 하락하는 상황이 발생할 수 있는 한계도 있다.*[38] 고스트워크의 부정적인 면을 견뎌낸 사람들은 제3안인 고스트워크의 장점보다는 제2안의 단점을 이야기하는 경우가 더 많다. 그런 것을 보면서 사람들이 각자의 일을 의미 있게 만들 방법을 늘 갈구할 것임을 돌아보게 되기도 한다.

우리는 온디맨드 고스트워크를 하는 노동자들이 다른 모든 분야의 노동자들과 마찬가지로, 일을 맡을 때 급여보다는 더 많은 것들을 마음에 둔다는 사실을 알게 됐다. 월급날만 기다리는 게 아니라 일의 다른 측면도 소중히 여기는 태도는, 경제적인 압박 때문에 무조건 자신의 꿈만을 좇는 것이 불가능한 현실의 삶에서 얼마간이나마 각자

---

* 노동 경제학자들은 의뢰인들이 임시직 노동자를 이용하는 것은 가장 낮은 임금으로 일할 사람을 찾기 위해서라고 말할 것이다. 자유주의적인 성향이 더 강한 경제학자들은 사람들이 시장성 있는 기술을 활용할 수 있고 더 높은 임금을 받기 위해 협상할 수 있으면 유연성이 노동자들에게 유리하게 작용한다고 주장한다. 그러려면 이런 믿음이 있어야 한다. (1) 의뢰인들이 임금을 결탁하는 것에 반대하는 순수한 시장 환경이 있다(실리콘밸리에서 엔지니어들의 급여를 비밀에 부치는 것처럼) (2) 임금은 그 사람의 기여에 따른 진정한 시장의 가치를 반영한다(그래서 대개 월급이 아닌 유연 계약에 따라 일하는 건물 관리인들은 급여가 아주 적다. 그들이 청소하는 사무실을 쓰는 엔지니어들보다 그들이 하는 일의 가치가 낮기 때문이다).

의 영향력, 통제력, 자율성을 느낄 수단이다. 그리고 사람들이 경제적인 수단으로서의 일에서 의미를 찾는 가장 일반적인 방법은 사회적인 유대와 동료의식을 추구하는 것이다.

PART 3

로봇에게
말대꾸하기

GHOST WORK

제5장
낯모르는 사람들의 친절
그리고 협동의 힘

고스트워크에서
협동의 의미

　　누구든 새 직장에 적응하는 과정을 겪어본 적이 있다면 동료들에게 잘 보이는 것이 얼마나 중요한지 잘 알 것이다. 화장실이 어디인지 알려주고, 출퇴근 카드 기록하는 법을 설명해주고, 상사와 민감한 이야기를 나눌 때 어떻게 처신해야 하는지 조언해줄 사람들이 바로 그들이기 때문이다. 나중에는 새로운 부서가 생긴다는 소식이나, 부하 직원을 괄시하기로 소문이 난 가급적 피해야 할 상급 관리자들에 대한 정보까지도 공유한다. 직원들이 잠깐 커피나 음료수를 마시며 격의 없이 나누는 대화는 당연한 것으로 여기기 쉽지만 알고 보면 사무실의 사회적 공간과 친분을 넓히는 아주 소중한 수단이다.

그 사실을 염두에 두고 온디맨드 노동자들이 느끼는 기분은 어떨지 한번 생각해보자. 사무실은 부엌에 있는 아일랜드 식탁이나 침실 벽 한쪽에 붙여 놓은 흔들거리는 테이블이 될 수도 있다. 작업을 하다 말고 자녀와 노부모를 챙기러 수도 없이 왔다 갔다 하면서 일할 공산이 크다. 거주지가 어디인가에 따라서 전기 공급이나 인터넷 접속이 불안정할 수도 있다. 휴대폰 요금이 인터넷 요금보다 저렴할 경우에는 휴대폰으로만 일을 하는 경우도 있다. 고용주가 연락을 취하는 연락처는 사람이 아니라 컴퓨터 인터페이스다. 대부분의 일의 보수는 한 건당 몇 십 원밖에 안 되지만, 작업량이 많아지면 돈도 그만큼 쌓이리라 기대하고 일을 한다. 일을 끝내도 "수고하셨습니다!"라는 말은 절대 들을 수가 없다. 그래서 각자 스스로의 기운을 북돋는 응원단이자 엄한 감독자가 되어야 한다. 시간당 15달러 정도를 받는 보수가 두둑한 일감은 눈 깜짝할 사이에 없어지지만, 그래도 좋은 기회를 찾겠다는 희망에서 밤낮으로 작업 게시판을 훑는다.

본래 고스트워크는 직업에 꼭 필요한 부분인 업무와 월급날만 남기고 나머지는 모두 없애려는 의도로 만든 업무 방식이다. 온디맨드 노동 플랫폼을 설계한 사람들은 '사용자'들이 독립적, 자율적으로 일을 한다고 가정한다. 설계자는 노동자들을 상품과 서비스를 소비자들에게 단시간 내에 능률적으로 제공할 방법이 담긴 큰 퍼즐에 들어가는 하나의 퍼즐 조각으로 본다. 디지털 노동은 알고리즘에 입력할 데이터를 수집하고, 촉박한 기한에 맞춰 신속하게 작업하면서도 나쁘지 않은 수준의 콘텐츠를 만들 수단이다. 이런 견해는 특별히 비도덕적이거나 사악하지는 않지만, 고스트워크의 수요와 현실을 제대로 반영하지 못하고 있다.

우리는 이 기업들의 API에 가려 안 보이는 부분을 피하고, 노동자들을 직접 만나보면서 온디맨드 노동 플랫폼의 웅장한 겉모습 뒤를 들여다보았다. 관찰 결과 온디맨드 노동을 하는 고립된 상태에 맞서 싸우기 위해 노동자들이 그들만의 소셜 네트워크를 만들었으며, 그런 복합적인 소셜 네트워크들이 번창하고 있다는 사실을 알게 됐다. 우리는 노동자들이 온라인으로 정보를 교류하고, 보수가 좋은 일자리가 나오면 서로 전화로 알려주고, 이 일에 처음 발을 들여놓은 사람에게 컴퓨터와 인터넷 연결에 관한 정보를 공유하는 모습을 확인했다. 또 컴퓨터가 고장 난 동료를 위해 돈을 모아 컴퓨터를 새로 장만해 준 사람들에 대한 이야기도 들었다. 그리고 직접 만난 적이 없는 사람들끼리 서로 생일을 축하하고 선물을 교환한다는 이야기도 들렸다. 노동자들은 플랫폼의 기술적인 결함을 피해가며 일하는 방법을 생각해 내기 위해서도 그렇지만 혼자서 묵묵히 해야 하는 힘든 일에서 오는 사회적 욕구를 해결하기 위해서도 동료들과 협력했다.

정시에 출퇴근하는 전통적인 직장에서 주로 요구되는 사회적인 유대는 직장이라는 실제 장소가 따로 없는 상황에서도 여전히 필요하다. 노동자들을 위한 인프라가 따로 마련되어 있지 않기 때문에 노동자들은 스스로 필요한 부분을 만들어 간다. 특히 활동하는 플랫폼에서 발생하는 사회적, 기술적 문제를 극복하기 위해 협력한다. 더 구체적으로는 일을 수행하는 과정에서 플랫폼이 노동자들에게 부과하는 거래비용을 줄이기 위해 협력하고, 사회적 지원을 제공한다.

가장 적극적으로 참여하는 노동자들은 보통 3가지 유형의 협력 작업에 공을 들인다. 첫 번째로는 계정을 만들고, 사기당하지 않게 조심하고, 일을 찾고, 보수를 받는 등의 간접비를 줄이기 위해 협력한다. 두 번째로는 맡은 일을 잘 해내기 위해 협력한다. 그리고 마지막으로 직장의 사회적 특성을 재창조하기 위해 협력한다. 궁극적으로는 각자의 일을 더 잘하기 위해서 직장의 사회적 특성(가벼운 잡담을 나누고, 정보와 요령을 편하게 공유하는 것)을 원하고, 더 나아가 그런 부분에 기댄다고도 말할 수 있다. 고스트워크에서는 낯모르는 사람들의 친절이 중요한 역할을 한다.

노동자들은 구체적인 지침이 거의 없는 상황에서 실제적으로 무엇을 해야 하는지를 하나씩 알아가기 위해 협력한다.[1] 그리고 남들도 마찬가지로 어찌할 바를 몰라서 정신적으로 부담을 느낀다는 사실을 알고 위안을 얻기도 한다. 일반 직장에서 업무 스트레스에 관한 이야기를 나누는 것이 실질적으로는 일의 진척에 도움이 되는 것과 마찬가지 상황이다.*[2] 온디맨드 노동자들 간의 협력을 통해 직업이 우리 삶에서 깊은 사회적 경험과 의미를 창출한다는 사실을 절감할 수 있다.**[3] 또 서로 협력하고자 하는 경향은 무대 뒤에 있는 사람들의 노력이 온디맨드 노동 시장의 진정한 특성이자 가치임을 여실히 드러낸다. 시스템의 조정은 세밀하게 맞춰서 짠 컴퓨터 코드 능력으

---

* 　사회학자 수전 레아 스타가 예견했듯이, 컴퓨터가 도입되고 컴퓨터화된 과정이 협력의 인지적인 부담을 덜어주게 되면서, 표현과 관계된 일은 '분배된 업무의 결과를 관리하는 일이어서' 더 중요해졌다.

** 　인류학자 루시 슈만은 작곡가 슈트라우스에 대해 논하면서, 작업을 가려져 있거나 최소한 배경이나 그림자에 위치했던 시스템의 개발과 활용의 측면'으로 묘사하며 '기교적인 통합'이라는 품격 있는 표현을 사용했다.

로 가능해진다고들 이야기하지만, 실제로는 노동자들이 API에 서로의 노력을 더해서 만들어 나간다. 이번 장에서는 협력의 중요성, 그리고 노동자들이 다른 사람들과 대화 나눌 기회도 없고 이들을 위한 지원도 거의 전무한 상태에서 협력을 통해 어떻게 일을 수행해 나가는지 지속적으로 살펴볼 것이다.

협력은 노력과 수고가 필요한 이 온디맨드 노동에 많은 시간을 투자하는 사람들 사이에 가장 활발히 나타난다. 협력은 여러 문화를 아울러 나타나는 현상이지만, 인도와 미국의 온디맨드 노동자들이 동료 노동자와 협력하는 방식에는 다수 차이가 있는 듯하며, 실제로 이번 장에서 다루는 데이터에 그런 현실이 반영되어 있다. 우리가 관찰한 바에 따르면 인도에서는 문자를 주고받고 물리적으로 같은 공간을 사용하기를 바라는 욕구가 대단히 큰 듯하다.

이번 장에서는 인도 노동자들에게 협력이 얼마나 중요한 역할을 하는가 조명하는 데 큰 비중을 두지만, 미국의 노동자들 역시 나름의 방식으로 인도의 노동자들처럼 서로 협동한다는 사실도 짚고 넘어갈 것이다. 그리고 끝으로 대양 너머 멀리 떨어진 곳에 거주하는 노동자들이 자기 자신과 서로를 위해 협력할 때 발휘되는 힘을 흥미로운 사례를 통해 살펴보며 이 장을 마무리하려고 한다.

거래비용을 줄이기 위해 협력하다

조섭은 22세 학생이며, 기독교도이고, 인도 남부의 도시 티루바난타푸람에 거주한다. 대학에서 컴퓨터 애플리케이션을,

대학원에서는 디자인을 전공해 석사 학위를 취득하려고 하지만, 사실 그가 가장 열정적으로 활동하는 분야는 음악이다. 조셉은 그 지역 음악 밴드에서 기타를 연주하고, 연습이나 공연이 없을 때는 엠터크에서 일한다. 그는 2012년에 엠터크에 가입했다. 돈을 벌면서 음악 활동에 필요한 시간을 낼 수 있기 때문이다. 그는 다른 온라인 구직 사이트들도 기웃거렸지만 그 사이트들은 나중에 알고 보니 가짜였다. 엠터크에 대해서 처음 알게 된 건 어떤 페이스북 그룹을 통해서였다. 그가 처음에 엠터크 계정을 만들려고 했을 때에는 신분증명서에 옛날 집 주소가 기재되어 있어서 가입 승인이 거부됐다. 엠터크에 가입하려면 정부에서 발행한, 집주소가 기재되어 있는 신분증명서를 반드시 제출하도록 되어 있다.

대다수의 서양 사람들에게는 아무것도 아닌 일이 인도에 사는 노동자들에게는 걸림돌로 작용하는 경우가 많은데, 대표적으로 인도에는 집에 정식 주소가 없는 경우가 비일비재하다. 그것이 바로 조셉이 겪었던 문제였다. 엠터크의 요구사항을 충족하는 우편 주소를 제시할 수 없었던 그는 대행업체에 돈을 내고 계정을 사서 그 주소를 사용했다. 그런 건 흔히 쓰는 편법이었다. 그런데 계정을 구입한 지 얼마 안 되었을 때 그 계정 역시 정지당했다. 아마도 그가 제시했던 주소가 정부에서 발행한 신분증명서와 일치하지 않았기 때문이었을 것이다. 조셉은 세 번째 시도로 페이스북에서 엠터크 계정을 구입했다. 그는 이렇게 설명했다. "페이스북에서 트리수르(그가 사는 곳에서 2시간 거리에 있는 도시)에 사는 어떤 사람이 엠터크 계정을 가지고 있는데 이제는 쓰지 않는다는 이야기를 들었어요. 저는 그 계정을 이용해서 일을 하고 제가 받는 급료의 20퍼센트를 그 사람에게 수수료로 줬지요."

지난 4년 동안 조셉은 이런 식으로 엠터크에서 일하고 얻은 수입의 80퍼센트를 챙길 수 있었는데, 금액으로는 한 달에 2만 루피(미화 275달러)정도였다. 조셉에게 엠터크 계정을 빌려준 사람이 종이 수표를 받으면 수표를 은행에 입금한 뒤에 그 80퍼센트를 조셉의 은행 계좌로 송금했다. 조셉은 이 돈을 가족들을 위해서 썼다. 아버지의 문구점 운영에 돈을 보태고, 어머니 생일 선물로 세탁기를 사드렸다. 또 자기가 쓸 오토바이도 장만했다. 조셉은 계정을 그에게 판 사람을 '직장 친구'로 생각하는데, 그의 협력이 없었다면 필수적인 가입 요건이었던 유효한 우편 주소와 급료가 입금될 은행 계좌를 구할 수 없었을 것이다.

조셉의 사례는 인도에서는 흔히 있는 일이다. 디지털 노동 플랫폼 계정을 만들기는 생각보다 복잡하며, 특히 제대로 된 도로가 없거나, 우편 서비스는 말할 것도 없고 안정적인 식수 공급 시스템조차 갖춰지지 않은 지역의 사람들에게는 더더욱 힘들다. 조셉이 일을 시작할 무렵 아마존은 인도의 노동자들에게 종이 수표로 급료를 지급했다. 그런데 우리가 인터뷰한 노동자들 중에는 우편을 제대로 받지 못하거나 동네에 은행이 없어서 수표를 입금하거나 현금화하지 못해 애를 먹었다고 이야기하는 사람들이 꽤 있었다. 어떤 사람들은 조셉처럼 우편물을 배달 받기에 더 안전한 친구나 가족의 집주소를 사용했다. 하지만 그 주소가 신분증명서에 나온 주소와 일치하지 않을 경우 계정 사용이 중단될 위험이 있었다.

쿠무다는 34세이며, 가짜 취업 사이트에 걸려든 뒤에 엠터크를 알게 됐다. 이제는 그런 자신의 경험을 교훈삼아, 취업 사기를 당하지 않으려면 반드시 믿을만한 플랫폼에 가입해야한다고 친척들과 친구들에게 조언한다. "맨 처음에는 아웃소싱 일을 했어요. 친구하고 같이 구인 광고를 찾아봤는데, 어디를 봐도 온통 가짜 사이트들뿐이더라고요. 저희 동네에서 엠터크라는 플랫폼이 있다는 걸 제가 처음 발견했어요. 친구들은 저를 통해서 엠터크를 알게 됐으니 엠터크가 안전하다는 걸 믿을 수 있었지요."

쿠무다의 이야기는 일자리를 찾는 과정에 협력하는 노동자의 대표적인 사례다. 작업 플랫폼 계정을 만들려면 노동자 회원들이 개인 금융 정보를 플랫폼에 제공해야 한다. 사무실도 없고, 플랫폼의 진위를 확인할 명확한 수단도 없어서, 노동자들은 어떤 것이 이메일 주소와 개인정보를 빼돌리려는 인터넷 사기단의 사이트이고 어떤 것이 진짜 일자리 플랫폼인지 구별하기 위해서라도 서로 의존해야 한다.

우리가 조사해본 결과 엠터크에서 일하는 미국과 인도의 노동자들 중 약 25퍼센트가 친구를 통해서 이 플랫폼을 알게 됐으며, 리드지니어스에 소속된 노동자들은 소개로 가입한 비율이 그보다 높다. 이를 통해 플랫폼 업계 전반적으로 주변 사람의 추천을 통해 가입하는 노동자들의 비율이 높다는 사실을 짐작할 수 있다.[4] 노동자들은 전화, 인터넷 포럼(인터넷 상에서 사람들이 대화를 나누거나 그림 등을 비롯한 자료를 공유할 목적으로 만들어진 웹사이트로, 한국에서 흔히 말하는 인터넷 커뮤니티와 비슷한 개념이다-옮긴이), 채팅, 페이스북 혹은 보수가 높은 작업일 경우 때로는 직접 만나서 작업에 관한 요령을 공유한다. 또

공정하고 믿을만한 의뢰인들(일명 고용주들)의 목록도 온디맨드 노동
자들 사이에 종종 공유된다.

산지브는 인도 케럴라 주에 사는 22세 학생으로, 엠터크에서 하는
일과 사랑과 우정에 관한 블로그를 여러 개 운영하면서 구글 애드워
즈(Google AdWords)를 통해 얻는 광고 수입으로 돈을 번다.* 그는 컴
퓨터 애플리케이션 강좌를 함께 듣던 친구를 통해서 엠터크를 알게
됐다. 엠터크가 그의 마음에 들었던 건 파트타임으로 일할 수 있어서
였다. 그는 공부를 하다가 종종 밤늦은 시간에 엠터크에 들어가서 일
감을 찾는다. 괜찮아 보이는 작업 의뢰가 눈에 띄면 엠터크를 소개해
줬던 친구에게 그 소식을 알린다. 그는, "사이트에서 작업을 하다가
좋은 일감을 발견하면 친구에게 얼른 전화를 해서 알려주곤 해요."라
고 말했다.

우리는 민족 문화별 특성을 반영한 연구와 설문조사를 통해서 노
동자들이 서로 소통하고 협력한다는 사실을 확인할 수 있었지만, 그
런 분위기가 얼마나 일반적이며 얼마나 광범위하게 나타나는지, 또
지리적 위치 등의 특성들이 온디맨드 노동의 배후에 있는 협력의 양
과 어떤 관련성이 있는지는 알아볼 길이 없었다. 그래서 노동자들의
협력 규모와 구조를 이해하기 위해 우리는 엠터크 노동자들에게 노
동자끼리 소통하는 네트워크를 빠짐없이 조사해서 전체 네트워크
지도를 만들 수 있게 도와달라고 요청했다. 우리가 엠터크에 게시한
일(엠터크에서 쓰는 용어로는 '히트(HIT)')은 각자 소통하는 사람의 온라인

---

* 구글 애드워즈(Google AdWords)는 2018년에 구글 애즈(Google Ads)로 이름이 바뀌었다.

닉네임을 밝히고, 소통할 때 어떤 수단을 사용하는지(예를 들면 이메일, SMS, 스카이프, 혹은 노동자들이 사용하는 다양한 온라인 포럼 등)를 익명으로 보고하게 했다는 점에서, 엠터크 노동자들을 위한 '페이스북 라이트(Facebook-Lite)'라고 이름 붙였다.*[5] 노동자들은 각자의 인맥에 관한 다양한 정보들, 이를테면 엠터크에서 일을 시작한 계기, 중도에 그만두지 않고 계속 이 일에 흥미를 느끼는 이유, 그리고 각자 편하게 공유할 수 있는 선에서 제공한 성별이나 나이 등의 인구통계학적 정보 등을 서로 볼 수 있었다.

조사 결과 전체 네트워크는 1만 354명의 노동자들과 5,268건의 관계로 구성되어 있었다. 다른 사람과 맺은 관계가 최소한 한 건 이상인 노동자들은 1,389명(전체의 13.4퍼센트)이었으며 그들 중 평균에 해당하는 사람은 관계를 맺은 사람이 최소한 7명 이상이었다(〈그림 2〉참조). 언뜻 보기에는 노동자들의 86.6퍼센트나 되는 사람들은 동료들과 아무런 연고가 없는데, 어째서 우리가 네트워크에 이토록 신경을 쓰는지 의문이 들지도 모른다. 그런데 알고 보면 다른 사람과 관계를 맺고 지내는 13.4퍼센트는 바로 4장에서 설명했던 '상시접속 회원'과 '고정 회원'에 해당하는 핵심 노동자들이다. 그래서 만일 당신이 엠터크에 일감을 게시하면, 이 집단에 해당하는 사람들이 그 일을 맡을 공산이 크다. 게다가 뒤에서 더 자세히 확인하겠지만 노동자들이 여러 다른 인터넷 포럼에서 모이기 때문에, 우리가 조사한 이 네

---

* 우리는 엠터크 회원들에게 익명성을 보장하기 위해 우선 닉네임을 만든 다음, 각자 연락을 주고받는 관계에 있는 다른 회원들과 서로 닉네임을 교환하도록 요청했다. 회원들이 닉네임을 교환하는 데 쓰는 수단은 어떤 것이든 마음대로 사용할 수 있었다. 이 작업은 2016년 8~9월에 엠터크에 게시됐다.

트워크는 노동자들이 소통하는 인터넷 포럼들의 공통부분에 해당한다(<그림 2> 참조). 그런데 이 네트워크와 관련해 가장 중요한 측면은 뭐니 뭐니 해도 이런 네트워크가 존재한다는 사실 그 자체다. 노동자들끼리 협력할 기반이 없는 상황에서, 이들은 자력으로 엠터크 플랫폼 이외의 공간에서, 각자의 노력과 비용을 들여서, 이런 전체적인 네트워크를 만들었다.

더구나 이런 네트워크는 노동자와 의뢰인 사이에 API가 개입하기 때문에 좀처럼 사람들 눈에 띄지 않는다. 우리가 이 네트워크의 존재를 알 수 있었던 건 순전히 서로 다른 민족 문화권의 차이를 직접 조사하면서 API의 영향을 피했고, 노동자들을 인터뷰하면서 그들 사이의 관계를 관찰한 덕분이었다. 우리는 노동자들에게 각자 누구와 대화를 나누는지 알려달라는 내용을 플랫폼에 일감으로 올렸기 때문에 근본적으로 API의 제한을 뚫고 노동자들로부터 직접 자료를 수집할 수 있었다. 우리가 분석한 네트워크는 엠터크에만 한정되지만, 민족 문화적 특성을 조사한 자료에 따르면 그 밖의 노동 플랫폼에도 노동자들 사이에 이와 같은 네트워크가 존재한다는 사실을 유추할 수 있다.

플랫폼이 API를 매개로 작동하기 때문에 노동자들 간의 관계가 얼핏 보기에 하찮아 보이지만, 다른 모든 업계와 마찬가지로 이곳에서도 관계는 무척 소중한 가치다. 왕성하게 활동하는 네트워크에 연결되지 않은 노동자들은 수익성이 가장 높은 좋은 일감을 찾기가 힘들어지고, 금세 이 업계에서 기반을 잃는다. 실제로 우리가 공지했던 '페이스북 라이트' 작업을 가장 먼저 신청했던 200명 중 거의 30퍼센트는 다른 노동자들과 관계를 맺고 있는 사람들이었다(<그림 3> 참조). 우리가 의뢰한 작업은 보수가 높은 편이었는데 네트워크를 확보한 노동자들은 연락을 주고받는 동료가 있기 때문에 그렇지 못한 노동자들보다 이 작업에 관한 소식을 먼저 들을 수 있었고, 결과적으로 경제적인 이득을 얻었다. 플랫폼들은 경험이 부족하거나 사회적으로 고립된 노동자들이 큰 불평등을 겪지 않도록 설계됐다. 다른 이유가 있어서라기보다는 그저 노동자들이 일을 맡기 전에 동료들과 함께 해당 업무와 업무 의뢰인에 관해 알아보면서 일의 조건을 검토하고 싶어하는 이유가 무엇인지 전혀 고려하지 않기 때문이다. 가장 실적이 높은 노동자들은 낯모르는 사람들끼리 디지털 노동에서 협력하는 가치를 일축하는 이런 설계상의 오류를 상쇄하기 위해 동료들의 움직임을 토대로, 보다 계획적인 행동 방침을 세운다.

미래에는 노동자들에게 필요한 부분을 일부 반영한(예컨대 엠터크가 인도의 우편배달 서비스를 이용해야 하는 종이 수표 발행 방침을 변경한 것) 기술 기반의 해결책이 나올 수도 있겠지만, 친구가 보증한 고용주, 작업, 혹은 플랫폼을 이용해서 신뢰도를 높이는 방법은 모방하기가 쉽지 않을 것이다.

작업을 완수하기

푸남은 20대 초반의 여성으로, 그녀와 남편인 산제이는 조만간 아이를 가질 계획이다. 푸남은 원래 비즈니스 프로세싱 회사에서 근무했었다. 그러나 마이크로소프트의 온디맨드 플랫폼인

UHRS에 가입한 뒤로, 인도 북부 찬디가르 중심지까지 날마다 장거리를 힘들게 출퇴근하지 않고도 집에서 하는 일로 충분한 돈을 벌 수 있게 됐다. 산제이는 그래픽 디자인과 인쇄를 겸하는 소규모 인쇄소에서 풀타임으로 근무하고, 부업으로 크라우드소싱 일도 한다. 산제이가 온라인 작업으로 버는 돈은 이 부부의 소득에서 상당한 부분을 차지하지만, 인쇄 디자인 직장과 온디맨드 일을 겸하다보니 너무 벅찰 때도 있다.

우리와 만나 이야기를 나누는 자리에서, 부부는 멋쩍어하면서 사실 온라인 작업을 둘이 나눠서 하고 있는데 그건 위험천만한 행동이라고 솔직히 털어놓았다. 온라인으로 일을 맡기는 회사들은 플랫폼 계정에 표시된 이름을 가진 사람이 혼자서 일하는 것으로 알고 있다. 계정을 두 사람이 나눠서 사용하는 것이 발각되면 계정이 폐쇄될 수도 있다는 걸 알지만, 푸남과 산제이는 위험을 감수하고 어쨌든 그렇게 하고 있다. 이들은 함께 일하면 두 사람 중 해당 작업에 최적의 기량을 갖춘 사람이 그 작업을 맡아 할 수 있다고 설명했다. 그리고 둘이 하나의 계정을 공유하면 평가점수를 높게 유지할 수 있고, 자신 있게 덤벼들 수 있는 작업의 수가 2배로 늘어난다. 이를테면 남편이 어떤 작업을 수락했는데 자기 능력으로는 힘에 부칠 것 같으면 아내에게 부탁하고, 아내가 힘든 일은 남편에게 부탁하는 것이다. 산제이는 디자인 분야에 전문성을 갖추고 있어서 시각적인 요소가 두드러진 작업에 능하고, 푸남은 인터넷 검색어 평가처럼 언어와 관련된 작업에 뛰어나다.

산제이와 푸남처럼 결혼한 부부들이 이런 식으로 작업을 공유하는 사례가 많으리라는 사실을 쉽게 짐작할 수 있지만, 우리는 단순히 부부들뿐 아니라 페이스북이나 인터넷 포럼에서 만난 사람이 인터 넷 채팅으로 대화하거나 직접 만나서 이런 식으로 작업을 공유하는 경우가 일반적이라는 사실을 알게 됐다. 우리는 노동자들이 만나서 작업을 완수하기까지 시간을 관리하는 법, 인터넷 검색법, 기본적인 스크립트(프로그램 언어 외의 간단한 언어로 작성한 명령어-옮긴이)나 복사 하기·붙여넣기 등 컴퓨터를 이용한 간단한 작업법과 같은 구체적인 요령을 공유한다는 이야기를 누누이 들었다.

예를 들면 첸나이에서 부모님과 함께 살고 있으며, 학교에 다니면 서 엠터크에서 일하고 있는 24세의 청년 아난드가 그런 경우다. 아난 드는 엠터크에서 버는 돈으로 용돈을 충당한다. 그는 우리와 만난 자 리에서, 부모님은 그가 컴퓨터 앞에 앉아서 도대체 그 오랜 시간 동 안 무엇을 하는지 이해할 수 없다는 입장이시지만, 나중에 아마존닷 컴 정규직에 취직해서 부모님의 우려가 틀렸다는 걸 증명해보일 셈 이라고 말했다. 그는 엠터크를 친구 라자에게 듣고 알게 됐다고 한 다. 라자는 아난드 친구들 중 적극적으로 앞에 나서서 이끄는 유형의 인물이었다. 그는 "라자 덕분에 친구들 모두 엠터크를 알게 됐다."고 말했다. 그는 라자가 손으로 직접 써준 컴퓨터 단축키와 주요 명령어 목록을 우리에게 보여주었다. 그는 너덜너덜해진 그 메모를 책상 왼 쪽 벽에 테이프로 붙여뒀다. 그 메모에는 스크린 샷(screenshot: 디스플 레이 상의 이미지를 갈무리하는 것-옮긴이)을 저장하는 명령어, 일반적인 유형의 검색어들, 미국 주와 도시들의 목록을 담은 엑셀 스프레드시 트(작업을 하는 도중에 미국에 관한 기본적인 질문이 나올 때 재빨리 답할 수 있도록 커닝페이퍼처럼 사용한다)를 검색하고 다운로드하는 법 등이 적혀 있었다.

아난드와 라자 같은 친구들은 드물지 않다. 우리가 조사했던 4종류의 플랫폼에서 일하는 온디맨드 노동자들 수천 명 중 5~10퍼센트는 직접적으로나 아니면 형식에 구애 없이 간단하게 소셜네트워크를 이용한다고 밝혔다. 노동자들은 멘토 역할을 해주는 사람이나 온라인 혹은 오프라인 친구 그룹처럼 힘들 때 기댈 누군가가 꼭 필요하다고 일관적으로 이야기했다.[6] 그래야 처음 플랫폼에 가입한 신입 노동자들이 수많은 질문 항목들 속에서 어리둥절해하지 않고, 'twerking(트워킹: 상체를 숙이고 엉덩이를 흔들며 추는 성적으로 자극적인 춤-옮긴이)'처럼 특정 문화와 관련 있는 용어를 찾아내고, 인도의 온디맨드 노동자들로서는 생소한 각종 상품과 머리가 어쩔해질 정도로 다양한 종류의 가전제품에 당황하지 않으면서 플랫폼에 게시된 아주 평범하고 일반적인 작업들을 완수해 나갈 수 있기 때문이다.

20대 후반이며 독실한 이슬람교 신자인 파리드 역시 맡은 일을 제대로 해내기 위해 노동자들 간의 협력에 기댄다. 그는 하이데라바드에서 살고 있으며, 엠터크에서 일하며 버는 돈으로 가족을 부양한다.

---

* 인도 방갈로르에는 비즈니스 프로세싱 관련 일자리가 26만 5,000개 이상 있다. 이 일을 하는 사람들 대부분은 미국이나 영국에 가본 적이 없으며, 문화적인 지식은 학교, 연수, 영화, 고객과의 일상적인 대화에서 익힌 것이 전부다. 그래서 영어 능력, 대화 기술, 서구 문화 관습을 가르치는 작은 교습소나 학원들이 많이 생겼다. 이런 학원들은 모국어의 영향으로 생기는 특유의 발음과 억양을 교정하는 데 초점을 맞춘다. 그저 미국인처럼 발음하는 것만이 목표는 아니다. 예를 들어 오리온 에듀테크 같은 학원은 문화적인 뉘앙스까지 중요하게 여겨서, 미국 텔레비전 시트콤 「프렌즈」나 「사인필드」 같은 프로그램을 보여주거나 미국 팝송을 들려주면서 서구 문화에 노출시킨다.

그가 엠터크 사이트를 알게된 건 어린 시절 친구인 자파를 통해서였다. 그가 맏아들이기 때문에, 집안 어른들은 그에게 더 안정적인 직업을 찾는 게 낫지 않겠느냐고 종종 다그친다. 아버지와 삼촌들은 아랍에미리트에서 운전기사로 일한다. 운전기사는 하이데라바드 출신의 젊은 이슬람교도들 중에서도 특히 고등 교육을 받을 기회가 없었던 사람들이 흔히 택하는 직업이다. 하지만 파리드는 뭔가 더 나은 일을 하고 싶었다. 그는 2011년, 영어 실력 향상에도 도움이 되고 직업적 장래성도 있는 엠터크 플랫폼에 가입했다. 그는 다른 사이트들에서도 노동자 회원 계정을 만들려고 시도했지만, 우리와 인터뷰했던 시점에는 성사되지 못한 상태였다.

다른 많은 온디맨드 노동자들과 마찬가지로 파리드 역시 노동자 회원 평가점수를 높게 유지하기 위해 큰 노력을 기울이고 있었다. 엠터크의 모든 노동자는 점수에 대해 조바심을 낸다. 평가점수가 그 사이트에서 향후 자격 조건을 결정하기 때문이다.

많은 이들이 그렇듯 파리드도 처음에는 사이트에서 기본을 쌓는 단계여서 높은 점수를 유지하기가 힘들었다. 작업 지시사항과 관련해 의문이 들더라도 마땅히 확인할 방법이 없었고, 설사 의뢰인에게 질문을 해볼 수 있더라도, 답을 듣기까지 걸리는 시간만큼 시간적으로 손해를 볼 수밖에 없었다. "처음 이 일을 시작했을 때는 불합격 처리되는 경우가 많았어요." 그가 말했다. "의뢰인들이 작업 지시사항에서 무엇을 기대하고 어떻게 생각하는지를 알 길이 없어서였지요." 파리드는 평가점수를 올리기 위해 친구 자파에게 도움을 구했다. 자파는 작업의 지시사항과 관련해서 확인을 요청하는 노동자들의 질문에 적극적으로 응대하는 의뢰인들을 찾을 수 있게 도와주었다.

파리드는 자파에게 구체적인 방법을 질문하면서 도움을 얻기도 했다. 가령 그는 어떤 이미지를 보고 그 이미지를 가장 효과적으로 설명하는 단어를 선택하는, 온디맨드 작업 중 흔한 유형의 작업인 이미지 태깅에 관해서도 궁금한 점이 많았다. 또 위치 확인 작업을 할 때도 친구의 도움이 필요했다. 생전 가본 적 없는 곳의 실제 주소를 완전히 생소한 도로명, 이름, 우편번호별로 정리해야 했다. 자파는 파리드에게 인도에 거주하는 온디맨드 노동자들이 만든 페이스북 포럼에 가입해보라고 권했다. 이런 포럼들은 공개된 것도 있고 비공개로 운영되는 것도 있다. 파리드가 자파의 조언을 듣고 가입한 포럼에는 약 150명의 회원이 있었다. 그는 이렇게 설명한다. "포럼 회원들은 각자 경험을 서로 나눠요…. 또 좋은 일감이 게시되면 친한 사람들끼리 '부재중 전화' 기록을 남겨서 알려줘요. 통화료를 아낄 수 있게 전화벨이 한두 번 울린 뒤 바로 끊는 방식으로요. 플랫폼에서 부지런히 일을 찾다가, 누구든 가장 먼저 좋은 일감을 찾은 사람이 전화로 알리는 거예요. 이렇게 모두가 다른 모두를 도와요."

우리는 노동자들에게서 이런 포럼을 발견하기 전에는 고스트워크를 거의 포기하기 직전이었다는 이야기를 수없이 많이 들었다. 사람들은 노동자들끼리 뒤에서 협력하지 않고서는 이런 온디맨드 플랫폼이 운영되는 것조차 불가능하며, 동료들의 네트워크가 없다면 노동자들이 이 일의 고되고 힘든 순간을 이겨내지 못할 것이라고 입을 모았다.*

파리드와 그의 친구들은 진짜라기에는 너무 조건이 좋은 작업이 공지되거나, 어떤 의뢰인이 아주 복잡한 작업을 공지하면, 우선 페이스북 포럼에 들어가서 확인부터 한다. 그는 이렇게 설명했다. "저희들은 이럴 때 포럼에 '혹시 이 의뢰인과 작업해 본 적이 있었던 사람?'이라는 질문을 올려요. 만일 친구들 중에 누군가가 해보고 좋았던 경험이 있었거나, 게시된 작업에 대한 자세한 내용을 누군가 알려줄 경우에는 그 작업에 지원하지요. 왜냐하면, 의뢰인들한테 직접 일에 관한 질문을 하면 곧바로 답을 들을 수가 없거든요…. 친구들한테 물어보는 게 훨씬 수월하지요."

우리는 네트워크 지도를 만들기 위해 노동자들이 누구와 소통하는 사이인지, 그리고 어떤 방식으로 소통하는지 조사했다고 앞서 설명했다. 전체 응답자 59퍼센트, 그리고 연결 관계가 있다고 대답한 사람의 83퍼센트는, 최소한 한 개 이상의 인터넷 포럼을 사용한다고 답했다. 실제로 다른 노동자들과의 연결 관계가 있는 사람의 90퍼센트가 포럼을 통해서 소통하고, 86퍼센트는 전적으로 포럼을 통해서만 소통한다. 우리가 작성한 지도에서 연결이 밀집된 부분은 모두 하나의 인터넷 포럼에 해당했으며, 두 개 이상의 포럼에 참여한 사람들로 구성된, 분포가 밀집된 지점들 사이의 공간은 희박한 편이었

---

* 토론 포럼 '터커네이션(TurkerNation)' 사용자들과의 인터뷰에서 나왔던 다음의 말에서, 노동자들이 두 가지 이유 모두에서 인터넷 포럼을 소중하게 생각한다는 사실을 알 수 있다. "터커네이션을 못 찾았다면, 돈을 지금처럼 벌지 못했을 게 분명해요. 게다가 한가할 때 함께 어울리며 느끼는 재미는, 돈으로 값을 매길 수가 없고요."

다(<그림 2> 참조).[7]

　대부분의 소통이 포럼에서 이루어지지만, 일대일로 직접 만나거나 전화, 이메일, 문자, 인스턴트 메시지, 화상 채팅 같은 다른 경로가 사용되기도 한다(<그림 2> 참조). 전체적으로는, 관계를 맺고 있는 사람들의 14퍼센트는 일대일 수단을 비롯한 각종 경로로 단 한 사람하고만 소통하며, 10퍼센트는 전적으로 일대일 수단으로만 소통하고 있다. 이런 소통 수단 중에 가장 많이 쓰이는 3가지는 인스턴트 메시지(27퍼센트), 직접 만남(18퍼센트), 이메일(16퍼센트)이었다.[8] 노동자들이 이런 여러 소통 수단을 통해 어떤 이야기를 나누는지는 다음 소단원의 끝부분에서 살펴볼 것이다.

직업의 사회적 측면을 재창조하기

　　　온디맨드 플랫폼들은 노동자들이 다른 사람의 도움을 전혀 받지 않고도 일을 훌륭히 해낼 수 있다는 전제 하에 운용된다. "감사합니다", "수고하셨습니다!", "다음에는 다른 방식으로 해보면 어떨까요?" 같은 말들은 개입할 여지가 없다. 하지만 온디맨드 노동자들과 이야기를 나눠보면 그런 추측이 확인된 바 없는 위험한 생각이었음이 드러난다. 노동자들은 서로의 진척과 발전을 격려하기 위해 사회적인 직장 환경을 재창조한다. 이들은 오프라인 사무실의 직원 휴게실과 거의 비슷한 역할을 하는 온라인 포럼에 모여서 동료들과 서로 공감하고, 위로하고, 속마음을 털어놓는다.

아크바는 19세이며 하이데라바드에 살고 크리켓을 아주 좋아한다. 그는 2년 전부터 엠터크에서 일하고 있으며, 집 근처에 있는 이슬람교 사원에서 동네 친구들을 만나면 의뢰인에 관한 정보를 종종 교환한다. "엠터크에 관해서 5~10분 정도 이야기 나누면서 누가 어떤 일을 했는지, 그리고 어떤 일이 괜찮았고 어떤 일이 안 좋았는지 같은 정보를 공유해요…. 그리고 나중에 컴퓨터 앞에 앉아 다시 작업을 시작하면…. 스카이프나 페이스북으로 계속 소통하고요. 대화를 나누고 어쩔 때는 화상 채팅도 해요." 아크바와 그의 친구들은 일에 대한 의욕을 잃지 않고, 졸음을 쫓을 수 있게 서로 자극한다. 온디맨드 노동은 미국과 유럽 시간대를 기준으로 돌아가기 때문에 인도 사람들은 보통 밤늦은 시간에 일을 하게 된다. 잠을 쫓기 힘든 캄캄한 새벽 시간이면 아크바는 친구들을 찾는다. "밤새도록 일해야 하면 미리 휴대폰을 빵빵하게 충전해놓고, 귀에 이어폰을 꽂고서 밤새 수다를 떨어요." 아크바는 그 시간 대부분을 친구인 모신과 이야기 나누는데, 그 이유를 이렇게 설명한다. "저희 둘 다 휴대폰 통신사 에어셀(Aircel)을 쓰는데, 에어셀 사용자들끼리는 통화 요금이 무료거든요. 그래서 주로 둘이서 통화를 많이 해요."

미국의 노동자들은 게시판 기능을 기본으로 하는 온라인 포럼을 주로 이용해서 소통하는 반면(미국 노동자는 다른 노동자들과 포럼에서 소통하는 경우가 91퍼센트이며, 88퍼센트는 전적으로 포럼만을 이용해서 소통한다), 미국 이외의 지역 노동자들은 일대일 소통 수단을 더 많이 활용한다(77퍼센트는 일대일 수단으로 소통하고, 57퍼센트는 전적으로 일대일 소통수단만을 사용한다)[9]

이런 사용 패턴의 지리적인 관련성은 그 배경이 되는 다른 요소들을 고려해 볼 때에도 일치한다. 첫 번째는 웹 기반의 포럼이 미국 노동자들에게 아주 익숙하다는 사실이다. 소셜 커뮤니티 사이트 레딧(Reddit)의 게시판인 서브레딧(Subreddit) 같은 경우는 비교적 새롭고 중독성 있는 유형의 장이지만, 그보다 훨씬 전부터 널리 사용됐던 유즈넷(Usenet) 사이트의 토론 집단과 비동기식 토론 스레드(thread: 포럼 사이트 하위 메뉴인 서브 포럼으로, 사용자들이 올린 포스트로 구성된다-옮긴이)는 인터넷의 시작과 어깨를 나란히 할 정도로 역사가 오래됐다. 하지만 인도의 경우 최근 페이스북과 와츠앱이 모바일 서비스를 시작하기 전까지는, 대화를 나누기 위해 인터넷을 활용하는 경우가 거의 없었다. 짐작건대 인도 내의 언어적 다양성과 대립 관계 탓에 온라인 그룹을 중심으로 협력하는 분위기가 주류로 자리 잡지 못한 것으로 보인다. 그리고 토론 포럼들은 노동자들을 화합시킬 수도 있지만, 여러 집단들 간의 경계를 강화하는 공간이 될 수도 있다. 실제로 인터넷에 있는 모든 엠터크 관련 포럼들을 뒤덮고 있는 가장 강력한 목소리는, 미국 노동자들이 쓴 것으로 판단되는 '무식한 인도 노동자들이 우리의 일자리를 빼앗아가고 있다'라는 비판이다. 따라서 우리가 만든 네트워크 지도에서 연결 관계를 맺고는 있지만 가장 큰 연결망에 포함되지 않은 사람들은 주로 일대일 경로로 소통하는 국외 노동자들이 대부분이며, 가장 큰 연결망 집단에 포함되는 사람들은 온라인 포럼으로 소통하는 미국 노동자들이 대부분이라고 정리할 수 있다.

노동자들은 어떤 작업을 맡을지, 어떤 의뢰인을 신뢰할 수 있는지 같은 온디맨드 노동의 핵심에 대해 이야기 나누고, 서로 간에 사회적 지원을 제공한다. 〈그림 2〉의 네트워크 지도를 살펴보면, 어떤 노동자가 다른 노동자와 소통한다고 밝혔을 때, 우리가 단순히 어떤 방식으로 소통했는가만 물은 것이 아니라 무엇에 대해서 소통하는가를 객관식 문항으로, '(a) 히트(온라인에 게시되는 작업의 이름), (b) 의뢰인, (c) 스크립트/도구, (d) 일상의 삶, (e) 기타'와 같이 제시했다는 것을 확인할 수 있다. 노동자들은 일대일 소통 수단보다는 온라인 포럼에서 일에 대해 훨씬 더 많은 이야기를 나눴다. 반대로 노동자들이 각자의 삶에 대해 이야기 나누고 서로 사회적인 지원을 제공하는 것은 주로 일대일 소통 수단을 통해서였다(〈그림 4〉 참조). 노동자들은 사이가 가까울수록 온라인 포럼에서의 시끄러운 잡음들을 뒤로하고 개인적인 이야기를 나누는 경우가 더 많았다.[10]

협력의 효과

온디맨드 플랫폼에서는 API가 노동자들 간의 소통을 제어하는데, 기본적으로 API에는 노동자들 간의 소통을 도모할 수단이 따로 마련되어 있지 않다. 그리고 아크바, 파리드, 자파는 서로 몇 킬로미터밖에 안 떨어진 가까운 곳에 살기 때문에 공간을 함께 쓰면 득이 될 수 있지만, 같은 인터넷 연결망을 사용하면 계정이 중지될지 모른다는 우려 때문에 각자 광대역 연결망과 휴대폰 데이터 서비스를 따로 이용해서 일한다. 계정이 중지될 수 있다는 것이 사실인지 아니면 떠도는 소문인지 확실하지는 않지만, 그렇다고 위험을 무릅

쓰고 싶지는 않았다.

이런 사례는 불명확성 때문에 복잡한 편법들이 생겨날 수 있음을 보여준다. 계정이 어째서 그리고 어떻게 중지될 수 있는지에 관한 명확성이 부족하다보니 혼란이 생기고, 성실하게 임하는 선의의 노동자들이 피해를 입는다. 이들에게는 계정을 중지시키는 결정이 제멋대로 내려지는 것처럼 보일지 모른다. 더군다나 투명성까지 부족해서 계정 중지와 관련해 노동자들 사이에 온갖 이론과 추측이 난무하고 있다. 온디맨드 플랫폼의 이런 공통된 조건이 때로는 노동자들이 힘을 합하게 만드는 기폭제가 되기도 한다.

노동자 네트워크가 있으면 사람들끼리 소통할 수 있기 때문에 근거 없는 소문과 억측이 더 빨리 확산되는 효과도 있다. 반면 이런 네트워크의 존재는 노동자들이 의도적으로든 비의도적으로든 협력하게 되는 효과도 있다. 그런 효과를 확인하기 위해서 우리는 플랫폼에 아주 간단한 작업을 올려 봤다. 노동자들이 검색엔진 빙(Bing) 지도에 자신의 현재 위치를 표시하는 작업이었다. 위치를 표시한 뒤에는 "이 히트(HIT)를 어떤 경로를 통해 알게 됐습니까?"라는 질문에 답해야 했는데, 답변으로 선택할 수 있는 문항은 '(a) 엠터크 웹사이트에 게시된 작업 목록을 직접 찾아보고 (b) 온라인 포럼을 통해서, (c) 개인적으로 아는 사람의 추천으로, (d) 이 의뢰인의 이름을 검색해서, (e) 기타'였다.*[11]

---

* 　지도에서 노동자들의 위치를 표시하게 했던 데이터는 〈그림 1A〉와 〈그림 1B〉에 있다. 이 작업에서 우리는 노동자들이 이 히트(HIT)를 어떻게 찾아냈는지에 더 관심이 쏠렸다.

우리는 이 작업을 5주에 걸쳐서 작업 게시판에 공지했다. 한 번에 8시간씩 여러 차례에 걸쳐서 게시했는데, 그 대부분은 8시간 동안 이 작업을 신청하고 완수한 사람이 50명 이하였다. 하지만 100명 이상 이 참여했던 경우도 몇 차례 있었고, 어쩔 때는 200명 이상이 참여하기도 했다. 트래픽 증가량에 초점을 맞추어 살피면 100명 이상이 참여했던 때에는 전체 트래픽의 55퍼센트가 온라인 포럼에서 나온 것으로 분석된다. 사실 트래픽 양이 증가할 때마다 그와 거의 비슷한 시간대에 온라인 포럼들 중 한 곳에 포스트가 게시되었다는 사실을 확인할 수 있었다. 앞에서 설명했듯이 이런 포럼들은 노동자들이 서로 협력하고 사회적인 지원을 제공하는 공간이다. 그런데 이런 포럼은 조직 차원에서 〈그림 5〉에 나오는 것 같은 트래픽 증가를 유발하는 역할도 한다.

트래픽의 급증은 이런 온라인 포럼의 조직화 기능에서 나온다. 실제로 우리가 작업을 공지하자마자 일에 지원했던 400명 중에서 약 200명은 온라인 포럼에서 우리 작업에 관해 듣고 찾아왔다. 특히 작업을 공지한 직후에 몰려든 신청자들은 이들이 극도의 경계 상태를 유지한다는 방증이기도 하다. 이어지는 소단원에서는 노동자들이 목적의식을 가지고 의미 있게 협력하는 데 이런 네트워크들이 어떤 역할을 하는가 살펴볼 것이다.

단체 행동을 다시 상상하기

낯모르는 사람들끼리도 유익한 관계를 맺고 사회적 공간을 만들어 나갈 수 있다. 그런데 이런 공동체들은 아무나 들어오지 못하도록 입구에 장벽을 세우기도 한다. 2장에서 살펴보았듯 조직화된 노동 운동과 노동조합들은 역사적으로 2가지 요소에 의존해서 노동자들을 결집했다. 우선 기계 기술자, 철강 노동자, 교사 등과 같은 각 전문 직종의 결합력을 활용해서 공동의 목표를 추구할 토대를 마련했다. 노조 조직책들은 직장에서 직접 얼굴을 마주하고 소통하면서 느끼는 연대의식에 의존했고, 파업에 나설 때는 변화를 이끄는 단결에 힘을 실었다. 노조라는 개념이 처음 생겼던 시절부터 존재했던 사회적인 단결의식에는 다른 사회 문화권에 속한 사람들에 대한 혐오와 배타적인 태도도 섞여 있었다. 역설적이게도 정규직 노동자들의 동질성, 묵시적이며 근거 없는 차별로 남다름을 적대시하는 직장 분위기가 형성됐고, 그러면서 일부 노동자들이 온디맨드 일로 관심을 돌리게 됐다.

하지만 이런 가정에 따른 실제적인 구분이 엄밀해서 절대 바뀔 수 없는 것은 아니다. 노동자들은 때로는 자신이 속한 직업의 사회적인 네트워크에서 벗어나 더 나은 노동 조건을 쟁취하기 위해 노력하는 노동자 계급으로서 한 데 뭉쳐 지지하고 협조한다. 전 세계적인 관심을 모았던 사례로 2014년의 '아마존 CEO 제프 베이조스 앞으로 크리스마스 편지 보내기 운동'을 들 수 있다.

이 캠페인은 2014년 가을에 시작됐다. 당시 몇몇 엠터크 토론 포럼들의 운영자들이 스탠퍼드대학교와 캘리포니아대학교 샌디에이고 캠퍼스 대학원생 및 교수들과 협력해서 엠터크 국제 노동자들을 위한 일종의 사무소로 쓰일 가상의 노동조합 본부 설립을 추진 중이었다. 이들은 노동자들이 각자의 경험을 익명으로 공유하고, 취할 수 있는 조치를 쉽게 논의할 수 있게 만들자는 목표를 세웠다. 이들이 만든 사이트는 '다이나모(Dynamo)'라는 별칭으로 불렸으며, '온라인으로 단체 행동을 지원하는 시스템을 만드는 방법'을 탐색하는 연구 프로젝트의 일환이었다.[12] 이 사이트의 여러 가지 활동 중에 가장 성공적인 것으로, 학계의 연구원들이 일을 맡길 때 참고할 수 있도록 가이드라인을 만든 활동을 꼽을 수 있다. 대학원생들과 교수들은 고질적으로 엠터크 노동자들에게 좌절을 안기는 주된 원인이었다. 노동자들은 피자를 공짜로 얻어먹으려고 기꺼이 실험에 참가하는 대학생들과 비슷하게 연구 실험에 동원되는 경우가 비일비재했기 때문이다.

다이나모의 특징 중에는 게시되는 의견들에 노동자들이 '좋아요'를 표시하는 기능도 있었다. 덕분에 아주 기발하고 훌륭한 의견들은 금세 목록의 상위로 올라갈 수 있었다. 그리고 실제로 그런 일이 일어났다. 그 사이트를 이용해서 제프 베이조스에게 편지를 보내자는 의견이 사람들의 주목을 끌기 시작했다. 이메일은 단순한 팬레터 혹은 작업 환경의 개선을 바라는 엠터크 노동자들의 바람을 자세히 적은 편지면 가능했다. 이 의견이 나오게 된 데에는 평소에 제프 베이조스가 고객이 만족하지 않으면 자기도 만족하지 못하다고 대중들 앞에서 반복적으로 주장했던 것이 토대가 됐다. 베이조스는 뉴스 웹사이트 「비즈니스 인사이더(Business Insider)」와의 인터뷰에서 개인 이메일 주소를 공개하기까지 했다. 그런 마당이니 아마존 고객 서비스 컴퓨터 로직을, 웬만해서는 눈에 잘 띄지 않는 엠터크의 '고객'들, 즉 일손이 필요한 작업들을 처리하는 노동자들의 목소리를 듣고 지원하는 데 활용할 수도 있지 않겠느냐는 발상이었다.

이 사이트에 로그인한 모든 노동자들에게 베이조스 앞으로 편지를 보내자는 메시지가 전달됐다. 팝업창에는 이런 글귀가 담겨있었다. "우리는 베이조스에게, 엠터크 노동자들도 엄연한 사람이며, 존중과 정당한 대우, 열린 소통을 누릴 자격이 있다는 것을 알리려고 합니다."[13]

이 캠페인은 세 가지 중점 목표를 내세웠다. 첫째, 존재감이 거의 없는 전 세계 수많은 엠터크 노동자들과, 그들이 일하는 사이트를 관리하는 세계적 유명 인사인 CEO가 소통할 수 있는 통로를 만든다. 둘째 베이조스에게 노동자들이 개별적으로 보낸 이메일에 답장하고 그가 공개적으로 말했던 것처럼 실제로도 노력을 기울이라고 촉구한다. 셋째, 노동자들에게 필요한 구체적인 지원책을 모색한다(다만 이들은 노동자들의 구체적인 요구를 따로 밝히지 않았다).

또 이들이 품었던 암묵적인 목표 중에는 언론에서 조명하는 엠터크 노동자들에 관한 이미지를 바로 잡겠다는 흥미로운 목표도 있었다. 이들은 이런 문구를 내세워 홍보했다. "저희들 모두가 개발도상국에 사는 건 아닙니다. 저희들 모두가 특별한 기술이 없는 미숙련자들은 아닙니다. 저희들이 모두 시간당 1.45달러를 버는 건 아닙니다. 저희들 모두가 푼돈을 마련하려고 엠터크에서 일하는 건 아닙니다." 이중 특히 마지막 문구는 '엠터크에서 작업하는 사람들은 진짜 노동자들이 아니다.'라는 대중의 근거 없는 믿음에 반박하는 내용이다. 이 캠페인을 통해 전 세계에서 수십 통의 편지가 베이조스에게 전달됐고, 국제적인 언론 기사로 다루어지기도 했다. 하지만 베이조스가 이 편지들에 답장을 보내지는 않았다.

온디맨드 노동자들은 명확한 직업적인 상관관계나 기반이 없기 때문에, 합심해서 실효성 있게 협력하거나 공동의 이익을 위해 싸울 노동집단을 조직하겠다는 생각을 잘 안 받아들이는 경향이 있다. 실제로 한 노동자는 "파업의 책임을 서로에게 어떻게 물을 수 있겠습니까?"라고(작업을 중단시키기 위해 조직책들이 어디로 사람들을 불러 모을 수 있겠느냐는 의미로) 말하기도 했다. 또 어떤 사람들은 온디맨드 시장에 전 세계 노동자들이 참여한다는 점에서, 최저임금 같은 항목을 들먹이는 것을 지극히 예민하게 받아들였다. 노동의 차익거래가 존재하면 임금이 더 싼 곳을 찾는 것이 순리이므로 더 낮은 임금을 받고도 기꺼이 일할 사람들에게 일을 맡길 기업이 당연히 언제든 있을 터였다. 하지만 위의 예에서 밝혀졌듯이 이런 생각에 기초한 실제적인 구분이 엄밀해서 절대 바뀔 수 없는 것은 아니다. 실제로 전 세계 온디맨드 노동자들이 조직화할 가능성이 있다고 믿을 만한 이유가 있다. 서로의 발판이 되어주고 진심으로 협력하는 노동자들의 태도에서, 협력의 폭과 깊이를 넓혀 스스로와 동료들에게 도움이 되는 방향으로 이끌어 나가는 노동자들의 능력을 확인할 수 있다.

직원휴게실 2.0

온디맨드 노동은 표면적으로 볼 때는 세분화되고, 수명이 짧고, 일시적인 일처럼 보인다. 하지만 면밀히 들여다보면, 디지털 노동이 동료들의 참여를 뒷받침하기 위해 협력하고 서로 돕는 노동자들에 의존한다는 사실이 명확해진다. 우리는 온디맨드 노동자들이 간접비를 줄이고, 맡은 일을 완수하고, 노동자들에게 꼭 필요한 직장의 사회적 측면을 재창조하기 위해 협력한다는 사실을 알게 됐다. 심지어 직업과 관련한 소셜 네트워크를 활용해서 집단적으로 조직화하는 경우까지 찾아볼 수 있었다. 협력에는 단순히 기술적 체계의 오류를 벌충하는 즉각적이고 실용적인 노력 이상의 의미가 있다. 협력은 사람들이 직업 환경에서의 사회적인 관계 형성에 부과하는 가치와, 심지어 잠재적인 수입에 방해가 될 때조차 집요하게 그런 사회적 측면을 직장 생활의 일부로 만들고자 하는 노동자들의 바람을 드러낸다. 단언컨대 서로 돕는 노동자들의 친절과 협력은 디지털 경제의 가장 소중한 요소로 꼽을 수 있다. 그럼에도 대부분의 고스트워크 플랫폼들은 그런 측면을 제거하기로 결심한 듯하다.

의도적으로든 아니든 온디맨드 노동 플랫폼을 만든 사람들은 노동자들끼리 연결 관계를 맺는 건 시간 낭비이며 일의 진척을 늦추기 때문에 무가치하다고 여기고, 노동자들의 사회적인 측면을 비판적으로 바라본다. 자동화의 물결이 한창일 때 통용되던 '말을 줄이면 일을 더 많이 할 수 있다'는 슬로건과 비슷한 느낌이 드는, '규모를 확대해서' 궁극적으로 온디맨드로 제품과 서비스를 제공하는 분야의 주도권을 잡겠다는 주장을 내세운다. 플랫폼 설계자들은 알고리즘을 최적화하고, 일을 자동화하고, 사람이 개입해서 관리해야 할 필요성을 완전히 없애는 것이 노동 시장에서 노동을 사고파는 양측 모두에게 발생하는 검색 비용을 줄일 열쇠라고 생각한다.

우리는 직업에 급여 이체 이상의 의미를 불어 넣기 위해 애쓰는 노동자들의 의지를 기업들이 꺾어서는 안 된다고 본다. 노동자와 그들의 손을 거쳐 생산되는 제품에 해를 끼치지 않고서 관계 형성, 확인, 인정, 피드백을 바라는 노동자들의 요구를 잠재울 수 있는 시스템은 없다. 우리는 좋은 일감이 온라인에 올라오면 전화로 서로 알려주는 친구들에서 각자의 재능에 따라 일을 분배하는 남편과 아내로 구성된 팀, 벽에 붙여놓고 필요할 때마다 재빨리 찾아볼 수 있도록 핵심 명령어를 적은 목록을 만들어 친구에게 건네 준 사람까지, 노동자들이 다방면에서 광범위하게 협력한다는 사실을 직접 확인했다. 이 모두가 일에 인간관계를 결속시키는 사회적 요소가 존재한다는 증거다.

플랫폼 설계자들 입장에서는 노동자들의 협력에 반기를 들기보다 우리가 만났던 노동자들에게 '지지의 발판'을 딛고 올라가는 요령을 배우는 편이 더 현명한 결정일지 모른다. 만일 협력이 소기의 결과에 불리하게 작용할 경우는 설계자들이 협력을 금지한다는 명확한 설명을 제시하되, 작업의 질이 지시시항에 좌우되기 때문에 작업 지시사항이 보다 투명하게 제시될 수 있게 해야 한다. 협력이 요긴한 역할을 할 수 있는 경우 플랫폼 설계자들은 노동자들이 동료들과 그들을 고용한 의뢰인들과 함께 프로젝트를 완수할 수 있게 도울 수 있다. 단기적으로는 보수가 있는, 해볼 만한 작업을 확인하고 격려하는 스캐폴딩(scaffolding) 관리 체계를 만들 수 있다. 현재는 협력적인 팀 워크를 인정하고 조직화함으로써 노동자들을 관리하고 편성하는 활동을 정규직 고용에 관련된 것으로 받아들인다. 그런 인정과 타당성이 가능하려면 교육과 기타 유형의 공식적인 지도 과정은 기본이고, 디지털 노동 인력을 관리하고 조직하는 것을 더 가치 있게 여기고 보다 잘 통합하기 위해서 '독립 계약직, 프리랜서' 노동자의 의미를 재규정해야 할 것이다.

협력의 힘이 인간을 달에 쏘아 보냈으며, 역사상 가장 방대하고, 포괄적이고, 정확한 백과사전인 위키피디아를 만들었다. 플랫폼 설계자들은 노동자들이 협력할 기반을 전혀 만들지 않음으로써, 이런 엄청난 잠재력을 미개발 상태로 내버려두고 있다. 심지어 엠터크 같은 플랫폼은 협력하려는 의욕을 꺾기까지 한다. 온라인에서 협력한 전례들이 있으며, 가장 주목할 만한 예로 「월드 오브 워크래프트」 대규모 다중 접속 온라인 롤플레잉 게임(MMORPG)이 있다. 플랫폼에 협력 기능을 더하려면 가장 간단하게는 그저 그런 방침을 허용하고, 노동자들끼리 대화를 주고받을 수 있도록 채팅방과, 노동자와 고용주가 의견을 나눌 작업 공간을 제공하기만 하면 된다. 더 복잡한 해결책으로는 문서나 스프레드시트를 공유하거나, 가상의 칠판 같은 일반적인 온라인 작업 공간을 공유하는 방법이 있다.

노동자들이 일을 찾고 실행하는 데 필요한 협력 체계를 재창조하고 사회적 유대를 활용해 일을 다루기 쉽게 만드는 것도 중요하지만, 앞으로 온디맨드 노동이 가장 효과적으로 운영되려면 협력의 가치를 평가하고 노동자들이 서로 지지할 수단을 마련할 책임을 명확히 분배해야 할 것이다. 어쨌든 직업에는 기술적 체계로서의 측면만큼이나 사회적 체계로서의 특성이 있다. 직업에는 우리가 일을 유능하게 하는 데 필요한 도구로써, 노동과 결부시키는 문화적 필요와 가치에 대한 깊은 관심이 필요하다. 온디맨드 노동자들에게 활력을 불어넣을 다양한 자극 요인들과, 온디맨드 노동자들이 서로 협력해서 고된 일을 헤쳐 나가는 데 도움이 될 수단이 일치하도록 조절하는 방법을 알아내는 것은 우리 모두에게 득이 되는 일이다.

제6장

더블
바텀 라인(DBL)

소프트웨어가 필요하면
말만 하세요!

        이번 장에서는 일부 온디맨드 기업 설립자들이 노동자들을 우선시하는 경영 방식을 도입해서, 이른바 더블 바텀 라인(Double bottom line, DBL 또는 2BL :기업들은 손익계산서 가장 끝에 당기순이익을 기재하는데, 이런 회계장부를 바텀 라인(bottom line)이라고 부른다. 더블 바텀 라인은 회계 장부에 경제적인 이익뿐만이 아니라 기업이 창출한 사회적 가치를 측정해서 추가하는 것을 뜻한다. 요컨대 사회적 가치를 반영한 회계 시스템이다-옮긴이)을 만든 사례를 살펴보려고 한다.

    플랫폼 기업들이 고스트워크의 감독자로서 선택할 수 있는 사업 방식은 2가지다. 우선 모바일 애플리케이션으로 주문한 포장음식부터, 업워크에서 프로그래머에게 의뢰 받은 웹디자인에 이르기까지 다양한 재화와 서비스를 거래하고자 하는 소비자들을 연결해주는 소프트웨어(지능형 서비스)를 유료로 제공하는 방법이 있다. 아니면 기업의 서비스를 뒷받침할 소중한 동력인 사람들의 창의적인 식견과 노동을 제공할 수도 있다. 그런데 고스트워크로 지속가능한 사업을 운영할 수 있는 것은 노동자들의 스케줄, 프로젝트에 대한 흥미, 협력 작업에 우선순위를 두고 노동자들의 참여를 중심으로 사업을 계획하는 데 있다. 이런 기업들은 '선행을 베풀어 번창하는' 결과를 위해 노력하지만, 기업 내의 스타트업들이 문 닫기 직전에 이르는 상황을 겪으면서, 핵심 구성원의 일원인 노동자들에게 관심을 기울이면 완성된 상품과 서비스의 품질이 좋아지고 결과적으로 바텀 라인(즉 재무제표)이 개선된다는 사실을 알게 됐다.

영리를 추구하는 일반적인 온디맨드 기업이면서도 노동자들의 요구를 중요시하는 좋은 예로 클라우드팩토리(CloudFactory)를 들 수 있다. 2011년에 창립한 클라우드팩토리는 네팔 카트만두에 본사가 있으며, 정규직 사원이 125명, 현지에 거주하는 온디맨드 노동자가 3,000명 이상이다. 클라우드팩토리는 다른 IT 기업들에 인력을 지원한다. IT 기업들은 클라우드팩토리의 노동자들을 통해서 영수증을 스캔하고 데이터베이스를 관리하는 등의 작업을 진행할 경우 그만큼 절약한 인건비로 신제품을 제작하고 판매해서 수익을 늘릴 수 있다. 창업자이자 CEO인 마크 시어스는 클라우드팩토리가 우버나 그와 비슷한 다른 기업들처럼 엄밀히 말해서 소프트웨어를 연결해주는 서비스라고 규정할 수 있을 것이다. 법적으로는 도움이 필요한 기업들에 노동자들을 주선해주는 서비스라고 보아도 무리가 없다. 마크 시어스는 노동자들에 대한 책임에서 완전히 물러날 수도 있었다. 그러나 그는 클라우드팩토리 노동자들을 소프트웨어와 동등하거나 아니면 그보다 더 소중한 기업의 핵심 요소로 받아들이기로 마음먹었다.

그래서 2015년 히말라야 산맥에 자리한 네팔에 규모 7.8의 지진이 발생해서 카트만두 외곽으로 50마일 떨어진 동부의 도시 구르카를 덮쳤을 때, 시어스는 그 즉시 필요한 조치를 시행했다. 시어스와 정규직 직원들, 그리고 네팔 국적의 온디맨드 노동자들은 클라우드팩토리 본사를 그 회사 노동자들과 가족, 카트만두 주변 지역 주민들을 위한 재해 구호센터로 활용했다. 또 비영리 크라우드펀딩 플랫폼인 고펀드미(GoFundMe)를 통해 모금 운동을 시작해서, 거의 11만 달러 가까이 되는 돈을 모아 지역 구호센터와 자원봉사활동가들에게 전달했다.* 그는 팀원들과 함께 지진 구호활동 내용을 회사 웹사이트에 자세히 올리고, 재해 관련 보도가 언론에서 종적을 감추고 한참이 지난 뒤에도 지진 피해자들에 관심을 쏟았다. 대부분의 기업들은 물론이지만 그중에서도 특히 클라우드팩토리 같은 온디맨드 기업들은 회사에 소속된 노동자를 도와야 할 법적인 의무가 없었다. 하지만 시어스에게 온디맨드 노동자들은 클라우드팩토리의 진정한 가치였다. 그는 노동자들을, 쓰고 버리는 대체 가능한 원료가 아니라 기업을 운

---

* 이에 비해서, 국가가 운영하는 구호센터는, 재건을 위해 모은 국제 기금의 12퍼센트를 배분하는 데 3년이나 걸렸다. 게다가 그 돈이 땅을 가진 사람들에게만 돌아가서, 사회적 단층선이 더욱 깊어지게 만들었다. 이 회사가 지진 구호 기금으로 마련한 돈의 75퍼센트 가까이는 클라우드팩토리 노동자와 그 가족들에게 직접 전달됐으며, 나머지는 지방 정부 기관과 음식과 거처를 제공해 준 비영리기관들에게 기부했다.

영하기 위해 그가 얻어온 재능의 '공유 자원'으로 보았다. 안전한 주거 공간과 의료 혜택처럼 노동자들에게 필요한 부분을 살피고 우선적으로 처리함으로써, 그는 '더블 바텀 라인'이라고 불릴만한 것에 투자하고 사회적인 변화를 위해 노력하는 가운데 사업을 키워 나갔다.

그렇다면 기업들이 온디맨드 노동에 접근하는 보다 일반적인 방식은 어떤 것일까? 온디맨드 기업들은 수익을 최대화할 기회를 좇는 데 몰두하는 '싱글 바텀 라인'이 현재 지배적인 비즈니스 모델로 자리 잡았다. 경쟁 시장이므로 그런 목표를 추구하는 것을 충분히 이해하고 수긍할 수 있다. 고객, 식당 주인, 음식 배달원들을 연결해주는 소프트웨어 제공 기업 캐비아(Caviar)에 관해 살펴보자. 고객들은 편리성 때문에 음식 배달을 즐겨 이용하지만, 대다수 식당들은 음식 배달을 전담할 직원을 따로 고용할 형편이 안 된다. 음식 배달은 의외로 상당히 복잡한 업무다. 음식이 식지 않도록 신경 써서 배달하고, 고객의 집에 적힌 번지수가 눈에 띄지 않는 경우에 대처 방법을 생각해 내는 등의 다양한 상황에 대처하려면 인간 수준의 문제 해결 능력이 필요하다.

캐비아가 서비스 지역을 필라델피아까지 확대하기로 결정했을 때, 캐비아는 음식 배달을 맡아 줄 사람들을 수고스럽게 찾을 필요가 없었다. 자전거 배달원 조합인 '스패로 사이클링(Sparrow Cycling)' 소속 회원들 중에는 부수입이 필요하고, 일을 하면서 중간에 남는 시간을 이용해 음식 배달을 할 수 있는 사람들이 많았기 때문이다. 근처 식당에서 음식을 배달하는 자전거 배달원들은 우리가 이 책에서 설명하는 고스트워크의 범주에 속한다.

캐비아의 배달원들은 독립 계약으로 일한다. 그들은 근무 중에 발생하는 사망 사고를 포함한 모든 상해에 대해서 회사가 책임지지 않는다는 면책 조항에 반드시 동의해야 한다.

2018년 5월 12일 저녁, 파블로 아벤다노라는 자전거 배달원이 캐비아에서 의뢰를 받고 음식을 배달하던 중 필라델피아 스프링가든 지역에서 SUV차량에 치여 목숨을 잃는 사건이 발생했다. 며칠 뒤 스패로 사이클링에서 함께 일하는 아벤다노의 친구는 그의 죽음을 기리기 위해 흰색으로 페인트칠한 일명 '고스트 바이크(ghost bike)'를 아벤다노가 사고를 당했던 교차로 가까이에 있는 가로수에 묶어 세웠다. 그리고 그 근처에 있는 버려진 기찻길 다리에는 '긱 경제가 파블로를 죽음으로 몰았다. 희생자를 추모하며'라는 글귀가 적힌 배너가 걸렸다.[1]

아벤디노의 친구들은 이를 계기로 모임을 만들었다. 캐비아의 배달원들에게 노동조합의 필요성을 알렸으며, 회사 측에 시간당 최저 20달러의 최저임금을 보장하고 위험수당을 지급할 것을 요구했다. 덧붙여 배달원들의 지위를 기본급과 복지혜택이 포함된 W-2 근로자로 재분류해달라고도 요청했다. 하지만 캐비어가 이런 요구들을 받아들일 것 같지는 않다. 윌리엄 랜돌프 허스트가 신문 배달원들을 허스트 핵심 사업 분야의 부수적인 독립 계약자들로 분류하기 위한 싸움에서 법 개정을 이끌어낸 이후로, 법은 늘 회사들 편에 서 있었다.[2]

파블로 아벤다노의 죽음 못지않게 비극적인 사실은, 고스트워크를 하는 사람들에 대한 기업의 책임을 명시한 고용법이 없다는 점이다. 크라우드플라워, 아마라, UHRS, 리드지니어스, 엠터크, 업워크의 다른 노동자들과 마찬가지로, 아벤다노가 연결되고, 관리되고, 일정이 정해지고, 급료를 받은 건 최소한 부분적으로는 API, 인공지능, 웹이나 모바일 애플리케이션이 어우러진 시스템을 통해서였다. 아벤다노는 노동자로서 완전히 독립적인 신분도 아니었고, 회사에 고용된 전형적인 직원 신분도 아니었다. 게다가 온디맨드 플랫폼들이 노동자들을 단순히 소프트웨어를 이용하는 고객의 한 범주로 간주하는 경우가 흔하기 때문에 구분하기가 더 혼란스럽기도 하다.

노동자를 고객으로 대하는 것은 완전히 합법적이며 정상적인 사업 전략이다. 캐비아 같은 온디맨드 플랫폼 서비스는 모든 합법적인 수단을 동원해 수익을 창출함으로써 그들의 역할을 다하고 있다. 하지만 클라우드팩토리는 그와 달리 노동자들을 비즈니스 파트너와 비슷하게 대한다. 클라우드팩토리의 창업자이자 CEO인 마크 시어스는 온디맨드 노동에 통상적인 관행과는 다른 방침을 택했다. 그렇다고 클라우드팩토리에서 택한 방식이 노동법의 어떤 특정한 부분에 명확히 들어맞는 것은 아니다. 기업의 이익을 최우선으로 하느냐 사회적인 기여를 중시하느냐의 구분을 떠나서, 어떤 한 기업 경영인이 고스트워크에 종사하는 모든 노동자의 요구를 완벽히 반영한 정책을 내놓을 수는 없다. 고스트워크가 모든 산업으로 확대되고 있는 가운데, 고스트워크 업계 전체를 위한 방침을 개별 기업 입장에서 정할 수는 없기 때문이다. 전형적인 바텀 라인 사업 전략들로는 고스트워크의 이익을 옹호할(예를 들면 정규직 종사자들이 누리는 안전망을 제공하는 것) 수가 없다. 캐비아는 그저 음식 배달이라는 매크로 태스크 과업의 해결책을 제공하는 소프트웨어 기업으로 운영되고 있다. 그래서 캐비아는 파블로 아벤다노의 죽음에 대한 책임이 없으며, 과거 그 어느 때에도 그런 일에 책임을 진 적이 없다.

온디맨드 노동의 미래, 그리고 매크로 태스크나 마이크로 태스크 고스트워크의 고용 조건에 대한 책임과 관심은 현재 기로에 서 있다. 선택할 수 있는 한 가지 방법은, 소프트웨어와 인간 노동자들을 활용해서 고객들에게 서비스를 제공하는 기업들이, 노동자들을 그 회사의 근로자들로 받아들이고 그들에 대한 법적 책임을 지는 것이다. 또 다른 방법은 노동자들이 낯모르는 사람들의 친절과 계약을 맺고 그들을 고용하는 선의의 기업들을 통해, 계속해서 스스로의 힘으로 꾸려 나가는 것이다.

고스트워크를 보다 지속가능한 고용 형태로 유지하기 위한 방법이 그 밖에도 더 있을지 모른다. 오로지 싱글 바텀 라인에만 치중할 경우 한계에 부딪치지만, 수익과 노동자의 경험 두 가지 모두를 고려하는 계획적인 설계를 택하면 대단히 큰 성과를 기대할 수 있다는 사실을 고려할 때, 비로소 이 새로운 경제의 혜택을 노동자, 온디맨드 서비스, 고객들에게 보다 공정하게 분배할 방법들을 모색하게 될 것이다.

노동자들을 고객으로 만드는 싱글 바텀 라인

소프트웨어 기업을 표방하는 온디맨드 서비스들은 일반적으로 고스트워크 시장의 양측을 모두 활용하는 방법으로 수익을 최대화한다. 음식 배달을 시키고, 택시를 부르고, 훈련 데이터를 정돈하기 위해 돈을 내고 온디맨드 서비스 플랫폼을 이용하는 고객들이 우선 하나의 수입원이 된다. 그리고 플랫폼들은 이 거래를 통해 얻은 애플리케이션 사용자 정보를 광고주들에게 팔고 시장 조사에 활용하는 방식으로도 돈을 벌 수 있다.

노동자들도 수익을 창출한다. 이들은 소프트웨어를 이용하기 위해 플랫폼에 돈을 내는 또 다른 부류의 고객으로 간주되기 때문이다. 소프트웨어를 이용하는 노동자들은 3가지 방식으로 플랫폼에 수익을 가져다준다. 우선 인력이 필요한 곳에 노동자들을 연결시켜 주는 여타 직업소개소들과 마찬가지로, 플랫폼들은 노동자들이 플랫폼에서 일을 맡아서 완수할 때마다 일정 비율의 수수료를 받는다. 또 노동자들이 플랫폼을 이용하면서 만들어 내는 소중한 정보를 통해서도 수익을 얻는다. 온디맨드 플랫폼들은 노동자들의 활동을 정리해서, 소프트웨어의 일부 기능 또는 서비스를 개선하거나 자동화하는 데 활용하기 때문이다. 마지막으로 노동자들의 정보를 광고주들에게 판매하는 방식으로도 수익을 얻는다. 온디맨드 서비스는 디지털 경제의 싱글 바텀 라인을 최대화할 최적의 비즈니스 모델이다.

플랫폼에 들어와 일을 맡는 노동자들에 대해서 자신들에게 책임이 없다고 주장하는 매크로 태스크 고스트워크 서비스 중에 캐비아가 최초는 아니며, 유일한 사례는 더더욱 아니다. 소프트웨어 서비스 기업을 표방하면서 싱글 바텀 라인에 치중하는 기업들은, 자신들은 고용주나 고용 사이트가 아니라고 주장하기에 유리한 입지에 있다. 1장에서 논의했듯 엠터크의 초기 경쟁사인 크라우드플라워는, 실제 판결이 아니라 합의를 통해 마무리 짓기는 했지만 어쨌든 그런 입장을 굳게 지켜냈다. 크라우드플라워는 자신들이 고스트워크 노동자들의 고용주가 아닌 소개 서비스라고 주장했는데, 지금까지 그런 주장의 기반을 약화시킨 법정 소송이나 법률은 나온 적이 없다.

아벤디노가 캐비아의 온디맨드 서비스를 위해 음식을 배달하다가 사망했음에도 캐비아에 아무런 책임이 돌아가지 않았던 것이나 크라우드플라워 사건이 석연찮은 구석을 남기며 법적으로 마무리될 수 있었던 것은, 1990년대 후반에 그런 분위기를 뒷받침하는 몇 가지 사례들이 있었기 때문이다. 특정한 의도에서 제정한 법이나 규정이 아니라 단순히 합의로 마무리되었던 그런 소송들의 결말이, 바로 오늘날 IT 기업의 임시 노동 인력을 직원이 아닌 다른 유형으로 분류하는 사실상의 기준이 된 것이다. 노동자들은 위험 부담을 혼자서 감수하면서 노동 계약을 체결할 수밖에 없다. 갈수록 많은 기업들이 인공지능의 장막 뒤에서 API를 통해 관리되는 계약직 인력으로 기업을 운영하는 쪽으로 이동하고, 크라우드소싱 노동자들에 대한 의존도가 높아지고 있다. 그리고 이런 노동 계약에는 매도자 위험 부담의 원칙이 적용되어, 문제가 생기면 매도자인 노동자들이 책임을 져야 한다.

오늘날 우버는 이동 수단이 필요한 사람들에게 도움을 주는 소프트웨어 제공 기업임을 엄밀히 표방하는 기업의 가장 확연한 사례다. 큰 인기를 누리는 이 모바일 애플리케이션은 단순히 'P2P 승차공유' 서비스만 제공하는 것이 아니라, 카풀에서 전용 항공기에 음식을 배달하는 것까지 총망라한 소위 '교통수단 네트워크'를 제공한다. 그러다 보니 우버의 비즈니스 모델 재설정이나 전환에 관한 소송이 끊이지 않아서, 새로운 법정 소송이나 합의가 나오지 않고 지나가는 달이 없을 정도다.

우버에 따르면 거래를 이끄는 주체는 승차 고객이다. 승차 고객이 우버 앱을 열고 소프트웨어와 API의 조합을 활용해 차를 태워 줄 사람을 찾는다. 우버 입장에서는 운전자 회원도 또 하나의 고객이다. 운전자들은 이 플랫폼의 소프트웨어를 이용해서 승차 고객의 요청이 들어오면 고객을 태운 뒤 앱에 입력된 목적지에 내려주는 방식으로, 시간과 차량을 제공함으로써 돈을 번다. 노동자를 소프트웨어 사용자의 한 부류로 보는 싱글 바텀 라인 사업 방식의 문제는, 플랫폼 소프트웨어를 실행시켜 고스트워크를 작동시키는 고객들이 자신은 서비스형 소프트웨어의 일원으로 일하는 노동자들의 노동 조건에 대해서 아무 책임이 없다고 본다는 데 있다.

예를 들어 퓨리서치센터의 보고에 따르면, 대부분의 고객들은 우버 운전자들에 대해서 우버에게 어떤 의무가 있고 어떤 부분에서는 의무가 없는지에 관해 엇갈리고 흔히 모순된 믿음을 품고 있다.[3] 응답자들 대부분은 우버 같은 차량 연결 서비스는 택시와 똑같은 법과 규정을 따를 필요가 없다고 생각했다. 또 대다수가 이런 서비스에 종사하는 운전자들을 직원이 아니라 독립 계약자들로 보아야 한다고 여겼다. 그렇지만 응답자들은 고객 경험을 관리하는 부분에서 우버가 운전자들만큼 혹은 운전자들보다 더 많이 관여할 것을 기대했다. 서비스 이용객들의 이런 생각은, 독립 계약으로 일하는 프리랜서 노동자들을 기업이 얼마만큼 직접 관리하고 지시를 내릴 수 있는가, 그리고 독립 계약 노동자들이 정식 고용주가 아닌 기업에게서 얼마나 많은 지원과 보조를 받을 수 있는가의 문제를 다룬 현재의 법 규정과 모순된다.

2018년 4월 30일, 캘리포니아 주 대법원은 일부 우버 운전자들을 독립 계약자들이 아니라 직원으로 봐야 한다는 판결을 내렸다. 우버는 노동법 위반 혐의로 유죄를 선고받았다. 우버가 일하는 방식을 교육하고, 지시하고, 규제하는 관습법상의 고용 관계에 있었거나 임금, 시간, 근로 조건, 일을 확보할 능력을 통제했다고 볼 수 있는 운전자 회원들에게 직원 복리 후생 혜택을 주지 않기 때문이었다.*[4] 그런데 우버를 상대로 진행했던 이 소송의 장황한 해석에는 두 가지 큰 질문에 대한 답이 보이지 않는다. 바로 "싱글 바텀 라인 각본에 따른 고스트워크 경제에서 공식 기록상 고용인은 과연 누구이며, 고스트워크의 소비자들이 어떤 경우에 고용인의 역할을 다해야 하는가?"라는 질문이다.

우버가 운전자 회원들을 고객의 한 부류가 아니라 플랫폼에 소속된 노동자로서 어떻게 분류하고 대우해야 하는가에 관한 법정 공방은, 온디맨드 노동자의 권리를 더 널리 정의하는 것이 얼마나 힘든 일인가를 드러낸다. 엄밀히 따지면 소비자들의 요청으로 고용됐지만, 인터넷으로 운영되는 온디맨드 기업의 API와 소프트웨어를 통해 일하는 이 노동자들에 대한 책임은 누구에게 있는 것일까?[5] 두 말할 것도 없이, 운전자 회원들과 그들의 근로 조건에 대해 이야기 나누어보면, 보통의 고객들 눈으로도 이들이 현재와 같은 고용 분류 체계 하에서 어떤 부담을 느끼는지 쉽게 알 수 있다. 그런데 우리 앞

---

* 해결되지 않고 남은 사항은 우버의 운전자 회원들이 우버에 집단소송을 제기할 자격이 있는 노동자들의 범주에 드는지 여부, 혹은 운전자 회원들이 그들의 이익을 보호하기 위해 개인적으로 무엇을 해야 할 것인가를 결정할 필요가 있는지 여부이다.

에 놓인 문제는 사실 그보다 훨씬 심각하다. 우버의 사례는 그저 빙산의 일각이기 때문이다. 고스트워크의 혜택을 누리는 최종 고객들은 서비스를 제공하는 사람들을 직접적으로는 절대 만나지 못하고, 그들이 누구인지조차 모르는 경우가 많다. 서비스를 제공하는 데 중요한 역할을 하는 사람들이 최종 고객의 눈에 띄지 않게 하는 것이 서비스형 소프트웨어가 추구하는 가치이기 때문이다.

하지만 노동자들을 형체 없는 유령처럼 대우하는 것이 온디맨드 서비스의 기본 특성이나 필수 요소는 아니다. 일부 기업들은 단순한 소프트웨어 공급자가 아니라 인간의 전문성과 창조력을 공급하는 기업으로 스스로를 규정한다. 그런 기업들은 결국 그렇게 하는 것이 사업에도 더 좋다고 믿기 때문에, 노동자들의 근로 조건에 대한 책임을 진다.

더블 바텀 라인

어떤 기업은 오로지 고객만 살피지만, 직원들을 살피는 기업들도 있다. 그들은 싱글 바텀 라인 이상의 동기를 품고 있다. 이런 플랫폼 설계자들은 플랫폼의 핵심 구성원인 인간들이 사라지지 않을 것이라고 예측한다. 이들은 다른 모든 영리 기업들과 마찬가지로 투자자들을 위해 수익을 내는 책임을 다하면서도 이른바 '사회적 기업가정신'을 중요시하는 기업들로, 이런 기업들은 갈수록 증가하고 있다. 이런 기업들은 탄소 배출 억제, 일자리 확대 같은 주목할 만한 사회 복지 목표를 달성하기 위해 숨김없이 위험을 무릅쓴다. 파타고니아 같은 기업에서부터 클라우드팩토리와 리드지니어스 같은 기업까지,

힘이 있다는 것은 확고하게 믿고 있었다.

나룰라는 또 인도와 개인적인 인연이 있었다. 그는 델리 서부에 있는 우땀 나가르라는 우범 지역에 있는 방 두 개짜리 집에서 성장기를 보냈다. 어린 시절에 나룰라는 책을 좋아했지만 동네에 도서관이 없었던 탓에 전자용품점이나 인터넷 카페에 가서 전자책 해적판을 USB 메모리에 내려 받았다. 처음에는 컴퓨터로 읽었지만 스마트폰이 생긴 뒤부터는 작은 스마트폰으로 책을 읽었다.

쿨카니와 나룰라는 노동자들이 재빨리 모여 팀을 이루고 새로운 프로젝트를 공략할 수 있는 온디맨드 서비스 플랫폼을 만들고 싶었다. 이런 방식은 '스캐폴딩(scaffolding) 접근법'이라고 불린다.[7] 이 접근법의 목표는 각 팀에 초보자와 경력이 많은 사람이 섞이게 하는 것이다. 그렇게 되면 새내기 노동자들은 문제에 접근하는 새로운 방식이나 질문을 내놓고, 경력이 많은 사람들은 자신들의 지식과 경험을 전수하게 된다. 각 팀에는 주니어 매니저가 있어서 팀을 감독하고 질문에 답을 해준다. 이런 전략은 기업이 빨리 성장하는 데 도움이 되는 실용적인 방법이다. 실리콘밸리에서 엉성하고 뭔가 빠진 느낌이 드는 '규모 확대(scaling up)'라는 용어로 이런 방식을 표현하기는 하지만 말이다. 쿨카니와 나룰라는 노동자들을 팀으로 묶어서 발판을 만들면, 아무런 지원 없이 독립적으로 일하는 노동자들의 세분화된 경험 세계에서 보다 더 많이 성취할 수 있을 것이라고 믿었다.*[8]

---

* 기업의 사회적 책임에 관한 문제에서 파리트 교수가 취했던 입장은 전향적인 결과를 가져왔다. 그는 기업 창업자들에게 자신들을 위한 제품과 서비스를 설계하고, 상품을 많이 팔아서 얻은 이익으로 자선활동을 하겠다고 생각하기보다는 사회에 필요한 것을 만드는 쪽으로 접근하라고 요청했다. 파리트를 따르는 열

그리고 클라우드팩토리 창업자 마크 시어스와 마찬가지로 이들은 노동자들이 더 훌륭한 결과물을 내놓게 되므로 결과적으로 이득이 된다고 믿었다. 그래서 2010년 리드지니어스 노동자들의 첫 근거지로 사람들을 연결하기에 가장 확실한 장소를 택했다. 바로 나룰라의 사촌, 삼촌, 고모들이 살고 있는, 나룰라의 고향 우땀 나가르였다.

사업 전략으로서의 스캐폴딩

앞에서 살펴봤듯이 리드지니어스 소속 노동자들은 소프트웨어를 통해 회사 고객들의 예상 매출을 평가하는 각 단계로 통합된다. 노동자들은 그저 잠재 고객을 찾기만 하는 것이 아니라, 서로의 일을 확인하고, 서로 격려하고, 이 일에 관심 있는 새로운 사람들을 찾아서 팀원으로 영입한다. 팀에서 일단 어떤 프로젝트를 맡으면, 팀원들은 서로의 업무를 확인하고, 고객에게 전달하기에는 잠재 고객 데이터가 너무 빈약하지는 않은지 팀원들이 공동으로 확인하고, 어떤 조치를 취할 것인가를 팀 전체적으로 결정한다.

처음에 쿨카니와 나룰라는 노동자들의 이직률이 높아질 수도 있다고 보고, 마음을 단단히 먹었다. 리드지니어스에서 받은 교육과 일에서 얻은 경험을 디딤돌삼아 정규직에 진출하는 사람이 많으리라

렬한 지지자들이 꽤 있는데, 샌프란시스코 베이에어리어에서 신규 기업을 양성하는 벤처 자본가인 Y 콤비네이터도 그중 하나다. 파리트의 수업을 수강하는 학생들은 경쟁을 통해 Y 콤비네이터를 통해서 실제로 투자받을 기회를 얻을 수 있다. 필립 구테임, 프라야그 나룰라, 라아난드 쿨카니, 데이브 롤니츠키는 강의를 들으면서 과제로 수행했던 프로젝트인 모바일웍스로 2011년 여름 Y 콤비네이터 경진에서 우승해 받은 상금으로 엔지니어들을 고용하고, 사업을 홍보하고, 전 세계에서 가상의 조수 역할을 할 온디맨드 노동자 네트워크를 꾸릴 수 있었다.

는 예측에서였다. 그러나 다행히도 대부분의 노동자들은 이직하지 않고 리드지니어스에 계속 남아있었다. 실시간 채팅, 토론 게시판 등 플랫폼 기본 설계에서 의도적으로 채택했던 기능들로 생동감 있고 서로 반기는 따뜻한 공동체가 되었던 덕분이었다. 리드지니어스는 하나의 팀이 맡은 프로젝트(리드지니어스에서는 '캠페인'이라고 부른다)가 끝날 때까지 긴밀한 관계를 유지해서, 팀워크와 동료 간의 협력 관계를 느낄 수 있게 유도했다. 캠페인들이 짧게는 1주에서 길게는 여러 달 동안 진행되는데다가, 플랫폼에 마련된 실시간 채팅 소프트웨어를 사용하기 때문에 노동자들은 서로에 대해 잘 알게 된다. 실시간 채팅은 전통적인 오프라인 기업의 휴식 시간에 커피를 마시며 직원들이 한담을 나누는 것과 비슷하게 조직 내에서 활발한 대화가 오고 간다. 노동자가 일을 잠시 쉬고 싶으면 각자 의사에 따라 선택할 수 있다. 다시 말하지만 리드지니어스는 노동자들 각자의 관심 분야와 스케줄을 충분히 고려하며, 그렇기 때문에 노동자들이 더 열심히 일하는 분위기가 만들어진다.

일반적으로 리드지니어스 같은 기업에는 3가지 유형의 노동자(맛보기 회원, 고정 회원, 상시접속 회원)들이 모두 존재하며, 그 구성 비율은 파레토 법칙을 따른다. 하지만 리드지니어스는 노동자들이 플랫폼에서 일주일에 최소한 20시간 이상 일해야 한다는 규정을 의도적으로 정했다. 그 결과 리드지니어스는 고정 회원과 상시접속 회원의 두가지 부류로 이루어진 인력 집단이 됐다. 일을 꾸준히 해야 한다는 건, 팀원들이 그만큼 훌륭하고 신속하게 일을 해낼 수 있게 된다는 뜻이다. 그리고 실제로 이런 원칙을 둔 것이 그만큼 효과를 내는 듯하다. 안정적인 고객층을 확보한 이래로 리드지니어스는 매년 노동자들에게 500만 달러 이상을 인건비로 지급해왔다.

리드지니어스는 이렇게 스캐폴딩 방식을 적용해서 경력의 사다리를 재창조했다. 새로운 프로젝트에 적응하거나, 답보 상태에 이르렀을 때 일을 진척시킬 방법을 찾아내야 하는 상황을 혼자서 감당하기보다는, 앞장에서 '낯선 이들의 친절'이라고 설명했던 것 같은 협력의 가치를 끌어안기 위해 노력했다. 이들은 타인의 멘토가 되고, 팀에 기여하고, 신입 회원을 교육하고 선발하는 과정이 돈을 받고 하는 일의 일부가 되도록 만들었다. 리드지니어스 운영 방식의 가장 큰 특성 중 하나로, 리드지니어스는 노동자들이 지속적으로 상시접속 회원과 고정 회원의 범위를 오가며 활동하는 것을 굳이 원하지 않을 수도 있음을 알고 있다. 예컨대 자파가 교통사고를 당한 어머니를 보살피기 위해 한 달 이상 일을 쉬어야 했던 상황처럼 말이다. 다른 많은 온디맨드 서비스들과 달리, 리드지니어스는 노동자들이 각자 상황에 맞게 스케줄을 조정하고, 어떤 프로젝트를 누구와 함께 하는가를 스스로 결정하고 싶어한다는 것을 알고 있다.

또 구성원들의 특정한 능력보다는 각 캠페인(프로젝트)의 초점이 그 일을 맡을 팀원의 조합을 결정한다고 보았다. 이런 접근 방식을 따르다보니 노동자가 과거에 이루었던 성과 못지않게 그의 개인적인 흥미가 중요하게 반영된다. 예를 들어 스포츠를 좋아하는 사람이라면 가상의 스포츠 리그 진행 상황을 중계하는 소프트웨어의 잠재 고객을 찾는 캠페인에 최적의 노동자가 될 것이다. 리드지니어스 노동자들은 주간 작업 게시판에 공지된 목록을 보고 각자 원하는 캠페인을 선택할 수 있다. 공개 모집 방식을 활용하는 업워크나 엠터크와는 달리, 리드지니어스의 노동자들은 일자리를 놓고 동료들과 서로 치열하게 경쟁해서 결과적으로 동료 노동자들의 벌이를 축내는 상황을 피할 수 있다.

리드지니어스는 노동자들 간의 협력에 도움을 주는 프로그램을 플랫폼에 도입한 최초의 온디맨드 기업이다. 이들은 다른 경쟁사들과는 달리 노동자들 간의 소통이 사업에 방해가 된다고 보지 않는다. 이런 믿음을 갖게 된 데에는 리드지니어스 노동자들이 전 세계 45개국에 산재해 있으며, 그러다 보니 소통 수단이 꼭 필요하다는 점에도 일부 원인이 있다. 리드지니어스는 시간대가 다른 곳에 사람들이 협력 작업할 때의 어려움을 해소하기 위한 하나의 방법으로 팀을 국가별로 조직하고, 팀원들을 이끄는 주니어 매니저도 같은 곳에 거주하는 사람 중에서 뽑는다. 주니어 매니저들과의 소통 채널이 확보되면, 각 노동자들과의 소통도 더 수월해진다. 노동자들의 공개 채팅 기능은 팀원들 간의 화합을 도모하기 때문에 사업적으로도 이롭지만, 노동자들 입장에서도 어려움에 처했을 때 동료들에게 도움을 요청할 수 있기 때문에 득이 된다.

리드지니어스는 가장 경력이 많은 노동자들에게 신규 노동자의 채용 임무를 맡긴다. 이들에게 소프트웨어와 장비를 제공하고, 때로는 노동자들이 관련 장비를 갖출 수 있도록 예산을 제공하기도 한다. 나룰라는 이렇게 설명한다. "그렇게 하면 모든 사람들의 삶이 훨씬 편해지지요. 그리고 직원들의 근속 기간이 늘어나서, 저희에게도 도움이 되고요." 나룰라는 이런 방식이 일의 미래에 대한 하나의 본보기가 될 수 있으며, 실행 과정이 훨씬 복잡한 작업에 고스트워크를 도입할 유일한 방법이라고 생각한다. 그리고 그는 노동자들이 결정을 내리고, 시간을 관리하고, 협력해서 프로젝트를 진행하는 등 각자 어떻게 작업 과정을 체계화하는지 이해하고 참고하면 보다 뛰어난 결과물이 산출된다고 믿는다.[9] 그는 "더 많은 도구를 제공할수록 자기 조직화가 더욱 강해지고, 결과물도 더 좋아졌습니다."라고 말했다.*[10] 리드지니어스가 수익 창출을 목표로 하는 영리기업이면서도 노동자들을 최우선으로 하는 사례였다면, 비영리 조직의 경우에는 노동자들의 요구를 훨씬 더 많이 반영할 수 있다.

자원봉사자가 작업팀이 될 때

돈을 주면서 당신이 아주 좋아하는 일을 맡겨주는 온디맨드 플랫폼이 있다고 한번 상상해보라. 그것이 바로 아마라가 온디맨드 번역 및 자막 서비스를 시작했던 방식이다.** 이런 뿌리는 오늘날 아마라 플랫폼 곳곳에 영향을 주었으며, 플랫폼 형성 초기의 공동체 작업에

---

* 나룰라는 이렇게 이야기한다. "자기조직화는 저절로 나타나지는 않아요…. 집단 구성원들도 도움, 지원, 방법적 지식이 있어야 하지요. 그래서 집단 내에 일종의 위계적인 체계가 형성되어서 경험이 더 많은 사람들은 밖으로 나가고, 남들을 돕고, 지원하고, 고객과 직접 소통하고, 공동체를 대표할 때는 보다 관리자적인 역할을 맡게 되지요. 모두가 이 조직 안에서 그런 역할을 맡게 돼요."

** 아마라는 2012년 유니버설 서브타이틀즈(Universal Subtitles)에서 아마라로 명칭을 변경했다. 단순히 자막만이 아니라 이 조직에서 제공할 다른 서비스까지 포괄하는 이름을 원했기 때문이다. 그리고 이 조직이 만들고자 하는 공동체, 즉 일반적인 인터넷 스타트업이 아니라 사회적 사명을 가진 비영리단체로서의 느낌을 이름에 담고자 했다. 아마라라는 단어를 선택한 이유는 '아마르(amar)'가 스페인어로 '사랑하다'는 뜻이고 산스크리트어로는 '영원한'이라는 뜻이 되기 때문이다. 공동 창업인 딘 잰슨은 우리와의 인터뷰에서 아마라의 변호사들이 미디어 업계에서 유서가 깊은 영화사 '유니버설 필름'과 상표 분쟁이 일어날 소지가 있다는 점도 우려했다고 이야기했다.

서도 그 흔적을 찾아볼 수 있다.

2011년 3월, 일본 후쿠시마 제1원전의 노심용융 사고가 발생했을 때, 사람들은 아마라를 사용해 관련 정보를 번역해서 공유했다. 그와 같은 해에 아랍의 봄이 최고조에 달했을 때에도 아마라는 정보 공유에 중요한 역할을 했다. 그리고 2011년 후반에 테드(TED)가 아마라에 제안을 내놓았다. 당시 테드에는 전 세계에서 왕성하게 활동하는 자원봉사자 7,000명이 있었다. 테드의 운영진은 자원봉사자 단체의 규모를 4배로 늘리고, 테드 사이트에 정리된 녹음 강연의 언어 수를 늘리겠다는 목표에 아마라가 도움을 줄 수 있으리라고 생각했다. 오늘날 테드와 아마라는 OTP(Open Translation Project)라고 불리는 봉사 단체를 운영하고 있다. 아마라에서 만든 프로그램의 한 버전을 이용하고, 테드 번역가와 자막가들의 꼼꼼한 피드백을 거치는 테드 OTP(지금은 '테드 번역'이는 이름으로 불린다)에서는 회원 5만 명 이상이 활동하면서, 10만 개가 넘는 테드 강연을 116가지 이상의 언어로 번역하고 있다.

아마라의 초창기 시절에는 대부분의 봉사자들이 플랫폼을 이용해서 테드 재단의 OTP 동영상에 번역된 자막을 넣는 일을 했다. 봉사자들이 봉사 활동에 참여하게 된 데에는 대개 개인적인 이유가 있었다. 어떤 사람들은 특정 테드 강연 내용이 너무 좋아서 더 많은 사람들과 그 내용을 공유하고 싶다는 생각으로 시작하고, 어떤 사람들은 정보 접근성에 깊은 문제의식을 느끼고 청각 장애인들도 테드 강연을 접할 수 있도록 이들이 느끼는 장벽을 제거하고 싶어서 참여하게 됐다. 처음에는 돈과 관련한 문제는 플랫폼에서 완전히 배제되어 있었다. 가끔은 아마라에 급하게 자막 번역을 부탁하거나, 아마라 공동체 홈페이지에 자신들의 프로젝트를 특별히 게재해달라고 부탁하는 단체들이 있지만, 아마라는 그런 식으로는 작업을 진행하지 않는다. 대부분은 의뢰인이 프로젝트를 의뢰하면 그 프로젝트에 관심을 갖는 봉사자들이 모여들어서 자막을 넣을 때까지 기다려야 한다. 즉 의뢰한 일이 진행되기까지는 짧든 길든 어느 정도의 시간이 필요하다.

　2013년에 어떤 영화 배급사가 국제 영화제 출품 시한에 맞춰 영화 약 50개를 18~22개 언어로 번역해야 하는 상황에서 도움을 구하기 위해 아마라를 찾았다. 이 영화 배급사는 이 일을 맡기려고 우선 온라인 서비스를 알아봤지만, 배급사가 책정한 예산으로는 기껏해야 몇 개 언어로만 자막을 번역할 수 있을 뿐이었다. 이 배급사는 아마라라는 곳이 있다는 것을 발견하고, 혹시라도 이 일을 맡아줄 수 있는지 부탁해왔던 것이다. 아마라는 다수의 봉사자들로 구성된 회원들이 있으니 필요한 인원을 충분히 확보할 수 있으리라는 생각으로 그 일을 수락했다. 그런데 얼마 지나지 않아 아마라 소속 회원들만으로는 일을 수행할 사람들이 부족할 것이라는 사실을 깨달았다. 그래서 아마라를 이끌던 기술 전략가 알렐리 알칼라와 당시 PCF 이사로 있던 니콜라스 레빌 두 사람은 아마라 온디맨드(AOD: Amara On Demand) 서비스를 출시했다. 아마라 경영진은 홈페이지에, 짧은 마감 기한 내에 영상물을 번역해서 자막을 넣는 유급 일자리에 관심이 있는 사람들을 모집한다는 공지를 게시했다. 이 공지는 전문 영상 번역가들로 구성된 아마라의 수많은 봉사자들을 향해 쓴 것이었다. 이들은 프로젝트 예산이 충분하지 않아서 보수가 그리 높지 않을 것이라는 상황적인 어려움과, 이번 프로젝트는 훌륭한 다큐멘터리 영화가 저명한 영화제에 출품되어 더 많은 사람들에게 영화를 알린다는 의의가 있음을 호소했다.

이 공지가 게시되자, 작업에 참여하겠다는 요청이 쏟아졌다. 아마라는 지금껏 봉사자로 활동했던 사람들 중에 유급 프로젝트에 참여할 의사가 있는 사람들 약 200명을 금세 확보했다. 이 200여명은 비영리 영화 배급사의 영화 자막을 가능한 많은 언어로 번역하는 과정에 도움을 주기 위해 전 세계 각지에서 지원한 열정적인 사람들이었다. 아마라 온디맨드 팀이라는 이름으로 불리는 이들 단체는, 보수를 받는 일이기는 했지만 여전히 접근성과 차별 없는 참여라는 아마라의 큰 목표를 잇는다는 기분으로 임했다.

아마라의 이사인 딘 잰슨과, 운영 및 지속가능성 담당 최고 관리자인 알레이 알칼라는 아마라의 사업적 기회와 아마라 온디맨드의 공정하고 지속 가능한 작업 모델에 주력하기로 결정했다. 이들은 우버 같은 기업들, 계속해서 새로 생기고 영향력이 커지는 아마존 미케니컬 터크 같은 온디맨드 플랫폼들을 주시했다. 이들 기업의 고위 경영자들과 서비스를 실행하는 노동자들 간의 소득 격차는 전보다 오히려 더 늘어나는 듯했다. 벤처 자본 투자 모델도 회사의 창업자들과 플랫폼에 고용되어 온디맨드 서비스를 수행하는 노동자들 간의 소득 불균형을 해소시키지는 못하는 듯했다. 그런 상황에서 알칼라와 젠슨은 아마라가 그와는 다른 미래를 제시할 기회가 될 수 있다고 봤다. 젠슨은 아마라를 전적인 자원 봉사 단체에서 지속가능한 온디맨드 일자리를 제공하는 기관으로 전환하겠다는 계획은 '일종의 공포 영화 같은' 느낌이 들었다고 털어놓았다. 실리콘 밸리에서 공정한 온디맨드 고용 사업 모델에 자금을 조달하기가 얼마나 어려운가를 깨달았기 때문이다.

아마라에는 소수의 유급 직원과 수많은 자원봉사자들이 있었지만, 온디맨드 노동 업계에 적합한 운영 체계는 갖춰져 있지 않았다. 알칼라와 젠슨은 재정적으로 지속가능한 조직을 만들고 싶었다. 그리고 두 사람 모두 엔젤 투자자에게 손을 벌리거나, 아마라가 내건 사명과 다른 방향으로 나가도록 압박 받는 일이 없도록 아마라를 비영리 기관으로 운영하는 것이 중요하다고 믿었다. 이들은 일의 미래가 아무리 불확실하더라도, 아마라를 공정한 조직이자 사업체로 만들고 싶었다. 그래서 벤처캐피털의 시드머니를 구하러 다니기보다는, 전통적인 방식으로 비영리 스타트업의 자금을 조달하기로 했다. 이들은 아마라 온디맨드가 사회적 사명에서 출발한 비영리 조직이며 적당한 가격으로 수준 높은 성과물을 제공한다는 점을 고객 기업들에게 홍보했다.

아마라는 자원봉사 기회와 더불어서 보수가 있는 일자리도 제공했다. 모든 일자리에는 적정한 금액의 보수와 함께 프로젝트에 참여하는 팀원들을 지원할 충분한 시간이 책정됐다. 아마라는 온라인 환경에서 공정하고 공평한 직장의 역할을 했으며 직장, 보수, 일의 기회를 관리하는 방식을 개발하는 데 주력했다. 가령 알칼라가 대규모 프로젝트의 일정을 결정해야 할 때, 그녀는 아마라 온디맨드 회원의 가족 휴가 계획, 자녀의 생일 파티, 학교 행사 일정 등을 고려한다. 이런 부분은 직원들의 작업 일정을 짤 때 최우선으로 고려하는 사항 중 하나다.

2015년, 아마라는 최초로 수익을 낸 상황에서도 파산했다. 그렇게 된 것은 더블 바텀 라인 전략의 가치를 납득시켰기 때문이다. 처음에 약 200명으로 출발한 온디맨드 팀은 이제 3,000명 이상으로 늘었다. 한 달에 약 350명이 아마라에서 진행한 자막 번역 일에 대한 보수를 받는다. 파레토의 분배 법칙대로, 아마라 온디맨드 팀원들 중 약 10~20퍼센트가 일의 80~90퍼센트를 맡아서 하고 있다. 아마라의 고객들은 IT 대기업에서 온라인 교육 플랫폼까지 다양하며, 아마라 온디맨드 회원들 중 여러 언어에 능통한 사람들은 개인적으로 사업을 시작해, 아마라 온디맨드의 프랜차이즈 역할을 수행하며 함께 협력해서 일하기도 한다.

아마라 온디맨드를 중심으로 생태계가 만들어지고 있다. 아마라는 보수가 있는 일자리와 함께 사람들에게 자원봉사 기회를 지속적으로 제공한다는 점에서 특히 돋보인다. 아마라 플랫폼에서는 번역을 할 줄 아는 능력을 돈 이상의 큰 뜻을 위해 언제든 활용할 수 있다.

더블 바텀 라인으로 운영되는
고스트워크의 범위

더블 바텀 라인이 적용된 모델들 중에서 주목할 만한 다른 유형들도 있다. 그중 하나는 노동자들과 고객들을 명확히 연결하는 데 초점을 맞추는 서비스로, P2P 공유 경제라고 불리는 분야로 대표된다.[11]

가령 2015년에는 샌프란시스코의 베이 에어리어(Bay Area)에서 두 기업가가 뜻을 모아 조세핀(Josephine)이라는 서비스를 출시했다.[12] 조세핀은 요리를 즐기는 사람들과 집에서 만든 따듯한 식사를 그리워하는 사람들을 연결해주는 서비스다.

이 서비스가 역점을 두는 부분은 바로 공동체 의식이다. 캐비아 같은 서비스를 이용해서 식당 음식을 배달해 먹을 때는 인간다운 정을 전혀 느낄 수 없지만, 조세핀 서비스를 이용하면 조리사가 자기 집에서 주문을 받아 요리하기 때문에, 가정 주방의 친밀감을 느낄 수 있다. 이 서비스에 가입한 조리사들 대부분은 대가족이어서 평소에 많은 양의 음식을 많이 만들기 때문에 1~2인분을 추가로 만들기는 전혀 어렵지 않다. 일부 회원들은 미국에 이민 온 지 얼마 안 된 사람들로, 자신 있는 음식이나 어린 시절에 먹던 음식을 남들과 나누고 싶다는 생각에서 참여한다. 조리사들이 조세핀 웹사이트에 가정에서 조리할 음식 메뉴를 올리면, 고객들은 구매하고 싶은 요리를 신청한 뒤 집에 직접 방문해서 완성된 음식을 찾아간다. 조세핀은 매상의 10퍼센트를 판매 수수료로 챙기는데, 가장 많을 때는 조세핀에 등록된 베이 에어리어 거주 조리사가 약 75명까지 됐다. 이 서비스는 이웃이면서도 서로 모르고 지내는 사람들을 집밥이라는 공유 가치를 통해 연결한다는 진보적인 목표를 실현한 사례로 언론에서 긍정적인 평가를 받았다. 여러 모로 볼 때, API와 소프트웨어를 통해서 요리와 먹거리에 관심 있는 식도락가들을 집밥의 가치를 알아보는 사람들과 연결시키는 조세핀은 공유 경제가 온디맨드 경제와 어우러진 이상적인 사례라 하겠다.

승인을 만들어내다

노동자들의 요구를 확실히 충족시킬 수 있는 또 하나의 전략은 이로운 고스트워크 관행을 위한 공정 거래 시장을 만드는 것이다. 우리 주위에는 선택권과 재정적인 수단만 있다면, 타인의 노동에 대해서 책임 있는 고객이 되기로 선택할 사람들이 분명히 있다. 보모나, 파출부, 간병인 등의 서비스를 거래하는 온라인 플랫폼이 폭발적으로 성장하면서, 이들을 포함한 서비스 부문의 노동자들을 어떻게 대우해야 하는가에 대한 걱정이 제기됐다. 온라인 기업들은 보다 전통적인 방식으로 운영되는 동료 기업들과 비슷한 문제들에 부딪친다. 다시 말해 이런 서비스에 소속되어 일하는 노동자들 역시 낮은 임금, 불안정한 수입, 급여 외의 복지 혜택에서 소외되는 어려움을 겪기 시작했다는 뜻이다. 그러면서 노동자들의 근로 조건을 개선한 온라인 기업들을 어떻게 보상하고, 비용이 조금 더 비싸더라도 노동자 친화적인 정책을 펴는 바람직한 기업이라는 사실을 고객들에게 어떻게 알릴 것인가의 문제가 대두됐다.

미국 가사노동자연맹(National Domestic Workers Alliance)의 팔락 샤가 2015년에 만든 굿워크코드(Good Work Code)는, IT 기업들이 온디맨드 노동자들을 위한 지속가능한 일자리를 만들도록 유도한다. 굿워크코드는 이런 식으로 활용된다. 기업들은 굿워크코드에 서약함으로써, 온디맨드 노동자들에게 우호적인 사이트를 만들기 위한 8가지 핵심 가치인 '안전, 안정성과 유연성, 투명성, 공동의 번영, 공정한 임금, 포용과 투입, 지원과 연결, 성장과 발전'을 지키겠다고 약속하게 된다. 서약한 기업들은 그에 대한 대가로 굿워크코드 마크를 마케

팅 자료에 활용해서, 노동자들을 지지하는 지속가능한 고용 모델을
도입한 기업임을 고객들에게 홍보할 수 있다.

굿워크코드를 도입한 기업의 예로 음식 배달업체인 도어대시
(DoorDash)를 들 수 있다. 배달 노동자들은 보통 제3자로 간주되는데
도 불구하고 도어대시는 배달 노동자들의 신체 상해와 재산 피해를
최대 100만 달러까지 보상하는 사업용 차량 보험에 가입했다. 배달
을 하는 중에(배달 중인 상품을 소지하고 있을 때) 발생한 모든 사고는 보
험 혜택 범위에 포함된다. 배달 노동자들의 작업 일정은 노동자들이
각자 정하며, 회사는 배달 요령과 모범 기준을 정해 두고 있다. 회사
에서는 노동자들에게 일하는 방법을 지시하지는 않는다고 신중하게
밝히지만, '일을 계속하려면 회사에서 제안하는 방식을 따르라'는 의
미가 함축되어 있다. 회사의 이런 지침은 노동자들에게 조언을 제시
하는 것과, 일하는 방식을 직접 지시해서 독립 계약직 노동자들의 권
리를 침해하는 것 사이에서 아슬아슬하게 줄타기한다.

한편 도어대시는 노동자들에게 전통적인 직장과 비슷한 복지 혜
택을 제공하는 최초의 온디맨드 플랫폼 중 하나다. 도어대시는 스트
라이드(Stride) 같은 외부 업체의 서비스를 이용해서 노동자들이 일명
오바마케어라고 불리는 건강보험개혁법의 혜택을 누릴 수 있도록
돕는다. 또 다른 온디맨드 기업인 에버랜스(Everlance)와 손잡고 노동
자들이 각자 사업비를 정산해서 자영 독립 계약 노동자 대상 세금 공
제를 공정하게 이용할 수 있도록 돕는다. 덧붙여 급료를 당일에 지급
하는 패스트 페이(Fast Pay)라는 이름의 지급 방식으로, 노동자들이 지
급받은 금액을 바로 현금화할 수 있도록 한다. 이는 아마존에서 아마

존 페이먼트라는 시스템을 통해 노동자들의 계좌로 급료를 곧바로 지급했던 것과 비슷하다. 페스트 페이는 현금 지불 수수료로 1.99달러를 부과한다. 도어대시는 굿워크코드와 보조를 맞춰서, 직원들이 더 행복하고 더 오래 일하고 싶어 하는 기업이 되어 더 많은 고객을 확보하고, 궁극적으로는 건강한 조직이 되기를 희망한다.[13]

협동조합 2.0

마지막으로 살펴볼 모델은 급성장 중인 '플랫폼 협동' 운동이다. 공동으로 소유하고 민주적으로 운영되는 사업은 산업혁명 초기의 길드(guild)를 상기시킨다. 협동조합에서는 노동자들이 주주의 역할을 하면서, 비용과 노동을 노동자와 소유자들에게 공평하게 분배할 수 있다. 플랫폼 조합은 소프트웨어와 API를 이용해서 거래, 판매, 상품과 서비스 교환이 보다 수월하게 이루어지게 한다. 이들은 심지어 노동 조직과 제휴해서 일할 수도 있다.[14] 노동조합들은 플랫폼 조합을 지원하는 자연 발생적인 자원이다. 둘 다 노동자의 권리를 중요시하기 때문이다.

노동조합이 플랫폼 조합과 협력하는 좋은 사례로 캘리포니아의 너시스캔(NursesCan) 조합이 있다. 2017년에 미국 보건의료노동자연합 서부지부(SEIU-UHW) 소속 노동자 15만 명은, 온디맨드 직업 간호사(LVN)들의 플랫폼인 너시스캔 조합을 지지했다. 간호사들에게 더 안정적이고 보수가 좋은 일자리를 만들겠다는 희망에서, 노조원들은 잠재 고용주들과의 법적인 지원과 연줄을 제공했다. 다섯 명의 직업 간호사들이 만든 너시스캔 조합은 의료진이 상주하는 의료시설이 아닌 집에서 간호받기 원하는 환자들을 위해 온디맨드로 가정 돌봄을 제공하고자 시작됐다. 노동통계국에 따르면 인구 고령화에 따라, 전 세계적으로는 말할 것도 없고 미국에서만 해도 2016년부터 2026년 사이에 간호사 수요가 12퍼센트 증가할 것으로 예상된다.[15] 따라서 전문 간호를 제공하는 온디맨드 서비스의 수요가 필연적으로 커질 수밖에 없다. 그런데 의료는 상시접속 회원과 고정 회원에 해당하는 간호사들이 지속적으로 일을 맡아야 하는 특화된 분야다. 사랑하는 가족이 시험 삼아 일에 나선 맛보기 회원 간호사들에게 간호 받는 것을 원하는 사람은 거의 없을 테니 말이다. 그렇다면 이 시장에서는 상시접속 회원 노동자들이 휴식을 취하고, 에너지를 재충전하고, 새로운 기술을 계속해서 습득할 수 있도록 보장해 주면서, 고정 회원 노동자들이 그들과 팀을 이루어 노련한 노동자들의 지도 하에 배우고 전문성을 키울 수 있게 돕는 모델이 필요할 것이다. 모든 사람들은 온디맨드 서비스 못지않게 의료 업무를 충실히 익힌 노동자들이 방문 간호에 나서게 되기를 바란다.

지금까지 살펴본 모든 사례들은 고스트워크의 주요 관심사에 노동자들이 포함되면 어떤 형태가 될 것이며, 그렇게 하는 것이 기업 소유주와 고객들에게 어떻게 도움이 되는가를 보여준다. 그러면서도 동시에 몇몇 경영자들의 선한 의도에도 불구하고, 그 어떤 사례도 노동자들의 관심이 충족되는 범위를 보장해주지는 못할 것임을 드러내 보인다.

선의와 좋은 계획만으로는 불충분할 때

쿨카니와 나룰라는 모바일웍스에서 리드지니어스로

회사의 이름과 조직을 개편하던 시기에 노동자들 대다수를 미국 이외의 지역에서 모집했다. 회사 형편상 미연방이 정한 최저 임금에 준하는 급료를 감당할 수 없었기 때문이었다. 그리고 소속 노동자들을 연방 최저임금법의 요건에서 제외되는 독립 계약직으로 명확히 분류하기도 힘들었다. 그 이유는 리드지니어스가 계획한 공동체를 구성하기 위해서는 전통적으로 직원을 고용한 고용주들에게만 허용된 활동을 해야 했기 때문이었다. 교육 연수 과정을 제공하고, 일하는 방식을 지도하고, 일정을 협상하고, 심지어 회사 티셔츠까지 만들어 제공하는 활동들 모두가 리드지니어스의 공동체를 만드는 데 도움이 됐다. 이런 공동체는 리드지니어스가 세운 기본 계획의 일부였다.

하지만 이런 활동은, 근거지를 미국에 둘 경우 법적으로 노동자들을 독립 계약자가 아니라 정식 직원으로 분류해야 한다는 것을 확인시키는 시금석이었다. 리드지니어스가 팀 중심의 조직에 투자할 수 있었던 것은 무엇보다도 전통적인 고용 방식에 수반되는 직원의 복리후생이나 고용세의 추가적인 부담을 면할 수 있었기 때문이었다. 리드지니어스는 풀타임과 파트타임 노동자들을 사는 지역이나 국가에 관계없이 사실상 똑같이 대우할 수 있었다. 하지만 세계 곳곳에 흩어져 있는 노동자들에게 의료보험, 유급휴가, 사회보험 혜택을 제공하는 것은 감당 불가능한 일이었다. 뿐만 아니라 전 세계적인 노동 조직 내의 여러 팀들의 가치를 분류하고 평가할 때 국가적인 측면을 고려하고, 그에 맞게 보상할 방법도 없었다. 리드지니어스는 다른 모든 국제적인 아웃소싱 기업들과 마찬가지로 임금을 정할 때 노동 차익거래 논리를 적용했다. 다시 말해 제품과 서비스들이 해당 지역의 시장에 맞게 지역화했을 때의 가치에 준해서 임금을 지급했다.

노동 차익거래는 생활비가 더 싼 지역에 거주하는 노동자들에게 해당 지역에서 통용되는 수준의 임금을 주고 일을 맡기는 것을 뜻한다. 이런 관행은 예전에도 항상 있었다. 2장에서 논했듯 노동 차익거래는 직장의 균열을 부르는, 아웃소싱의 중심 발상이다. 이론적으로는 다수의 고용주가 정해진 수의 노동자들을 놓고 서로 채용 경쟁을 벌이는 건전하고 경쟁적인 시장이 되면, 노동자들의 임금은 공정한 수준으로 유지된다. 밀물이 들면 수면이 높아져서 바다 위의 모든 배가 위로 올라가는 것과 같은 이치다. 하지만 현실에서는 소수의 대기업들이 노동 공급망, 즉 기업의 생산과 분배 과정에 동력을 공급하는 네트워크를 제어한다. 그런 대기업들은 마찬가지로 계약직 일자리의 전망에도 지배적인 영향력을 행사한다. 정보 서비스 기업들은 공급망과 인터넷에 힘입어 사업장의 위치를 세계 어디로든 정할 수 있다. 이런 조건에서는 임금 정체를 피하기 힘들다. 보수를 절반만 받고 동일한 양의 일을 해내는 동료 노동자들이 다른 나라에 거주하더라도 똑같이 인터넷 채팅 화면으로 연결되면서, 노동자들 사이에 마찰을 불러일으킬 수 있다.[16]

예를 들어 리드지니어스 노동자들은 사내 채팅, 문자 전송 시스템 등을 통해 공동 작업하는 팀원들끼리 서로 대화한다. 노동자들은 함께 일하는 사람들이 누구인지, 어떤 팀원들이 보수를 더 많이 받는지 등을 알아보려고 하는 경우가 종종 있다. 리드지니어스가 노동 차익거래를 통해 서비스를 낮은 가격에 공급하는 전략을 쓰기 때문에, 노동자들은 다른 나라에 거주하는 노동자들이 같은 일을 하면서 돈을 훨씬 많이 받는다는 사실을 알게 되면 상대적인 박탈감을 느낄 수도 있다. 같은 일을 하는 사람은 동등한 보수를 받아야 한다는 논리는, 가령 인도와 필리핀처럼 생활비에 거의 차이가 없는 지역에 사는 사람들 사이에 보수의 격차가 생기는 경우, 반박하기가 힘들어진다. 우리가 인터뷰했던 사람들 중에도 실제로 그런 상황에 불만을 품은 이들이 있었다. 더욱이 공동체와 팀워크에 얼마나 큰 가치가 있으며 모두가 조직의 중요한 구성원이라는 이야기를 지속적으로 들어온 노동자들로서는, 동등하다고 말하면서도 임금을 동등하게 지급하지 않는 회사의 방침에 대해 불만을 가질 수밖에 없다.

역설적이게도 리드지니어스는 노동자들이 최소 근로시간을 지키도록 정하면서, 앞서 예로 든 나탈리처럼 모바일웍스 시절부터 일하기 시작했지만 고정 근무 시간을 내기 힘들어서 리드지니어스의 주당 20시간 근무 규정을 맞출 수 없는 노동자들을 열외로 취급했다. 나탈리처럼 시간이 날 때만 일을 하는 맛보기 회원 노동자들은 일의 기회에서 완전히 배제된다. 그 밖의 노동자들 중에도, 주니어 매니저가 되면 밤에 근무해야 하기 때문에, 랄리타처럼 아기를 키우는 엄마들이나 자파처럼 갓 결혼한 사람들은 승진의 기회를 누리기 힘들다는 곤란한 점이 있다. 자파처럼 결혼을 해서 가정을 꾸리더라도 온디맨드 고용주가 의료보험을 제공해야 할 의무는 없다. 그리고 자파가 어머니를 보살피기 위해 몇 주간 쉬었다가 리드지니어스로 돌아올 수는 있었지만, 회사에서 유급휴가를 제공하지 않기 때문에 무급으로 휴가를 쓸 수밖에 없었다.

아마라의 소프트웨어 설계가 아무리 뛰어나더라도 아마라는 규제가 전혀 없는 시장에서 경쟁하기 때문에 어려움을 겪는다. 경쟁사들은 아마라와 달리 노동자들에게 엄청나게 낮은 임금을 지급하기 때문에, 대부분의 프로젝트에서 아마라보다 더 낮은 가격으로 입찰할수 있다. 실제로 경쟁사들은 비용을 절약하기 위해 엠터크 같은 플랫폼을 통해 일을 맡기는 경우가 많다. 아마라가 다른 번역서비스들의 저가 공세를 헤쳐 나가기 위해서는 높은 품질의 서비스로 이름을 알려야 할 것이다. 아마라의 경쟁사들은 아마라와 경쟁사들이 사업 운영을 위해 여러모로 공유할 수밖에 없는 온디맨드 번역가 인력 집단을 고갈시키고, 이 노동자들의 임금을 깎아내리고 있는데도 아무런 질책도 받지 않고 있다.

리드지니어스와 아마라가 더블 바텀 라인을 성취할 수 있었던 것은 그들의 통제력이 닿는 범위를 훌쩍 초월한 요소에 암암리에 의존했기 때문이었다. 즉 이들은 인터넷 접속, 기본적인 컴퓨터 활용 능력, 단순히 저장된 정보를 불러내는 법이 아니라 배우는 법을 습득하고 창의적인 사고를 키우는 인문학 교육의 힘을 밑바탕으로 삼았다. 이제는 과거 그 어느 때보다도 더 많은 사람들이 전 세계적으로 인터넷에 접속할 수 있게 된 것은 분명하다. 지난 20년간 인터넷에 접근할 수 있는 사람들과 그렇지 못한 사람들 간의 격차를 해소하는 데 몰두했지만, 단순히 기술 장비만 갖춘다고 공평한 경쟁의 장이 만들어지는 건 아니다. 만일 세계 정보 서비스 경제의 참여 주체 대다수가 안정적인 인터넷 연결, 교육 자원에의 지속적인 접근, 단일 고용주가 더 이상은 책임지지 않는 의료보험, 병가, 정기휴가를 제공할 수단이라는 3가지 조건에 의존할 경우, 계속되는 디지털 디바이드와 디지털 기술의 불균형은 앞으로 더욱 긴요한 문제가 될 것이다.

심각한 문제는 보통 세부적인 요소에서 불거지기 마련이며, 집밥을 먹고 싶어 하는 사람들과 조리사들을 연결해주는 서비스인 '조세핀'의 경우, 그런 세부적인 요소는 바로 규모가 큰 음식 조리 산업을 관리하는 보건 당국의 법규였던 듯하다. 캘리포니아는 다른 대부분의 주와 마찬가지로 대중에게 판매되는 음식은 상업적인 조리 시설에서 조리하도록 규정해 두었다. 캘리포니아 주 보건국은 조세핀 서비스에 가입한 조리사들에게 정지 명령을 내렸다. 이에 조세핀 측에서는 법에 맞는 방향으로 서비스를 개편하려고 시도했다. 조세핀 창업자들은 조리사들을 위해 상업적인 조리시설을 임대하고, 산업화되지 않은 음식을 찾는 소비자들을 위한 새로운 법규를 제정하도록 로비 활동을 벌였다. 하지만 새로 시도한 방식은 결국 통하지 않았고, 2018년 초에 조세핀은 영업 활동을 중단했다.

굿워크코드의 단점은 더블 바텀 라인과 사회적인 책임을 수호하기 위해 더 비싸거나 더 수고스런 행동 방침을 따르는 데 관심이 있는 소비자들에게만 의존하게 된다는 점이다. 굿워크코드와 협약한 도어대시 같은 기업들이라고 기업의 수익을 완전히 무시할 수는 없다. 그래서 도어대시는 회사 차원에서 책임 보험을 제공하지만, 동시에 독립 계약 노동자들에게 해당 지역에서 법으로 정한 기준에 맞춰 각자 보험을 들도록 규정해 두었다. 개인적으로 상해보험을 들지 않은 사람들은 회사에서 제공하는 보험의 혜택을 받지 못할 수도 있다. 여기에 더해서, 노동자들이 동일한 일자리 사이트에 가입되어있지 않은 탓에 서로를 동료가 아닌 경쟁자로 생각하는 일이 없도록, 노동자들을 조직화할 사업 모델을 생각해 내는 것 역시 노동 조직들이 직면한 도전 중 하나다.

공유하는 일자리 사이트가 없는 데 따른 그와 같은 갈등은 플랫폼 조합을 만드는 데에도 장애물로 작용한다. 전통적인 협동조합은 모든 조합원이 동등하게 참여하는 모델을 기본으로 한다. 이들은 해당 지역에서, 상호 협력 관계에 있는 조합원들이 만든 상품을 사고파는 지역 시장을 위주로 활동하며, 협력적으로 공급망을 제공한다. 하지만 협동조합들은 국경 너머까지 회원을 확대할 방법과 그중에서도 특히 국외 회원들에게 수익을 동등하게 나눌 방법을 아직 찾아내지 못했다. 또 들고 나는 사람들이 많은 가운데 파레토 법칙에서 민주적인 집단의 의사 결정과 동등한 책임을 어떻게 유지할 것인가도 아직 생각해 내지 못했다.

우리가 연구를 마치고 인터뷰 내용을 다시 살펴보니, '사람들은 고스트워크에 대해 서로 다른 심적 지도를 머릿속에 그린다'는 사실이 그 무엇보다 분명하게 드러났다. 우리는 노동자들에게 "본인의 직업에 대해 다른 사람들에게 어떻게 설명하십니까?"라고 물었다. 어떤 미국인 노동자는 "실리콘밸리에 있는 스타트업에서 일한다."고 답했다. 마찬가지로 미국인인 또 다른 노동자는 자신은 독자적으로 일하며, 고스트워크를 이용해서 실무 능력을 키우고 있다고 설명한다고 대답했다. 또 인도에 거주하는 노동자는 마을에 일자리를 유치하는 기업가라고 설명한다고 했다. 이 세 사람은 동일한 플랫폼에서 똑같은 유형의 고스트워크를 하는 이들이었다. 협동조합이나 노동 운동가들 모두 고스트워크의 다양한 심적 지도를 효과적으로 연결하는 사업 모델을 아직 찾아내지 못했다.

좋은 의도에도 불구하고, 기업들이 쏟아부은 상당한 노력으로는 부족했다. 온디맨드 서비스들은 파레토 법칙의 자연적인 비율을 따르면서, 공장보다는 자체적으로 조직된 공유 자원이자 온라인 커뮤니티에 더 가까운 기능을 한다. 온라인 노동의 지속가능한 모델을 만들려면 API의 기술적인 설계, 플랫폼, 소프트웨어에 관심을 기울이는 것 이상이 필요할 것이다. 또 당분간은 완벽한 자동화가 이루어지지 않을 세계적인 경제 분야에 참여하는 사람들의 능력을 경제적, 사회적으로 어떻게 뒷받침할 것인가에 관해 재고할 필요도 있을 것이다.

공유 자원의 비극

냉소적인 사람들은 더블 바텀 라인을 옹호하는 클라우드팩토리, 리드지니어스, 아마라 같은 유형의 기업들에 대해, 악당을 찾기 쉬운 업계에서 영웅처럼 보이기 위하여 비콥 인증이나 비영리 기업의 지위 같은 과시적인 요소를 이용한다고 생각할지 모른다. 이런 기업들에 물론 단점은 있겠지만, 이들은 전 세계 수많은 노동자들에게 일자리를 제공하는 책임을 기꺼이 맡고 있다.

리드지니어스와 아마라는 노동자들의 상호작용과 작업 협력을 촉진하는 데 가장 깊이 투자한 플랫폼들이다. 이들의 노동 관행은 많은 온디맨드 플랫폼에서 일하는 데 관심이 있는 공유 인력 집단에 영향을 준다. 예를 들면 리드지니어스는 최저 임금, 고정 근무 시간, '스캐폴딩'이라고 이름 붙인 멘토링, 승진 같은 체계를 온디맨드 업계에 가져왔다. 아마라는 노동자들이 자원봉사와 유급 노동 중에 선택할 수 있게 해서, 생업으로 일을 하는 사람들과 언어적인 능력을 공유해 뭔가 의미 있는 일에 기여하고자 하는 사람들의 흥미로운 조합을 형성했다. 역으로 수익의 최적화에만 관심이 있는 고용주들은 노동자들을 또 하나의 고객이나 수입원으로 만드는 데에만 눈을 돌린다.

리드지니어스와 아마라는 협동하고 협력하는 공동체로서의 팀을 지지할 본보기를 제시하면서, 노동자들이 각자 운명의 주인이 될 방법을 만들어 나가고 있다. 특히 아마라는 노동자를 운전석에 앉혀서 각자 일정을 짜고, 임금을 협상하고, 이익 배분의 기회를 얻고, 가격표 이상의 가치를 두는 프로젝트에 언제 그리고 어떻게 시간과 노력을 투입할 것인지 결정할 수 있게 하는 미래가 가능함을 보여준다. 협력을 무시하거나 억압하기보다는 촉진하면서 노동자들이 연결되도록 돕는 것은, 노동이라는 가장 큰 몫으로 이 시스템에 기여하는 노동자들을 위해 도의적으로 해야 할 일 이상의 당위성이 있다. 온디맨드 기업들이 플랫폼에 딸린 토론 게시판, 오프라인 만남, 경력이 많은 노동자들이 신입들에게 요령을 가르치는 데 대한 보상 등을 제공한다면, 필시 가장 품질이 뛰어난 작업 결과와 제품을 고객들에게 내놓을 수 있을 것이다.

모든 온디맨드 서비스의 핵심 기술자들과 최고 경영자들은, 온디맨드 서비스를 사업성 면에서 수익성이 높으면서도 노동자와 경영자들에게 결실 있는 분야로 만들기 위해 노력하고 있다. 그들은 회사의 운영에 꼭 필요한 고스트워크 노동의 공유 자원을 소중히 여기고 이를 지키기 위해 할 수 있는 모든 것을 다하고 있으며, 우리 역시 그들과 같은 고민을 하고 있다.

　마지막 장에서는 고스트워크를 탈바꿈시키고 온디맨드 경제의 동력이 되는 사람들의 삶과 미래를 개선하기 위해서 우리가 직면해야 할 기술적, 정치적, 사회적 난관에 대해 설명하고자 한다.

PART 4

앞으로의
고스트워크

우리가 해결해야 할 일들

고스트워크는 아직 다듬어져 가는 중이다 · 고스트워크 역사에서 얻는 교훈 · 직업의 미래에 맞는 일자리 개선을 위해 우리가 할 수 있는 일 · 사회변동을 위한 기술적 해결책 · 기술적인 전문성을 요구하는 사회적 해결책

WORK

GHOST WORK

제 7 장

우리가 해결해야
할 일들

고스트워크는 아직
다듬어져 가는 중이다

이미지 태깅에서 동영상 자막 넣기, 프로그램 오류 수정, 음식 배달에 이르는 모든 범위의 고스트워크가 눈에 더 잘 들어오게 됐으니, 이제 이런 것을 한번 상상해보자.

당신이 다니는 헬스클럽에서 어떤 사람이 달리기에 한창 열중해 있다. 그런데 최근에 축구를 하다가 부상을 입었던 그의 왼쪽 무릎에서 갑자기 타는 듯한 느낌이 든다. 그가 당신 바로 옆의 런닝머신에서 내려온다. 아마도 그는 이상이 있음을 인식한 듯하다. 어쩌면 당신도 그걸 알아봤을지 모른다. 그의 무릎 뼈 주위가 벌겋게 부풀어오른 것이 보이기 때문이다. 몸의 무게중심을 오른쪽으로 옮길 때 왼쪽 다리에 더 큰 압력이 가해졌다. 그가 손목에 찬 밴드를 세 번 두드리자 곧바로 그의 헬스 코치 목소리가 들린다. "아니, 지금 뭘 하고 계신 거예요? 지난 한 시간 동안의 활동 데이터를 막 확인해 봤어요. 통증이 있는 것 같은데, 무릎이 또 말썽인가요?"

그 남자가 겸연쩍은 듯이 대답한다. "이번 주에는 유산소 운동을 쉬는 게 낫겠다고 아침에 얘기해 주셨는데, 코치님 말씀이 맞네요." 곧바로 헬스 코치가 말을 잇는다. "비슷한 유형의 무릎 부상을 치료한 경험이 있는 물리치료사를 찾아볼게요." 그러고는 몇 초 지나지도 않아서, "아, 찾았어요. 물리치료사분이 지금 일정이 비어있어서, 15분 뒤에 바로 그리로 갈 수 있어요. 바로 연락해서 상황을 전해 둘게요. 잠시만 기다리세요."라고 말했다. 그 남자는 "감사합니다."라고 대답하고 헬스용 자전거에 몸을 기댄다. "그리고 지금 왼쪽 다리는 들고 계셔야 해요." 헬스 코치가 다시 말했다. "지금 확인해 보니 왼쪽 무릎에 여전히 하중이 전달되고 있어요." 이것이 바로 신체 활동 추적 웨어러블 디바이스를 만드는 핏비트(Fitbit)에 인수된 스타트업 트와인 헬스(Twine Health)가 그리는 사업의 미래다.

트와인 헬스는 문자와 음성 통화를 통해 환자 보호와 의료 코칭을 제공하는 서비스에 활용되는 시스템이다. 앞선 예에서 헬스클럽에서 운동을 하다가 무릎 부상이 덧났던 환자가 바로 트와인 헬스의 주 고객에 해당한다. 트와인 헬스가 공략하는 큰 시장은 직장 건강 프로그램으로 의료비용을 줄이고자 하는 기업들이다. 일정 자격을 갖춘 헬스 코치들이 트와인 헬스의 API를 활용하면 전통적인 업무 환경에서 한 명을 돌볼 시간에 아주 많은 사람들을 돌볼 수 있다. 트와인 헬스는 제3자인 웰니스 코치즈(Wellness Coaches)라는 회사와 협약을 맺어서, 필요할 경우 의사들을 소개받는다. 그런데 아직까지는 핏비트와 트와인 헬스 같은 회사들이 온디맨드 헬스 코칭의 공급망을 운영하는 방식과 관련한 법 규정이 전혀 마련되지 않았다.

마찬가지로 카메라, 센서, 인터넷 연결, 의료 서비스 제공자의 실시간 보조가 결합한 온디맨스 수술 서비스도 쉽게 상상해볼 수 있다. 현장에 있는 간호사 팀의 도움을 받아서, 원거리에 있는 온디맨드 의사들이 맹장 수술부터 백내장 수술까지 온갖 수술을 모니터 화면을 보며 로봇을 이용해 시술한다. 그러고 나면 팀원들이 협력해서 절개 부위를 봉합하고, 시술한 수술 부위 봉합선을 팀원들이 서로 바꿔가며 재차 확인한다. 만일 환자의 혈압이 떨어지는 것이 센서를 통해 감지되거나 과다 출혈이 발생해 상황이 복잡해질 기미가 보이면 전문의들이 현장에 불려올 것이다.

앞으로는 온디맨드 노동자들이 풍력 발전용 터빈을 건설에서부터 석유 굴착 장치 수리에 이르기까지 중장비 관리와 건설에 투입되는 것도 가능해질지 모른다. 다큐리(Daqri) 같은 기업은 이미 작업 현장에 있는 사람들과 멀리 떨어진 곳에 있는 온디맨드 노동자들을 연결할 증강 현실 기기를 개발했다. 예를 들어 다큐리에서 개발한 스마트 안경에는 컴퓨터 칩, 카메라, 센서가 달려 있어서, 3D맵이나 장비 보수 설명서를 영상으로 띄우고, 파이프 안에 위험할 정도의 고온이나 압력이 발생한 징후는 없는지 면밀히 조사할 수 있다. 그러면 가령 현장에 있는 노동자들이 전문 기술을 갖춘 온디맨드 배관공의 도움을 받아서 복잡한 유압 시스템에 생긴 균열을 메울 수 있다. 또 자율 주행 차량이 발전하면서, 다큐리의 스마트 안경이 산업 로봇의 머리가 되고 온디맨드 노동자가 그 로봇의 팔을 조종해서 위험한 보수 작업을 수행할 수 있다. 2010년에 발생했던 BP(British Petroleum)의 해상 원유시추 시설 딥워터 호라이즌(Deepwater Horizon)의 폭발 사고는, 만일 하루 24시간 일주일 내내 온디맨드 직원들이 교대로 모든 시스템을 모니터하면서 교체나 수리가 필요한 부분이 센서를 통해 감지될 경우 즉각 수리했다면 방지할 수 있지 않았을까? 또 온디맨드 노동을 임시직이나 소모성 고스트워크로 접근하는 것이 아니라 노동자들의 집단 지성을 활용해서, 정규직에서처럼 교대로 당번을 서고, 나머지 사람들은 항상 대기 상태에 있도록 해서 모두가 일터에서 동등하게 가치 있는 일을 맡게 한다면, 기름 유출 사고의 재발을 예방할 수 있지 않을까?

세계은행은 우리가 조사했던 것 같은 플랫폼들을 통해 제공되는 전문 온디맨드 디지털 노동 시장이 2020년에 이르면 연간 250억 달러 규모로 성장할 것이라고 내다봤다. 고스트워크를 하는 사람들에 우선순위를 두거나 지원할 준비가 갖춰졌는지 여부에 상관없이, 고스트워크 노동자들은 단기적, 장기적(이론의 여지는 있지만) 미래의 일자리에 필연적으로 그 모습을 드러낸다. 서비스 부문의 일자리가 탈바꿈하면서 로봇 부대에게 모든 일이 넘어가는 상황에 직면할 가능성은 거의 없지만, 최소한 고스트워크가 어떤 형태로 발전해야 좋을지를 기업, 노동자, 사회가 결정해야 할 것이다.[1]

전체적으로 볼 때, 현재의 긱 경제는 조용히 고스트워크 플랫폼으로 옮겨가고 있으며, 갈수록 많은 사람들이 온라인에서 온디맨드 긱 노동에 종사하고 있다. 이들은 인터넷 웹사이트와 모바일 애플리케이션을 통해 작업을 배분하고, 일정을 관리하고, 일을 정하고, 급료를 정산하는, 프로젝트 기반의 업무를 맡는다. 이 일을 하는 사람들이 얼마나 많으며, 이 노동 시장이 얼마나 빠르게 성장하고 있는지는 가늠하기가 힘들다. 미국은 노동부에서 '대체 직종(alternative work arrangements)'으로 분류한 사람들에 대한 정기적인 통계 조사는 실시하지 않고 있다. 가장 최근의 통계는 2017년에 나온 것으로 12년 만의 조사였다. 그리고 역사적 연속성을 유지하는 데 중점을 두다 보니, 조사 문항에 인터넷에 관한 언급은 빠져 있다. 노동자들에게 디지털 기술이 노동자들의 일에 어떻게 관여하는지 질문한 경우도 없었다. 고스트워크 종사자들은 설문 내용에서 '대체 직종', '임시 직원', '자영업자'를 비롯한 다양한 명칭 하에 언급되기 때문에, 전국의 온디맨드 노동 인구를 계산하기는 쉽지 않다. 우리가 입수한 최적의 추정치는 2016년 퓨리서치센터 조사에서 밝힌, 미국 경제 활동 연령층에서 온라인이나 오프라인으로 작업하며 돈을 버는 사람이 약 2,000만 명이라는 발표 내용이다.* 그 말은 미국의 경제 활동 인구 100명 중에서 약 12명이 이미 일종의 온디맨드 고스트워크를 하고 있다는 뜻이다.

이 주제를 다룬 보다 집중적인 연구가 나올 때까지는 온디맨드 고

---

* 　스미스의 2016년 저서 『긱 노동(Gig Work)』에 따르면, 미국 성인의 8퍼센트는 그 전 해에 온라인 작업(설문 조사나 자료 입력 등), 우버 등에서의 차량 운행 서비스, 쇼핑 및 배달, 청소 및 세탁 등의 일을 해서 돈을 벌었다고 보고했다. 키즈카운트(Kidscount.org)는 2016년에 미국에 거주하는 성인은 249,747,123명이라는 인구 통계 자료를 제시했다. 그러므로 성인 약 2억 5,000만 명의 8퍼센트면 약 2,000만 명이다. 이 조사의 오차범위는 2.4퍼센트였으므로, 조금 더 낮춰서 추산하면 5.6퍼센트인 1,400만 명이 된다.

스트워크를 완벽히 파악하기 힘들다. 하지만 통계적으로 따지자면 소위 긱 경제에서 현재 진행 중인 미묘한 변화를 살펴보는 것만으로 충분할 것이다. 단기 프로젝트들이 늘어나고, 정규직 채용에 대한 저항이나 인건비를 감당하기 힘든 상황이 맞물리면서 형성된 독립 계약직과 소규모 업체들의 이런 생태계는 이미 온디맨드 노동 플랫폼 쪽으로 조용히 이동하고 있다. 온디맨드 노동 플랫폼의 부상은 API를 이용해서 계약직 노동을 조직하고, 결정하고, 일정을 짜는 방식에 기업들과 일이 필요한 사람들 양쪽 모두가 매력을 느낀다는 신호다. 이 책에서 제시한 예들을 통해 짐작할 수 있듯이, 임시직 노동에 새로운 기술을 융합하는 것은 인공지능 혁명 이외의 부분에도 영향을 끼친다. 온디맨드 노동은 온라인 고객 서비스와 자료 입력 같은 사무실에서의 단조로운 '지식 노동'을 대체한다. 전통적인 인력 소개 서비스, 대기업들, 업워크 같은 플랫폼들 간의 협력은 온디맨드 고용의 다음 발달 단계를 드러내 보인다.[2]

2015년의 한 연구는 미국과 유럽만 따지더라도 약 2,500만 명이 일종의 온디맨드 긱 노동을 온라인으로 하고 있다고(즉 웹사이트나 모바일 애플리케이션을 통해서 일을 배정하고, 일정을 짜고, 결정하고, 비용을 정산하는 회사에서 프로젝트 중심의 업무를 배정받아 하고 있다고) 추정했다.[3] 만일 2,500만 개의 일자리가 그다지 크게 느껴지지 않는다면, API가 널리 사용되기 전이었던 2000년대 초반까지만 해도 이런 일자리 자체가 아예 존재하지 않았다는 사실을 고려해보기 바란다. 이런 성장 속도에 계약직, 임시직 소개 서비스의 현재와 같은 성장 추세가 더해지면, 오늘날 전 세계 직업의 60퍼센트는 2055년까지 일종의 고스

트워크로 전환될 공산이 크다. [4]

현재는 우버 같은 휴대폰 애플리케이션이나 페이스북 같은 웹사이트를 구동하는 인공지능 시스템에 인간의 도움이 필요한 경우 도움을 긴급하게 제공해야 한다. 이럴 때 전통적인 고용 방식은 통하지 않는다. 차가 도착하거나 페이지가 로딩될 때까지 너무 오랜 시간이 걸린다면 최종 사용자가 그런 지연을 용인하지 않을 것이기 때문이다. 이럴 때 API를 통해서 접근할 수 있는 상시접속 회원 노동자들이 온디맨드 형태로나 즉각적으로 필요한 도움을 제공할 수 있다. 소프트웨어 개발자들은 자동으로 사람을 고용해서 작업을 맡기고, 완료된 작업을 확인하고, 시간과 노력에 대한 대가를 지불하는 프로그램을 짤 수 있다. 대부분의 고객들이 자동화된 것으로 알고 있는 수많은 알고리즘, 웹사이트, 애플리케이션, 온라인 서비스에는 사람의 손길이 꼭 필요하고, 사람들이 그런 중요한 역할을 맡을 수 있는 건 온디맨드 고스트워크 플랫폼과 플랫폼의 API가 있기 때문이다.

과학자와 공학자들은 인간 수준의 사고가 가능한 인공지능을 만들어서 완벽한 자동화를 실현하기 위해 앞으로도 계속 정진할 것이다. 그런 미래가 가능한지, 그리고 그런 기술이 정말로 모든 노동자를 대체할 것인지에 관한 논쟁은, 현재 온디맨드 노동자들에게 정말로 필요한 부분에 집중하고 대응하지 못하도록 만든다. 지금으로써는 첨단 기술을 연구하는 과학자들이 앞으로도 계속해서 노력할 것이고, 그렇게 되면 자동화 최종 단계의 역설이 나타날 것이라는 사실만큼은 분명하다. 다양한 능력을 갖춘 범용 인공지능 개발을 위한 연구가 진행되는 가운데, 적어도 당분간은 인공지능 시스템의 부족한 부분을 메우기 위해 인간의 노동이 계속 필요할 것이다.

일반적으로 어떤 과업을 수행하는 코드를 짤 때 프로그래머들은 각자 사용하는 컴퓨터 운영체계가 규정한 인터페이스를 사용해서 컴퓨터의 능력을 활용한다. 하지만 CPU는 주어진 명령만 정확히 수행할 수 있을 뿐이다. 그래서 프로그래머들은 주어진 과업을 완수하기 위해 온디맨드 노동자를 불러들인다. 이때 프로그래머들은 온디맨드 노동 플랫폼 API의 반대편에 있는 사람들과도 함께 일하게 된다. 온디맨드 고스트워크를 수행하는 사람들은 예측대로만 돌아가는 빤한 프로그램에 창의성을 가미하는 역할을 한다. 노동자들이 시간과 노력을 투자해서 각자의 창의력을 작업에 투입한 덕분에, 프로그래머가 설계한 작업이 마무리된다.

인간은 컴퓨터와는 달리, 그 다음 단계에 무엇을 해야 하는지를 예상할 수 있고 또 눈 깜짝할 사이에 예측 못했던 참신한 반응을 내놓을 수도 있다. 인간은 방대한 삶의 경험을 찬찬히 돌아보며 신중히 생각하고 다른 사람들과 상의해서, 주어진 일을 완수하기 위해 이번에는 무엇을 해야 하는지 찾아낼 수 있다. 되풀이하고 협력해서 여러 해결책을 섞어 새로 만드는 이런 무한한 능력으로, 인간은 CPU에는 없는 독창성과 참신함이라는 능력을 작업에 더한다. 컴퓨터의 능력이 인간의 상상력과 역동적인 통찰력과 조합되는 이런 특성이야말로 온디맨드 노동의 장래성이다. 그래서 만약 컴퓨터의 능력이 인간의 창의력과 결합될 때의 이런 잠재력을 기업들이 활용하고자 한다면 노동자들에게 충분한 관심을 갖고, "온디맨드 노동을 하는 사람들은 누구이며, 이들이 API와 협력해서 일하기 위하여 기술,

기업, 고객, 사회로부터 어떤 지원을 받아야 하는가?"라는 질문을
해보야 한다.

우리는 온라인에서 활동하는 노동자 회원들의 사회적 활동성이
파레토 법칙에 따른 3가지 유형으로 나뉜다는 사실을 확인했다. 첫
번째로 대부분의 회원들은 플랫폼에 처음 들어온 후 시험 삼아 몇 가
지 작업을 해보고 일주일에서 한 달 내에 그만 둔다. 이 사람들은 고
스트워크가 가능한 잠재적인 노동 시장으로 계산되기 때문에 이들
도 플랫폼에 가치를 제공한다. 두 번째로 일부 노동자 회원들은 주기
적으로 활동을 하면서(한 달에 10시간 이하로) 몇 가지 작업을 맡아 한
다. 이들의 활동은 때로는 금전적, 시간적 목적과 연관이 있다. 마지
막으로 일부 노동자들은 플랫폼에 익숙해져서 핵심 노동 인력이 되
어, 날마다 플랫폼에 접속해 일주일에 평균 30시간 정도를 일한다.
이런 유형의 노동자들이 플랫폼에 게시된 일의 대부분을 맡아서 수
행한다.

이 모든 경우에, API와 온디맨드 노동 플랫폼이 노동자들과 그들
을 고용하는 사람들 사이에서 근로 조건을 결정한다. 노동자들을 온
디맨드 서비스 설계의 중심에 의도적으로 편입시키지 않을 경우 플
랫폼은 업무, 보수, 일을 하는 사람들만 남기고 우리가 현재 직업과
결부시켜서 생각하는 다른 모든 것들은 없애 버릴 것이다. 그렇게 되
면 복리후생 제도, 승진, 직업적 인정, 리더십, 직장 동료, 사람들과
함께하는 점심, 퇴근 후에 나누는 술자리 같은 것들이 사라진 삭막한
환경이 조성될 것이다. API는 거기서 한 발 더 나아가, 직장 환경의
여러 측면을 없애는 것뿐만 아니라 노동자들과 의뢰인들과 관련된

측면들도 없애버린다.

그런 상황이 어느 정도 심각하게 나타나는가는 플랫폼에 따라 다르지만, 극단적인 경우에는 모든 노동자가 'A16HE9ETNPNONN'처럼 무작위적인 숫자와 문자의 조합으로 식별된다. 이런 유형의 플랫폼들은 노동자와 의뢰인들의 인간적인 측면을 모두 없애고, 이런 식별 부호로만 대한다. 그렇게 되면 성별, 나이, 포부, 열정 같은 각 노동자의 개인적인 성향을 알아낼 길이 없다. 마찬가지로 수학, 영어, 그림에 얼마나 뛰어난 기량이 뛰어난지처럼, 노동자가 갖춘 능력이 얼마나 깊고 넓은가를 확인할 방법도 없다. 또 팀으로 활동할 때 어떤 사람이 특정 과업에 얼마나 뛰어난가를 알아볼 수도 없다. 이런 문제들에는 명확한 답이 전혀 없다. 그리고 그에 따른 부작용도 나타날 수 있는데, 가장 명백한 단점으로 노동자와 의뢰인들을 적절히 짝짓지 못하는 경우가 생긴다는 점을 들 수 있다.[5]

하지만 지금껏 성별이나 종교 등의 이유로 차별받던 노동자들이 일을 찾을 수 있다는 장점도 물론 있다. 그런데 극히 일부이기는 하지만 플랫폼들 중에서는 노동자들이 각자 프로필을 만들어서 각자의 특기를 기재하게 하고, 심할 경우에는 사진까지 넣게 하는 곳도 있다. 그럴 경우 의뢰인에 적합한 노동자를 연결하는 데에는 도움이 될지 모르지만, 차별과 임금 불평등이라는 잠재적인 대가가 따른다. 전반적으로, 노동자들을 익명화하고 더 나아가 인간성이 전혀 드러나지 않게 만드는 플랫폼들의 이런 접근 방식은 의뢰인들이 노동자들을 대체 가능한 존재로 여기게 만든다. 잘 생각해보면, 의뢰인들 입장에서야 A16HE9ETNPNONN에게 일을 맡기든

A6GQR3WXFSIYT에게 일을 맡기든 아무런 차이가 없으니 말이다.*

그리고 노동자들의 개성이 완전히 사라지지 않는다고 하더라도, 여전히 노동자들을 개개인의 인간이 아니라 그저 사용자들이 선택할 수 있는 한 무리의 노동자들로 받아들이기가 쉽다. 그런데 이런 상황을 경험하는 건 지금이 처음이 아니다.

고스트워크 역사에서 얻는 교훈

만일 과거에서 미래의 일에 대한 교훈을 찾는다면, 기술이 임시직 노동의 필요를 없애지는 않을 것이라는 사실이 될 것이다. 세상을 경험하고자 하는 결코 채워지지 않는 인간의 열망과 기술의 발달은, 서로 소통하고, 분별하고, 타인에 관심을 갖는 인간의 능력이 필요한 일자리를 만들었다. 새로운 정보 없이도 이전에 추측했던 내용을 돌아보고 새롭게 수정하고, 생각과 느낌을 언어적, 비언어적으로 공유하는 능력은, 앞으로도 기계보다는 인간이 계속 우위에 서 있게 될 것이다.[6]

지난 세대의 문화적 전통은 정규직을 다른 모든 유형에 앞서는 기본적인 고용 방식으로 만들었다. 그러다 보니 다축 방적기를 돌리는 것 같은 작은 일에서나 인간을 달에 쏘아 보내는 것 같은 큰 프로젝트에서, 인간의 집단 지성과 협동 능력이 전문적 직함이나 사회적 지위를 가진 개인의 노력에 비해 얼마나 큰 성과를 내는가 확인하기가

---

* 공저자인 시다스의 엠터크 노동자 ID는 사실 2개이다.

힘들었다. 삯일에서 시작해 오늘날 온디맨드 플랫폼을 통한 다양한 작업에 이르는 역사에서 살펴봤듯이, 임시직 노동은 늘 꼭 필요한 부분이었다. 하지만 조직적으로 평가절하됐으며, 당연히 '더 낮은' 지위로 받아들여지고, 실제로 직종 분류 항목에 그렇게 기재됐다.

플랫폼을 기반으로 하는 획기적인 방식은 API와 인공지능의 결합이 전통적으로 고용주들이 부담해야 했던 직원 채용, 연수, 재교육 비용을 없앴다는 미명 아래 기업들과 고객들에게 제품과 서비스를 제공한다. 수백 명의 노동자들과 시간을 보내면서, 우리는 자동화가 그런 비용을 없애는 것이 결단코 아니라, 단순히 비용을 노동자들에게 대부분 전가하는 것임을 확인했다. 이 시대 노동자들의 성공과 도전의 사례를 바탕으로 우리는 온디맨드 노동자들에게 이런 조언을 해주고 싶다. 노동자들은 우리의 이 말을 꼭 기억해 두었으면 한다. "여러분은 기계의 부서진 톱니 같은 존재가 아닙니다. 여러분은 이 시스템을 성공시키기 위해 할 수 있는 모든 것을 다하고 있습니다. 여러분은 각자의 경험을 바탕으로, 직업의 미래를 고귀하고 보다 인간적으로 만들어 나갈 방법을 사람들에게 알려줄 수 있습니다."

자동화에 투자하는 민간 기업들은 그저 보수를 주는 것이 전부가 아니라, 사람들에게 일할 동기를 불러일으켜야 한다는 사실을 절대 간과해서는 안 된다. API를 사용하면 규모가 큰 프로젝트를 잘게 나눠서 분배하고, 직접적인 관리의 필요성을 최소화할 수 있다. 하지만 그렇다고 직업에서 의미를 찾으려는 노동자들의 욕망을 없앨 수 있는 건 아니다. 협력하고 서로 관계를 맺고 싶은 인간의 욕구를 무시하거나 금지하기보다 우리가 조사했던 연구 대상자들의 협동적인 전략을 참조하면, 자동화 최종 단계의 역설을 수용한 소프트웨어 디자인을 만들 수 있다. 단기적으로는 관리 그 자체를 과업으로 만드는 것도 이런 전략에 포함된다. 기업들은 API가 해볼 만하고, 보수가 있는 작업을 긍정하고 격려하도록 유도하고, 최선을 다하기 위해 서로 돕는 사람들을 더 높이 대우할 수 있다.

척박할 수도 있는 온디맨드 환경을 노동자들이 어떻게 헤쳐 나가는지 이해하기 위해, 우리는 API의 제한을 피해서, 노동자들을 직접 면담하고, 그들이 하루 일과를 어떻게 보내는지 조사하고, 조사 대상자들의 활동을 총체적으로 계산했다. 우리가 발견한 핵심 내용은 노동자들이 온디맨드 작업에서 결여되기 쉬운 인간성과 의미를 각자 일에서 되찾는다는 사실이었다.

그들은 회사 휴게실에서 커피를 마시며 잡담을 나누는 시간을 (비록 온라인이나 가상의 환경이기는 하지만) 자신들의 업무 환경으로 가져와서 사회적 지지를 주고받는다. 노동자들은 비슷한 동료 간의 협력을 분명 가치 있게 여긴다. 그들은 돈을 버는 데 쓸 수도 있는 각자의 시간과 돈을 투자해서, 업무 플랫폼 이외의 공간에 온라인 커뮤니티를 만든다. 또 좋은 일거리를 찾고 고스트워크에서 발생하는 비용을 줄이기 위해서도 협력하는데, 이를 통해 노동자들이 거래비용을 부담하고 있다는 사실을 짐작할 수 있다.

온디맨드 노동자들은 일감을 찾고, 작업을 진행하는 방법을 배우고, 심지어 맨 처음 온디맨드 플랫폼 사용 방법을 배우는 것에 대한 보수를 받지 못한다. 고스트워크에서는 거래비용의 상당 부분이 노동자와 그들을 고용하는 의뢰인들로 전가된다. 그래서 노동자들은 온디맨드 경제에 발붙이려면 꼭 해야 하는 보수가 없는 일들의 비용을 줄이기 위해 서로 협력한다.

고스트워크에서는 노동자를 채용하고, 일을 검토하고, 보수를 지급하는 등 대부분의 과정이 자동화되어 있다. 하지만 소프트웨어는 본질적으로 융통성이 없다. 그리고 소프트웨어는 개인적인 해석을 내릴 수 없기 때문에 3가지 유형의 알고리즘의 무자비성이 발생한다.

첫째, 의뢰인들은 언제든 API를 이용해서 다수의 작업을 자동으로 업로드하고 작업이 끝나면 홀연히 사라질 수 있다. 좋은 일감을 찾기 위해 협력하게 되면 플랫폼에 일감이 우르르 몰렸다가 어느새 사라져버려 타이밍 맞추기가 힘든 부분을 덜어서, 이런 유형의 일에 흔히 수반되는 불안정성과 불확실성으로 인해 발생하는 비용을 상쇄할 수 있다. 하지만 협력으로 이런 문제가 완전히 해소되는 건 아니며, 노동자들은 일이 있을 때를 대비해 상시 대기하거나 일감이 사라지기 전에 신청하려면 극도의 긴장상태로 지내야 하는 경우가 많은데, 이런 것들이 알고리즘의 무자비성의 첫 번째 유형이다.

둘째, API가 노동자와 의뢰인 간의 상호작용을 지배하기 때문에, 혹시 노동자가 도움이나 설명이 필요하더라도 마땅히 물어볼 곳이 없다. 그 결과 이들은 노동자들의 네트워크에 도움을 구하는 경우가 많다.

셋째, 플랫폼들은 접속할 권리를 일방적으로 결정할 수 있는데, 그 말은 누가 돈을 벌고 누구는 벌 수 없는지를 플랫폼이 결정한다는 의미가 된다. 플랫폼은 내부 소프트웨어 툴을 이용해서 누구는 남고 누구는 플랫폼을 떠나야 하는지 판결을 내린다. 노동자들은 대개 어디에도 호소할 길이 없다.

노동자들은 이런 어려움에도 불구하고 끈기 있게 버텼다. 온디맨드 노동은 각자 처한 여러 제약을 피해서 맞춰가며 할 수 있는 일이기 때문이다. 예를 들어 인종, 성별, 종교, 장애에 따라 집 밖에서 일을 할 수 없는 문화적인 규범이 있을 수도 있다.[7] 온디맨드 노동은 집을 포함해 그 어디서든, 구체적인 신분을 밝히지 않은 채로 할 수 있기 때문에 그런 문화적 장벽을 극복할 수 있다. 또 아이나 노부모를 돌보는 문제로 일할 수 있는 시간이 제한된 사람도 온디맨드 작업은 시간의 구애를 크게 받지 않기 때문에 가정에서의 의무를 다하면서 일할 수 있다. 그런가 하면 자신이 희망하는 분야의 경험이나 교육을 받을 기회가 없어서 원하는 직종에 진출하기 힘든 사람들은 온디맨드 일을 통해 이력서에 필요한 경험을 쌓을 수 있다.

반자동화된 미래

전 세계에서 온디맨드로 일하는 노동자들에게 의존하는 프로젝트가 갈수록 많아지면서, 대기업들이 현장에서 일할 정규직 직원을 고용하는 관행이 사라질 날도 이제 얼마 남지 않았다. 생산 라인에서 풀타임 근무를 지속가능하게 만들기 위해 1930년대에 만들어 낸 현재의 직업 분류 체계는 지금과 같은 미래를 위해 만든 것이 아니었다.

자연언어처리와 이미지 인식 기술의 발전 과정에서도 경험했듯이 컴퓨터의 능력이 한층 발전하고 알고리즘으로 더 많은 문제를 해결할 수 있게 되면서, 해결해야 할 문제들이 계속해서 새로 나타날 것이다. 즉 기계로 해결할 수 있는 것과 할 수 없는 것 사이의 경계는 멈추지 않고 계속해서 이동한다. 서론에서 말했듯이 우리는 이것을 자동화 최종 단계의 역설이라고 부른다. 기계가 발전함에 따라 다른 무언가를 자동화할 새로운 기회가 지평선 위에 나타난다. 이 과정은 끊임없이 반복되고, 새로운 유형의 노동 시장을 끊임없이 만들고 파괴하면서 자동화의 영역을 넓힌다. 다시 말해서 기계들이 갈수록 더 많은 문제를 해결해 나감에 따라, 우리는 인간의 노동이 대체되기보다는 더 많이 필요해지는 상황을 계속해서 확인하게 된다. 인공지능이나 로봇 자체보다는 온디맨드 서비스(제품과 서비스를 공급하고, 일정을 잡고, 관리하고, 전달하는 API와 인간을 결합한 영리 기업)들이 일의 미래를 지배할 가능성이 큰 이유는 바로 이런 역설 때문이다.

'자동화 대 인간의 노동'이라는 양분법은 잘못됐다

인공지능과 컴퓨터의 세계에 있는 사람들이 많이 알고 있듯이, 증가된 이런 서비스들 뒤의 휴먼 컴퓨테이션, 즉 고스트워크는 소프트웨어의 속도와 정확성에 인간의 창의적 능력을 결합한 비교적 새로운 형식의 기능이다. 고스트워크는 기계만으로는 제대로 해결하기 힘든 문제들을 풀어내는 데 아주 효과적인 도구다. 예를 들어 엠터크 노동자들은 알고리즘에 입력할 훈련 데이터를 만드는데, 이 데이터로 이미지 인식 기능에서 발생하는 간단한 문제들을 해결할 수 있다. 그렇게 되면 과학자들과 공학자들은 이번에는 그보다 더 정교한 이미지를 인식하는 과업으로 관심을 돌린다. 인공지능의 발전 과정에 있어 우리는 온디맨드 노동 플랫폼에서 채용한 노동자들을 활용해 새로운 영역의 문제를 해결하는 이러한 패턴을 목격하게 될 것이다.

이처럼 고스트워크가 인공지능의 발전에 꼭 필요하다는 사실이 증명된 것과 동시에, 고스트워크는 널리 분산되어 있는 불특정 다수의 사람들을 휴먼 컴퓨테이션 시스템이라는 중요한 컴퓨터 장치로 탈바꿈시켰다. 이런 지능형 시스템은 인공지능과 인간의 조합을 기본 바탕으로, API를 통해서 보수를 지급하는 서비스를 공급하고, 일정을 잡고, 관리하고, 전달할 수 있게 만들었다. 또 이런 시스템들은 서로 잘 모르는 사람들끼리 베푸는 친절을 가치 있게 여기고, 좋은 일감을 찾는 데 꼭 필요한 자산인 온라인 소셜 네트워크의 장점을 인식하는 방향으로 재구성됐다. 더 많은 사람들이 고스트워크에 참여하는(혹은 그런 사람들이 했던 정규직 일자리가 고스트워크로 바뀌는) 상황 속에서, 우리는 과거의 노동 역사와 오늘날 고스트워크에 종사하는 사람들의 경험을 살펴보며 고스트워크와 관련한 기술적, 사회적 역기능을 해결할 실마리를 찾을 수 있었다. 아직은 일자리들을 인공지능의 그림자 밖으로 꺼내서 관련된 모든 당사자들이 자긍심을 느낄 수 있는 공정하고 품위 있는 직업으로 만들 시간적 여유가 있다. 우리는 연구 참여자들을 만나고 온디맨드 노동 시장의 역학을 조사한 내용을 바탕으로, 바람직한 일의 미래를 위한 몇 가지 기술적, 사회적 해법을 찾을 수 있었다.

직업의 미래에 맞는 일자리 개선을 위해 우리가 할 수 있는 일

기업, 소비자, 정부, 시민들 모두가 인간의 창의성과

온디맨드 서비스에 종사하는 수많은 사람들의 집단적인 노력의 가치를 전적으로 인식한다면 어떤 사회가 될지 한번 상상해보라. API와 소프트웨어를 부분적으로나 전적으로 활용해서 수행하는 프로젝트들을 우리가 새로운 직종으로 분류하고 그에 투자한다면, 어떤 잠재적인 혜택을 얻을 수 있을까? 참고로 이런 직종은 최소한 우리의 손주 세대 즈음에는 주된 고용 방식이 될 가능성이 아주 높다.

이번 장의 서두에 소개한 가능성을 실현하고 잠복해 있는 재앙을 피하려면, 우선 온디맨드 플랫폼들은 단순한 소프트웨어가 아니라는 점부터 반드시 인식해야 한다. 이런 플랫폼들은 시장의 양측 모두가 '인간'들로 구성된, 부산하고 역동적인 온라인 노동 시장이다. 이 시장은 온디맨드 노동자들 집단을 인간의 창의성과 식견이 필요한 기업들 간에 다리를 놓는다. 이들이 생산하는 제품과 서비스를 이용하는 고객들은 알아채고 있든 그렇지 못하든 관계없이, 인간을 핵심 구성원에 포함시킴으로써 얻는 장점을 누리게 된다. 만약 연결을 촉진하는 이런 플랫폼들이 관련된 모든 사람들이 기업의 사업성과에 똑같이 소중하고 필요하다는 것을 인식하도록 설계된다면, 새로운 일의 기회를 만들고 지금처럼 정해진 일을 할 사람을 구하고 채용할 때 수반되는 마찰을 줄일 수 있다.

뒤이어 이어지는 소단원에서는 고스트워크를 지속 가능한 온디맨드 고용 기회로 만들기 위해 최우선으로 고려해야 할 권고사항을 정리해 두었다. 이 책에서 우리가 펼쳤던 주장을 통해서, 더 나은 직업을 만드는 과정은 사회적 도전도, 기술적 도전도 아니라는 사실이 명확해졌기를 바란다. 그 과정은 항상 그 양쪽 모두를 고려해야 할 문제가 될 것이다. 기술을 우리 삶에 편입시키려면 기술을 만드는 공학자들과 기업들이, 사람들이 일을 잘 하려면 무엇이 필요한가를 '사회적으로 생각할' 필요가 있다. 또 일의 미래를 공들여 만들어 나가려면 정책 입안자들이 직장에 도입되는 기술을 심도 있게 이해하고 있어야 한다. 다음에 소개하는 해결책들 모두가, 더 나은 일자리의 미래를 만들기 위해 우리가 가진 최고의 기술적, 사회적 전문성을 함께 조합해 나가야 한다는 점을 강조한다.

사회변동을 위한 기술적 해결책

해결책 1: 협력

노동자들은 노동자들 간의 소통을 방해하는 것이 아니라 촉진하기 위해 API가 필요하다. 노동자들이 작업 일정, 프로젝트, 동료들과의 관계를 스스로 조절할 수 있을 때 일을 더 훌륭하게 해내는 것처럼, 동료 노동자들이나 잠재 고객들과 더 효과적으로 소통할 수 있을 때 더 큰 이득이 돌아온다. 온디맨드 노동자들은 서로를 찾고, 자기들만의 토론 포럼(커뮤니티)을 만든다. 하지만 요즘에 나와 있는 온디맨드 서비스들은 온디맨드 노동자들이 독립적으로 일하기 때문에 협력할 필요가 없다고 생각한다. 규모가 큰 프로젝트들은 간단해 보이는 작업들로 나뉘는데, 이 작업들은 보통 단순하고 반복적이며 혼자서 충분히 할 수 있는 수준이다. 리드지니어스 같은 기업들은 서로 협력하려는 노동자들의 욕구를 활용하기 위해 구글 문서도구(Google Docs)와 음성 인터넷 프로토콜(VoIP) 화상 통화 소프트웨어 같은 수단을 이용한다. 하지만 프로젝트를 발주하는 대부분의 기업들은 온디맨드 환경에서 협력하는 인간의 창의적인 능력을 이용할 기회를 놓치고 있다.

우리가 진행했던 연구에서는 고스트워크로의 일자리 전환에 따른 정규직 고용과 직장 해체에도 불구하고, 사람들은 일의 사회적인 특성을 가치 있게 여기고 그런 환경에서 더 나은 성과를 낸다는 사실이 명확히 드러난다. 노동자들은 전통적인 직장에서와 같은 사회적, 직업적 연결을 재건하기 위해서 개인 시간을 투자하고, 장기적으로 일할 수 있는 기회를 우선시한다. API를 통한 단기적인 작업이, 업무와 관련된 인간관계를 맺으려는 인간의 욕구를 잠재우지는 않는다. 그런 의미에서 우리는 다수의 노동자들이 문서, 스프레드시트, 프레젠테이션을 공유하거나 혹은 화상이나 문자로 채팅을 하면서 동시에 함께 일할 수 있는 '온디맨드 협업 공간'을 제안하고 싶다. 온디맨드 협업 공간이 있으면 기업들도 특정 프로젝트와 관련한 업무에 참여하는 사람들을 한데 모아 '플래시 팀(flash team)'을 만들 수도 있을 것이다. 그런 소프트웨어들이 있으면 노동자들이 어떤 것이 됐든 각자 적당한 조직 구조를 선택해서 더 크고 복잡한 과업을 팀 단위로 수행할 수 있게 될 것이다.

해결책 2: 온디맨드 직원 휴게실

온디맨드 고스트워크 환경은 고립되고 외로울 수도 있다. 오늘날의 온디맨드 서비스들은 의미 있는 직업을 해체해서 개별 과업들과 급료만 남은 척박한 환경을 만들기도 한다. 하지만 인간은 공동으로 무언가를 창조하고, 직업적으로 맺는 인간관계에서 의미와 자존감을 얻는 사회적 동물이다. 고스트워크에 종사하는 사람들이 서로 연결되지 못하게 막는 것은 불가능할 뿐 아니라 노동자들이 서로 연결관계를 맺는 데서 비롯되는 가치가 자본화될 기회를 내치는 셈이다. 우리가 연구한 결과에 따르면 인터넷 포럼에 참여하는 노동자들은 참여하지 않는 사람들보다 온디맨드 서비스와의 결속을 다지고 보다 적극적으로 참여할 가능성이 훨씬 높았다. 오늘날 고스트워크에 종사하는 사람들은 온디맨드 플랫폼이 아닌 별개의 공간, 예를 들면 커뮤니티 토론 게시판, 스카이프, 페이스북 같은 소셜미디어 등에서 하루 일과를 시작하거나 마치고, 서로를 응원하고, 일자리 정보를 공유하고, 고스트워크에서 성공하는 법을 서로 조언한다.

우리는 온디맨드 노동자들을 위한 중세시대 길드와 비슷한 직업 공동체 조직이 필요하다고 생각한다. 이런 길드 조직은 고스트워크를 하는 사람들 간의 소통을 촉진하고 원활히 해서, 일의 요령과 기법을 공유하고, 개별 구성원들이 앞으로 프로젝트를 함께 할 사람을 찾는 데 도움을 줄 수도 있다. 노동자들은 가장 효과적인 업무 방식을 공유하고, 새로운 기술을 배우고, 그러한 기술의 인증을 받을 수도 있다. 뿐만 아니라 온라인 길드 공동체는 노동자들의 능력과 우수 경력을 정리해서 보여주는 간편한 노동자 평가 시스템의 역할도 할 수 있다. 의뢰인들은 이런 길드 공동체 회원들에게 일을 의뢰할 수 있고, 그럴 경우 해당 작업에 필요한 기술을 적절히 갖춘 노동자를 찾을 확률이 높아질 것이다. 과거에는 고용주가 노동자들의 경력과 능력을 신장시키는 데 필요한 비용을 부담했다. 그런데 이제는 전문

성과 작업 가능 시간이 서로 다른 독립 노동자들에게 일이 들어왔다
가 빠졌다가 하는 식으로 작업이 분배된다. 작업이 들어왔다가 빠졌
다가 하는 일의 흐름에 '실직 상태'라는 오명이 아니라 주도성, 투명
성, 자존감을 더해주는 서비스와 도구가 필요하다. '실직 상태'란 것
은 더 이상 없다. 우리는 모두 다음 작업을 준비하고 있을 뿐이다.

해결책 3: 회사에서 마련한 공동의 작업 공간

온디맨드 노동이 확대되면서 그 계획에 따라 우리가 아는 지식 노
동이 바뀔 것이다. 기업들은 마감 시한이 있는 프로젝트를 온디맨드
고스트워크 플랫폼을 통해 진행하는 경우가 갈수록 많아지고, 그러
면서 기업의 경계에 노동자들이 끊임없이 흘러들어오고 빠져나가는
상황이 반복된다. 기업들은 회사에서 진행하는 프로젝트를 완수하
는 데 회사의 정규 직원과 온디맨드로 고용된 사람들을 조합할 수 있
다. 그렇게 모인 노동자들은 일단 프로젝트가 끝나면 보통 곧바로(몇
시간, 혹은 몇 분 내에) 해산된다. 다시 말하지만 이런 식의 운영이 가능
하려면 공동의 작업공간이 필요하다. 이 작업 공간에서는 모든 사람
이 동일한 도구에 접근할 수 있으며, 정해진 지침이나 절차를 따라야
하는 일을 하는 데 드는 비용을 누군가가 감수할 수 있다고(혹은 감수
해야 한다고) 생각하는 사람은 그 누구도 없다. 소프트웨어에 투자하
는 것이 노동자보다는 고용주에게 훨씬 큰 득이 될 때 그 비용을 노
동자에게 떠맡기는 것은 부당하다.

기업의 울타리 안에서 분초를 다투는 내부적인 프로젝트를 수행
하는 노동자들은 일을 하는 모든 관련자의 보안 및 개인정보 보호 수

단이 있는 프로젝트 자원에 접근할 수 있어야 한다. 현재 대부분의 고스트워크 플랫폼들, 특히 인공지능 훈련 데이터 관련 작업인 마이크로 태스크들은 기본적으로 고스트워크 노동자들을 최신 소프트웨어와 안정적인 인터넷 연결 수단을 갖추고 작업에 뛰어들 준비가 된 사람들로 생각한다. 예컨대 어떤 프로젝트를 맡은 기업의 중간 관리자가 온라인 노동 시장을 통해 데이터 과학자들을 고용하고, 그들에게 회사의 파일과 데이터에 접근할 권리를 허용해서 그 짧은 기간 동안 사실상 회사 내부로 불러들인다. 그리고 일단 프로젝트가 끝나면 그 노동자들이 파일과 데이터에 접근할 권리를 다시 차단하고, 기업 외부인 자리로 돌려보낸다.

정규 직원과 온디맨드 노동자들이 함께 섞여 일하는 환경에서 노동자들의 산출물과 데이터와의 상호작용 같은 작업 흐름을 관리하는 것은 기업들에게 새로운 시험대가 되고 있다. 우리는 소속된 조직은 물론이고 거주하는 곳의 표준시간대조차 다른 사람들이 호환이 안 되는 구식 소프트웨어와 기기를 가지고 일에 참여하는 경우를 종종 보아왔다. 현재 기업들이 사용하는 소프트웨어는 일반적으로 기업 내부적으로 구축된 것으로, 외부의 온디맨드 노동자들이 사용하려고 할 때 지연이 발생하거나 접근이 아예 불가능한 경우도 있다. 하지만 꼭 그래야만 하는 건 아니다. 충분히 바꿀 수 있다.

기업들은 사고방식을 바꾸어, 속도가 빠른 최신 컴퓨터나 최신 소프트웨어 프로그램, 때로는 안정적인 전력망조차 뒷받침되지 않은 상황에서 일하는 사람들의 노력과 식견에 기업들이 의존하고 있음을 받아들일 필요가 있다. 어떤 경우에든 온디맨드 작업의 가치는 노동자들의 기여에 따른 것이다. 그들에게 도구를 제공하면 성과물이 전체적으로 개선된다는 생각을 갖는 것이 온디맨드 작업 공간에 필요한 비즈니스 소프트웨어를 갖추기 위한 첫 단계다. 일은 온디맨드 노동자들과 정규 직원들의 손을 고루 거치면서, 각자 능력을 다해 맡은 작업을 해결하고 나머지 부분은 다른 사람들에게 넘기면서 일이 진행된다. 주어진 프로젝트에 참여했던 사람들의 작업을 모든 사람들이 되짚어볼 수 있다. 하지만 노동자들은 일을 의뢰했던 당사자와 직접 소통할 기회가 없을 수도 있고, 일을 발주한 의뢰인들도 작업을 실제로 맡아서 하는 사람들을 직접 관리하는 역할을 맡지 않을 수도 있다. 그렇게 되면 해당 프로젝트에 누가 어떤 지적 재산을 기여했고, 최종 결과물에 노동자의 기여가 어떤 가치를 더했는지 추적하는 것이 가장 중요한 사안이 될 것이다.

이런 미래를 만드는 것이 전 세계 소프트웨어 개발자들의 최우선 과제다. 비즈니스 소프트웨어를 생각할 때 온디맨드 중심으로 사고방식이 전환되지 않는다면, 기업과 노동자들 모두 온디맨드 경제의 혜택을 충분히 누릴 수가 없다. 사외 인력을 포함해서 프로젝트에 참여하는 모든 사람을 더 이상 '임시직'으로 보지 않게 된다면, 머지않아 '사내'와 '사외'라는 용어의 구별이 무의미해질 것이다.

해결책 4: 콘텐츠 관리를 포함한 모든 유형의 고스트워크에 '돌발 팀'이 만들어질 수 있게 한다

대부분의 온디맨드 노동 플랫폼들은 운영 방식을 단 한 가지만 간단히 변경하는 것으로 극도의 경계 상태에서 벗어나기 힘든 노동자들에게 도움을 줄 수 있다. 온디맨드 노동을 협동 작업이 필요한 업무와 독립적이며 주관적인 결과가 필요한 업무의 2가지 부류로 명확히 나누는 것이다.

기계학습 알고리즘에 필요한 훈련 데이터를 만들거나 설문에 응답할 때처럼, 독립된 결과가 꼭 필요한 경우도 있다. 소기의 결과를 얻는 데 협력 작업이 방해가 되는 경우, 플랫폼의 기술적인 시스템은 협업을 명확히 금지하고, 작업의 품질이 외부 영향을 최소화해서 투명성을 높이는 데에 달려 있기 때문에 노동자들끼리 의견을 주고받아서는 안 된다는 점을 설명하면 된다. 또 협력해서 일하려는 노동자의 욕구가 최종 결과물에 실질적으로 피해를 줄 수 있는 경우를 미리 확인해 두는 것도 도움이 될 것이다. 온디맨드 노동자들을 신뢰할 수 있는 노동자가 아니라 잠재적으로 보안에 위협이 될 수 있는 사람들로 대하면 알고리즘의 무자비성을 자극할 수 있으며, 실제로 우리가 만났던 많은 노동자들이 그로 인한 곤란을 겪고 있었다. 관리자가 졸졸 따라다니면서 혹시라도 사무용품을 슬쩍 하는 건 아닌지, 날림으로 일을 해치우는 건 아닌지 감시하는 환경에서 일하고 싶어 할 사람이 과연 있을까?

하지만 잠재 고객을 찾아내거나 위치를 확인하는 경우처럼, 본래부터 다른 사람의 영향을 받지 않은 각자의 독립된 대답을 요하는 과업들도 많다. 노동자들이 분명히 협력해서 일을 해야 할 때는 프로젝트 진행 과정에서 급조되었다가 프로젝트가 끝나면 바로 해체되는, 소위 '플래시 팀'을 만들기에 이상적인 상황일 수도 있다.[8] 일에 이런 식으로 접근할 때의 결과는 명확해서, 노동자들이 동료들과 쉽게 협업할 수 있고, 결속의 수준이 비교적 가벼울 때 노동자들의 생산성이 놓아진다. 마이크로 태스크 플랫폼들은 노동자들이 개별적으로 작업을 할 수 있다고(혹은 그렇게 해야 한다고) 여길 경우에는 단기간 동안만 진행되는 업무일 때조차도, 플랫폼에 입장할 때 거치는 과정이나 활력을 북돋우는 가벼운 농담 같은 즉흥성이 가미된 요소는 모두 차단한다.

리드지니어스와 아마라에서 사용하는 의사소통 수단들이나 공유 '게시판' 같은 것들을 운영해서 사람들이 서로 연결될 수 있게 도우면 일의 결과가 더 좋아진다. 그리고 반드시 다른 사람의 도움 없이 진행해야 하는 작업을 맡기는 의뢰인들은, 협력해서 작업하는 사람들을 벌하는 식으로 대응하기보다 애초에 작업의 성격을 그에 맞게 설정해야 한다. 오늘날 활용되는 가장 가치 있는 사용 사례로 서로 협력해서 일하는 콘텐츠 관리 플래시 팀을 만들고, 이들이 소셜 미디어 기업의 온라인 콘텐츠를 검토하게 하는 경우를 들 수 있다.

인터넷에 떠도는 가짜 뉴스가 됐든, 복수심으로 가득한 트롤들이 고의로 인터넷에 올린 혐오적인 트위터 메시지나 악의적인 발언이든, 아니면 유튜브 채널의 성인물이 됐든 간에, 온라인 콘텐츠를 정리하고 솎아내는 사람들의 손길이 꼭 필요하다. 이 책에서 여러 차례 논했듯이 '나쁜 콘텐츠'를 찾아서 거르는 작업은 기술적으로는 어려운 문제다. 경우에 따라서는 온라인 커뮤니티들의 자원 봉사자들이 스스로 콘텐츠를 관리하기도 한다. 이제는 이런 봉사자들의 작업으로 엄청난 혜택을 입는 소셜미디어 기업들이 이들의 기여를 널리 알리고, 인터넷에 악의적인 글을 남기는 트롤들에 맞서는 이런 공동의 중재자들의 노력에 돈으로 보상할 때가 됐다. 그 방식은 아마라의 사례와 비슷하게, 콘텐츠 관리를 하고 있는 플래시 팀의 구성원들을 묶어서 공동 작업팀을 구성하고, 필요할 때마다 소프트웨어와 장비를 업그레이드하고 공동 작업이 충실히 진행될 수 있도록 적당한 보수를 지급하는 식으로 진행할 수도 있다. 모든 사람이 소셜미디어 계정을 없애지 않는 한 공짜로 얻을 수 있는 쉬운 대안은 따로 없다.

해결책 5: 이력서 2.0, 그리고 간편한 노동자 평가 시스템

의뢰인들이 끊임없이 시장에 들고나기 때문에, 독립 계약 노동자들은 작업이 끝난 뒤 평가나 추천을 받기에 불리한 경우가 많다. 온디맨드 노동자들에게는 그런 불확실한 미래의 위험을 관리하고 다음 작업 기회를 찾을 때 도움이 될 수 있는 평가 추천 시스템이 필요하다. 조앤과 리야즈의 사례에서처럼, 어떤 의뢰인과 몇 달 동안이나 함께 일하며 겨우 친밀한 관계를 맺었는데 그 의뢰인이 그 시장을 떠나거나 별도의 기술이 있는 사람을 찾는 경우도 있다. 따라서 노동자들이 성공하려면 이런 유동적인 환경에 재빨리 적응할 필요가 있다.

노동자들의 성과를 체계적으로 기록하고 보유할 방법이 있다면 모든 관련 당사자들에게 요긴할 것이다. 예를 들어 의뢰인이 독립적으로 일하는 제품 관리자들과 소프트웨어 설계자들을 고용하고 그들에게 제품에 관한 설명을 한다고 하자. 채용된 사람들은 소프트웨어를 설계하는 일을 맡는다. 그리고 프로젝트가 끝난 뒤에 이 설계는 개발자들로 구성된 새로운 팀과 그들을 지원하는 제품 관리자에게 전달되고, 그 결과물은 그 제품의 코드가 될 것이다. 이 코드는 검사자들과 사용성 평가 전문가들로 구성된 팀에 전달돼서 피드백을 받는다. 이 과정 중 어느 때에든 같은 팀이 반복해서 일을 맡을 있을 수도 있고, 구성원들이 팀을 떠나거나 다시 돌아올 수도 있다. 기업의 경계 내에서 작업이 이런 팀들에 맡겨지고, 일부 작업은 그 프로젝트의 다른 부분을 담당한 팀에서 고용한 다른 사람들에게 전달된다. 이런 팀들은 기계가 아직은 스스로 처리하지 못하는 문제들을 해결한다. 큰 프로젝트 내에서 각기 역할을 했던 모든 사람들은 나중에 비슷한 일자리를 얻을 수 있도록 경력을 인정받을 자격이 있다.

위와 같은 기술적인 추천 방식을 도입하기 위한 수단 대부분은 현재에도 갖춰져 있다. 문제는 우리의 집단적인 사고방식을 온디맨드 노동의 소모성이 아니라 의존성으로 바꾸는 것이다. 하지만 6장에서 논의했듯이 기업들은 자체 도구, 교육, 그 밖의 자원을 공유하지 않으려고 한다. 기술적으로 어려워서가 아니라 그 노동자들이 '확실한 직원'처럼 보이기를 원하지 않아서이다. 뒤이어 추천하는 해결책들은 사회의 모든 '확실한 직원'들이 온디맨드 일을 하게 만들 방법을 다룬다.

기술적인 전문성을 요구하는 사회적 해결책

해결책 6: 노동자들을 위한 공감 형성

독자들이 할 수 있는 일 한 가지는, 언젠가 자신이나 가족들이 온디맨드 경제에서 일하는 것을 상상해보는 것이다. 그렇게 하면 노동자들의 입장에 서 보고, 단순히 생계를 위해서나 새로운 기술을 배우기 위해서 일을 하려다가 알고리즘의 잔혹성에 맞닥뜨리는 심정을 느낄 수 있을 것이다. 그런데 그 정도로 끝나는 것이 아니라, 더 나아가 직접 온디맨드로 일을 해볼 수도 있다. 아니면 최소한, 앞으로 검색 엔진을 사용하거나 온라인 콘텐츠에 좋아요 등의 표시를 할 때, 자신이 고스트워크의 소비자인지 여부를 생각해볼 수 있다. 어떤 역할을 선택하든, 조앤과 아스라처럼 극이 벌어지는 장면 뒤에서 일하는 배우들은 그들의 사랑하는 가족을 부양하기 위해 일을 하고 있다. 아니면 버지니아와 고우리처럼 각자의 기술을 발전시키고 있다. 혹은 저스틴과 쿠무다처럼 자신들의 일에 자부심을 느끼고, 가족을 위해 일한다는 사실을 자랑스럽게 여기는 사람들도 있다.

이렇게 생각하고 경험해보면, 온디맨드 노동 플랫폼의 구성원은 사람들이며, 그들은 우리 모두와 같이, 빠듯하지만 자신과 가족을 부양하기 위해 노력하고 있다는 사실을 알게 된다. 또 API로 인해 잘 드러나지 않았던 인간성을 느낄 수 있다. 이 노동자들의 입장을 이해해보려고 노력하는 기회를 만들면, 우리가 수십 년 동안 들어왔던 '정규직은 계약직보다 낫다'는 논리에 맞서는 데 큰 도움이 될 것이다. 이들에 대해 더 많이 알게 될수록 보다 긍정적인 방향으로 변화시키는 데 더 많이 기여할 수 있다. 그리고 더 많이 참여할수록 온디맨드 노동자들을 위한 사회적 안전망을 점검할 필요가 있다는 점을 더 빨리 명확히 확인할 수 있을 것이다. 이 같은 일의 미래는 아직 초기 단계여서, 아직은 우리가 만들어 나갈 수 있다. 결국에는 우리가 깨닫지 못하는 사이에 API를 통해 일을 받기 시작할지도 모른다.

해결책 7: 책임과 기업 차원의 고스트워크 공급망 '굿워크코드'를 도입한다

현재와 같은 기업 환경에서 업무를 진행할 때, 명시적으로나 암시적으로 여러 결정을 해야 한다. 이 작업을 내부에서 진행할 것인가 아니면 외부인을 따로 고용해서 맡길 것인가? 대기업이나 대규모 사업을 진행하는 회사들은 내부 인력의 능력을 활용하기 위해 조직의 어떤 부문에서 담당자를 뽑을 것인가를 결정하는 문제가 되기도 한다. 둘 중 어떤 경우가 됐든 내부에서 진행하는 정해진 고정 작업에는 사람들이 덜 필요하고, 시제품을 재빨리 만들거나 신제품 아이디어를 시험하는 데에는 더 많은 인재가 필요한 상황에서, 정규직 직원의 수요는 줄어들고 다양한 요구를 수행할 준비가 된 온디맨드 노동자에 대한 의존도는 점점 확대되고 있다.

정규직 직원을 채용하는 거래비용은 어느 정도 줄어들지만, 로널드 코스가 예견했던 바와 같이 모든 사업체들은 여전히 일정 비용을 들여서 일정 형태의 조직을 유지해야 한다.[9] 그렇다면 우리가 답해야 할 질문은 거래비용이 사라질 것인가 아닌가가 아니라, 누가 그 비용을 부담할 것인가가 될 것이다.

우리는 공급자 관리 시스템을 이용해서 고스트워크를 대규모로 채용하고, 고스트워크를 그림자 밖으로 끄집어내서 환한 빛을 비춰 줄 큰 기업들이 필요하다. 위에서 살펴본 것처럼 임시직 노동 시장에 관한 최근의 경제 분석들은 임시직이 총량이나 범위 면에서 모두 급격히 증가하고 있다는 사실을 증거로 뒷받침하고 있다.[10] 기업 수준의 업무에 온디맨드 방식을 활용하는 기업들은 지금까지 B2B 관련 업무와 갈수록 진화하는 인공지능 기반 상품에 대한 소비자의 필요에 응하기 위해 독립적으로 일하는 한편, 인력 공급 업체가 스스로의 관리 하에 있는 노동자들의 수를 늘리면서 일터의 균열을 키웠다.

앞서 논의했듯이, 기업의 온디맨드 도구나 플랫폼에 기술적인 문제가 생기면 인력 공급자를 통해 고용된 노동자들이 그 피해를 고스란히 떠안는다. 미국 가사노동자연맹에서 개발한 굿워크코드 같은 인증 모델이 있으면 기업들이 공급자들에게 노동자들의 이익과 편의를 도모하게 만들도록(혹은 그렇게 하는 공급자들만 받아들이도록) 압박할 수 있을지 모른다.[11]

더 많은 온디맨드 노동자들이 기업의 인력 수요를 채워감에 따라, 여러 군데의 온디맨드 공급자들이 종종 한데 엮여 서로 다른 유형의 작업을 하면서 통합되는 경우가 많기 때문에 고스트워크 공급망을 추적하기가 더 어려워지고 있다. 기업들은 그 기업에서 생산한 제품이 바람직한 근무 조건과 관행에서 나왔다는 것을 고객과 정규직 직원들에게 보증할 수 있어야 한다.

기업들은 최소한 공정한 근로 관행을 지키는 공급자들과 일한다는 점을 내세울 수 있을 것이다. 그래서 함께 일할 공급자를 선택할 때 완료된 모든 작업에 기본급을 제공하고, 작업 완료 후 일주일 내에 급료를 지급하고, 급료를 지급할 때 송금 수수료를 추가적으로 부과하지 않고, 일을 의뢰한 기업과 똑같은 차별 금지 정책을 지키고, 회사를 위해 가치를 창출하는 모든 노동자들을 동등한 존엄과 존중으로 대하는 곳인지 확인해야 한다. 또 이런 인증 조항에는 아동 노동의 착취를 금하고 장애인들도 접근 가능한 도구를 사용하는지 회계 감사를 통해서 확인하는 요건도 포함되어야 한다. 프로젝트 진행을 위해 온라인 노동 시장을 활용하는 기업들은, 공급자들이 그 기업 내에서 통용되는 것과 똑같은 공정한 고용 절차와 조건에 따라 노동자들을 고용하는지 관심을 가질 권리가 있다. 채용 과정이 프로그래밍과 더 비슷해져서 기업들이 API를 통해 어떤 작업을 맡을 사람을 공개 모집 방식으로 채용한다면, 그런 기업들은 반드시 공평한 경쟁의 장을 만드는 데 동참해야 한다. 그런 임무를 달성하려면 온디맨드 노동 공급망을 추적해 각 단계별로 확인할 수 있는 체계를 반드시 만들어야 한다.

해결책 8: 공유 자원에 적합한 고용 분류

온디맨드 경제가 가치를 창출하고 기업이 부담하는 경비를 줄인다는 사실에는 의심의 여지가 없다. 그러나 그 과정에서 정규직 고용 시 총경비에 포함되는 전통적인 안전성과 고용 보장은 사라졌다. 그런 불안정성에 따른 사회의 대변동에는 그만한 대가가 따른다. 그것이 과연 우리 자신과 사랑하는 이들을 위해 우리가 바라는 미래일까? 더블 바텀 라인을 적용한 기업들의 사례를 통해서 확인했듯이, 온디맨드 경제가 성장하려면 우리가 이 경제를 공유 자원으로 취급해야 한다. 단언컨대 우리가 계속해서 온디맨드 노동을 소모적인 것으로 취급한다면, 이 경제는 활기를 잃고 위축될 것이다. 이 시장은 금세 소진될 임시 인력 집단이 아니라 지속 가능한 노동 공동 자원을 만들어야 하는 중요한 당면 과제를 안고 있다. 그러려면 요즘 '대안적인 근로제도'라고 불리는 가치를 포용한 직업 분류 체계를 만들어야 할 것이다. '정규직'인지 '시간제 근무직'인지로 구분하지 말고, 사람들은 일할 수 있을 때 원하는 대로 근무한다고 보는 쪽으로 인식을 전환해 보자. 누군가가 '시간제'로 근무하기 때문에 가치가 덜하다고는 절대 볼 수 없다. 게다가 온디맨드 경제에서는 이런 논리가 더 이상 성립하지 않는다.

새로운 고용 분류가 필요하다는 생각이 다소 급진적으로 느껴질지 모르지만, 현실적으로 봤을 때, 이것은 우발성과 소비자의 요구에 재빨리 부응하는 것이 필요 불가결한 경제로의 변화를 따라잡는 과정에서 꼭 거쳐야 할 단계다. 모든 업계에서 계약직의 중요성을 포용한다면 어떤 모습이 될까? 기본적인 사항부터 살펴본 후 공유 자원을 고갈시키지 않고 육성하려면 어떤 변화가 필요한지 알아보기로 하자.

해결책 9: 상업개선협회 역할을 하는 노조와 플랫폼 조합

우리에게는 온디맨드 노동자들이 작업 경력을 이력서에 담고 평판을 쌓을 수 있도록 기록을 담당할, 플랫폼과 연관되지 않은 제3의 기관이 필요하다. 노동자들은 다음번 작업을 어디에서 맡든지에 관계없이 지금까지 완수한 일의 기록을 보유하고 다닐 수 있게 됐다. 일반적인 이력서와는 달리 이런 경력 기록은 노동자들의 대표자들이 관리하며, 어떤 플랫폼에서 했던 일인지에 상관없이 과거에 함께 일했던 고용주와 의뢰인들의 공식 피드백을 기록에 함께 넣을 수도 있다. 그러면 플랫폼 내에서 사용하는 노동자들의 프로필 양식에 이런 추천서 모음을 필수적으로 게시하도록 규정할 수도 있을 것이다. 이런 경력 기록 기관은 온디맨드 경제의 상업개선협회(BBB: Better Business Bureau) 역할을 하는 동시에 노동자들의 신원과 평판을 인증

해 주어서, 현재 플랫폼들이 일을 엉망으로 해내거나 속이는 소수의 상습범들을 차단하기 위해 쏟아붓고 있는 돈을 아낄 수 있다. 경력 기록 기관은 노동자들의 평판을 철저히 검토한 자료를 제공하는 대신, 기업들에게 노동자들의 요구를 수용하도록 요청하는 역할을 하는 것도 가능하다. 가령 기업이 일을 중지시키거나 노동자들을 해고하는 경우 신고하도록 정할 수도 있을 것이다.

그렇게 되면 노동자들이 특정 플랫폼에서 일할 기회를 부당하게 박탈당했다고 느낄 경우 공개적으로 기업의 행동에 대해 항의할 방법이 생긴다. 지금은 플랫폼의 계정이 중지되거나 급료를 받지 못하는 상황에 처해도 노동자들이 이에 항의할 정식 권리가 없기 때문에, 특정 플랫폼을 활용해서 일을 하다가 차단당했을 때 거의 아무 곳에도 의지할 수 없고, 어디에 호소할 방법도 없다. 우리는 플랫폼 계정이 정지된 사람들을 여럿 만났는데, 이들은 사전 경고를 받거나 그 이유에 대한 명확한 설명을 듣지 못했다. 이상적으로는 미국 노동부가 이 경력 등록 기관에 관여해서, 급속히 확장 중임에도 제대로 파악되지 않은 이런 노동자들의 집단을 추적해 확인하고 지원하면 좋을 것이다. 이 등록 기관은 임시 노동계의 노동위원회 역할을 할 수도 있다. 이 모호한 가상의 일터에서는 노농 조직이 집단적으로 의견을 모아 협상할 새로운 전략이 필요할 것이다. 노동조직에 노동자들의 평판을 보호하는 임무를 맡기면 조직이 21세기 직업에서 더 큰 의미와 중요성을 확보할 수 있다.

과거의 노동단체와 노동조합원 자격은 큰 영향력이 있었지만, 미래 노동자들의 발언권과 협상 능력은 함께 공유하는 물리적 공간이 없다보니 결속을 다지기가 더 힘들어져서 영향력을 펼치는 데 어려움을 겪을 것이다. 하지만 독립적으로 일하는 온디맨드 노동자들이 독립 계약 노동자로서의 정체성을 확립하면서, 동시에 서로 간의 협력과 공동의 목표를 이미 세웠다는 사실에 주목해야 한다. 우리도 연구 과정에서 그런 움직임을 목격하고, 희망을 품을 수 있었다.

해결책 10: 미래 노동자들을 위한 안전망

이런 안전망에는 중요한 몇 가지 핵심 요소들이 있는데, 크게 두 가지 부류로 나눠서 살펴보자.

안전망: 파트 A **보편적 의료보험, 출산, 육아, 간병 등을 위한 유급 휴가, 시에서 운영하는 공유 사무실, 평생교육**

이전 장에서 도어대시가 소속 배달원들이 건강보험개혁법을 통한 건강보험 혜택을 받을 수 있도록 배달원들과 제3자인 스트라이드라는 건강보험 사업자를 연결해 주었던 사례를 소개했었다. 도어대시는 오프라인 사업자인 월마트처럼 현재 노동자들의 건강보험 비용을 국가보조금에 의존하고 있다. 조앤과 자파 같은 노동자들은 의료비 부담과 맞설 자원이 극히 미약하다. 그러나 만일 앞으로 노동자들이 고용주들에게 건강보험을 요구할 수 없는 상황이 된다면, 이런 현실을 반영한 대안을 사회적으로 마련해야 할 것이다.

어떤 사람들은 공익의 개념에서 보편적인 의료보험을 도입해야 한다고 본다. 환자들은 사회 전체의 보호를 받아야 한다고 보는 것이다. 기업들에게 건강한 노동자들과 그 노동자들을 건강하게 유지할 비용 효율이 높은 예방적, 포괄적 보험제도가 필요하다는 온디맨드 경제의 실리주의는 안타깝지만 빗나간 생각이다. 그리고 '실직 상태'라는 개념이 이제 더 이상은 타당하지 않으므로, 경제활동 연령의 모든 시민들은 출산이나 간병을 위해 생업을 중단하는 것에 대한 고민 없이 유급 휴가를 쓸 수 있게 될 것이다.

노동자들의 건강을 지키는 것도 마찬가지로 중요하다. 미국 직업 안전 보건국(OSHA)은 시에서 후원하는 공유 사무실(co-working space) 설비에 인간공학(ergonomics)을 적용해서 노동자들이 컴퓨터 스크린 앞에 앉아 작업하는 동안 몸의 자세를 유지하고 생산성을 높이는 데 도움을 줄 수 있다. 온디맨드 노동자들 중에 전업처럼 일을 많은 하는 사람들은 대체로 집 안에 작업 공간을 따로 마련해서, 일과 생활을 분리할 수 있게 해 두었다. 하지만 우리가 인터뷰했던 대다수 사람들은 몸에 잘 안 맞는 의자와 접이식 탁자를 기본 작업공간으로 하는 사람들이 많아서, 앞으로 사회 전체적인 건강 문제가 대두될 가능성이 높아 보였다. 붐비는 커피전문점에서 주로 작업하는 노동자들의 편의를 도모하기 위해 도서관을 비롯한 공공시설을 만들면, 좀 더 편한 작업 공간이 필요한 사람들에게 큰 도움이 될 것이다.

마지막으로 지금도 시대에 뒤떨어진 직업 훈련이나 이력서 작성 요령 강의를 제공하는 데 수백만 달러의 시 예산이 투입되고 있는데, 그런 예산을 지역 주민들의 교육 예산으로 돌려서 지역의 교육기관이나 온라인 기관에서 수업을 들을 수 있게 하면 더 효율적으로 활용할 수 있을 것이다. 앞으로 인간의 지능이 필요한 부분은 대개 어떤 문제를 차근차근 풀어내고, 어떤 작업을 수행하는 데 필요한 능력을 알아내고, 일을 완수하는 데 필요한 도움을 구하는 일이 될 것이다. 이제 노동자들은 기초적인 교육 과정을 이수하고, 대학 과정을 밟으며 새롭게 배우는 법을 익히고자 노력하는 것을 넘어서서, 어떤 교육을 더 받을지 끊임없이 생각하고 계획해야 할 것이다. 인문학 교육은 기본적으로 꼭 갖춰야 할 소양이다. 이제 교육은 그런 기본 소양의 수준을 넘어 실무를 배우는 훈련의 일부가 되었으며, 온디맨드 노동자들을 고용하는 사람들에게도 필요한 부분이 됐다.

안전망: 파트 B 모든 성인 근로자들에게 지급되는 기본급

서비스 종업원 국제 연합(SEIU) 노조 위원장을 지낸 앤디 스턴을 비롯한 몇몇 사람들은 이제는 보편적 기본소득(UBI: universal basic income)을 고려해야 할 때가 됐다고 주장한다.[12]

기본소득은 새로운 개념은 아니다. 보편적 기본소득은 민주주의와 같은 여러 계몽주의적 이상과 함께 유행하기 시작했다. 맨 처음에 기본소득을 주장한 사람들은, 시민들에게 기본소득을 지급하면 국가가 복지 국가를 경영해야 할 무거운 책임감에서 벗어날 수 있다는 논리를 폈다. 그렇게 되면 국가가 누구를 지원해야 하는지 결정하거나 어떤 사람에게 구체적으로 어떤 도움을 주는 것이 가장 적합한지 도의적으로 판단해 자원을 분배하는 시스템을 운영할 필요와 책임에서 자유로워질 것이다. 이런 주장은 보편적 기본소득으로 선택의 자유가 생긴다는 해석으로도 받아들일 수 있다.

두 번째 주장은 철학자인 필리프 판 파레이스에 의해 널리 알려진 것으로, 민족 국가들은 모든 시민들이 각자 선택에 따라 시간을 쓸 수 있도록 최대한의 재정적 보조를 해주어야 한다는 제안이다. 판 파레이스는 삶의 중심은 생활하고 사회를 조직하는 것이어야 한다고 주장했다. 그래서 국가의 재원은 그런 기회에 최대한 모든 사람이 동등하게 접근할 수 있는 방향으로 사용되어야 한다고 본다.

기본소득의 사회적 가치에 관한 세 번째 관점은, 보편적 기본소득은 민주주의 그 자체의 자산이라는 생각이다. 어떤 사람이 자기 힘으로 음식과 주거를 해결하지 못할 경우, 자원에 접근할 기회를 지키기 위해 강압적인 폭정에 동조하게 될 수도 있다. 토마스 페인은 보편적 기본소득이 이런 절망적인 상황을 부당하게 이용하는 폭군들에게 시민들이 거부 의사를 밝힐 수 있는 능력을 줄 수 있다고 생각했다. 보편적 기본소득은 기술이 부족한 노동자들이 빠르게 진보하는 첨단 기술에 뒤처지지 않도록 도울 주요한 방법으로 여겨지고 있다.

보편적 기본 소득의 시각은 인간이 기계에 밀려서 일자리를 잃으면 '저숙련' 노동자들에게는 다른 선택의 여지가 없기 때문에 이들에게 최소한의 경제적인 밑바탕이 필요하다는 것이다. 그런데 그런 논리는 옳지 못하다. 그런 주장은 인공지능이 결국 세상을 정복할 것이며 인간은 발전이나 그에 따른 서비스의 확대와 무관한 존재가 된다고 본다. 하지만 플랫폼들에서 공통으로 나타나는 작업의 역사를 보면, 인공지능의 미래가 오더라도 인간은 사라지지 않는다.

인간의 노동은 지금 최소한 내다볼 수 있는 미래까지는 필요할 것이다. 인공지능과 인간이 서로를 발전시키고 부족한 부분을 서루 보충하는 세상을 그린다면, 인간이 앞으로도 과연 필요할 것인가는 우리가 고민할 사안이 아니다. 그보다 우리가 고민해야 할 진정한 문제는, '인간이 언제 필요하고, 무엇을 위해 필요할 것인가?'이다. 정규직 고용의 역사에서는 생산성을 최대한 높이기 위해 정해진 근무 시간 동안 일할 사람들이 필요했다. 온디맨드 정보 서비스 업계는 완전히 다른 원칙에서 운영된다. 이들은 현재 당신에게 가장 필요한 것만으로도 충분한 도움이라고 본다. 필요한 목적을 달성하기 위해서는, 요청만 하면 바로 맡아서 일해 줄 수 있는 온디맨드 노동자들이라는 공유 자원을 지원하고 유지할 필요가 있다. 이 노동자들은 더 이상 단일 기업이 투자하거나 단독으로 보유할 수 있는 자산이 아니다. 이들은 세계 각지에서 인간의 창의력을 구하는 수많은 고객들의 의뢰가 있을 때마다 언제든지 부응할 수 있는 사람들이다.

오늘날 보편적 기본소득에 찬성하는 사람들은 기본소득을 자동화로 인한 피해를 가라앉힐 수단으로 보는데, 이들은 "기술의 사다리맨 아래 칸에 있는 저 불쌍한 이들을 보시오! 너그러운 마음으로 저 사람들을 도와줍시다."라는 식으로 의견을 표현한다. 이런 견해에는 미래가 온디맨드 노동 계약에 얼마나 크게 의존하게 될 것인가에 대한 고려가 빠져 있다. 우리 저자들은 보편적 기본소득의 필요성에 대해 다음과 같은 견지에서 접근할 것을 제안한다. 기업들과 고객들이 온디맨드 경제에 기여하는 모든 노동자들에게 일종의 의뢰비용을 지급할 책임을 공동으로 진다고 보는 것이다. 여기서 말하는 의뢰비용은 변호사를 비롯한 전문직 종사자들에게 일을 의뢰할 때 지급하는 착수금과 비슷한 성격이다. 의뢰비용을 공동 부담하는 이런 결정은, 건강하고, 필요할 때 언제든 활용할 수 있고, 최신 동향에 맞게 지속적으로 발전하는 노동 인력이 있어야만 온디맨드 경제가 지속 가능하다는 인식을 토대로 한다. 이 비용은 경제활동 연령의 모든 성인, 현재 공익 활동에 책정된 정부 자금, 기업들이 내는 법인세 등을 모아 마련하고, 그렇게 마련된 자금은 노동 공동 자원의 퇴직금, 기술 재교육, 유급 휴가, 의료비 등의 사회 보장책을 충당하는 데 쓰일 것이다.[13] 온디맨드 노동자들의 집단에는 다른 집단과 다른 유형의 혜택과 안전망이 필요하며, 이들에게는 그런 혜택이 제공돼야 마땅하다. 전 세계에서 근면하게 일하는 사람들이 인공지능의 부상으로 시야에서 멀어지거나 사람들의 인식 밖으로 밀려나서는 안 된다. 기업들은 지속 가능한 노동 관행을 지원하는 것이 얼마나 중요한가를 이미 다른 업계의 사례에서 충분히 배웠다.

우리 모두를 위한 해결책: 소비자들의 행동

FFP(The Fair Food Program)는 거의 17년 가까이 되는 기간 동안 전 세계 소비자, 학생, 노동자, 신앙 공동체들이 연합하고 조직화한 끝에 2011년에 발효됐다.

FFP는 플로리다 이모칼리에서 토마토 농장 인부들에 의해 시작됐다. 그리고 조직화를 위한 많은 노력 끝에 조지아, 사우스캐롤라이나, 노스캐롤라이나, 메릴랜드, 버지니아, 뉴저지, 그리고 플로리다 딸기 농장과 고추 농장으로 확대됐다. 이 발의에는 대형 슈퍼마켓과 레스토랑 경영자들도 결집해서 미국에서 가장 임금이 낮고 열악한 대우를 받는 농장 노동자들의 임금과 근무 조건 개선을 요구하는 목소리에 힘을 보탰다. 맥도날드, 월마트, 트레이더 조스(Trader Joe's), 소덱소(Sodexo), 아라마크(Aramark), 홀푸즈(Whole Foods), 치폴

레(Chipotle)는 약간의 보조금을(농작물 1파운드당 1~4센트씩) 부담하기로 협약하고, 농장 인부들의 임금을 처리하는 계좌로 직접 보냈다. 또 이들은 FFP에 서약한 생산자의 농산물만 구매하겠다고 약속함으로써 노동 조건 개선 범위를 확보했다. 이것은 소비자, 노동자, 생산자, 기업 구매담당자들이 협력하여 기업, 고객, 계약직이나 특정 계절에만 나오는 일자리에서 일하며 가치를 창출하는 노동자들 모두를 위해 더 좋은 결과를 이끌어 낸 사례다.

이와 비슷한 고무적인 사례로 방글라데시의 화재 및 빌딩 안전 협약(Accord on Fire and Building Safety)이 있다. 방글라데시 협약은 역사상 가장 많은 인명 피해를 냈던 2013년 방글라데시 라나플라자 의류 공장 붕괴 사고가 발생한 뒤에 추진됐다. 산업용으로 사용 불가능한 조잡한 자재를 이용해 만든 시설에 생산 설비를 지나치게 많이 설치한데다가, 불법으로 공장을 3층이나 무턱대고 증축한 결과 건물이 붕괴되어 노동자 1,100명이 사망하고 2,500명이 부상당했다. 사고가 발생한 날로부터 5일 뒤에 시위대가 런던 프라이마크(Primark) 매장 주위에 모여 항의 시위를 벌였다. 프라이마크는 건물 붕괴와 수많은 사상자를 낸 태만 행위에 일조했던 유명 의류 제조사들 수백 곳 중 한 곳이었다.

그로부터 몇 개월 뒤, 불매 운동에 나선 소비자들과 시민 단체 활동가들이 방글라데시 직물 의류 노동자들을 대표한 노조와 연대해서 줄기차게 노력한 끝에, 200개 이상의 의류 브랜드가 협약에 동의했다. 의류 브랜드들은 이 노동자들이 기여하고 만들어 낸 가치를 통해 수익을 얻었기 때문에, 공급망의 일부인 노동자들의 안전에 책임질 의무가 있었다. 알디 플라자에서 생산된 소비재를 사용하던 알디 노드(Aldi Nord), 알디 수드(Aldi Sud), 프라이마크(Primark), 푸마, 아메리칸 이글 같은 기업들도 협약에 사인했다. 비록 관련 기업들 중에 월마트, 갭, 타깃, 메이시스처럼 가장 큰 제조사들은 노동자들의 안전과 노동 조건을 개선하기 위한 법적 효력이 있는 이 협약에 불참했지만, 유럽계 제조사들은 대다수가 참여했다.

FFP와 방글라데시 협약은 과거의 제조 공정 공급망의 노동자들에 대해 모두가 함께 책임지는 방법을 보여주는 지침이다. 소비자와 노동자들이 그들이 구매하는 제품이 노동자들을 위험에 빠뜨릴 수 있음을 인식하고 식품 업계와 의류 업계를 압박하는 중요한 역할을 했던 것처럼, 사람들의 인식과 노력은 온디맨드 경제를 지속 가능하고 존엄한 환경으로 만드는 데 기여할 수 있을 것이다.

그리고 기업들이 우리가 소비하는 음식과 의류를 생산하는 노동 관행에 책임져야 할 필요가 있듯이, 온디맨드 플랫폼 기업들은 온디맨드를 통한 작업을 생산하고 소비하는 사람들 모두에 책임을 다할 필요가 있다. 고스트워크를 최대한 활용한다는 것은 이런 중요한 사실을 인식하는 데에서 출발한다. 그것은 바로 이 분야의 일의 미래를 결정지을 중요한 계기가 되는 애플리케이션이나 플랫폼이 나오지는 않을 것이라는 사실이다. 이 분야에서는 노동자들 그 자체(전문 지식을 직업화하고 공유하는 사람들 간의 네트워크)가 바로 슈퍼컴퓨터이기 때문이다.

이 책에서 우리가 만났던 사람들처럼, 독자들도 아마 가족 구성원으로, 직원으로, 사업주로, 고객으로, 시민으로 다양한 역할을 소화하면서 알게 모르게 고스트워크를 거칠 것이다. 그 말은 우리 모두가 이 당면 과제에서 각자 해야 할 역할이 있다는 뜻이다. 앞에서 설명한 기술적, 사회적 해결책은 기술자, 노동 운동가, 정책 입안자들만으로는 쉽게 실행할 수 없기 때문이다. 그런 해결책을 실천하려면 모두의 노력이 필요하다. 고스트워크를 어둠 밖으로 끌어내려면 기업 경영자, 정책 입안자, 고객, 시민이 뭉쳐야 한다. 서로를 위해 제공하는 이 소중한 역할을 인식하는 미래로 직업의 방향을 다시금 맞추려면, 모든 사람의 공동의 의지가 필요하다.

이 책에서 사용한 연구방법

이 책의 양적 연구의 토대가 된 실험방법과 데이터는 다음에 소개하는 논문들을 참고하기 바란다. 이 논문들의 정보는 참고문헌에서도 확인할 수 있다.

- Chen, Wei-Chu, Mary L. Gray, and Siddharth Suri. "More than Money: Correlation Among Worker Demographics, Motivations, and Participation in Online Labor Markets." Under review, ICWSM '19: 13th International AAAI Conference on Web and Social Media, Munich, Germany, June 2019.
- Gray, Mary L., Siddharth Suri, Syed Shoaib Ali, and Deepti Kulkarni. "The Crowd Is a Collaborative Network. In CSCW '16: Proceedings of the 19th ACM Conference on Computer-Supported Cooperative Work and Social Computing, Advisory Board134-47. New York: ACM, 2016.
- Kingsley, Sara Constance, Mary L. Gray, and Siddharth Suri. "Accounting for Market Frictions and Power Asymmetries in Online Labor Markets." Policy & Internet 7, no. 4 (December 1, 2015): 383-400. https://doi.org/10.1002/poi3.111.
- Yin, Ming, Mary L. Gray, Siddharth Suri, and Jennifer Wortman Vaughan. "The Communication Network Within the Crowd." In WWW '16: Proceedings of the 25th International Conference on World Wide Web, 1293-1303. Geneva, Switzerland: International World Wide Web Conferences Steering Committee, 2016. https://doi.org/10.1145/2872427.2883036.
- Yin, Ming, Siddharth Suri, and Mary L. Gray. "Running Out of Time: The Impact and Value of Flexibility in On-Demand Crowdwork." In CHI '18: Proceedings of the 2018 CHI Conference on Human Factors in Computing Systems, 1-11. New York: ACM, 2018. https://doi.org/10.1145/3173574.3174004.

이 논문들은 조사, 실험, 질적 연구 분석에 중점을 두고 있다. 이어지는 소단원에서는 이 책의 핵심인 고스트워크의 실질적인 경험을 제시하기 위해 우리가 민족지학(民族誌學)적 자료와 인터뷰 자료를 어떤 식으로 수집했는지 구체적으로 설명하려고 한다.

민족지학적 현장 조사와 인터뷰

이 책은 메리 L. 그레이가 이끄는 연구팀이 공동으로 진행한 미국과 인도의 민족지학적 현장 조사를 바탕으로 한다. 마이크로소프트 리서치(Microsoft Research)의 윤리자문위원회는 이 프로젝트 제안서를 검토하고 2013년 1월에 연구를 승인했다. 우리 연구팀은 심층적인 공식 인터뷰 189건을 진행했으며(그중 115건은 인도에서, 74건은 미국에서 진행했다), 연구에 참여한 노동자들과 집이나 그 밖의 작업 공간, 혹은 동료들 간의 모임에서 비공식적인 후속 면담과 관찰의 기회를 가졌다. 민족지학적 관찰을 통해 우리는 온디맨드 일을 하는 사람들의 경험은 어떠한지, 그들은 자신의 일을 어떻게 받아들이며 그들의 일상 상황과 일은 어떤 관련이 있는지 이해할 수 있었다.

인도에서 활동한 질적 연구팀 소속인 쇼아이브 사이드 알리, 메리 L. 그레이, 딥티 쿨카니는 2013년 2월 10일부터 2015년 3월 12일 사이에 모든 현장 인터뷰와 조사를 실시했다. 메리는 2017년에 인도에 거주하는 연구 참가자들을 온라인에서 추가적으로 인터뷰했다.

인도에서의 현장 조사와 인터뷰는 설문 조사 응답과 우리가 만든 히트(HIT) 지도(자세한 내용은 5장에서 설명했다)에서 얻은 단서를 토대로, 우리는 IT의 중심지인 3곳(하이데라바드, 방갈로르, 첸나이), 그리고 남부의 케랄라와 북부의 델리의 일부 지역을 중심으로 연구를 진행했다. 인도에서의 인터뷰 대부분은 인터뷰 대상자의 자택, 집 근처 카페, 공원에서 이루어졌다. 인터뷰는 대상자들을 만나 시간을 보내며 이야기 나누는 식으로 진행됐으며, 대부분의 경우 작업 공간인 집을 직접 방문해서 어떻게 일을 하는지 지켜봤다. 인터뷰는 1~3시간 동안 진행됐다. 인터뷰 대상자들을 처음 만날 때는, 온디맨드 일을 하며 돈을 벌 수 있는 시간을 우리에게 내준 데 대한 감사의 표시로 15달러 상당의 현금을 선물로 증정했다. 현장 조사 역시 대상자들의 집으로 찾아가 조사하고, 가족과 친구들을 만나고, 그들의 삶에 소중한 부분인 크리켓 경기장, 상점가, 종교 사원 등에서의 활동에 함께하기도 했다. 딥티와 쇼아이브는 인도에서의 현장 조사 기간에 핵심 연구 대상자 40명과 일주일에 평균 40시간을 함께 보냈으며, 메리도 6개월간의 조사 기간에 참여했다.

메리는 2013년 2월 10일에서 2017년 5월 12일 사이 미국의 현장 조사와 인터뷰를 인도에 체류하지 않는 시기에 실시했다. 제이슨 퀄스, 크리스티 밀랜드, 캐서린 지코스키는 인도의 현장 조사 때 개발했던 반 구조적(semi-structured)이며 제한 없이 자유로운(open-ended) 인터뷰 양식과 비슷한 형식으로 추가 심층 인터뷰를 진행했다. 미국에서의 현장 조사는 인도에서보다 규모가 훨씬 작았으며, 메리는 프로젝트가 진행되는 기간 내내 15명의 핵심 대상자를 포함한 전체 연구 대상자들을 추적 관찰했다. 조사 과정은 맨 처음에 집에 방문해서 작업 환경과 일상적인 작업 과정, 가족과의 상호작용을 관찰하는 식으로 진행했다. 후속 인터뷰와 조사는 시간적인 제약과 지역적인 제약(연구 대상자들의 거주지가 미국 전역에 흩어져 있었다) 때문에 스카이프를 이용했다. 미국의 노동자들에게도 맨 처음 인터뷰 때 15달러의 현금 선물을 증정했다. 인도와 미국에서 만난 연구 대상자 대부분은 후속 인터뷰에서는 사례비를 받지 않겠다며 고사했다.

인터뷰 대상자들은 다음과 같은 방식으로 모집했는데, 플랫폼에서의 설문 조사가 끝난 뒤 각자 편한 시간에 맞춰 개인적으로 인터뷰하고 싶다는 의사를 전하거나, 이 분야 노동자들에게 소개를 받거나, 이 분야에 종사하는 사람들끼리의 온라인 포럼에서 온라인으로 신청을 받아 약속을 잡았다. 우리는 후속 인터뷰에도 참여해 달라는 우리의 요청을 연구 참여자가 수락한 뒤에야 그 사람들을 만났는데, 그런 후속 인터뷰들은 이번 연구의 대상이었던 온디맨드 노동 플랫폼 4군데에 관한 연구 조사가 끝난 뒤에 시행했다. 그 밖의 연구 참여자들은 눈덩이 표집(처음에는 소규모의 응답자집단으로 시작하여 다음에는 이 응답자들을 통해 비슷한 속성을 가진 다른 사람들을 소개하도록 하고, 이들을 대상으로 조사하는 표집방법-옮긴이), 온디맨드 노동을 해본 적이 있는 친구나 가족들의 소개를 통해서 우리와 만나게 됐다. 연구 대상자들이 주위 사람들에게 혹시라도 알려질까 마음 쓸 일이 없도록 이 책에 나온 사람의 이름은 모두 가명을 사용하였으며, 가명은 그들이 직접 고르게 했다. 이 연구에 참여했던 사람들 중에는 아주 활발하게 활동하고 있는 사람, 몇 번 시도해보고 이 업계를 완전히 떠난 사람, 크라우드소싱 플랫폼 엔지니어, 기업가들도 포함되어 있다.

인도에서의 인터뷰는 주로 영어로 진행됐다. 인터뷰들은 메리가 직접 만나 영어로 진행했으며, 인터뷰 대상자의 모국어가 영어가 아닌 경우에는 쇼아이브와 딥티가 동석했다. 간혹 쇼아이브와 딥티가 일대일로 인터뷰하고 나중에 메리가 검토하는 식으로 진행된 경우도 있었다. 모든 연구 대상자들에게 이 연구에 관한 간략한 정보를 담은 문서를 전달하고, 대상자들이 참여 의사를 구두로 전달하기 전에 이 연구 의도를 충분히 검토할 기회를 주었다. 우리는 대상자들 대부분에게 서면 동의를 받지 않았다. 서면 동의가 있으면 이 연구와 관련이 있다는 증거가 남는데, 그들이 일하는 플랫폼을 비판했다는 사실은 그들에게 불리하게 작용할 수도 있기 때문이다.

　마지막으로 온디맨드 노동자들과의 인터뷰 외에, 마이크로소프트 기업 전략 연구소에 있는 동료와 협력해서 외부 컨설팅 에이전시와도 함께 작업했다. 온디맨드 노동자들을 고용하는 사람들의 관점을 이해하는 데 도움이 될지 모른다는 예측에서였다. 이 인터뷰들은 우리가 직접 진행하지는 않았지만, 마찬가지로 직접 만나 우리가 프로젝트에서 사용한 것과 동일한 동의 과정을 거쳐 인터뷰 내용을 녹음하고 기록했다. 그 컨설팅 에이전시는 2017년 7월부터 10월 사이에 링크트인과 그 밖의 채용 사이트에서 다양한 업계의 정규직 직원 50명을 모집해 인터뷰했다. 글로 기록된 인터뷰 내용을 주제별로 데이터화하는 과정은 시다스가 맡아 진행했는데, 그 자료는 우리가 이 책에서 '마이크로 태스크'라고 부른 작업을 온디맨드 노동자들에게 맡기는 사람들이 과연 이 일을 어떻게 생각하고 경험하는지 이해하는 데 도움이 됐다.

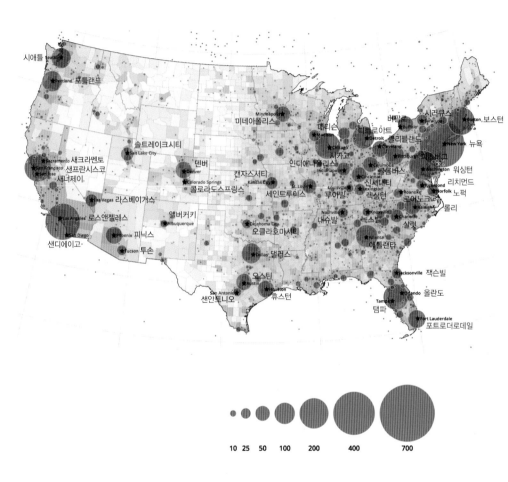

〈그림 1A〉 2014년 3월 14일에서 5월 28일 사이에 엠터크에서 우리가 의뢰한 작업에 참여했던 사람들이 직접 표시한 각자의 위치. 각 지역에 표시한 사람들의 수는 원의 크기에 비례한다. 예를 들어 샬럿에 표시된 원은 53명, 애틀랜타는 158명, 뉴욕은 671명을 나타낸다. 이 작업에 참여한 사람들의 개인 정보를 보호하기 위해 사람들이 밝힌 위치를 무작위로 약간씩 수정했다. 원의 색깔이 조금씩 다른 건 인구밀도가 반영됐기 때문이다. (작성자: 그레고리 T. 민튼)

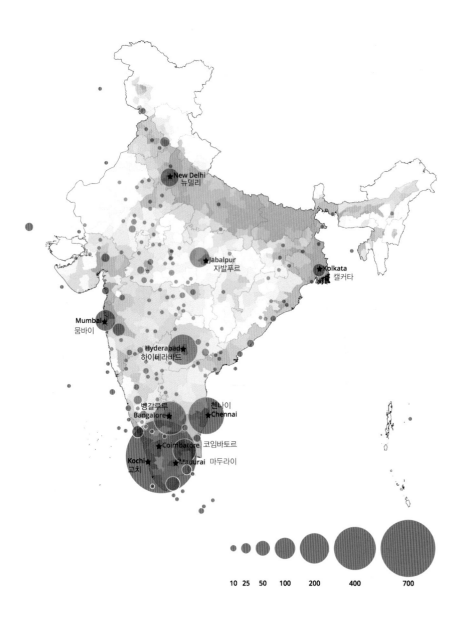

〈그림 1B〉 2014년 3월 14일에서 5월 28일 사이에 엠터크에서 우리가 의뢰한 작업에 참여했던 사람들이 직접 표시한 각자의 위치. 각 지역에 표시한 사람들의 수는 원의 크기에 비례한다. 예를 들어 뉴델리에 표시된 원은 17명, 하이데라바드는 146명, 코임바토르는 265명을 나타낸다. 이 작업에 참여한 사람들의 개인 정보를 보호하기 위해, 사람들이 밝힌 위치를 무작위로 약간씩 수정했다. 원의 색깔이 조금씩 다른 건 인구밀도가 반영됐기 때문이다. (작성자: 그레고리 T. 민튼)

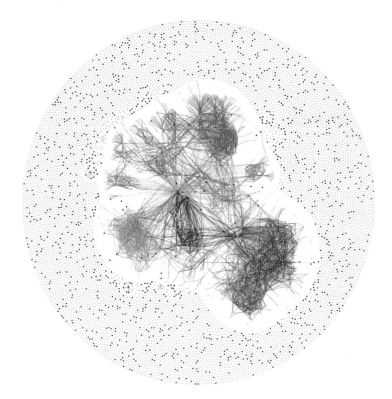

〈그림 2〉 엠터크 노동자들의 네트워크. 흰 원은 미국 노동자들, 검은 원은 미국 외 지역의 노동자들을 나타낸다. 옅은 회색 연결선은 전화, 이메일, 문자 메시지, 인스턴트 메시지, 화상 채팅 등의 일대일 대화 수단을 통한 소통을 표시한다. 그 밖의 색깔들로 된 연결선은 온라인 포럼을 통한 소통을 보여주는 것으로, 분홍색은 레딧의 'HWTF(HITs Worth Turking For)', 빨간색은 '엠터크그라인드(MTurkgrind)', 주황색은 '터커네이션(TurkerNation)', 파란색은 '페이스북', 초록색은 '엠터크포럼'이다. (작성자: 밍 인)

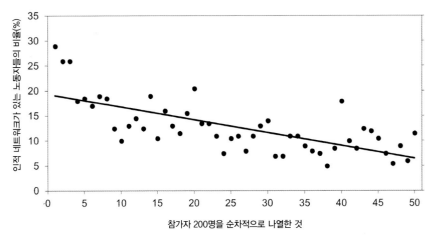

〈그림 3〉 인적 네트워크 분포 '히트'(HIT, 〈그림 2〉에 나온 것)에 참여했던 200명을 시간 순서대로 순차적으로 나열하고, 그중 인적 네트워크로 연결된 사람들이 몇 퍼센트나 되는지를 표시했다. (작성자: 밍 인)

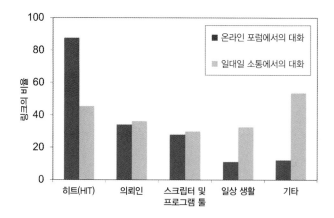

〈그림 4〉 온라인 포럼과 일대일 소통에서의 대화 주제 비교. (작성자: 밍 인)

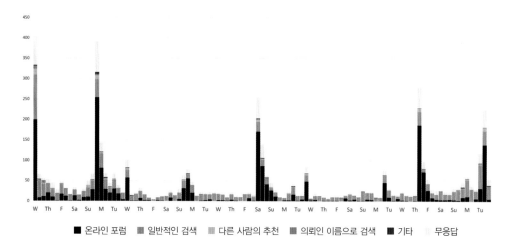

■ 온라인 포럼   ■ 일반적인 검색   ■ 다른 사람의 추천   ■ 의뢰인 이름으로 검색   ■ 기타   무응답

〈그림 5〉 온디맨드 노동자 4,856명이 2014년 4월 23일에서 5월 28일 사이에 우리가 게시했던 작업(〈그림 1〉
에 나온 것 같은 지리적 위치 표시 히트)에 대해 알게 된 경로. X축은 5주 동안의 기간에 8시간씩 게시했던
공지 기간을, Y축은 그 8시간 동안 이 작업을 신청하고 수행했던 노동자들의 수를 나타낸다. 막대그래프의
검은색 부분은 8시간의 기간 동안에 온라인 포럼을 통해서 우리 작업에 대해 알게 된 사람들의 숫자를, 파란
색 부분은 같은 기간에 엠터크 사이트를 통해서 알게 된 사람의 숫자를 나타낸다. (작성자: 그레고리 T. 민튼)

| 참고문헌 |

Abel, Marjorie, and Nancy Folbre. "A Methodology for Revising Estimates: Female Market Participation in the U.S. Before 1940." Historical Methods: A Journal of Quantitative and Interdisciplinary History 23, no. 4(October 1, 1990): 167-76. https://doi.org/10.1080/01615440.1990.10594207.

Ahmed, Syed Ishtiaque, Nicola J. Bidwell, Himanshu Zade, Srihari H. uralidhar, Anupama Dhareshwar, Baneen Karachiwala, Cedrick N. Tandong, and Jacki O'Neill. "Peer-to-Peer in the Workplace: A View from the Road." In CHI '16: Pro-ceedings of the 2016 CHI Conference on Human Factors in Computing Systems, 5063-75. New York: ACM, 2016. https://doi.org/10.1145/2858036.2858393.

Albrecht, Sandra. "Industrial Home Work in the United States: Historical Dimen-sions and Contemporary Perspective." Economic and Industrial Democracy 3, no. 4(1982): 414. https://doi.org/10.1177/0143831X8234003.

Amrute, Sareeta. Encoding Race, Encoding Class: Indian IT Workers in Berlin. Reprint. Durham, NC: Duke University Press, 2016.

Aneesh, A. Neutral Accent: How Language, Labor, and Life Become Global. Durham, NC: Duke University Press, 2015.

Ansel, Bridget, and Heather Boushey. Modernizing U.S. Labor Standards for 21st-Cen-tury Families. The Hamilton Project. Washington, DC: Brookings Institution, 2017.

Autor, David H. "Why Are There Still So Many Jobs? The History and Future of Workplace Automation." Journal of Economic Perspectives 29, no. 3 (Summer 2015): 3-30.

Baker, Dean. Rigged: How Globalization and the Rules of the Modern Economy Were Structured to Make the Rich Richer. Washington, DC: Center for Economic and Policy Research, 2016.

Barnard, John. Walter Reuther and the Rise of the Auto Workers. Boston: Little, Brown, 1983.

Barowy, Daniel W., Emery D. Berger, Daniel G. Goldstein, and Siddharth Suri. "VoxPL: Programming with the Wisdom of the Crowd." In CHI '17: Proceedings of the 2017 CHI Conference on Human Factors in Computing Systems, 2347-58. New York: ACM, 2017. https://doi.org/10. 1145/3025453.

Barowy, Daniel W., Charlie Curtsinger, Emery D. Berger, and Andrew McGregor. "AutoMan: A Platform for Integrating Human-Based and Digital Computation." Communications of the ACM 59, no. 6 (June 2016): 102-109. https://doi.org/10.1145/2927928.

Basi, J. K. Tina. Women, Identity and India's Call Centre Industry. London: Routledge, 2009.

Battistoni, Alyssa. "The False Promise of Universal Basic Income." Dissent, Spring 2017. https://www.dissentmagazine.org/article/false-promise-universal-basic-income-andy- stern-ruger-bregman.

Board of Governors of the Federal Reserve System. Report on the Economic Well-Being of U.S. Households in 2016. Washington, DC: Federal Reserve Board, May 2017. https://www. federalreserve.gov/publications.htm.

Boudreau, Kevin J., Patrick Gaule, Karim R. Lakhani, Christoph Riedl, and Anita Williams Woolley. "From Crowds to Collaborators: Initiating Effort & Catalyzing Interactions Among Online Creative Workers." HBS Working Paper No. 14-060, Harvard Business School, Cambridge, MA, January 2014.

Boudreau, Kevin J., and Karim R. Lakhani. "Using the Crowd as an Innovation Partner." Harvard Business Review 91, no. 4 (2013): 60-69.

Bowe, John, Marisa Bowe, and Sabin Streeter, eds. Gig: Americans Talk About Their Jobs. New York: Broadway Books, 2001.

Brenner, Chris. Work in the New Economy: Flexible Labor Markets in Silicon Valley. Malden, MA: Wiley-Blackwell, 2002.

Broadband Commission for Sustainable Development. State of Broadband 2017:

Broadband Catalyzing Sustainable Development. Geneva, Switzerland: Broadband Commission for Sustainable Development, 2017.

Brynjolfsson, Erik, and Andrew McAfee. Race Against the Machine: How the Digital Revolution Is Accelerating Innovation, Driving Productivity, and Irreversibly Trans-forming Employment and the Economy. Lexington, MA: Digital Frontier, 2012.

———. The Second Machine Age: Work, Progress, and Prosperity in a Time of Brilliant Technologies. New York: W. W. Norton, 2014.

Bureau of Labor Statistics. "Contingent and Alternative Employment Arrangements, May 2017." Economic News Release, U.S. Department of Labor, June 7, 2018.

Butler, Elizabeth Beardsley. "Women and the Trades: Pittsburgh, 1907-1908." Pittsburgh: Charities Publication Committee, 1909.

Chandler, Jesse, Pam Mueller, and Gabriele Paolacci. "Nonnaïveté Among Amazon Mechanical Turk Workers: Consequences and Solutions for Behavioral Research-ers." Behavior Research Methods 46, no. 1 (March 2014): 112-30, https://doi.org/10.3758/ s13428-013-0365-7.

Chen, Julie Yujie. "Thrown Under the Bus and Outrunning It! The Logic of Didi and Taxi Drivers' Labour and Activism in the On-Demand Economy." New Me-dia & Society 20, no. 8 (September 6, 2017): 2691-711. https://doi.org/10.1177/1461444817729149.

Chen, Wei-Chu, Mary L. Gray, and Siddharth Suri. "More than Money: Correlation Among Worker Demographics, Motivations, and Participation in Online Labor Markets." Under review, ICWSM '19: The 13th International AAAI Conference on Web and Social Media, Munich, Germany, June 2019.

Clawson, Dan, and Naomi Gerstel. Unequal Time: Gender, Class, and Family in Employment Schedules. New York: Russell Sage Foundation, 2014.

Coase, R. H. "The Nature of the Firm." Economica 4, no. 16 (1937): 386-405. https://

doi.org/10.1111/j.1468-0335.1937.tb00002.x.

Coca, Nithin. "Nurses Join Forces with Labor Union to Launch Healthcare Plat-form Cooperative." Shareable. Accessed June 21, 2018. https://www.shareable.net/blog/nurses-join-forces-with-labor-union-to-launch-healthcare-platform-cooperative.

"Common Ground for Independent Workers." From the WTF? Economy to the Next Economy (blog), November 10, 2015. https://wtfeconomy.com/common-ground-for-independent-workers-83f3fbcf548f#.ey89fvtnn.

Cowan, Ruth Schwartz. More Work for Mother: The Ironies of Household Technology from the Open Hearth to the Microwave. 2nd ed. New York: Basic Books, 1985.

Daso, Frederick. "Bill Gates and Elon Musk Are Worried for Automation-But This Robotics Company Founder Embraces It." Forbes, December 18, 2017. https://www.forbes.com/sites/frederickdaso/2017/12/18/bill-gates-elon-musk-are-worried-about-automation-but-this-robotics-company-founder-embraces-it/.

Dayton, Eldorous. Walter Reuther: The Autocrat of the Bargaining Table. New York: Devin-Adain, 1958.

Deng, J., W. Dong, R. Socher, L. Li, Kai Li, and Li Fei-Fei. "ImageNet: A Large-Scale Hierarchical Image Database." In 2009 IEEE Conference on Computer Vision and Pattern Recognition, 248-55. Piscataway, NJ: IEEE. https://doi.org/10.1109/CVPR.2009.5206848.

Denyer, Simon. Rogue Elephant: Harnessing the Power of India's Unruly Democracy. New York: Bloomsbury Press, 2014.

DePillis, Lydia. "The Next Labor Fight Is Over When You Work, Not How Much You Make." Wonkblog (blog), Washington Post, May 8, 2015. https://www.washingtonpost.com/news/wonk/wp/2015/05/08/the-next-labor-fight-is-over-when-you-work-not-how-much-you-make.

Difallah, Djellel, Elena Filatova, and Panos Ipeirotis. "Demographics and Dynamics of Mechanical Turk Workers." In Proceedings of the Eleventh ACM International Conference on Web Search and Data Mining, 135-43. New York: ACM Press, 2018. https://doi.org/10.1145/3159652.3159661.

Downey, Greg. "Virtual Webs, Physical Technologies, and Hidden Workers." Technology and Culture 42, no. 2(April 2001): 209-35.

Dube, Arindrajit, Jeff Jacobs, Suresh Naidu, and Siddharth Suri. "Monopsony in On-line Labor Markets." American Economic Review: Insights, forthcoming.

Duffy, Brooke Erin. (Not) Getting Paid to Do What You Love: Gender, Social Media, and Aspirational Work. New Haven, CT: Yale University Press, 2017.

Ekbia, H. R., and Bonnie A. Nardi. Heteromation, and Other Stories of Computing and Capitalism. Cambridge, MA: MIT Press, 2017.

Erickson, Kristofer, and Inge Sørensen. "Regulating the Sharing Economy." Internet Policy Review 5, no. 3 (June 30, 2016). https://doi.org/10.14763/2016.2.414.

Farrell, Diana, and Fiona Greig. The Online Platform Economy: Has Growth Peaked?

JPMorgan Chase Institute, 2017.

Folbre, Nancy. "Women's Informal Market Work in Massachusetts, 1875-1920." So-cial Science History 17, no. 1 (1993): 135-60. https://doi.org/10.2307/1171247.

Foroohar, Rana. "We're About to Live in a World of Economic Hunger Games." Time, July 19, 2016. http://time.com/4412410/andy-stern-universal-basic-income/.

Fort, Karën, Gilles Adda, and K. Bretonnel Cohen. "Amazon Mechanical Turk: Gold Mine or Coal Mine?" Computational Linguistics 37, no. 2 (2011): 413-20.

Foster, John Bellamy, Robert W. McChesney, and R. Jamil Jonna. "The Global Re-serve Army of Labor and the New Imperialism." Monthly Review 63, no. 6(2011):1.

Frahm, Jill. "The Hello Girls: Women Telephone Operators with the American Expe-ditionary Forces During World War I." Journal of the Gilded Age and Progressive Era 3, no. 3 (2004): 271-93.

Gabler, Neal. "The Secret Shame of Middle-Class Americans." The Atlantic, May 2016. https://www.theatlantic.com/magazine/archive/2016/05/my-secret-shame/476415/.

Gershon, Ilana. Down and Out in the New Economy: How People Find (or Don't Find) Work Today. Chicago: University of Chicago Press, 2017.

Gillespie, Tarleton. Custodians of the Internet: Platforms, Content Moderation, and the Hidden Decisions That Shape Social Media. New Haven, CT: Yale University Press, 2018.

———. "The Politics of 'Platforms.'" New Media & Society 12, no. 3 (May 1, 2010): 347-64. https://doi.org/10.1177/1461444809342738.

Graham, Mark, Isis Hjorth, and Vili Lehdonvirta. "Digital Labour and Development: Impacts of Global Digital Labour Platforms and the Gig Economy on Worker Livelihoods." Transfer: European Review of Labour and Research 23, no. 2 (2017): 135-62. https://doi. org/10.1177/1024258916687250.

Gray, Mary L., Siddharth Suri, Syed Shoaib Ali, and Deepti Kulkarni. "The Crowd Is a Collaborative Network." In CSCW '16: Proceedings of the 19th ACM Conference on Computer-Supported Cooperative Work & Social Computing, 134-47. New York: ACM, 2016. https://d oi.org/10.1145/2818048.2819942.

Green, Francis. Skills and Skilled Work: An Economic and Social Analysis. Oxford, England: Oxford University Press, 2013.

Greenhouse, S. "Equal Work, Less-Equal Perks: Microsoft Leads the Way in Filling Jobs with 'Permatemps.'" New York Times, March 30, 1998.

Gregg, Melissa. Work's Intimacy. Cambridge, England: Polity, 2011.

———. Counterproductive: Time Management in the Knowledge Economy. Durham, NC: Duke University Press, 2018.

Grier, David Allen. When Computers Were Human. Princeton, NJ: Princeton Univer-sity Press, 2005.

Grossman, Jonathan. "Fair Labor Standards Act of 1938: Maximum Struggle for a Minimum Wage." Office of the Assistant Secretary for Administration and

Management, United States Department of Labor website. Originally published in Monthly Labor Review, June 1978. https://www.dol.gov/oasam/programs/history/flsa1938.htm.

Hamari, Juho, Mimmi Sjöklint, and Antti Ukkonen. "The Sharing Economy: Why People Participate in Collaborative Consumption." Journal of the Association for Information Science and Technology, 2015.

Hamill, Jasper. "Elon Musk's Fears of AI Destroying Humanity Are 'Speciesist', Said Google Boss." Metro, May 2, 2018. https://m etro. co.uk/2018/ 05/02/ elon-musks-fears-artificial-intelligence-will-destroy-humanity-speciesist-according-google-founder- larry-page-7515207/.

Hara, Kotaro, Abi Adams, Kristy Milland, Saiph Savage, Chris Callison-Burch, and Jeffrey Bigham. "A Data-Driven Analysis of Workers' Earnings on Amazon Mechanical Turk." 2018 CHI Conference on Human Factors in Computing Systems, Paper No. 449, 2018.

Harhoff, Dietmar, and Karim R. Lakhani, eds. Revolutionizing Innovation: Users, Communities, and Open Innovation. Cambridge, MA: MIT Press, 2016.

Harris, LaShawn. Sex Workers, Psychics, and Numbers Runners: Black Women in New York City's Underground Economy. Urbana: University of Illinois Press, 2016.

Hartley, Scott. The Fuzzy and the Techie: Why the Liberal Arts Will Rule the Digital World. Boston: Houghton Mifflin Harcourt, 2017.

Hatton, Erin. The Temp Economy: From Kelly Girls to Permatemps in Postwar America. Philadelphia: Temple University Press, 2011.

Hawksworth, John, Barret Kupelian, Richard Berriman, and Duncan Mckellar. UK Economic Outlook: Prospects for the Housing Market and the Impact of AI on Jobs. London: PricewaterhouseCoopers, 2017.

Herzenberg, Stephen A., John A. Alic, and Howard Wial. New Rules for a New Economy: Employment and Opportunity in Post-Industrial America. Ithaca, NY: ILR Press, 2000.

Hill, Steven. How (Not) to Regulate Disruptive Business Models. Berlin: Friedrich Ebert Stiftung, 2016.

Hochschild, Arlie Russell. The Managed Heart: Commercialization of Human Feeling. 3rd ed. Berkeley: University of California Press, 2012.

Hochschild, Arlie, and Anne Machung. The Second Shift: Working Families and the Revolution at Home. Rev. ed. New York: Penguin, 2012.

Holt, Nathalia. Rise of the Rocket Girls: The Women Who Propelled Us, from Missiles to the Moon to Mars. Reprint. New York: Back Bay, 2017.

Horowitz, Sara. "Special Report: The Costs of Nonpayment." Freelancers Union Blog, accessed May 8, 2018. http://blog.freelancersunion.org/2015/12/10/costs-nonpayment/.

Horton, John. "Online Labor Markets." In Internet and Network Economics: 6th International Workshop, WINE 2010, Stanford, CA, USA, December 13-17,

2010, Proceedings, Lecture Notes in Computer Science New York. Springer, 2011.

Humphreys, Lee. The Qualified Self: Social Media and the Accounting of Everyday Life. Cambridge, MA: MIT Press, 2018.

Huws, Ursula. Labor in the Global Digital Economy: The Cybertariat Comes of Age. New York: Monthly Review Press, 2014.

Hyman, Louis. Temp: How American Work, American Business, and the American Dream Became Temporary. New York: Penguin, 2018.

Ipeirotis, Panagiotis G. "Analyzing the Amazon Mechanical Turk Marketplace." XRDS: Crossroads, The ACM Magazine for Students 17, no. 2 (December 1, 2010): 16. https://doi.org/10.1145/1869086.1869094.

Ipeirotis, Panos. "How Many Mechanical Turk Workers Are There?" A Computer Scientist in Business School (blog), January 29, 2018. http://www.behind-the-enemy-lines.com/.

Irani, Lilly C., and M. Six Silberman. "Turkopticon: Interrupting Worker Invisibility in Amazon Mechanical Turk." In CHI '13: Proceedings of the SIGCHI Conference on Human Factors in Computing Systems. New York: ACM, 2013.

Isaac, Mike, and Noam Scheiber. "Uber Settles Cases with Concessions, but Drivers Stay Freelancers." New York Times, April 21, 2016. http://www.nytimes.com/2016/04/22/technology/uber-settles-cases-with-concessions-but-drivers-stay-freelancers.html.

Jarrett, Kylie. Feminism, Labour and Digital Media: The Digital Housewife. New York:Routledge, 2015.

Katz, Lawrence, and Alan Krueger. "The Rise and Nature of Alternative Work Arrangements in the United States, 1995-2015." NBER Working Paper Series, no.22667, National Bureau of Economic Research, Cambridge, MA, September 2016. https://doi.org/10.3386/w22667.

Kingsley, Sara Constance, Mary L. Gray, and Siddharth Suri. "Accounting for Market Frictions and Power Asymmetries in Online Labor Markets." Policy & Internet 7, no. 4 (December 1, 2015): 383-400. https://doi.org/10.1002/poi3.111.

Kuehn, Kathleen, and Thomas F. Corrigan. "Hope Labor: The Role of Employment Prospects in Online Social Production." Political Economy of Communication 1, no. 1 (May 16, 2013). http://www.polecom.org/ index.php/polecom/ article/ view/9.

Kuek, Siou Chew, Cecilia Paradi-Guilford, Toks Fayomi, Saori Imaizumi, Panos Ipeirotis, Patricia Pina, and Manpreet Singh. The Global Opportunity in Online Out-sourcing. Washington, DC: World Bank Group, June 2015.

Kulkarni, Anand, Philipp Gutheim, Prayag Narula, David Rolnitzky, Tapan Parikh, and Bjorn Hartmann. "MobileWorks: Designing for Quality in a Managed Crowd-sourcing Architecture." IEEE Internet Computing 16, no. 5 (September 2012): 28-35. https://doi.org/10.1109/MIC.2012.72.

Lambert, Susan J., Peter J. Fugiel, and Julia R. Henly. "Precarious Work Schedules

Among Early-Career Employees in the US: A National Snapshot." Research brief, EINet at the University of Chicago, 2014.

Lampinen, Airi, Victoria Bellotti, Andrés Monroy-Hernández, Coye Cheshire, and Alexandra Samuel. "Studying the 'Sharing Economy': Perspectives to Peer-to-Peer Exchange." In CSCW '15 Companion: Proceedings of the 18th ACM Conference Companion on Computer Supported Cooperative Work & Social Computing, 117-21.

New York: ACM, 2015. https://doi.org/10.1145/2685553. 2699339. Till Alexander, Saadia Zahidi, and Vesselina Ratcheva. The Future of Jobs: Employment, Skills and Workforce Strategy for the Fourth Industrial Revolution. Geneva, Switzerland: World Economic Forum, 2016.

Levy, Frank, and Richard Murnane. The New Division of Labor: How Computers Are Creating the Next Job Market. Princeton, NJ: Princeton University Press, 2004.

Li, Fei-Fei. "ImageNet: Where Have We Been? Where Are We Going?" ACM Learn-ing Webinar, 2017. https://learning.acm.org/.

Lichtenstein, Nelson. The Most Dangerous Man in Detroit. New York: Basic Books, 1995.

Light, Jennifer. "When Computers Were Women." Technology and Culture 40, no. 3 (July 1999): 455-83.

Manyika, James, Michael Chui, Mehdi Miremadi, Jacques Bughin, Katy George, Paul Willmott, and Martin Dewhurst. Harnessing Automation for a Future That Works. Washington, DC: McKinsey Global Institute, January 2017. http://www.mckinsey.com/global- themes/digital-disruption/harnessing-automation-for-a-future-that-works.

Manyika, James, Susan Lund, Jacques Bughin, Kelsey Robinson, Jan Mischke, and Deepa Mahajan. Independent Work: Choice, Necessity, and the Gig Economy. Wash-ington, DC: McKinsey Global Institute, October 2016. http://www.mckinsey.com/global-themes/employment-and-growth/independent-work-choice-necessity-and-the-gig-economy.

Marwick, Alice E. Status Update: Celebrity, Publicity, and Branding in the Social Media Age. New Haven, CT: Yale University Press, 2013.

Mason, Winter, and Siddharth Suri. "Conducting Behavioral Research on Ama-zon's Mechanical Turk." Behavior Research Methods 44, no. 1 (March 2012): 1-23. https://doi.org/10.3758/s13428-011- 0124- 6.

Meyer, Eric. "Inadvertent Algorithmic Cruelty." Meyerweb (blog), December 24,2014. https://meyerweb.com/eric/thoughts/2014/12/24/ inadvertent-algorithmic-cruelty/ ; revised version published on Slate.com, December 29, 2014. "Middle Skills—U.S. Competitiveness." Harvard Business School. Accessed May 22,2018. https://www.hbs.edu/competitiveness/research/Pages/middle-skills.aspx.

Mishel, Lawrence. Uber and the Labor Market. Washington, DC: Economic Policy In-stitute, 2018. https://www.epi.org/publication/uber-and-the-labor-market-uber-drivers-compensation-wages-and-the-scale-of-uber-and-the-gig-economy/.

Mishel, Lawrence, Elise Gould, and Josh Bivens. Wage Stagnation in Nine Charts. Washington, DC: Economic Policy Institute, 2015. http://www.epi.org/publication/charting- wage-stagnation/.

Murphy, Kevin P. Machine Learning: A Probabilistic Perspective. Cambridge, MA: MIT Press, 2012.

Nadeem, Shehzad. Dead Ringers: How Outsourcing Is Changing the Way Indians Understand Themselves. Reprint. Princeton, NJ: Princeton University Press, 2013.

Nantz, Jay Shambaugh, Ryan Nunn, Patrick Liu, and Greg Nantz. Thirteen Facts About Wage Growth. Washington, DC: Brookings Institution, September 25, 2017. https://www.brookings.edu/research/thirteen-facts-about-wage-growth/.

National Labor Relations Board v. Hearst Publications. 322 U.S. 111 (1944).

National Low Income Housing Coalition. "Out of Reach." Washington, DC: National Low Income Housing Coalition, 2018. http://nlihc.org/oor.

Neff, Gina. Venture Labor: Work and the Burden of Risk in Innovative Industries. Cam-bridge, MA: MIT Press, 2012.

Newitz, Annalee. "The Secret Lives of Google Raters." Ars Technica, April 27, 2017. https://arstechnica.com/features/2017/04/the-secret-lives-of-google-raters/.

Noble, David. Forces of Production: A Social History of Industrial Automation. New York: Routledge, 2017.

Noble, Safiya Umoja, and Brendesha M. Tynes, eds. The Intersectional Internet: Race, Sex, Class and Culture Online. New York: Peter Lang, 2016.

O'Neil, Cathy. Weapons of Math Destruction: How Big Data Increases Inequality and Threatens Democracy. New York: Crown, 2016.

Painter, Nell Irvin. The History of White People. Reprint. New York: W. W. Norton, 2011.

———. "What Is Whiteness?" New York Times, December 21, 2017. https://www.nytimes.com/2015/06/21/opinion/sunday/what-is-whiteness.html.

Pal, Mahuya, and Patrice Buzzanell. "The Indian Call Center Experience: A Case Study in Changing Discourses of Identity, Identification, and Career in a Global Context." Journal of Business Communication 45, no. 1 (January 1, 2008): 31-60. https://www.doi.org/10.1177/0021943607309348.

Parry, Thomas Fox. "The Death of a Gig Worker." The Atlantic, June 1, 2018. https://www.theatlantic.com/technology/archive/2018/06/gig-economy-death/561302/?utm_ source=atltw.

Pennington, Shelley, and Belinda Westover. "Types of Homework." In A Hidden Workforce, 44-65. Women in Society series. London: Palgrave Macmillan, 1989. https://doi.org/10.1007/978-1-349-19854-2_4.

Perez, Tom E., and Penny Pritzker. "A Joint Imperative to Strengthen Skills." The Commerce Blog. U.S. Department of Commerce website, September 11, 2013.

Piketty, Thomas. Capital in the Twenty-First Century. Translated by Arthur Goldhammer. Reprint. Cambridge, MA: Belknap Press of Harvard University Press, 2017.

Poster, Winifred R. "Hidden Sides of the Credit Economy: Emotions, Outsourcing, and Indian Call Centers." International Journal of Comparative Sociology 54, no. 3(June 2013): 205-27. https://doi.org/10.1177/ 0020715213501823.

Prassl, Jeremias. Humans as a Service: The Promise and Perils of Work in the Gig Economy. Oxford, England: Oxford University Press, 2018.

Raghuram, Sumita. "Identities on Call: Impact of Impression Management on Indian Call Center Agents." Human Relations 66, no. 11 (November 1, 2013): 1471-96. http://doi.org/10.1177/0018726713481069.

Reich, Robert. "How the New Flexible Economy Is Making Workers' Lives Hell."

Robert Reich (blog), April 20, 2015. http://robertreich. org/post/ 116924386855.

Reuther, Victor. The Brothers Reuther and the Story of the UAW. Boston: Houghton Mifflin, 1976.

Roberts, Sarah T. Behind the Screen: Content Moderation in the Shadows of Social Media. New Haven, CT: Yale University Press, forthcoming.

—————. "Digital Detritus: 'Error' and the Logic of Opacity in Social Media Content Moderation." First Monday 23, no. 3 (March 1, 2018). http://firstmonday.org/ ojs/index. php/fm/article/ view/8283.

———. "Social Media's Silent Filter." The Atlantic, March 8, 2017. https://www. theatlantic.com/technology/archive/2017/03/commercial-content-moderation/518796/.

Roediger, David R. The Wages of Whiteness: Race and the Making of the American Working Class. London: Verso, 1999.

Rosenblat, Alex. Uberland: How Algorithms Are Rewriting the Rules of Work. Oakland:University of California Press, 2018.

Rosenblat, Alex, and Luke Stark. "Algorithmic Labor and Information Asymmetries: A Case Study of Uber's Drivers." International Journal of Communication 10 (July 27, 2016): 27.

Ross, Alex. The Industries of the Future. New York: Simon and Schuster, 2016.

Rustrum, Chelsea. "Q&A with Felix Weth of Fairmondo, the Platform Co-Op That's Taking on eBay." Shareable. Accessed June 21, 2018. https://www.shareable. net/blog/qa-with-felix-weth-of-fairmondo-the-platform-co-op-thats-taking-on-ebay.

Salehi, Niloufar, Lilly C. Irani, Michael S. Bernstein, Ali Alkhatib, Eva Ogbe, Kristy Milland, and Clickhappier. "We Are Dynamo: Overcoming Stalling and Friction in Collective Action for Crowd Workers." In CHI '15: Proceedings of the 33rd Annual ACM Conference on Human Factors in Computing Systems, 1621-30. New York: ACM, 2015. http://doi.org/10.1145/2702123.2702508.

Scholz, Trebor. Uberworked and Underpaid: How Workers Are Disrupting the Digital Economy. Cambridge, England: Polity, 2016.

Schor, Juliet B. "Debating the Sharing Economy." Great Transition Initiative, October 2014. http://www.greattransition.org/publication/debating- the-sharing-economy.

Schor, Juliet B., Connor Fitzmaurice, Lindsey B. Carfagna, Will Attwood-Charles, and Emilie Dubois Poteat. "Paradoxes of Openness and Distinction in the Sharing Economy." Poetics 54 (2016): 66-81.

Schor, Juliet B., and Craig J. Thompson. Sustainable Lifestyles and the Quest for Plenitude: Case Studies of the New Economy. New Haven, CT: Yale University Press, 2014.

Schuman, M. "History of Child Labor in the United States—P art 1: Little Children Working." Monthly Labor Review, U.S. Bureau of Labor Statistics, January 2017. https://www.bls.gov/opub/mlr/2017/article/history-of-child-labor-in-the-united- states-part-1.htm.

Schwab, Klaus. The Fourth Industrial Revolution. New York: Penguin, 2017.

Sharma, Dinesh C. The Outsourcer: The Story of India's IT Revolution. Cambridge, MA: MIT Press, 2015.

Shestakofsky, Benjamin. "Working Algorithms: Software Automation and the Future of Work." Work and Occupations, August 28, 2017. https://doi.org/10.1177/0730888417726119.

Shetterly, Margot Lee. Hidden Figures: The American Dream and the Untold Story of the Black Women Mathematicians Who Helped Win the Space Race. Media tie-in edition. New York: William Morrow, 2016.

Silberman, M. Six. "Human-Centered Computing and the Future of Work: Lessons from Mechanical Turk and Turkopticon, 2008-2015." PhD diss., University of California, Irvine, 2015.

Silberman, M. Six, and Lilly Irani. "Operating an Employer Reputation System: Lessons from Turkopticon, 2008-2015." Comparative Labor Law & Policy Journal, February 8, 2016.

Silver, David, Aja Huang, Chris J. Maddison, Arthur Guez, Laurent Sifre, George vanden Driessche, Julian Schrittwieser et al. "Mastering the Game of Go with Deep Neural Networks and Tree Search." Nature 529, no. 7587 (January 2016): 484-89. https://doi.org/10.1038/ nature16961.

Slaughter, Anne-Marie. Unfinished Business: Women Men Work Family. Reprint. New York: Random House Trade Paperbacks, 2016.

Smith, Aaron. Gig Work, Online Selling and Home Sharing. Washington, DC: Pew Research Center, 2016.

———. Shared, Collaborative, and On Demand: The New Digital Economy. Washington, DC: Pew Research Center, 2016.

Smith, Clint. "Wake Up, Mr. West!" New Republic, May 3, 2018. https://newrepublic.com/article/148222/wake-up-mr-west.

Smith, Peter. Free-Range Learning in the Digital Age: The Emerging Revolution in College, Career, and Education. New York: SelectBooks, 2018.

Star, Susan Leigh, and Anselm Strauss. "Layers of Silence, Arenas of Voice: The Ecology of Visible and Invisible Work." Computer Supported Cooperative Work(CSCW) 8, no. 1-2 (March 1, 1999): 9-30.

Stern, Andy, and Lee Kravitz. Raising the Floor: How a Universal Basic Income Can Renew Our Economy and Rebuild the American Dream. New York: PublicAffairs, 2016.

Stewart, Neil, Christoph Ungemach, Adam J. L. Harris, Daniel M. Bartels, Ben R. Newell, Gabriele Paolacci, and Jesse Chandler. "The Average Laboratory Samples a Population of 7,300 Amazon Mechanical Turk Workers." Judgment and Decision Making 10, no. 5 (2015): 13.

Stoiber, J. "Independent Contractors Should Get Benefits." Philadelphia Inquirer, October 20, 1996.

Stone, Brad. The Everything Store: Jeff Bezos and the Age of Amazon. New York: Little, Brown, 2013.

Strauss, Anselm. "The Articulation of Project Work: An Organizational Process." Sociological Quarterly 29, no. 2 (June 1, 1988): 163-78.

Suchman, Lucy. "Supporting Articulation Work." In Computerization and Controversy: Value Conflicts and Social Choices, 2nd ed., edited by Rob Kling, 407-23. San Diego, CA: Academic Press, 1996.

Sundararajan, Arun. The Sharing Economy: The End of Employment and the Rise of Crowd-Based Capitalism. Cambridge, MA: MIT Press, 2016.

Suri, Siddharth. "Technical Perspective: Computing with the Crowd." Communications of the ACM 59, no. 6 (June 2016): 101. https://doi.org/10.1145/2927926.

United Nations Development Programme. Global Dimensions of Human Development. New York: Oxford University Press, 1992.

U.S. Bureau of Labor Statistics. "Licensed Practical and Licensed Vocational Nurses." Occupational Outlook Handbook. Accessed June 21, 2018. https://www.bls. gov/ooh/healthcare/licensed-practical-and-licensed-vocational- nurses.htm.

U.S. Department of Labor, Wage and Hour Division. Fact Sheet #17A: Exemption for Executive, Administrative, Professional, Computer & Outside Sales Employees Under the Fair Labor Standards Act (FLSA). Rev. July 2008. https://www.dol. gov/whd/overtime/fs17a_overview.pdf.

U.S. Government Accountability Office. Contingent Workforce: Size, Characteristics, Earnings, and Benefits. GAO-15-168R. Washington, DC: Government Accountability Office, 2015.

Vaidyanathan, Geetha. "Technology Parks in a Developing Country: The Case of India." Journal of Technology Transfer 33, no. 3 (June 1, 2008): 285-99.

Valentine, Melissa, and Amy C. Edmondson. "Team Scaffolds: How Minimal In-Group Structures Support Fast-Paced Teaming." Academy of Management Proceedings 2012, no. 1 (January 1, 2012): 1. https://doi.org/10.5465/AMBPP.2012.109.

Waring, Stephen P. Taylorism Transformed: Scientific Management Theory Since 1945. Chapel Hill: University of North Carolina Press, 1991.

We Are Dynamo. "Dear Jeff Bezos." We Are Dynamo wiki. Accessed May 8, 2018. http://www.wearedynamo.org/dearjeffbezos.

Weber, Lauren. "Some of the World's Largest Employers No Longer Sell Things, They Rent Workers." Wall Street Journal, December 28, 2017. https://www.wsj.com/articles/some-of-the-worlds-largest-employers-no-longer-sell-things-they-rent-workers-1514479580.

Weil, David. The Fissured Workplace: Why Work Became So Bad for So Many and What Can Be Done to Improve It. Cambridge, MA: Harvard University Press, 2014.

West, Joel, and Karim R. Lakhani. "Getting Clear about Communities in Open Innovation." Industry and Innovation 15, no. 2 (2008): 223-31.

"What Is Jon Brelig and Oscar Smith?" Dirtbag Requesters on Amazon Mechanical Turk (blog), August 29, 2013. http://scumbagrequester.blogspot.com/2013/08/what-is-jon-brelig-and-oscar-smith.html.

Wikipedia. S.v. "Corporate Social Responsibility." Accessed June 20, 2018. https://en.wikipedia.org/wiki/Corporate_social_responsibility.

Wikipedia. S.v. "Pareto Principle." Accessed June 15, 2018. https://en.wikipedia.org/wiki/Pareto_principle.

Williams, Joan C., Susan J. Lambert, Saravanan Kesavan; Peter J. Fugiel, Lori Ann Ospina, Erin Devorah Rapoport, Meghan Jarpe, Dylan Bellisle, Pradeep Pendem, Lisa McCorkell, and Sarah Adler-Milstein. "Stable Scheduling Increases Productivity and Sales: The Stable Scheduling Study." University of California Hastings College of the Law, University of Chicago School of Social Service Administration, University of California Kenan-Flagler Business School, 2018. https://www.ssa.uchicago.edu/stable-scheduling-study-reveals-benefits-and-feasibility-retail-families- businesses.

Wissner-Gross, Alexander. "2016: What Do You Consider the Most Interesting Recent [Scientific] News? What Makes It Important?" Edge. Accessed October 21, 2018. https://www.edge.org/response-detail/26587.

Wood, Alex. "Why the Digital Gig Economy Needs Co-Ops and Unions." openDemocracy, September 15, 2016. https://www.opendemocracy.net/alex-wood/why-digital-gig-economy-needs-co-ops-and-unions.

World Economic Forum. Special Program of the Broadband Commission and the World Economic Forum, Meeting Report. Geneva, Switzerland: World Economic Forum, 2018.

Yin, Ming, Mary L. Gray, Siddharth Suri, and Jennifer Wortman Vaughan. "The Communication Network Within the Crowd." In WWW '16: Proceedings of the 25th International Conference on World Wide Web, 1293-1303. Geneva, Switzerland: International World Wide Web Conferences Steering Committee, 2016. https://doi.org/10.1145/2872427.2883036.

Yin, Ming, Siddharth Suri, and Mary L. Gray. "Running Out of Time: The Impact and Value of Flexibility in On-Demand Crowdwork." In CHI '18: Proceedings of the 2018 CHI Conference on Human Factors in Computing Systems, 1-11. New

York: ACM, 2018. https://doi.org/10.1145/3173574.3174004.

Zuboff, Shoshana. In the Age of the Smart Machine: The Future of Work and Power. New York: Basic Books, 1988.

Zyskowski, Kathryn, Meredith Ringel Morris, Jeffrey P. Bigham, Mary L. Gray, and Shaun K. Kane. "Accessible Crowdwork?: Understanding the Value in and Chal-lenge of Microtask Employment for People with Disabilities," In CSCW '15: Proceedings of the 18th ACM Conference on Computer Supported Cooperative Work & Social Computing, 1682-93. New York: ACM, 2015. https://doi.org/10.1145/2675133.2675158.

| 미주 |

시작하는 글 | 일과 직업, 그 모든 경계가 허물어진다

1) Aaron Smith, Gig Work, Online Selling and Home Sharing(Washington, DC: Pew Research Center, 2016).

2) James Manyika et al., A Labor Market That Works: Connecting Talent with Opportunity in the Digital Age (Washington, DC: McKinsey Global Institute, 2015), http://www.mckinsey.com/insights/employment_and_growth/connecting_talent_with_opportunity_in_the_digital_age.

3) John Hawksworth et al., UK Economic Outlook: Prospects for the Housing Market and the Impact of AI on Jobs (London: PricewaterhouseCoopers, 2017).

4) Daniel W. Barowy et al., "AutoMan: A Platform for Integrating Human-Based and Digital Computation," Communications of the ACM 59, no. 6 (June 2016):102-09, https://doi.org/10.1145/2927928; Siddharth Suri, "Technical Perspective: Computing with the Crowd," Communications of the ACM 59, no.6(June 2016): 101, https://doi.org/10.1145/2927926.

5) Suri, "Computing with the Crowd," 101.

6) Erik Brynjolfsson and Andrew McAfee, The Second Machine Age: Work, Progress, and Prosperity in a Time of Brilliant Technologies (New York: W. W. Norton, 2014); Klaus Schwab, The Fourth Industrial Revolution (New York: Penguin, 2017); Erik Brynjolfsson and Andrew McAfee, Race Against the Machine: How the Digital Revolution Is Accelerating Innovation, Driving Productivity, and Irreversibly Transforming Employment and the Economy (Lexington, MA: Digital Frontier, 2012).

7) Tarleton Gillespie, Custodians of the Internet: Platforms, Content Moderation, and the Hidden Decisions That Shape Social Media (New Haven, CT: Yale University Press, 2018), 18-9.

8) See Frederick Daso, "Bill Gates and Elon Musk Are Worried for Automation— But This Robotics Company Founder Embraces It," Forbes, December 18, 2017, https://www.forbes.com/sites/frederickdaso/2017/12/18/bill-gates-elon-musk-are-worried-about-automation-but-this-robotics-company-founder-embraces-it/; Jasper Hamill, "Elon Musk's Fears of AI Destroying Humanity Are 'Speciesist', Said Google Boss," Metro(blog), May 2, 2018, https://metro.co.uk/2018/05/02/elon-musks-fears-artificial-intelligence-will-destroy-humanity-speciesist-according-google-founder-larry-page-7515207/;"Stephen Hawking: 'I fear AI may replace humans altogether' The theoretical physicist, cosmologist and author talks Donald Trump, tech monopolies and humanity's future," Wired, November 28, 2017, https://www.wired.co.uk/article/stephen-hawking-interview-alien-life-climate-change-donald-trump.

9) 예를 들어 다음 글을 참조하라. "Robots? Is Your Job at Risk?," CNN, September 15, 2017; "When the Robots Take Over, Will There Be Jobs Left for Us?," CBS News, April 9, 2017; "More Robots, Fewer Jobs," Bloomberg, May 8, 2017.

10) Alex Ross, The Industries of the Future (New York: Simon and Schuster, 2016);

Stephen A. Herzenberg, John A. Alic, and Howard Wial, New Rules for a New Economy: Employment and Opportunity in Post-Industrial America (Ithaca, NY: ILR Press, 2000); Chris Brenner, Work in the New Economy: Flexible Labor Markets in Silicon Valley, Information Age Series (Malden, MA: Wiley-Blackwell, 2002).

11) Scott Hartley, The Fuzzy and the Techie: Why the Liberal Arts Will Rule the Digital World (Boston: Houghton Mifflin Harcourt, 2017). Hartley focuses on the case of AlphaGo. Both AlphaGo and AlphaGo Zero were the brainchildren of DeepMind, a London-based research lab acquired by Google in 2014.

12) David Silver et al., "Mastering the Game of Go with Deep Neural Networks and Tree Search," Nature 529, no. 7587 (January 2016): 484-9, https://doi.org/10.1038/nature16961.

13) 인간의 노력과 컴퓨터의 처리 과정을 혼합하는 기술에 관한 자세한 이론적인 내용은 다음 문헌을 참조하라. H. R. Ekbia and Bonnie A. Nardi, Heteromation, and Other Stories of Computing and Capitalism (Cambridge, MA: MIT Press, 2017).

14) Bureau of Labor Statistics, "Contingent and Alternative Employment Arrangements, May 2017," Economic News Release, U.S. Department of Labor, June 7, 2018.

15) U.S. Government Accountability Office, Contingent Workforce: Size, Characteristics, Earnings, and Benefits, GAO-15-168R (Washington, DC: Government Accountability Office, 2015).

16) Lawrence F. Katz and Alan B. Krueger, "The Rise and Nature of Alternative Work Arrangements in the United States, 1995-015" (NBER Working Paper Series, no. 22667, National Bureau of Economic Research, Cambridge, MA, September 2016).

17) Diana Farrell and Fiona Greig, The Online Platform Economy: Has Growth Peaked? (JPMorgan Chase Institute, 2017).

18) David Weil, The Fissured Workplace: Why Work Became So Bad for So Many and What Can Be Done to Improve It (Cambridge, MA: Harvard University Press, 2014).

19) 웨이 추 첸, 사라 킹스레이, 그렉 민튼, 밍인이 없었으면 이 연구는 불가능했을 것이다. 이들은 맨 처음의 양적 연구에 도움을 주었다. 그리고 세이드 쇼하이브 알리, 딥티 쿨카니, 잰슨 쿠얼스, 캐서린지코스키는 이 책의 질적 연구에 도움을 주었다. 메리는 미국과 인도에서 진행된 모든 현장 연구와 노동자들과의 인터뷰, 설문조사 설계, 2장에서의 역사적 분석, 이 책의 모든 양적 연구를 맡아 진행했다. 시다스는 온라인 실험과 이 책의 모든 양적 연구, 그리고 3장에서의 의뢰인들과의 인터뷰의 질적 연구를 이끌었다. 또 안드레 알라콘, 사라 하미드, 레베카 호프먼, 케이트 밀트너, 크리스토퍼 퍼소드, 스티븐 시아라가 연구에 아주 소중한 도움을 주었다.

20) Winter Mason and Siddharth Suri, "Conducting Behavioral Research on Amazon's Mechanical Turk," Behavior Research Methods 44, no. 1 (March 2012): 1-3, https://doi.org/10.3758/s13428-011-0124-6.

제1장 핵심 구성원인 사람들

1) M. Six Silberman, "Human-Centered Computing and the Future of Work: Lessons

from Mechanical Turk and Turkopticon, 2008-015" (PhD diss., University of California, Irvine, 2015).

2) Brad Stone, The Everything Store: Jeff Bezos and the Age of Amazon (New York: Little, Brown, 2013).

3) 위와 동일한 문헌.

4) 위와 동일한 문헌.

5) 자세한 내용은 브래드 스톤이 쓴 『아마존, 세상의 모든 것을 팝니다』를 참조하라.

6) Daniel W. Barowy et al., "VoxPL: Programming with the Wisdom of the Crowd," in CHI '17: Proceedings of the 2017 CHI Conference on Human Factors in Computing Systems (New York: ACM, 2017), 2347-8, https://doi.org/10.1145/3025453; Suri, "Computing with the Crowd," 101.

7) Kevin P. Murphy, Machine Learning: A Probabilistic Perspective (Cambridge, MA: MIT Press, 2012).

8) Fei-Fei Li, "ImageNet: Where Have We Been? Where Are We Going?," ACM Learning Webinar, https://learning.am.org/, accessed September 21, 2017; Deng et al., "ImageNet: A Large-Scale Hierarchical Image Database," in 2009 IEEE Conference on Computer Vision and Pattern Recognition (Piscataway, NJ: IEEE), 248-5.

9) 자세한 내용은 다음 자료를 참조하라. Alexander Wissner-Gross, "2016: What Do You Consider the Most Interesting Recent [Scientific] News? What Makes It Important?" Edge, https://www.edge.org/response-detail/26587, accessed October 21, 2018.

10) Djellel Difallah, Elena Filatova, and Panos Ipeirotis, "Demographics and Dynamics of Mechanical Turk Workers," in Proceedings of the Eleventh ACM International Conference on Web Search and Data Mining (New York: ACM, 2018), 135-3, https://doi.org/10.1145/3159652.3159661.

11) 위와 동일한 문헌.

12) Panos Ipeirotis, "How Many Mechanical Turk Workers Are There?," A Computer Scientist in Business School (blog), January 29, 2018, http://www.behind-the-enemy-lines.com/.

13) Hara et al., "A Data-Driven Analysis of Workers' Earnings on Amazon Mechanical Turk," 2018 CHI Conference on Human Factors in Computing Systems, Paper No. 449, 2018.

14) 관련 내용은 다음 문헌을 참조하라. Lilly C. Irani and M. Six Silberman, "Turkopticon: Interrupting Worker Invisibility in Amazon Mechanical Turk," in CHI '13: Proceedings of the SIGCHI Conference on Human Factors in Computing Systems (New York: ACM, 2013).

15) See Siou Chew Kuek, Cecilia Paradi-Guilford, Toks Fayomi, Saori Imaizumi, Panos Ipeirotis, Patricia Pina, and Manpreet Singh, "The Global Opportunity in Online Outsourcing," World Bank Group, June 2015, and Panos Ipeirotis, "How Big Is Mechanical Turk?," A Computer Scientist in Business School(blog), November 8, 2012, http://www.behind-the-enemy-lines.com/2012/11/is-mechanical-turk-10-billion -dollar.html .

16) Ironically, as employees of Microsoft, we are under the same NDAs as those doing ghost work, limiting what we can share about the specifics of the UHRS platform's operations.

17) Annalee Newitz, "The Secret Lives of Google Raters," Ars Technica, April 27, 2017, https://arstechnica.com/features/2017/04/the-secret-lives-of-google-raters/.

18) Gillespie, Custodians of the Internet; Jeremias Prassl, Humans as a Service: The Promise and Perils of Work in the Gig Economy (Oxford, England: Oxford University Press, 2018); Sarah T. Roberts, "Digital Detritus: 'Error' and the Logic of Opacity in Social Media Content Moderation," First Monday 23, no. 3 (March 1, 2018), http://firstmonday.org/ojs/index.php/fm/article/view/8283; Sarah T. Roberts, "Social Media's Silent Filter," The Atlantic, March 8, 2017, https://www.theatlantic.com/technology/archive/2017/03/commercial-content-moderation/518796/.

19) Sarah T. Roberts, "Commercial Content Moderation: Digital Laborers' Dirty Work," in S. U. Noble and B. Tynes, eds., The Intersectional Internet: Race, Sex, Class and Culture Online (New York: Peter Lang, 2016), 147-9. See also Sarah T. Roberts, Behind the Screen: Content Moderation in the Shadows of Social Media(New Haven, CT: Yale University Press, forthcoming).

20) 리드지니어스는 2016년 6월에 다음 국가들에서의 데이터 연구원과 매니저 모집을 중단했다: 오스트레일리아, 바베이도스, 캐나다, 프랑스, 독일, 그리스, 홍콩, 아일랜드, 이탈리아, 자메이카, 일본, 모리셔스, 오만, 폴란드, 포르투갈, 러시아(모스크바), 세인트크리스토퍼 네비스, 사우디아라비아, 싱가포르, 슬로베니아, 스페인, 상마르탱 섬, 영국, 미국. 하지만 리드지니어스는 다음 국가들에서는 연구원과 매니지를 모집한다: 아프가니스탄, 알바니아, 알제리, 앙골라, 아르헨티나, 아르메니아, 아제르바이잔, 방글라데시, 벨라루스, 벨리즈, 베냉, 부탄, 볼리비아, 보스니아 헤르체코비나, 보츠와나, 브라질, 불가리아, 부르키나파소, 부룬디, 캄보디아, 카메룬, 카보베르데, 중앙아프리카 공화국, 차드, 콜롬비아, 코모로, 코스타리카, 코트디부아르, 크로아티아, 쿠바, 체코 공화국, 콩고 민주 공화국, 지부티, 도미니카, 도미니카 공화국, 에콰도르, 이집트, 엘살바도르, 에리트레아, 에티오피아, 피지, 가봉, 잠비아, 조지아, 가나(서아프리카), 그레나다, 과테말라, 기니, 기니비사우, 기이아나, 아이티, 온두라스, 인도, 인도네시아, 이란, 이라크, 요르단, 카자흐스탄, 케냐, 키리바시, 코소보, 키르키르스탄, 라오스, 라트비아, 레바논, 리비아, 리투아니아, 마케도니아, 마다가스카르, 말라위, 말레이시아, 몰디브, 말리, 마셜제도, 모리타니, 멕시코, 미크로네시아, 몰도바, 몽고, 몬테네그로, 모로코, 모잠비크, 미얀마, 나미비아, 네팔, 니카라과, 나이지리아, 파키스탄, 팔라우, 팔레스타인, 파나마, 파푸아뉴기니, 파라과이, 페루, 필리핀, 콩고 공화국, 루마니아, 러시아(모스크바 외 지역), 르완다, 사모아, 상투메 섬, 프린시페 섬, 세네갈, 세르비아, 시에라리온, 솔로몬제도, 소말리아, 남아프리카, 남수단, 스리랑카, 세인트루시아 섬, 세인트빈센트 그레나딘, 수단, 수리남, 스와질란드, 시리아, 대만, 타지키스탄, 탄자니아, 태국, 동티모르, 토고, 통가, 트리니다드토바고, 튀니지, 터키, 투발로, 아랍에미리트, 우크라이나, 우주베키스탄, 바누아투, 베네수엘라, 베트남, 요르단 강 서안지구, 예멘, 잠비아, 짐바브웨.

21) 레빌, 청, 윌슨, 젠슨은 함께 미로(Miro)라고 불리는 오픈소스 프로젝트를 만들면서 아마라의 비전을 키웠다. 미로 이용자는 한 달에 최고 200만 명에 육박했는데, 혁명적이라고까지는 말할 수 없지만 그 정도면 꽤 괜찮은 수준이다. 소수의 영리 벤처 기업들이 비슷한 시기에 시작되었으며 그중 하나는 작은 스타트업으로 금세 구글에 인수됐는데, 그 스타트업이 바로 유튜브였다. 유튜브는 순식간에 미로를 무색하게 만들었다. PCF는 수년 동안 노력을

쏟아부어 만든 그 인터넷 동영상 공유 오픈소스 소프트웨어를 어떻게 해야 할지 고민에 빠졌다. 2010년까지 PCF는 여전히 미로에 치중했지만, 어느 정도 무르익은 몇 가지 다른 프로젝트도 있었다. 그중 하나는 젠슨과 윌슨이 나눈 대화를 계기로 시작됐다. 브라질 출신인 윌슨의 부인이 포르투칼어로 된 영화들을 친구들과 함께 보고 싶어했다. 그래서 그 영화들의 자막을 구해보려고 했지만 자막을 찾을 수가 없어서, 윌슨은 미로 소프트웨어의 몇 가지 기본을 약간 수정해 동영상에 자막을 쉽게 넣을 수 있는 웹기반의 소프트웨어 편집 도구를 만들었다. 결국에는 이 프로토타입이 동영상에 자막을 입히는 웹 기반 인터페이스인 아마라의 최초 버전이 된다. 사람들은 아마라 온라인 편집 도구를 이용해서 스페인어로 된 텔레비전 프로그램에 영어 자막을 넣어서, 다른 언어를 쓰는 사람이나 청각에 문제가 있는 사람들도 그 콘텐츠를 시청할 수 있게 했다. PCF는 아마라를 계속해서 개선하면서 사용자들이 협업해서 내용을 수정, 편집하거나 메모를 넣어 공유할 수 있는 기능을 첨부했다. 그리고 결국 이 소프트웨어로 두 가지 상을 수상하기에 이른다. 연방통신위원회에서는 접근성을 높인 공로를 인정했고, UN에서는 다른 문화 간의 연결 통로를 만든 점을 높이 샀다. 이들은 여세를 몰아 자막 도구 분야에서 주류로 자리 잡았다. 이들에게 필요한 건 많은 동영상 콘텐츠와 이 도구를 사용하는 데 관심이 있는 더 많은 국제 자원봉사자 네트워크였다. 그리고 다른 도구를 사용해 테드 강연을 번역하던 자원봉사 번역가들 단체가 기존의 도구 대신 아마라를 사용할 수 있는지 문의해 온 것이다.

22) See Wei-Chu Chen, Mary L. Gray, and Siddharth Suri, "More than Money: Correlation Among Worker Demographics, Motivations, and Participation in Online Labor Markets," under review, ICWSM '19: The 13th International AAAI Conference on Web and Social Media, Munich, Germany, June 2019

23) 제레미 프라슬(Jeremias Prassl)의 저서 『인간형 서비스(Humans as a Service)』를 참조하라.

제2장 삯일에서 아웃소싱까지

1) Erin Hatton, The Temp Economy: From Kelly Girls to Permatemps in Postwar America (Philadelphia: Temple University Press, 2011). See also Louis Hyman, Temp: How American Work, American Business, and the American Dream Became Temporary (New York: Penguin, 2018).

2) 관련 내용은 다음 문헌을 참조하라. Clint Smith, "Wake Up, Mr. West!," New Republic, May 3, 2018, https://newrepublic.com/article/148222/wake-up-mr-west.

3) 자세한 내용은 다음 문헌을 참조하라. Nell Irvin Painter, "What Is Whiteness?," New York Times, December 21, 2017, https://www.nytimes.com/2015/06/21/opinion/sunday/what-is-whiteness.html; Nell Irvin Painter, The History of White People, reprint (New York: W. W. Norton, 2011).

4) 더 자세한 내용은 다음 책을 참조하라. David R. Roediger, The Wages of Whiteness: Race and the Making of the American Working Class (London: Verso, 1999).

5) Stephen P. Waring, Taylorism Transformed: Scientific Management Theory Since 1945 (Chapel Hill: University of North Carolina Press, 1991). 덧붙여 다음 문헌도 참고하기 바란다. Shelley Pennington and Belinda Westover, "Types of Homework," in A Hidden Workforce, Women in Society (London: Palgrave Macmillan, 1989), 44-65, https://doi.org/10.1007/978-1-349-19854-2_4.

6) Pennington and Westover, "Types of Homework."

7) See Nancy Folbre, "Women's Informal Market Work in Massachusetts, 1875-1920," Social Science History 17, no. 1 (1993): 135-60, https:// doi .org /10 .2307 /1171247, and Marjorie Abel and Nancy Folbre, "A Methodology for Revising Estimates: Female Market Participation in the U.S. Before 1940," Historical Methods: A Journal of Quantitative and Interdisciplinary History 23, no. 4 (October 1, 1990): 167-76, https://doi.org/10.1080/01615440.1990.10594207.

8) Elizabeth Beardsley Butler, Women and the Trades (Pittsburgh: Charities Publication Committee, 1909).

9) 위와 동일한 문헌, 13.

10) 위와 동일한 문헌, 23.

11) Sandra Albrecht, "Industrial Home Work in the United States: Historical Dimensions and Contemporary Perspective," Economic and Industrial Democracy 3, no. 4 (1982): 414, https://doi.org/10.1177/0143831X8234003.

12) Butler, "Women and the Trades," 139.

13) 위와 동일한 문헌, 139.

14) 위와 동일한 문헌, 134

15) David Noble, Forces of Production: A Social History of Industrial Automation(New York: Routledge, 2017).

16) Hatton, The Temp Economy.

17) See John Barnard, Walter Reuther and the Rise of the Auto Workers (Boston: Little, Brown, 1983); Eldorous Dayton, Walter Reuther: The Autocrat of the Bargaining Table (New York: Devin-Adain, 1958); Victor Reuther, The Brothers Reuther and the Story of UAW (Boston: Houghton Mifflin, 1976); Nelson Lichtenstein, The Most Dangerous Man in Detroit (New York: Basic Books, 1995).

18) 관련 내용은 다음 문헌을 참조하라. M. Schuman, "History of Child Labor in the United States — Part 1: Little Children Working," Monthly Labor Review, U.S. Bureau of Labor Statistics, January 2017, https://www.bls.gov/opub/mlr/2017/article/history-of-child-labor-in-the-united-states-part-1.htm; National Labor Relations Board v. Hearst Publications, 322 U.S. 111 (1944).

19) See National Labor Relations Board, 322 U.S. 111 (1944); Weil, The Fissured Workplace, 185-6.

20) 자세한 내용은 다음 문헌을 참조하라. U.S. Department of Labor, Wage and Hour Division, Fact Sheet #17A: Exemption for Executive, Administrative, Professional, Computer & Outside Sales Employees Under the Fair Labor Standards Act (FLSA), rev. July 2008, https://www.dol.gov/whd/overtime/fs17a_overview.pdf.

21) Jonathan Grossman, "Fair Labor Standards Act of 1938: Maximum Struggle for a Minimum Wage," Office of the Assistant Secretary for Administration and Management, U.S. Department of Labor website. Originally published in Monthly Labor Review, June 1978, https://www.dol.gov/oasam/programs/history/flsa1938.htm.

22) 관련 내용은 다음 문헌을 참고하라. Jill Frahm, "The Hello Girls: Women Telephone Operators with the American Expeditionary Forces During World War I," Journal

of the Gilded Age and Progressive Era 3, no. 3 (2004): 271-93.

23) "Middle Skills," U.S. Competitiveness, Harvard Business School website, accessed May 22, 2018, https://www.hbs.edu/competitiveness/research/Pages/middle-skills.aspx.; Francis Green, Skills and Skilled Work: An Economic and Social Analysis (Oxford, England: Oxford University Press, 2013); Tom Perez and Penny Pritzker, "A Joint Imperative to Strengthen Skills," The Commerce Blog, U.S. Department of Commerce, September 11, 2013; and Peter Smith, Free-Range Learning in the Digital Age: The Emerging Revolution in College, Career, and Education (New York: SelectBooks, 2018).

24) See Jennifer Light, "When Computers Were Women," Technology and Culture 40, no. 3 (July 1999), 455-3; Greg Downey, "Virtual Webs, Physical Technologies, and Hidden Workers," Technology and Culture 42, no. 2 (April 2001): 209-5; David Allen Grier, When Computers Were Human (Princeton, NJ: Princeton University Press, 2005).

25) Nathalia Holt, Rise of the Rocket Girls: The Women Who Propelled Us, from Missiles to the Moon to Mars, reprint (New York: Back Bay, 2017).

26) Margot Lee Shetterly, Hidden Figures: The American Dream and the Untold Story of the Black Women Mathematicians Who Helped Win the Space Race, media tie-in ed. (New York: William Morrow, 2016), 4.

27) 위와 동일한 문헌.

28) 위와 동일한 문헌, 21

29) 위와 동일한 문헌, 61

30) Holt, Rocket Girls.

31) 위와 동일한 문헌.

32) 위와 동일한 문헌.

33) Hatton, The Temp Economy.

34) Geetha Vaidyanathan, "Technology Parks in a Developing Country: The Case of India," Journal of Technology Transfer 33, no. 3 (June 1, 2008): 285-9; Dinesh C. Sharma, The Outsourcer: The Story of India's IT Revolution (Cambridge, MA: MIT Press, 2015).

35) Weil, The Fissured Workplace.

36) Hatton, The Temp Economy; S. Greenhouse, "Equal Work, Less-Equal Perks: Microsoft Leads the Way in Filling Jobs With 'Permatemps,' " New York Times, March 30, 1998; J. Stoiber, "Independent Contractors Should Get Benefits," Philadelphia Inquirer, October 20, 1996.22

37) Frank Levy and Richard Murnane, The New Division of Labor: How Computers Are Creating the Next Job Market (Princeton, NJ: Princeton University Press, 2004).

38) Shoshana Zuboff, In the Age of the Smart Machine: The Future of Work and Power (New York: Basic Books, 1988).

39) Albrecht, "Industrial Home Work," 413-30.

40) Lauren Weber, "Some of the World's Largest Employers No Longer Sell Things,

They Rent Workers," Wall Street Journal, December 28, 2017, https://www.wsj.com/articles/some-of-the-worlds-largest-employers-no-longer-sell-things-they-rent-workers-1514479580.

제3장 알고리즘의 무자비성과 고스트워크의 간접비용

1) 수정된 버전이 2014년 12월 29일 「슬레이트 닷컴(Slate.com)」에 게재됐다. Eric Meyer, "Inadvertent Algorithmic Cruelty," Meyerweb (blog), December 24, 2014, https://meyerweb.com /eric /thoughts /2014 /12 /24 /inadvertent -algorithmic -cruelty

2) 자세한 내용은 다음 문헌을 참조하라. Lee Humphreys, The Qualified Self: Social Media and the Accounting of Everyday Life (Cambridge, MA: MIT Press, 2018), 85-90

3) R. H. Coase, "The Nature of the Firm," Economica 4, no. 16 (1937): 388, https://doi.org/10.1111/j.1468-0335.1937.tb00002.x.

4) Mason and Suri, "Amazon's Mechanical Turk," 1-3.

5) 이런 식의 해석을 내놓은 영향력 있고 중요한 비판들은 다음 문헌들을 참고하기 바란다. Ilana Gershon, Down Gray and Out in the New Economy: How People Find (or Don't Find) Work Today (Chicago: University of Chicago Press, 2017); Melissa Gregg, Work's Intimacy (Cambridge, England: Polity, 2011); Melissa Gregg, Counterproductive: Time Management in the Knowledge Economy (Durham, NC: Duke University Press, 2018); Gina Neff, Venture Labor: Work and the Burden of Risk in Innovative Industries (Cambridge, MA: MIT Press, 2012); Trebor Scholz, Uberworked and Underpaid: How Workers Are Disrupting the Digital Economy (Cambridge, England: Polity, 2016).

6) 이에 관한 더 많은 내용은 다음 논문을 참고하라. Ming Yin et al., "The Communication Network Within the Crowd," in WWW '16: Proceedings of the 25th International Conference on World Wide Web (Geneva, Switzerland: International World Wide Web Conferences Steering Committee, 2016), 1293-1303, https://doiorg/10.1145/2872427.2883036.

7) See Ming Yin, Siddharth Suri, and Mary L. Gray, "Running Out of Time: The Impact and Value of Flexibility in On-Demand Crowdwork," in CHI '18: Proceedings of the 2018 CHI Conference on Human Factors in Computing Systems (New York: ACM, 2018), 1-11, http://doi.org/10.1145/3173574.3174004.

8) 위와 동일한 문헌.

9) Sara Horowitz, "Special Report: The Costs of Nonpayment," Freelancers Union Blog, accessed May 8, 2018, http://blog.freelancersunion.org/2015/12/10/costs-nonpayment/.

10) Steven Hill, How (Not) to Regulate Disruptive Business Models (Berlin: Friedrich Ebert Stiftung, 2016).

11) Cathy O'Neil, Weapons of Math Destruction: How Big Data Increases Inequality and Threatens Democracy (New York: Crown, 2016), 21.

12) Panagiotis G. Ipeirotis, "Analyzing the Amazon Mechanical Turk Marketplace," XRDS: Crossroads, The ACM Magazine for Students 17, no. 2 (December 1, 2010): 16, https://doi.org/10.1145/1869086.1869094.

13) Sara Constance Kingsley, Mary L. Gray, and Siddharth Suri, "Accounting for Market Frictions and Power Asymmetries in Online Labor Markets," Policy & Internet 7, no. 4 (December 1, 2015): 383-00, https://doi.org/10.1002/poi3.111. See also Arindrajit Dube et al., "Monopsony in Online Labor Markets," American Economic Review: Insights (forthcoming).

14) John Horton, "Online Labor Markets," in Internet and Network Economics: 6th International Workshop, WINE 2010, Stanford, CA, USA, December 13-17, 2010, Proceedings, Lecture Notes in Computer Science (New York: Springer, 2011).

15) Juliet B. Schor and Craig J. Thompson, Sustainable Lifestyles and the Quest for Plenitude: Case Studies of the New Economy (New Haven, CT: Yale University Press, 2014).

제4장 돈 혹은 그 이상을 위해 열심히 일하기

1) Board of Governors of the Federal Reserve System, Report on the Economic Well-Being of U.S. Households in 2016 (Washington, DC: Federal Reserve Board, May 2017); Neal Gabler, "The Secret Shame of Middle-Class Americans," The Atlantic, May 2016, https://www.theatlantic.com/magazine/archive/2016/05/my-secret-shame/476415/.

2) Brooke Erin Duffy, (Not) Getting Paid to Do What You Love: Gender, Social Media, and Aspirational Work (New Haven, CT: Yale University Press, 2017).

3) Weil, The Fissured Workplace; Dean Baker, Rigged: How Globalization and the Rules of the Modern Economy Were Structured to Make the Rich Richer (Washington, DC: Center for Economic and Policy Research, 2016); Herzenberg, Alic, and Wial, New Rules.

4) Weil, The Fissured Workplace.

5) Arlie Russell Hochschild, The Managed Heart: Commercialization of Human Feeling, 3rd ed. (Berkeley: University of California Press, 2012).2

6) Neff, Venture Labor; Ursula Huws, Labor in the Global Digital Economy: The Cybertariat Comes of Age (New York: Monthly Review Press, 2014); Alice E. Marwick, Status Update: Celebrity, Publicity, and Branding in the Social Media Age (New Haven, CT: Yale University Press, 2013).

7) Jay Shambaugh Nantz et al., Thirteen Facts About Wage Growth (Washington, DC: Brookings Institution, September 25, 2017), https://www.brookings.edu/research/thirteen-facts-about-wage-growth/.

8) Lawrence Mishel, Elise Gould, and Josh Bivens, Wage Stagnation in Nine Charts (Washington, DC: Economic Policy Institute, 2015), http://www.epi.org/publication/charting-wage-stagnation/.

9) National Low Income Housing Coalition, "Out of Reach" (Washington, DC: National Low Income Housing Coalition, 2018), http://nlihc.org/oor;Susan J. Lambert, Peter J. Fugiel, and Julia R. Henly, "Precarious Work Schedules Among Early-Career Employees in the US: A National Snapshot," research brief (Chicago: EINet, University of Chicago, 2014), 24; Dan Clawson and Naomi Gerstel, Unequal Time: Gender, Class, and Family in Employment Schedules(New York: Russell

Sage Foundation, 2014); Bridget Ansel and Heather Boushey, Modernizing U.S. Labor Standards for 21st-Century Families, The Hamilton Project (Washington, DC: Brookings Institution, 2017), 25; Lydia DePillis, "The Next Labor Fight Is Over When You Work, Not How Much You Make," Wonkblog, Washington Post, May 8, 2015, https://www.washingtonpost.com/news/wonk/wp/2015/05/08/the-next-labor-fight-is-over-when-you-work-not-how-much-you-make/; Robert Reich, "How the New Flexible Economy Is Making Workers' Lives Hell," Robert Reich (blog), April 20, 2015, http://robertreich.org/post/116924386855.

10) Naomi Gerstel, Unequal Time: Gender, Class, and Family in Employment Schedules(New York: Russell Sage Foundation, 2014); Bridget Ansel and Heather Boushey, Modernizing U.S. Labor Standards for 21st-Century Families, The Hamilton Project (Washington, DC: Brookings Institution, 2017), 25; Lydia DePillis, "The Next Labor Fight Is Over When You Work, Not How Much You Make," Wonkblog, Washington Post, May 8, 2015, https://www.washingtonpost.com/news/wonk/wp/2015/05/08/the-next-labor-fight-is-over-when-you-work-not-how-much-you-make/; Robert Reich, "How the New Flexible Economy Is Making Workers' Lives Hell," Robert Reich (blog), April 20, 2015, http://robertreich.org/post/116924386855.

11) 이에 관한 더 많은 정보는 다음 문헌을 참조하라. Joan C. Williams et al., "Stable Scheduling Increases Productivity and Sales: The Stable Scheduling Study," University of California Hastings College of the Law, University of Chicago School of Social Service Administration, University of California Kenan-Flagler Business School, 2018, https://www.ssa.uchicago.edu/stable-scheduling-study-reveals-benefits-and-feasibility-retail-families-businesses.

12) Chen, Gray, and Suri, "More than Money."

13) Mary L. Gray et al., "The Crowd Is a Collaborative Network," in CSCW '16: Proceedings of the 19th ACM Conference on Computer-Supported Cooperative Work & Social Computing (New York: ACM, 2016), 134-7, https://doi.org/10.1145/2818048.2819942.

14) 위와 동일한 문헌.

15) Ahmed et al., "Peer-to-Peer in the Workplace: A View from the Road," in CHI: '16. Proceedings of the 2016 CHI Conference on Human Factors in Computing Systems (New York: ACM, 2016), 5063-5, https://doi.org/10.1145/2858036.2858393.

16) Julie Yujie Chen, "Thrown Under the Bus and Outrunning It! The Logic of Didi and Taxi Drivers' Labour and Activism in the On-Demand Economy," New Media & Society, September 6, 2017, https://doi.org/10.1177/1461444817729149.

17) 위키피디아, '파레토 법칙', 2018년 6월 15일에 접속. https://en.wikipedia.org/wiki/Pareto principle

18) United Nations Development Programme, Global Dimensions of Human Development, Human Development Report (New York: Oxford University Press, 1992).

19) Jesse Chandler, Pam Mueller, and Gabriele Paolacci, "Nonnaivete Among Amazon Mechanical Turk Workers: Consequences and Solutions for Behav-ioral

Researchers," Behavior Research Methods 46, no. 1 (March 2014): 112-0, https://doi.org/10.3758/s13428-013-0365-7.

20) Stewart et al., "The Average Laboratory Samples a Population of 7,300 Amazon Mechanical Turk Workers," Judgment and Decision Making 10, no. 5 (2015): 13; Karen Fort, Gilles Adda, and K. Bretonnel Cohen, "Amazon Mechanical Turk: Gold Mine or Coal Mine?," Computational Linguistics 37, no. 2 (2011): 413-0.

21) Ruth Schwartz Cowan, More Work for Mother: The Ironies of Household Technology from the Open Hearth to the Microwave, 2nd ed. (New York: Basic Books, 1985).

22) Arlie Hochschild and Anne Machung, The Second Shift: Working Families and the Revolution at Home, rev. ed (New York: Penguin, 2012); Gregg, Work's Intimacy.

23) Winifred R. Poster, "Hidden Sides of the Credit Economy: Emotions, Outsourcing, and Indian Call Centers," International Journal of Comparative Sociology 54, no. 3 (June 2013): 205-7, https://doi.org/10.1177/0020715213501823.

24) Winifred R. Poster, "Hidden Sides of the Credit Economy: Emotions, Outsourcing, and Indian Call Centers," International Journal of Comparative Sociology 54, no. 3 (June 2013): 205-7, https://doi.org/10.1177/0020715213501823.

25) 관련 내용은 다음 자료에서 확인하라. Six Silberman and Lilly Irani, "Operating an Employer Reputation System: Lessons from Turkopticon, 2008-2015," Comparative Labor Law & Policy Journal, February 8, 2016, http://papers.ssrn.com/abstract=2729498. 엠터크 노동자들은 포럼과 커뮤니티 블로그에서 '오스카 스미스'를 빈약하게 보상하는 것으로 악명 높은 사람이라고 지명했다. 노동자들의 의견은 다음의 블로그 포스트를 확인하라. "What Is Jon Brelig and Oscar Smith?," Dirtbag Requesters on Amazon Mechanical Turk (blog), August 29, 2013, http://scumbagrequester.blogspot.com/2013/08/what-is-jon-brelig-and-oscar-smith.html. 의견 한 가지를 예로 들면 "오스가 스미스로 위장하고 명함을 베껴 쓰는 일을 맡긴 이유는 링크드인에 인수된 카드먼치(CardMunch)라는 애플리케이션 때문이다. 그렇다. 수백만 달러 기업이 바로 노동자들에게 한 시간에 보수로 1달러씩을 주는 기업이다…. 1년 가까이 동안 국외 노동자들이 엠터크에서 새로 계정을 만든 사례가 없었다. 일의 품질이 미흡해서 이런 국외 노동자 계정이 점차 밀려나고 있다. 오스카 스미스와 존 베어링으로도 알려진 링크드인을 위해 일하는 노동자는 대부분이 인도 사람이거나 엠터크에 처음 가입한 사람이다. 자긍심과 자아존중감이 조금이라도 있는 미국인은 이런 쓰레기들과 일하지는 않을 테니 말이다."

26) 위와 동일한 문헌.

27) 위와 동일한 문헌.

28) 위와 동일한 문헌.

29) Duffy, (Not) Getting Paid.

30) Chen, Gray, and Suri, "More than Money."

31) 다양한 긱 노동에 종사하는 미국인들의 이야기는 이 책을 참고하라. John Bowe, Marisa Bowe, and Sabin Streeter, eds., Gig: Americans Talk About Their Jobs, (New York: Broadway Books, 2001). 지하 경제와 비공식적 고용에 관해서는 이 책을 참고하라. LaShawn Harris, Sex Workers, Psychics, and Numbers Runners: Black Women in New York City's Underground Economy (Urbana: University of Illinois Press, 2016).

32) Hochschild and Machung, The Second Shift; Gregg, Work's Intimacy; Kylie Jarrett, Feminism, Labour and Digital Media: The Digital Housewife (New York: Routledge, 2015).

33) Sareeta Amrute, Encoding Race, Encoding Class: Indian IT Workers in Berlin, reprint (Durham, NC: Duke University Press, 2016).

34) 더 자세한 내용은 다음 인터넷 사이트를 참조하라. http://www.disabilityaffairs. gov.in/

35) Shehzad Nadeem, Dead Ringers: How Outsourcing Is Changing the Way Indians Understand Themselves, reprint (Princeton, NJ: Princeton University Press, 2013); Simon Denyer, Rogue Elephant: Harnessing the Power of India's Unruly Democracy (New York: Bloomsbury Press, 2014).

36) Broadband Commission for Sustainable Development, State of Broadband 2017: Broadband Catalyzing Sustainable Development (Geneva, Switzerland: Broadband Commission for Sustainable Development, 2017); World Economic Forum, Special Program of the Broadband Commission and the World Economic Forum, Meeting Report (Geneva, Switzerland: World Economic Forum, 2018).

37) Special Program of the Broadband Commission and the World Economic Forum Meeting Report, World Economic Forum, Davos, Switzerland, 2018.

38) 더 자세한 내용은 다음 문헌을 참조하라. Weil, The Fissured Work.

제5장 낯모르는 사람들의 친절 그리고 협동의 힘

1) Sociologist Anselm Strauss called this articulation work, or the "overall process of putting all the work elements together and keeping them together." See Anselm Strauss, "The Articulation of Project Work: An Organizational Process," Sociological Quarterly 29, no. 2 (June 1, 1988): 163-8.

2) 자세한 내용은 다음 논문을 참고하라. Susan Leigh Star and Anselm Strauss, "Layers of Silence, Arenas of Voice: The Ecology of Visible and Invisible Work," Computer Supported Cooperative Work (CSCW) 8, no. 1-2 (March 1, 1999): 9-30

3) Lucy Suchman, "Supporting Articulation Work," in Computerization and Controversy, ed. Rob Kling (San Diego, CA: Academic Press, 1996), 407-23. 4.

4) Gray et al., "The Crowd," 134-7.

5) 더 자세한 내용은 Yin et al., "The Communication Network."을 참조하도록 한다.

6) A. Aneesh, Neutral Accent: How Language, Labor, and Life Become Global (Durham, NC: Duke University Press, 2015); J. K. Tina Basi, Women, Identity and India's Call Centre Industry (London: Routledge, 2009); Mahuya Pal and Patrice Buzzanell, "The Indian Call Center Experience: A Case Study in Changing Discourses of Identity, Identification, and Career in a Global Context," Journal of Business Communication 45, no. 1 (January 1, 2008): 31-60, https://doi. org/10.1177/0021943607309348; Sumita Raghuram, "Identities on Call: Impact of Impression Management on Indian Call Center Agents," Human Relations 66, no. 11 (November 1, 2013): 1471-96, https://doi.org/10.1177/001872671348106.

7) Yin et al.,"The Communication Network."

8) 위와 동일한 문헌.

9) 위와 동일한 문헌.

10) 위와 동일한 문헌.

11) 우리가 자료를 얻은 방법에 대한 더 자세한 내용은 다음 문헌을 참고하라. Kingsley, Gray, and Suri, "Market Frictions," 383-400, and Gray et al., "The Crowd," 134-47

12) See Salehi et al., "We Are Dynamo: Overcoming Stalling and Friction in Collective Action for Crowd Workers," in CHI '15: Proceedings of the 33rd Annual ACM Conference on Human Factors in Computing Systems (New York: ACM, 2015), 1621-0, https://doi.org/10.1145/2702123.2702508.

13) 저희는 다이나모입니다(We are Dynamo), "제프 베이조스님께", We Are Dynamo wiki, 2018년 5월8일 접속, http://www.wearedynamo.org/dearjeffbezos

제6장 더블 바텀 라인(DBL)

1) Thomas Fox Parry, "The Death of a Gig Worker," The Atlantic, June 1, 2018, https:// www .theatlantic .com /technology /archive /2018 /06 /gig -economy-death /561302 /?utm source=atltw.

2) See National Labor Relations Board, 322 U.S. 111 (1944); Weil, The Fissured Workplace, 185-6.

3) Aaron Smith, Shared, Collaborative, and On Demand: The New Digital Economy (Washington, DC: Pew Research Center, 2016), http:// www.pewinternet. org/2016/05/19/on-demand-ride-hailing-apps/.

4) 이와 관련한 내용은 다음 자료들을 참고하기 바란다. Mike Isaac and Noam Scheiber, "Uber Settles Cases with Concessions, but Drivers Stay Freelancers," New York Times, April 21, 2016, http://www.nytimes.com/2016/04/22/technology/uber-settles-cases-with-concessions-but-drivers-stay-freelancers.html; Alex Rosenblat and Luke Stark, "Algorithmic Labor and Information Asymmetries: A Case Study of Uber's Drivers," International Journal of Communication 10 (July 27, 2016): 27

5) Aaron Smith, Shared, Collaborative, and On Demand: The New Digital Economy(Washington, DC: Pew Research Center, 2016), http://www. pewinternet.org/2016/05/19/on-demand-ride-hailing-apps/.

6) 위키피디아, '기업의 사회적 책임', 2018년 6월 20일 접속, https://en.wikipedia.org/ wiki /Corporate social responsibility.

7) Gray et al., "The Crowd," 134-7.

8) 자세한 내용은 다음 자료를 참고하라. Gray et al., "The Crowd"; Anand Kulkarni et al., "MobileWorks: Designing for Quality in a Managed Crowdsourcing Architecture," IEEE Internet Computing 16, no. 5 (September 2012): 28-35, https://doi.org/10.1109/MIC.2012.72.

9) Joel West and Karim R. Lakhani, "Getting Clear about Communities in Open Innovation," Industry and Innovation 15, no. 2 (2008): 223-1; Boudreau et al., "From Crowds to Collaborators: Initiating Effort & Catalyzing Interactions Among Online Creative Workers," HBS Working Paper No. 14-060 (Cambridge, MA: Harvard Business School, January 2014).

10) 2015년 12월 11일 현장 인터뷰에서 프라야그 나룰라와 직접 나눈 대화.

11) Arun Sundararajan, The Sharing Economy: The End of Employment and the Rise of Crowd-Based Capitalism (Cambridge, MA: MIT Press, 2016); Airi Lampinen et al., "Studying the 'Sharing Economy': Perspectives to Peer-to-Peer Exchange," in Proceedings of the 18th ACM Conference Companion on Computer Supported Cooperative Work & Social Computing (New York: ACM, 2015), 117-1, https://doi.org/10.1145/2685553.2699339; Juliet Schor, "Debating the Sharing Economy," Great Transition Initiative, October 2014, http://www.greattransition.org/publication/debating-the-sharing-economy; Schor et al.,"Paradoxes of Openness and Distinction in the Sharing Economy," Poetics 54(2016): 66-1.

12) Kristofer Erickson and Inge Sorensen, "Regulating the Sharing Economy," Internet Policy Review 5, no. 3 (June 30, 2016), https://doi.org/10.14763/2016.2.414; Juho Hamari, Mimmi Sjoklint, and Antti Ukkonen, "The Sharing Economy: Why People Participate in Collaborative Consumption," Journal of the Association for Information Science and Technology, 2015; Aaron Smith, Shared, Collaborative, and On Demand.

13) "We believe the new economy is creating opportunities to reinvent work, but we need to ensure the end goal is work that is good for workers." National Domestic Workers Alliance, "The Good Work Code for the Online Economy Announces First 12 Companies Leading for Good for Workers," press release, November 13, 2015, via Marketwired, http://www.marketwired.com/press-release/good-work-code-online-economy-announces-first-12-companies-leading-good-work-workers-2073469.htm.

14) Trebor Scholz, "Platform Cooperativism vs. the Sharing Economy," Trebor Scholz (blog), December 5, 2014, https://medium.com/@trebors/platform-cooperativism-vs-the-sharing-economy-2ea737f1b5ad; Alex Wood, "Why the Digital Gig Economy Needs Co-Ops and Unions," openDemocracy, September 15, 2016, https://www.opendemocracy.net/alex-wood/why-digital-gig-economy-needs-co-ops -and-unions; Chelsea Rustrum, "Q&A with Felix Weth of Fairmondo, the Platform Co-Op That's Taking on eBay," Shareable, accessed June 21, 2018, https://www.shareable.net/blog/qa-with-felix-weth-of-fairmondo-the-platform-co-op-thats-taking-on-ebay; Nithin Coca, "Nurses Join Forces with Labor Union to Launch Healthcare Platform Cooperative," Shareable, accessed June 21, 2018, https://www.shareable.net/blog/nurses-join-forces-with-labor-union-to-launch-healthcare-platform-cooperative.

15) U.S. Bureau of Labor Statistics, "Licensed Practical and Licensed Vocational Nurses," Occupational Outlook Handbook, accessed June 21, 2018, https://www.bls.gov/ooh/healthcare/licensed-practical-and-licensed-vocational-nurses.htm.

16) John Bellamy Foster, Robert W. McChesney, and R. Jamil Jonna, "The Global Reserve Army of Labor and the New Imperialism," Monthly Review 63, no. 6 (2011): 1. See also Mark Graham, Isis Hjorth, and Vili Lehdonvirta, "Digital Labour and Development: Impacts of Global Digital Labour Platforms and the Gig Economy on Worker Livelihoods," Transfer: European Review of Labour and Research 23, no. 2 (2017): 135-2, https://doi.org/10.1177/1024258916687250.

제7장 우리가 해결해야 할 일들

1) See Siou Chew Kuek, Cecilia Paradi-Guilford, Toks Fayomi, Saori Imaizumi, Panos Ipeirotis, Patricia Pina, and Manpreet Singh, "The Global Opportunity in Online Outsourcing," World Bank Group, June 2015; for related, in some cases more conservative, estimates, see Lawrence Mishel, Uber and the Labor Market, Washington, DC: Economic Policy Institute, 2018, https://www.epi.org/publication/uber-and-the-labor-market-uber-drivers-compensation-wages-and-the-scale-of-uber-and-the-gig-economy/; James Manyika et al., Independent Work: Choice, Necessity, and the Gig Economy (Washington, DC: McKinsey Global Institute: October 2016), http://www.mckinsey.com/global-themes/employment-and-growth/independent-work-choice-necessity-and-the-gig-economy; James Manyika et al., Harnessing Automation for a Future That Works (Washington, DC: McKinsey Global Institute: January 2017), http://www.mckinsey.com/global-themes/digital-disruption/harnessing-automation -for-a-future-that-works; Till Alexander Leopold, Saadia Zahidi, and Vesselina Ratcheva, The Future of Jobs: Employment, Skills and Workforce Strategy for the Fourth Industrial Revolution, World Economic Forum, 2016.

2) 업워크, 엔터프라이즈, 허브스태프(Hubstaff), 아웃소스리(Outsourcely), 피플퍼아워(PeoplePerHour)처럼 기업 고객들을 겨냥한 새로운 온디맨드 서비스를 참조하라.

3) 다음 자료에 기초한 예측이다: "전반적으로, 세계 경제에서 사람들이 돈을 받고 하는 활동의 50퍼센트는 현재 나와 있는 기술의 발전으로 자동화될 가능성이 있다. 2055년까지 완전히 자동화될 직업은 5퍼센트 미만이지만, 직업의 약 60퍼센트는 관련 활동의 최소 30퍼센트가 기술적으로 자동화될 것이다." Manyika et al., Harnessing Automation.

4) Projection based on the following: "Overall, we estimate that 50 percent of the activities that people are paid to do in the global economy have the potential to be automated by adapting currently demonstrated technology. While less than 5 percent of occupations can be fully automated, about 60 percent have at least 30 percent of activities that can technically be automated" by 2055. Manyika et al., Harnessing Automation.

5) Kingsley, Gray, and Suri. "Accounting for Market Frictions," 383-00.

6) David H. Autor, "Why Are There Still So Many Jobs? The History and Future of Workplace Automation," Journal of Economic Perspectives 29, no. 3 (Summer 2015): 3-0; Brynjolfsson and McAfee, The Second Machine Age.

7) 장애인들이 어떻게 온디맨드 일을 하고 있는가에 관한 더 자세한 분석은 다음 자료들을 참고하라. Kathryn Zyskowski, Meredith Ringel Morris, Jeffrey P. Bigham, Mary L. Gray, and Shaun K. Kane, "Accessible Crowdwork?: Understanding the Value in and Challenge of Microtask Employment for People with Disabilities," in CSCW '15: Proceedings of the 18th ACM Conference on Computer Supported Cooperative Work & Social Computing, 1682-93 (New York: ACM, 2015), https://doi.org/10.1145/2675133.2675158.

8) Melissa Valentine and Amy C. Edmondson, "Team Scaffolds: How Minimal In-Group Structures Support Fast-Paced Teaming," Academy of Management Proceedings 2012, no. 1 (January 1, 2012): 1, https://doi.org/10.5465/AMBPP.2012.109; Dietmar Harhoff and Karim R. Lakhani, eds., Revolutionizing

Innovation: Users, Communities, and Open Innovation (Cambridge, MA: MIT Press, 2016).

9) Coase, "Nature of the Firm," 386-05.

10) Katz and Krueger, "Alternative Work Arrangements."

11) 미국 가사노동자연맹 웹사이트, 2018년 6월 21일 접속, https://www.domesticworkers.org/.

12) Andy Stern and Lee Kravitz, Raising the Floor: How a Universal Basic Income Can Renew Our Economy and Rebuild the American Dream (New York: PublicAffairs, 2016); Alyssa Battistoni, "The False Promise of Universal Basic Income," Dissent, Spring 2017, https://www.dissentmagazine.org/article/false-promise-universal-basic-income-andy-stern-ruger-bregman; Rana Foroohar, "We're About to Live in a World of Economic Hunger Games," Time, July 19, 2016, http://time.com/4412410/andy-stern-universal-basic-income/; Thomas Piketty, Capital in the Twenty-First Century, trans. Arthur Goldhammer, reprint (Cambridge, MA: Belknap Press of Harvard University Press, 2017).

13) "Common Ground for Independent Workers," From the WTF? Economy to the Next Economy (blog), November 10, 2015. https://wtfeconomy.com/common-ground-for-independent-workers-83f3fbcf548f#.ey89fvtnn.

고스트워크

1판 1쇄 인쇄 2019년 8월 14일
1판 1쇄 발행 2019년 8월 20일

지은이 메리 그레이, 시다스 수리
옮긴이 신동숙
펴낸이 김기옥

경제경영팀장 모민원 기획 편집 변호이, 김광현
커뮤니케이션 플래너 박진모
경영지원 고광현, 임민진
제작 김형식

본문디자인 디자인허브 표지디자인 어나더페이퍼
인쇄·제본 민언프린텍

펴낸곳 한스미디어(한즈미디어(주))
주소 121-839 서울특별시 마포구 양화로 11길 13(서교동, 강원빌딩 5층)
전화 02-707-0337 팩스 02-707-0198 홈페이지 www.hansmedia.com
출판신고번호 제 313-2003-227호. 신고일자 2003년 6월 25일

ISBN 979-11-6007-395-9 (13320)

인간은 필요 없다

인공지능 시대의 부와 노동의 미래

KT경제경영
연구소
추천도서

교보문고
중앙일보
올해의책
선정도서

제리 카플란, 인공지능의 미래

상생과 공존을 위한 통찰과 해법들

유미과학
문화재단
우수과학도서
선정작

"예언적이다!
지금 이 시대에 필요한 책"

- 페이페이 리, 스탠퍼드 AI 연구소 소장

**인간의 삶과 생계수단을 통째로 변화시킬
인공지능 시대가 다가온다!**
인간의 노동은 어떻게 소멸되고 미래의 부는
누가 차지하게 될 것인가?
실리콘밸리의 사상가 제리 카플란이 제시하
는 인간과 인공지능의 충격적인 미래상!

제리 카플란 지음, 신동숙 옮김 | 15,000원

**본격적인 인공지능 시대를 앞두고
상생과 공존, 그리고 보다 나은 미래를 위해
알아야 할 것들**
철학과 법, 부와 노동, 사회적 형평성 등 인공
지능이 변화시킬 미래의 모습을 속속들이 파
헤친다!
전 세계적 베스트셀러 〈인간은 필요 없다〉를
잇는 완벽한 인공지능 해설서!

제리 카플란 지음, 신동숙 옮김 | 16,000원

성공하는 스타트업을 위한 101가지 비즈니스 모델이야기(2018 Edition)

스타트업 분야 장기 베스트셀러

모두가 인정한 최고의 비즈니스 모델 바이블!
성공하는 미래 기업의 조건을 한발 먼저 확인하라!
국내외 성공한 혹은 유망한 스타트업 101곳을 선정하여 핵심제공가치와 수익공식, 핵심자원, 핵심프로세스를 일목요연하게 정리한 책으로, 압도적인 퀄리티의 콘텐츠를 제공한다.

남대일, 김주희, 정지혜, 이계원, 안현주 지음
25,000원

공유경제는 어떻게 비즈니스가 되는가
우리가 알고 있던 소유와 공존의 새로운 패러다임

아마존 베스트셀러

공유경제를 완벽하게 이해하고 활용할 수 있는 단 한 권의 책!
모두가 모든 것을 공유하는 세상, 비즈니스의 법칙을 바꾸는 공유경제의 미래를 엿본다!
이 책은 공유경제의 다소 모호한 개념에 대해 정의내리는 것은 물론이고, 어떤 비즈니스 모델로 활용되고 있는지, 앞으로 개선해야 할 문제점들이 무엇이며, 어떤 방향으로 나아갈 것인지 등을 폭넓고 깊이 있게 다룬다.

앨릭스 스테파니 지음, 위대선 옮김, 차두원 감수
18,000원